天大·中国司法论坛丛书

（第六辑 2020）

民法典实施背景下的审判能力现代化

编审委员会主任 苏泽林

主 编 孙佑海

中国法制出版社

CHINA LEGAL PUBLISHING HOUSE

序

2020年对于法学理论界与实务界而言，是有着重大意义的一年。2020年5月28日《中华人民共和国民法典》颁布，该法典是践行习近平法治思想的重大成果，是实现国家治理体系和治理能力现代化的“大国重器”。

在这样的背景下，2020年10月17日中国行为法学会司法分会与天津大学法学院联合，成功召开了以“民法典实施背景下的审判能力现代化”为主题的第六届“天大·中国司法论坛”。最高人民法院审判委员会委员、研究室主任姜启波，最高人民法院研究室一级调研员、审判员李玉林，天津市高级人民法院党组成员、副院长高震，天津大学党委副书记雷鸣，中国行为法学会总监事李文燕，中国行为法学会常务副秘书长陈惊天，全国人大代表、天津律师协会会长才华以及来自全国各地法院、检察院、律所、高校的代表等80余人出席会议。专家们围绕“民法典实施背景下的审判能力现代化”主题进行研讨，亮点荟萃、精彩频出。

民法典是在全面总结我国民事立法和司法实践经验的基础上，对现行民事单行法律全面、系统的修订编纂，不仅对法律条文之间冲突和缺失的情形作出了科学规范的矫正与整合，同时也把诸多与时代共进的制度纳入法律中，填补了空白，因此民法典的编纂是推进国家治理体系和治理能力现代化的重要举措，而审判能力的现代化建设则是国家治理体系和治理能力现代化的重要组成部分。

实现审判能力现代化是一个需要不断推进的过程。在推进的过程中，同样也面临诸多新情况和新问题。比如，对民法典等法律的前沿理论研究急需深入，法官的审判理念及审判能力急需提升。信息化建设对于司法实务需求的回应急需贴合，以审判为中心的诉讼制度改革任重道远。因此，持续推进审判能力现代化建设，努力让人民群众在每一个司法案件中感受到公平正义，不仅具有重大的理论意义，而且具有紧迫的实践价值。

自 2015 年以来，“天大 · 中国司法论坛”在天津大学法学院已经举办了六届，形成了一系列制度改革建议报告，并取得丰硕成果。而“天大 · 中国司法论坛”已成为中国行为法学会的一项品牌活动，对全国司法改革起到重要的促进作用。每次会议结束后，天津大学法学院作为论坛承办单位都会将当年的论坛成果结集出版，以期能裨益于司法理论与实践的实际需要。

本书的顺利编辑出版再次得到中国法制出版社的大力支持，在此一并致谢！由于时间仓促，编辑人员水平有限，疏漏之处在所难免，敬请读者指正。

编　者

二零二一年八月

目录

一、类案检索制度研究

二、民法典与“一站式多元解纷和诉讼服务体系建设”研究

三、民法典与强制执行法研究

四、民法典与公益诉讼研究

一、
类案检索制度研究

《民法典》背景下的类案检索：自由与约束之衡平

——基于风险管理的视角

刘　霞　田　野

摘要：颁布《民法典》与实施类案检索是完善中国特色社会主义法治体系的重要举措，二者在弘扬社会主义核心价值观、统一法律适用、规范法官行使自由裁量权以及增强司法确信、提升司法效率方面具有重要作用。《民法典》的重大调整加剧了尚处于初期运行阶段的类案检索在数据库建设滞后性、检索技术不完备性、法官懈怠心理及偏向性选择等方面的风险。在公正与效率的目标指引下应当稳步推进类案检索的实施，坚持类案检索自由与约束的衡平，既强调约束机制的构建，又注重给予法官自由空间。

关键词：民法典　类案检索　风险　公正　自由

加强类案检索、统一法律适用是人民法院依法独立公正行使审判权的职责要求，也是司法体制综合配套改革的重要内容，更是完善中国特色社会主义法治体系的必然要求，对提升司法公信力，维护国家法制的统一、尊严和权威至关重要。2020年5月28日，涵盖民事主体方方面面权益的《民法典》颁布，实现了立法领域民事权利的平等保护，为统一法律适用奠定了成文法基础。临近《民法典》全面贯彻实施之际，最高人民法院自2020年7月以来密集出台了《关于深化司法责任制综合配套改革的实施意见》《关于统一法律适用加强类案检索的指导意见（试行）》《关于完善统一法律适用标准工作机制的意见》，在2017年发布的《最高人民法院司法责任制实施意见（试行）》和2019年发布的人民法院"五五改革纲要"的基础上重申了类案检索的重要性，并进一步明确了类案检索工作机制的运行要求，体现了司法为实现民事主体权利平等保护的决心与力度。然而，类案检索工作机制在我国尚处于起步阶段，其关涉技术、平台、人员等多个因素，无形中提高了类案检索过程的风险系数,《民法典》的实施又对尚不成熟的类案检索机制提出了更高的要求。类案检索如何直面挑战,增强自身的抗风险能力,成为当前亟待解决的重要问题。而坚持风险平衡原则的管理学思维,对解决这一问题或许能够提供有益借鉴。

一、建立联系:《民法典》与类案检索的关系

充分识别类案检索运行中的风险是进行类案检索风险管理的前提,是保证风险管理有效性和实现风险管理对症下药的关键。问题的产生源于关系的存在,探索《民法典》的实施给类案检索机制运行带来的挑战,首先需要明晰二者的关系。

1.《民法典》是法律依据,类案检索是制度支撑,二者统一于中国特色社会主义法治体系。《民法典》作为新时期成文法的典范,其为全面依法治国、保障公民的合法民事权益提供了具体遵循和方向,归属于中国特色社会主义法治体系中的法律体系范畴。与此同时,类案检索作为保障《民法典》实施的制度机制,属于法治实施体系范畴,其为《民法典》生命活力的展现提供了必要的制度支持,二者同是中国特色社会主义法治体系的重要组成部分。

2.《民法典》是价值坐标,类案检索是价值度量衡,二者共同服务于社会主义核心价值观的弘扬。从《民法典》的立法宗旨到基本原则,再到具体规则,无不是社会主义核心价值观的要求与体现。类案检索作为价值度量衡,在《民法典》的具体实施下展开应用,其必须以《民法典》彰显的社会主义核心价值观为标杆,检索结果的应用必须有助于弘扬社会主义核心价值观,增强人民群众对公平正义的内在获得感。

3.《民法典》以规范指导司法,类案检索以先决案例指导司法,二者共同作用于法律适用的统一。《民法典》为司法实践中法律的统一适用提供了依据,但借助语言成型的法律规范本身难以逃脱语言模糊的天性,这就为法律解释留下了空间。法律的生命在于实施,而司法裁判更应成为法律统一适用的具体体现。通过类案检索,站在前人的肩膀上,找寻解决当下问题的司法智慧,不断完善并加强对语言概念的认识和理解,更利于作出符合法律一致性的裁判,满足公众对于法律和司法的合理预期。

4.《民法典》自带先天的开放性,类案检索具备内生的限缩性,二者共同助

力于法官自由裁量权的规范行使。《民法典》作为成文法，其不可避免地难以逃脱成文法的滞后性之殇，为此，《民法典》规定了一系列的基本原则，以期通过开放性来弥补这一不足，继而保证法律的稳定性和适应性，这也就为法官自由裁量权的行使留下一扇窗。由于社会生活的复杂多变、个案情形的特殊多样以及法官个人的思维及价值差异等，仅靠法律的原则性规定难以确保法官在进行个案操作时能有序行使自由裁量权，通过类案检索，限缩法官自由裁量权的行使空间，在一定程度上能防止法官对自由裁量权的恣意滥用。同样地，现实总是纷繁变化，新情况与新问题层出不穷，发掘与每一案件相类似的案件并不实际，此时，需要法官以充分理解《民法典》原则性规定为前提，在《民法典》开放性空间下大胆、合理地行使自由裁量权。

5.《民法典》的适用侧重于演绎推理，类案检索的运用侧重于类比推理，二者相互结合有助于增强法官的司法确信，提升司法效率。《民法典》的适用思维主要是演绎推理，即三段论模式，其逻辑是从一般到特殊，而类案检索的运用思维则主要是类比推理，逻辑是从特殊到特殊。对于某些案件而言，依据法律规范的演绎推理得出的结论可能并不唯一，这是由演绎推理本身的非完全闭合性以及作为案件事实的小前提与作为法律规范的大前提的距离决定的，容易导致部分不堪司法责任压力的法官更加犹豫不决、如履薄冰，再加之案件数量的不断攀升，极易造成法官的心理塌方。卡多佐在《司法过程的性质》中曾论："如果每个昔日的案件都可以重新开庭，如果一个人不能在前人铺设的进程的坚实基础上为自己的进程添砖加瓦，法官的劳动就会大大增加，以致无法承受。"通过类案检索，将抽象法律规范的适用以具体化的方式呈现，为法官指明裁判方向，帮助法官迅速厘清裁判思路，从生效裁判中找到待决案件的可能性证据支撑，于无形中完成法律结果一致性及正当性检验，继而增强法官法律适用的内心确信，提高司法效率。

二、风险识别：《民法典》的实施对类案检索运行中的风险加码

类案检索作为一项工作机制，受人员、系统、法律调整、财政力度、统筹程度等各项因素制约，再加之其本身的不成熟性，产生运行风险并非罕事。随着《民法典》的实施，相关制约因素导致的风险将越发凸显，在《民法典》实施伊始，这一现象可能更为突出。笔者根据风险因素的种类，对照类案检索运行的主

要制约因素，将《民法典》的实施对类案检索运行过程中影响更突出的风险划分为三类，即实质风险、心理风险以及道德风险。

（一）实质风险

实质风险从管理学的角度也叫作物理风险，指的是足以引起损失发生的物质性条件，就类案检索机制而言，主要针对的是数据库建设及类案检索技术发展中的问题。

1. 数据库建设的滞后性与不完备性

目前，我国类案检索系统主要分为官方检索系统和商业检索系统，官方检索系统主要为中国裁判文书网，而商业检索系统主要有无讼、北大法宝司法案例检索平台等，随着《民法典》的实施，这些检索平台所依附的数据库对于现实情况的应付显得捉襟见肘。如根据原《担保法》的规定，耕地使用权不得抵押，由此推出根据耕地使用权订立的相关抵押合同或抵押条款无效，而《民法典》在物权编中删除了耕地使用权不得抵押的规定，也就意味着《民法典》实施后依据耕地使用权订立的抵押条款并非当然无效。由此，原有数据库所依附构建的民事法律关系体系已经不能完全适应《民法典》实施后的要求，数据库在民事领域的案例管理需要针对《民法典》对于民法法律关系的调整进行相应重构。此外,《民法典》根据生态保护和绿色发展的要求，新增了绿色原则以及生态环境损害的惩罚性赔偿制度等，而现有数据库收纳的能与《民法典》新规相联系的案例数量寥寥可数，亟须进行大量补给以满足检索需求。

2. 检索技术的智能化程度低、结果推送的精确度与全面性不足

类案检索以数据库为基础，以检索技术助推类案呈现。作为常用的类案检索平台，如中国裁判文书网与北大法宝司法案例检索平台，其本身就是数据库与检索技术的合体，二者缺一不可。就目前来看，中国裁判文书网基本不具备人工智能的特点，纯粹依赖手动输入关键词，检索效率低，而其他检索平台虽然增加了智能检索功能，但仍存在结果不精确、计算机深度学习方面的不足。此外，由于检索技术主要依赖于算法，而算法的不同又会导致检索结果呈现的差异化。类案检索从本质上来讲是类案推荐。检索是在信息集合中查找资料或信息的过程，而推荐是将整理后的信息资源发送给用户，以满足用户的多层次需要，并由用户在客户端接收定制信息的方式。因而决定了作为结果接收方的检索者处于受动地位的状态，换句话说，检索结果的呈现都是平台基于自身技术想要呈现的，而不一定是检索者所期望的，更不一定是公平正义所需求的。这就可以解释在各检索平台输入相同关键词后为何呈现的检索结果却不尽相同。《民法典》实施后，由于体系结构和内容的调整，输入关键词后呈现的结果从应然层面上应有所不同。相应地，检索技术也应对其算法进行调整以适应《民法典》实施后的需求。同时，由于《民法典》是对原有民法体例的重大调整，在实施伊始，法官在适用新法审理案件时的检索需求也会有所提升，这就对检索技术的智能化提出了更高的要求。

（二）心理风险

心理风险，或者说也是一种思维风险，主要包括两个方面，一是法官怠于实施类案检索，二是法官受知识储备、社会环境等影响对类案理解出现偏差。

我国作为成文法系国家，法官是法律的执行者而非缔造者，诉诸法律和司法解释进行案件裁判的思维方式根深蒂固，《民法典》的实施更是为法官裁判案件提供了更为方便直接的法律依据，在高位运行的办案重压之下，法官更倾向于依靠信手拈来的《民法典》进行案件裁判，如若不行，至少还有《民法典》中的基本原则可以兜底，基本上可以处理绝大多数案件。

关于类案的理解，一直以来众口难调。对此，最高人民法院在自 2020 年 7 月 31 日起试行的《关于统一法律适用加强类案检索的指导意见（试行）》（以下简称《意见》）中对类案进行了明确的定义，即“与待决案件在基本事实、争议焦点、法律适用问题等方面具有相似性，且已经人民法院裁判生效的案件”，这为类案的判断标准之争暂时画上了句号。然而，案例相似性的判断就是按照一定的价值标准在若干关联的指导性案例中选择并确定与待决案件事实最为接近、裁判结果最好的案例进行参照。换言之，类案的判断最终还是依附于由社会生活、专业素养、教育背景等全面浸润的法官价值观，这就决定了法官在选择基本事实、争议焦点等问题的比较点时可能存在不同，继而导致在类案的参照选择上存在差异。

（三）道德风险

所谓道德风险，是指法官对类案检索结果的偏向性选择。与受法官价值观、专业素养影响导致法官在类案理解时出现偏差不同，前者至多算是一种过失，且发生在类案检索之始，而偏向性选择则是一种故意，发生在类案检索结果呈现之后，是法官在多个检索结果中选择与自己判决意旨相似的，以支撑自己的裁判观点，而忽略其他不同的检索结果。

有偏向性选择不一定是坏事。假如该法官是一位时刻胸怀公平正义之人，专业能力过硬、业务水平很高，那么他进行偏向性选择的结果一般也不会偏离公平正义的方向。然而，智者千虑，必有一失，更何况法官并不是理想中的人，出现失误是在所难免。《民法典》的实施在统一法律适用、间接提高法官业务素质和业务能力方面具有促进作用，但其毕竟是外在因素，对于法官的主观意图难以施加影响，如若法官不能对检索结果进行全面呈现和分析，那么就偏离了类案检索学习借鉴他人智慧的初衷，尤其是学习他人与己不同的智慧，类案检索本身也就毫无意义可言。

三、风险态度：公正与效率指引下的稳健而中立

根据公众对风险的期望效用程度，风险态度一般分为风险规避、风险中立和风险追求。就类案检索机制而言，期望效用程度是指对类案检索运行情况的满意程度，而风险态度就是实施主体在某种满意程度下愿意承受类案检索何种风险程度的主观状态，简言之，就是为了获得类案检索的效益愿意承受何种程度的风险。

目的决定态度。无论是最高人民法院出台的关于深化司法体制改革的各类文件，还是有关类案检索的专门性文件，都不难看出类案检索的目的是“统一法律适用，提升司法公信力”，即实现法之公正性，具体而言，则是满足一般公众普遍的法律预期。“法制有限，情变无穷。”类案的一致性裁判作为法律共识有助于化解成文法的有限性及法律语言的模糊性与现实复杂性之间的矛盾。随着我国司法公开的逐步深入，公众对于裁判文书的查询可谓唾手可得。以中国裁判文书网为例，自 2013 年 7 月开通以来，该网目前已上线文书总量超亿篇，浏览次数已达几百亿次，其在取得史无前例的规模效应与公开效应的同时，也凸显了公众对于法律预期的强烈渴求，而通过类案检索，对法官裁判案件进行约束以维系法律共识，在满足公众法律预期的同时，还能起到教育普法的功效。

促进社会公正固然是类案检索的目的之一，但作为工作机制的类案检索其本质是一种工具或者手段，而工具具有追求效率的天性，如同作为第一次工业革命标志的珍妮纺纱机。二者都专注于劳动生产效率的提升，只不过前者执着于符合公平正义理念的抽象的司法智慧成果产出，而后者追求的是物化的棉纺织品产出。类案检索之所以能够提升司法效率，是因为案例本身的直观性和“比”的基

因在民族文化中的深植。文化的意象性、直觉性、关联性决定了国人更擅长利用“比”的思维去分析世界，荀子的“有法者以法行，无法者以类举”，以及墨子的“同类相推”“异类不比”莫不是例证，因而在法律适用过程中诞生了“比附援引”的方式。到如今，先前判例理论上不是法律渊源，但事实上，恰是一种“法律渊源”，其在司法实践中具有较强的检索需求，尤其是经验和知识储备相对薄弱的青年法官。这是因为案例的直观、灵活契合了法官“比”的思维，为法官裁判思路的打开提供了捷径，有利于增强法官确信，化解疑难和新型问题，实现司法效率的提升。

不可否认，类案检索运行中会出现各种影响裁判公正的风险，但这是由任何机制运行的两面性决定的。在需要相互协作和借助外力的运作环境下，从来不存在任一无可挑剔的机制。案例参照在当今已然成为一种趋势，这在有着成文法悠久传统的德国、法国亦是如此，加之案例参照对于公平正义的实现以及司法效率的提升大有裨益，我们没有理由过分纠结于类案检索的各种风险而在类案检索的推行与使用中畏首畏尾，甚至以期回避一切风险而弃之不用。当然，激进的贸然前进也不可取。案例指导制度在我国建立尚不足十年，而类案检索具体运行机制也是诞生伊始，其中不仅存在经验积累上的不足，更存在技术、思维等方面的壁垒，而法律体系的不同又使得其他国家可提供的有益借鉴十分有限。因此，针对类案检索运行的现实需要和易出现的各种风险，我们必须保持稳健中立的风险态度，既不能盲目乐观地大踏步飞跃，也不能踌躇畏缩，不仅重视和防范各种风险，更要稳步前进。这也是由类案检索在我国尚处于起步阶段的现状决定的。当然，随着类案检索机制运行的不断深入、各种风险因素的不断剔除，彼时的步伐或许可以迈得再大一些。

四、风险应对：类案检索自由与约束之衡平

（一）坚持类案检索自由与约束的衡平是基本原则

司法是衡平的艺术。法律不仅是技术问题，更是各种价值的讨论。它不仅关注法律逻辑，也在意价值的根据、平衡和综合，作为法律实施方式的司法自然也少不了价值判断。类案检索自诞生便带着“统一法律适用，提升司法公信力”的使命，一方面从法律逻辑的角度强调法律适用的统一，以满足形式正义的要求，

在对法官裁判权行使的限制与约束中，实现类似案件类似对待；另一方面则强调公众对司法的信服程度，即类案检索结果的运用要符合一般公众的普遍预期，要实现以人为归宿的最终目的，要兼顾国法天理人情，实现情法理的实质统一，在助力裁判规范发挥引领作用的同时，弘扬社会积极正向的价值理念，不断增强公众对公平正义的获得感。

类案检索的使命和其作为司法裁判工具的属性决定了其运行过程中必须处理好约束与自由的关系。所谓约束，是由类案检索过程中存在的主客观风险因素决定的，目的是防止法官恣意滥用自由裁量权或者是为物化的平台或技术误导作出不公的裁判，既是限制也是保护。然而，法官终究是戴着镣铐的舞者。纯粹逻辑的法律不仅远离生活，也会失去生命力。法官正是通过其裁判的生活性赋予法律生命力，从而实现司法与立法的良性互动。随着类案检索机制的确立，类案检索成为司法裁判的过程，生活性问题便成为类案启动检索和应用时不可回避的问题，其要求必须予以法官自由空间，以便法官在面对作为繁杂社会生活缩影的案情时能够找到更贴近当下普罗大众司法价值观的理念。

（二）类案检索的约束机制

1. 规范类案检索报告的制作

制作类案检索报告一方面可督促类似案件类似对待，另一方面则是在必须偏离类案时留下呈报依据，便于法律适用出现分歧时进行决议。依据《意见》，对于应当进行类案检索的案件，应当在合议庭评议、专业法官会议及审理报告中说明检索情况或者制作专门的类案检索报告随档备查。类案检索报告包括检索主体、时间、平台、方法、结果、类案裁判要点及待决案件争议焦点等内容，同时对是否参照或参考类案进行分析说明。该意见基本指明了类案检索报告的制作内容，美中不足的是未强调对检索结果所属区域及效力层次进行划分，毕竟区域实际情况影响案件裁判结果，且就上诉审的压力而言，本区域上级法院的生效判决效力更高，更贴近本区域的实际情况。此外，要注意对类案不同判情形的特别标注，以保证类案检索及案情分析的全面性，减少裁判不公的风险。

2. 明确案例的援引形式和方式

关于案例的援引形式，主要包括明示援引和隐性援引。明示援引是指法官将案例以可识别的方式呈现，并作为裁判说理的一部分，其又分为主动援引和被动援引，前者是法官自行援引指导性案例进行裁判说理，后者是法官针对公诉机关或诉讼参与人提交的指导性案例在裁判说理中进行回应。而隐性援引则是指法官在裁判说理中虽然未对相关人员提交的指导性案例进行回应，但裁判结果与案例的精神是一致的。依据《最高人民法院指导性案例 2019 年度司法应用报告》，中国裁判文书网 2019 年度援引指导性案例的案件共 5104 例，其中，法官明示援引共 1948 例（主动援引 1205 例，被动援引 743 例），隐性援引共 2886 例，还有 21 例是法官在裁判文书正文之外所附的评析中进行的援引，另有 249 例系诉讼参与人或检察机关援引，法官只是基于案件本身进行回应。这充分暴露了我国当前案例援引形式的失范。由于明示援引能够方便地对接相关案例，便于以开放性的姿态接受法律共同体的监督，在形成法律共同体与社会良好互动的同时，制约法官权力滥用，做到合理引导公众。为此，《意见》规定人民法院对检察机关及诉讼参与人提交的指导性案例应当在裁判文书说理中予以回应，但在回应时应当如何引用具体的案例还有待进一步明确，如要指明指导案例编号、案例名称和裁判理由，甚至是裁判规则。

3. 定期进行数据库的清理和检索平台升级工作

在成文法系国家，案件的裁决主要依据成文法的规定作出，一旦成文法发生修订或废除的变化，依据该成文法作出的案件裁决也就失去了效力。以《民法典》的实施为例，现有的数据库平台中的案例是依托原有的民法体系构建的，因《民法典》的贯彻适用是一项比较庞杂浩大的工程，所以应当及早着手数据库的清理工作，以便应对《民法典》实施后加剧的类案检索风险。值得注意的是，清理工作需逐步进行，不能一味武断地将依据原单行法作出的判决一次性全部清理，否则《民法典》实施伊始将面临无案例可循的窘境。因此，可以考虑首先清理所依条文内涵发生重大变化的判决，随着《民法典》贯彻实施的深入，再考虑清理仅是条文体例发生变化的判决。此外，检索平台应当依据法官现实检索需求的变化，不断更新关键词，同时应当在官方的统一指导下进行算法更新，从而保证案例供给的一致性与全面性。

（三）案例检索的自由与放权

1. 适度放宽检索结果在新型疑难案件中的应用

新型疑难案件，顾名思义即难以在现有法律规定中找到明确依据，或者适用现有法律会导致裁判不公的案件。法官业务能力的优劣主要体现于新型疑难案件的处理。这是因为新型疑难案件大多表现为案件事实复杂、法律适用存在空白点，相关案例较少且可能彼此矛盾，又因信息不对称导致法律适用长期不统一，在不同地域、层级、法院形成的案例中很难找到相似案例，加之文书撰写水平的优劣和方式的差异，为寻找类似疑难案例更是蒙上了一层纱。然而，在寻找类似疑难案件存在瓶颈时，待决疑难案件的处理又将成为今后其他法官据以裁决需要参照的案例，导致部分法官诚惶诚恐。由于疑难问题的处理关键在于价值判断，对其非恰当处理很容易导致法律效果和社会效果背道而驰，这就有赖于法官在类案检索的基础上，借助自身丰富的社会经验和超强的知识储备，在秉持高尚职业道德和优良品格下，进行合理的价值判断与价值选择，继而作出情法理相统一的裁决。此时若过分地强调法官对检索案例的参照或许并不能适应当下案件裁决的需要，甚至会打消法官对新型疑难案件处理的积极性。因此，对于新型疑难案件的处理，要鼓励法官下大力气进行类案检索并制作较为详尽的类案检索报告，但同时应当保证法官对于个案的处理享有充分、合理的自由裁量权，不强求法官对类案检索结果的运用，以便法官更为细致地进行个案深度剖析和研究，为后来人提供更好的参照。

2. 合理调动诉讼参与人力量，协同配合类案检索

在民事诉讼中，原、被告双方处于平等的对抗地位。如若仅强调法官基于自身职权进行类案检索，不仅会加重法官的工作量，遗漏检索结果，还会削弱当事人对证据开示程序的主导，不利于凸显当事人在诉讼程序中的主导作用。从诉讼协同主义出发，类案检索应当是法官与诉讼参与人的共同义务，因此应当积极鼓励诉讼参与人进行类案检索，并向法院提交检索资料，引导诉讼参与人按照区域、生效时间、案例效力层级等进行案例排序，并根据案件审理情况提交相应的案例数量，在为法官减负的同时，引导当事人对待决案件形成合理预期。当然，作为诉讼主体一方的当事人在类案检索时具有很强的利己性，法官要注意基于自身的专业素养和合理的价值判断进行甄别。

3. 借助技术力量简化类案检索报告制作，实施正向考核激励

类案检索的直接目的是在简单问题上寻求共识，在疑难问题上找寻智慧之光。目前，全国民事案件数量高位运行，而司法辅助人员的配比因受地区经济、财政等因素影响在部分地区很难达到“一助一书”的要求，助理兼职书记员的现象并不鲜见。而类案检索报告的制作模式相对复杂，如果过分强求法官及其助理进行大量类案检索并制作检索报告，无异于雪上加霜。因此，要巧借科技力量，对依附于既有案例的报告内容，积极探索类案检索报告智能化生成或者半生成，减轻法官及助理的工作量，甚至可以考虑实现类案检索全过程的自动化路径存储，以更好地追踪类案检索流程，确保类案检索的全面性，这对于重大疑难案件而言至关重要。此外，为了推动类案检索机制运行，部分学者主张将类案检索的情况纳入案件评查机制，以加强对重点案件检索情况的监督，这固然是一种不错的监督方式，但在类案检索的运行初期，应当坚持奖大于惩的正向考核机制，不应对类案检索过程中存在的瑕疵过分苛责和放大，要实施正向激励，对于有瑕疵但不影响案件裁判的情形也可以考虑纳入加分项，以推动类案检索的全面展开。

（**作者简介**：刘霞，武汉市江汉区人民法院法官助理，现挂职于武汉市中级人民法院民二庭，法学硕士；田野，天津大学法学院教授）

参考文献：

[1] [美] 卢埃林：《荆棘丛》，明辉译，北京大学出版社 2017 年版。

[2] [美] 本杰明 · 卡多佐：《司法过程的性质》，苏力译，商务印书馆 2019 年版。

[3] 陈琨：《类案推送嵌入"智慧法院"办案场景的原理和路径》，载《中国应用法学》2018 年第 4 期。

[4] 于同志：《论指导性案例的参照适用》，载《人民司法》2013 年第 7 期。

[5] 李拥军：《"比"的思维传统与当代中国的司法适用技术》，载《法律科学》2018 年第 3 期。

[6] 沈宗灵：《佩雷尔曼的"新修辞学"法律思想》，载《法学研究》1983 年第 5 期。

[7] 郭叶、孙妹：《最高人民法院指导性案例 2019 年度司法应用报告》，载《中国应用法学》2020 年第 3 期。

[8] 孙海波：《指导性案例的隐性适用及其矫正》，载《环球法律评论》2018 年第 2 期。

[9] 赵彦：《司法裁判文书的网络检索路径》，载《学术交流》2015 年第 5 期。

[10] 李鑫：《从信息化呈现到体系性构建：判例运用视角下判例检索系统的建设与发展》，载《四川大学学报（哲学社会科学版）》2020 年第 2 期。

[11] 潘德勇：《疑难案件司法裁判的进路——事实属性与行为理性的视角》，载《社会科学》2018 年第 7 期。

[12] 杜国伟、杨红妆、高娟：《类案强制检索机制的程序化构造——基于协同主义诉讼模式的视角》，国家法官学院科研部"司法体制综合配套改革与刑事审判问题研究——全国法院第 30 届学术讨论会"获奖论文集，2019 年。

[13] 钟明亮：《发挥类案识别技术在审判中的应用价值》，载《人民法院报》2019 年 1 月 24 日。

类案检索背景下指导性案例的参照效力及其运作

侯晓燕

摘要： 类案检索赋予指导性案例优先的强制性、排他性的检索地位，但是对检索出的指导性案例参照效力仍定位不准。赋予类案检索背景下指导性案例优先裁判论据的效力既可消解指导性案例与制定法之间的张力，又可保障指导性案例引领“类案同判”、统一法律适用的功能等。裁判论据与裁判依据相对于裁判结果而言都是法官判案的裁判理由。而二者在发现与适用方面存在重要不同。指导性案例作为优先裁判论据的效力定位决定了其独特的发现与参照方法。实现指导性案例在司法实践中的优先裁判论据的效力及其运作还需要多方面的提升和改进等。

关键词： 类案检索　指导性案例　裁判论据　人工智能　法律方法

在类案检索制度背景下，法官审判疑难复杂案件时检索指导性案例成为必不可少的环节。类案检索赋予指导性案例明显的优势地位，为发挥指导性案例引领“类案同判”等作用提供了新的发展平台与机遇。但是《关于统一法律适用加强类案检索的指导意见（试行）》既未对被检索出的指导性案例的效力、参照技术进行细化或澄清，又未对法官不参照被检索出来的指导性案例提供明确的救济途径、方案与措施等。申言之，类案检索与案例指导制度之间存在诸多需要磨合、修缮、改进的空间。类案检索机制仅从形式上确立指导性案例引领“类案类判”的地位，对被检索出的指导性案例在具体应用实践中的实质参照效力界定模糊。具体表现有：类案检索报告中被检索出的指导性案例的具体参照部分缺乏明确的规定，指导性案例在检索数据库中的占比不大、数量不多，法律职业共同体对指导性案例缺乏广泛认知等。如果不解决指导性案例面临的上述困境，那么即使类案检索赋予指导性案例优先检索地位，仍无法实现通过指导性案例统一法律适用的目标与效应等。总之，明确类案检索背景下指导性案例的地位、参照效力、参照技术及其配套措施等不仅可以实现类案检索与案例指导制度之间的有效衔接与有机互动形成统一法律适用的合力，而且对推进中国法治进程建设等具有十分重要的价值和意义。

一、指导性案例在类案检索机制中的地位及其效力

（一）指导性案例在类案检索机制中的优先地位体现

在我国成文法语境下，指导性案例引领“类案同判”的地位是由最高人民法院的系列制度改革以及各项制度之间有机衔接、互动与配合并融贯性运作的结果。自 2010 年最高人民法院发布《关于案例指导工作的规定》以来，通过检索类似相关案例实现“类案同判”成为各项制度的重要内容。比如，2015 年《最高人民法院关于完善人民法院司法责任制的若干意见》提出要通过类案参考、案例评析等方式统一裁判尺度。2017 年《最高人民法院关于落实司法责任制完善审判监督管理机制的意见（试行）》明确规定要建立类案及关联案件强制检索机制。2017 年《最高人民法院司法责任制实施意见（试行）》要求法官在审判实践中应当进行类案以及关联案件检索。① 而上述对类案与关联案件的检索规定与案例指导制度之间缺乏有效互动，导致指导性案例与“类案检索”没有实现有机结合。而 2020 年 7 月 31 日生效的《关于统一法律适用加强类案检索的指导意见（试行）》最终明确赋予指导性案例在类案与关联案件检索中的优先地位。简言之，类案检索机制最为突出的贡献是承认并赋予了指导性案例在类案检索中的优先地位。“一旦在检索结果中出现了指导性案例，指导性案例就排除了其他类案的适用空间，法官就应当在尽可能的范围内参照指导性案例作出裁判结果。”②

指导性案例在类案检索机制中的优先地位具体表现在检索位阶、效力时间以及拘束力三个方面。第一，指导性案例比非指导性案例在检索位阶上具有优先性。当法官检索到类似的指导性案例时，可以不再检索其他非指导性案例。指导性案

①《最高人民法院司法责任制实施意见（试行）》第 39 条：“承办法官在审理案件时，均应依托办案平台、档案系统、中国裁判文书网、法信、智审等，对本院已审结或正在审理的类案和关联案件进行全面检索，制作类案与关联案件检索报告。”

② 孙光宁：《指导性案例在类案检索机制中的地位及其运作》，载《法律适用》2020年第12期，第18页。

例的检索位阶高于最高人民法院发布的公报案例、典型案例，高级人民法院发布的参考性案例，上一级人民法院以及本院生效的案件等非指导性案例。指导性案例成为法官类案检索的范围并作为首要检索对象。第二，检索出的指导性案例不受发布时间拘束。类案检索机制要求法官优先检索最近三年的案例或者案件。但是指导性案例可以不受该时间的限制。指导性案例的检索时效性明显优于其他非指导性案例。第三，检索出的指导性案例具有强制拘束力，而其他非指导性案件或案例仅具有弱拘束力。当法官检索出类似的指导性案例时，就应当参照指导性案例裁判。而检索出其他非指导性案例或案件时，法官可以参照也可以不参照这些案件裁判。

（二）指导性案例参照效力争议

如前所述，类案检索机制赋予指导性案例在类案检索机制中的优先地位，从形式上保障了指导性案例在统一法律适用进程中的优先性、指导性以及不可替代性。而这与指导性案例引领“类案同判”的司法实践要求还相去甚远。形式上的优先地位仍然可能在具体司法实践中被架空。唯有固定、统一、确立被检索出的指导性案例在审判实践中的具体参照效力才可评判类案检索与案例指导是否真正赋予了指导性案例引领“类案同判”的功能及效用。进言之，如果仅在形式上提供统一法律适用的规定与方式，那么指导性案例在具体司法实践中便仍会暴露出鲜见参照、隐性参照等与制度预设失范的实然应用现状。根据《关于统一法律适用加强类案检索的指导意见（试行）》第9条、《最高人民法院关于案例指导工作的规定》（以下简称《案例指导工作的规定》）第7条以及《〈最高人民法院关于案例指导工作的规定〉实施细则》（以下简称《实施细则》）第9条的相关规定，指导性案例的效力皆被定位为“应当参照”的效力。[①] 这种对指导性案例效力的模糊性表述与定位导致理论界与实务界对指导性案例的效力有不同的认知和观点。具体如下所示：

1. 指导性案例在实体法上的效力争议。我国作为制定法国家，对指导性案例的引入与适用面临的最大争议莫过于实体法层面的效力争议。关于指导性案例在实体法上的效力主要有“法律拘束力说”“事实拘束力说”“说服性效力”三种不

---

①《关于统一法律适用加强类案检索的指导意见（试行）》第9条：“检索到的类案为指导性案例的，人民法院应当参照作出裁判，但与新的法律、行政法规、司法解释相冲突或者为新的指导性案例所取代的除外。”

同的观点。首先，“法律拘束力说”认为指导性案例应当对各级法院的法官审判类似案件具有拘束力，法官应当依照指导性案例的裁判理念、裁判思维、裁判方式得出与指导性案例类似的裁判结果。指导性案例可成为法官裁判的依据。“在司法实践中，指导性案例的裁判要点既可以作为裁判说理依据引用，也可以作为裁判依据引用。”① 只有这样，指导性案例具有强拘束效力才能实现法律统一适用、维护司法公正等。其次，“事实拘束力说”认为指导性案例不应成为法官判例的依据和法律渊源。但是，一方面，指导性案例可凭借制度权威、审级约束的建构性推进成为法官自发参照的对象。另一方面，指导性案例可凭借自身优秀的裁判质量成为法官自觉参照的说理理由。指导性案例适用的形式制度权威与自身的优质裁判质量的实质权威使得指导性案例具备事实上的拘束力。但是指导性案例不能直接成为法官裁判的依据，否则案例指导制度会演化成判例制度，溢出我国的政治体制与司法成文法体系范围。最后，“说服性效力”认为指导性案例不应禁锢法官裁判自主权利，剥夺宪法赋予法官的独立审判权。指导性案例主要起到增强论证理由的辅助性作用。“指导性案例作为类案类判中的类案只能在法官的裁判活动中起到选择性、辅助性作用，不能因为成百上千个案件的相同判决结果直接决定当前案件的判决结论，这不仅是对法官自由裁量权的过度干预，也是对法官智慧的否定。”②

2. 指导性案例与司法解释的效力厘定。除了直接剖析指导性案例在实体法上的效力之外，间接厘清指导性案例与司法解释之间的关系等也对明确指导性案例的效力起着至关重要的作用。目前，对指导性案例与司法解释之间的关系有“区别说”“混淆说”“替代说”以及“互补说”等。首先，“区别说”认为司法解释是法官裁判的正式依据，是被法律职业共同认可的法律渊源。指导性案例仅仅是法官释法的一种形式，与司法解释的权威性不可比拟。指导性案例不能取得与司法解释相同的法律地位。是否具有“法源”地位是指导性案例区别于司法解释的根本依据。另外，党的十八届四中全会通过的《中共中央关于全面推进依法治国若干重大问题的决定》将司法解释与案例指导并行列举为统一法律适用的形式。《案例指导工作的规定》以及《最高人民法院审判委员会工作规则》都将遴选、发布、编撰指导性案例列为最高人民法院的职能之一。指导

① 胡云腾:《打造指导性案例的参照系》，载《法律适用》2018 年第 14 期，第 5 页。

② 魏新璋、方帅:《类案检索机制的检视与完善》，载《中国应用法学》2018 年第 5 期，第 77 页。

性案例在政策以及法律规定中皆被单独说明，指导性案例成为一种独立的释法形式，很难被司法解释所包含，无论是在“法源”地位还是在其他形式等方面两者存在根本区别和重要区别。其次，“混淆说”的观点源于1981年全国人民代表大会常务委员会《加强法律解释工作的决议》以及《人民法院组织法》第18条规定，[①] 该观点认为指导性案例就是司法解释，不具有独立存在的价值。根据上述规定，最高人民法院享有司法解释的权利，而指导性案例蕴含丰富的法律解释方法，指导性案例是最高人民法院行使法律解释权职能的表现形式，指导性案例就是司法解释。指导性案例本质是司法解释的一部分，只不过采用了指导性案例的方式进行。[②] 再次，“替代说”认为指导性案例中的裁判要点与司法解释的功能并无二致。“精心提炼的要点极大帮助了后案法官对指导性案例的准确理解和掌握，却也导致了指导性案例与司法解释的同质化。”[③]“替代说”又可细分为“指导性案例取代司法解释说”以及“司法解释取代指导性案例说”两种观点。前者认为司法解释是国家特殊时期的一种权宜之计，违背了我国的制定法体系，而案例指导制度可成为弥补制定法不足的正式制度，指导性案例以“一案一释”的新型方式完全可替代司法解释的功能。后者则认为，指导性案例属于与解释、决定、规定、批复并行的一种司法解释的形式，况且这样也能解决指导性案例效力不明的问题。指导性案例完全可被司法解释取代，成为司法解释的第五种具体形式。最后，“互补说”在承认指导性案例与司法解释是两种相互独立的存在基础上认为指导性案例与司法解释可以相互替代。该观点认为指导性案例在规则供给方面与司法解释相比具有时效性、灵活性、针对性等优势。而司法解释具有滞后性、概括性、模糊性，在此方面指导性案例可以弥补司法解释的不足。但是在指导性案例的法律地位方面，司法解释的法律地位可以为指导性案例地位正名。换句话说，对于发展成熟的指导性案例可以将其纳入司法解释，以使指导性案例获得正式的“法源”地位，解决指导性案例法律及效力地位不明的困境。

3. 指导性案例与非指导性案例的效力。在类案检索制度中，检索出类似的指

---

①《人民法院组织法》第18条：“最高人民法院可以对属于审判工作中具体应用法律的问题进行解释。最高人民法院可以发布指导性案例。”

② 雷磊：《指导性案例法源地位再反思》，载《中国法学》2015年第1期，第285页。

③ 马燕：《论我国一元多层级案例指导制度的构建——基于指导性案例司法应用困境的反思》，载《法学》2019年第1期，第187页。

导性案例时，法官“应当参照”指导性案例，可以不用再检索其他非指导性案例。如果没有指导性案例，检索到其他非指导性案例的法官可以参考非指导性案例作裁判。指导性案例与非指导性案例相比具有正式的拘束力，而非指导性案例则不具有强制拘束力。

（三）指导性案例在类案检索中的效力定位

上述对指导性案例效力的争议及其观点之间既有抵牾又有重合，对指导性案例的效力仍不能形成正确的界定。或者过于偏颇、片面，或者过于激进。具言之：第一，指导性案例的“法律拘束力”会破坏我国成为制定法体制机制，违背《宪法》《人民法院组织法》等对裁判依据的规定。第二，“事实拘束力”以及“说服力”观点皆忽视了案例指导制度特殊的制度权威，不利于司法体制综合配套改革的推进。第三，指导性案例与司法解释以及证据的最大区别是指导性案例通过具体案例的形式展示法律方法的操作及运用，此乃司法解释以及证据皆不具备的特质。因而，笔者认为，将指导性案例定为优先裁判论据的效力既解决了指导性案例与我国成文法体制的无法耦合问题，又使指导性案例在具体司法实践中的效力得以明确与保障。“为了以‘软着陆’的方式实现指导性案例统一法律适用的制度功能，指导性案例必须被作为一种优先性的论据予以检索和援引。”①

相对于裁判结果而言，裁判依据、裁判论据都是裁判理由。申言之，裁判论据是证成作为最终规范性基础的裁判依据的理由，裁判论据可作为证成裁判结果的外部证成理由。裁判依据是直接证成裁判结果的内部证成理由，可成为决定裁判结果的最终规范性理由。换言之，裁判论据缺乏规范基础，不能直接成为支持裁判结论的裁判依据。但它可以成为证成裁判依据与裁判结果的重要裁判理由，对裁判结果的完整性，裁判结果的可接受性以及检验法律适用的正确与否起着至关重要的作用。

指导性案例作为优先裁判论据是基于以下两个方面的考虑得出的：一方面，指导性案例作为优先裁判论据与《案例指导工作的规定》及其《实施细则》将指导性案例定位为裁判理由的规定不冲突。优先裁判论据是证成裁判依据以及裁判

---

① 吕玉赞：《如何寻找“裁判理由”：一种系统化的操作》，载《东方法学》2020年第3期，第107-108页。

结果的重要裁判理由，指导性案例优先裁判论据的本质及范围框定在裁判理由部分。另一方面，指导性案例作为优先裁判论据的效力是通过厘定、剖析最高人民法院出台类案检索以及案例指导制度的深层原因得出的。类案检索与案例指导的主要目的在于实现法律统一适用，贯彻落实《中共中央关于全面推进依法治国若干重大问题的规定》提高司法公信力的改革方向和基本纲领。而提高司法公信力是要改善法官不愿说理、说理不充分等现状。如前所述，裁判论据通常在裁判理由部分用以证成裁判结果的正当性、可接受性等。指导性案例是经过最高人民法院层面遴选与加工、整理后形成的，在裁判理念、裁判方法、裁判思维、法律解释、争议焦点归纳、法律适用、法外因素的引入等方面都具有指导作用，将其作为后案法官审判案件中的优先裁判论据对克服“同案不同判”等不良现象、提高司法公信力以及统一法律适用等可起到立竿见影的实效。

当前对裁判论据规定的规范性文件为《最高人民法院关于加强和规范裁判文书释法说理的指导意见》(以下简称《指导意见》)。根据《指导意见》第13条的规定，裁判论据包括：最高人民法院发布的指导性案例；最高人民法院发布的非司法解释类审判业务规范性文件；公理、情理、经验法则、交易惯例、民间规约、职业伦理；立法说明等立法材料；采取历史、体系、比较等法律解释方法时使用的材料；法理及通行学术观点；与法律、司法解释等规范性法律文件不相冲突的其他论据。但是《指导意见》将案例、学说、理论、法外因素、解释论据等杂糅为一体。对何为裁判论据，裁判论据的范围，裁判论据的性质类型，各项裁判论据之间的效力位阶以及如何寻找裁判论据等问题尚未形成规范化、系统化、共识性的认知。立法上缺失对寻找裁判论据的规定不可避免地造成司法实践中法官对裁判论据的择取会出现重复、遗漏、冲突、不充分等现象。规范裁判理由中的裁判论据的范围、效力及其位阶、性质、类型等是提高司法公信力、实现法律统一适用的重要途径。裁判论据包括案例型论据、文件型论据、论点型论据三种类型。文件型论据以及论点型论据相较于案例型论据，缺乏明确的可检索的索引主题、争议焦点以及体系结构等。案例型论据通常包揽不同类型法律争议、案情、法律关系、规范目的、法律原则等，这些具体化的要素成为支撑法官检索、寻找、发现案例型论据优先于非案例型论据的重要要素支持。在案例型论据中，分为指导性案例与非指导性案例。指导性案例是由最高人民法院专门遴选、编撰、发布，具有制度权威。指导性案例可成为案例论据中的优先检索援引对象。而类案检索赋予指导性案例强制优先检索效力以及排他性效力等，为指导性案例作为优先裁判论据提供了重要制度保障。总之，指导性案例作为优先裁判论据符合案例指导与类案检索对指导性案例的规定，在不与我国的审判体系以及制定法制度产生冲突的前提下，为指导性案例在司法实践中的具体效力实现了准确定位。

二、类案检索机制下指导性案例的参照技术

指导性案例的效力定位构成设置、择取指导性案例的参照方式与技术的认知基础。进言之，基于指导性案例不同的效力认知，对检索出来的指导性案例对应不同的参照技术与方式。当指导性案例的效力定为裁判依据时，法官要依照传统的三段论式的演绎推理方法将指导性案例的裁判要点涵射到待决案件作为裁判依据。当指导性案例作为说服理由时，法官可将指导性案例视为法外因素，并不必然要论证参照指导性案例的必要性及可行性等。既然本文将指导性案例的效力作为优先裁判论据。裁判论据与裁判依据的发现所遵循的原则亦存在不同，裁判论据不会给法官提供与规范性法律文件的体系性索引相类似的方便。但指导性案例作为优先裁判论据的发现、检索及参照等技术可呈现出人工智能、大数据、法官、当事人等多要素协同、互动、参与及配合的“人机合一”的技术方法。换言之，指导性案例检索参照技术要遵循以下两个基本原则：一是宏观上检索出的指导性案例要遵循问题思维导向，通过人工智能、大数据检索出相关指导性案例；二是微观上则要将基本案情、争议焦点以及法律适用作为比较对象并运用类比推理方法比较案件的相似性。具体如下所示。

（一）利用人工智能和大数据技术发现相关指导性案例

在我国制定法语境下，法律规范、司法解释等规范性法律文件作为裁判依据虽然数量庞大、种类繁多，但是法官可根据规范性法律文件的体系性、位阶等检索出相关的裁判依据。详言之，对于简单案件，法官可根据审判经验等径行发现相关裁判依据，当法官遭遇案情以及法律适用复杂的疑难案件时，对于长期接受三段论裁判方式训练的法官也可通过部分法类型、法律效力位阶、新旧规范适用、法律原则的适用条件等对裁判依据进行法律发现。但是，指导性案例作为优先裁判论据与作为裁判依据的规范性法律文件相比，缺乏体系性、明确的效力位阶、尚未固定指导性案例裁判规则的具体类型等。导致法官检索

与发现相关指导性案例缺乏明确的路径指引与发现方法，出现“找据”的困境。而在人工智能与大数据迅猛发展的背景之下，可将人工智能与大数据技术应用到指导性案例发现的过程中。指导性案例的发现主要有以下三个阶段：第一阶段，利用大数据挖掘技术可能索引出一个或数个相关或不相关指导性案例。当法官在审判实践中遇到疑难复杂案件时，可通过输入案由、关键词、争议焦点、基本案情、法律适用、关联法条等利用大数据挖掘技术索引出相关指导性案例。第二阶段，利用大数据清洗技术，进一步筛选出与案例匹配度最高的指导性案例。这是因为仅靠大数据挖掘技术可能会检索出大量与待决案件某个要素相似或相关的指导性案例。也可能由于编码错误或者“黑箱效用”检索不到指导性案例等。由于此种情况超出了指导性案例参照运作的范围，本文对此不作过多的回应和讨论。换言之，大数据挖掘技术尚不能精准地直接挖掘出与待决案件相似的那个指导性案例。必须对初步挖掘出的相关指导性案例进行清洗以筛选出与待决案件最为相似的指导性案例或者指导性案例群。第三阶段，运用大数据可视化技术处理将大数据挖掘与清洗后的案例数据以图像、文字或者图形的形式进行处理，并以静态或者动态的形式呈现在计算机屏幕上。具体而言，一方面，大数据可视化技术可以展示检索出的指导性案例的具体情况，如指导性案例在裁判文书中起到何种作用，指导性案例是主动还是被动参照，指导性案例的启动主体为何，是否实现了“类案类判”，有没有被推翻，法院适用指导性案例的地区、层级。另一方面，大数据可视化技术可预判司法实践需要何种指导性案例，指导性案例的使用频率，指导性案例是否与法律规范、司法解释以及指导性案例之间存在冲突等，对大数据收集、挖掘、清洗出的数据进行收集并将其实时呈现出来，对“类案检索”走向“类案推送”起到不可或缺的作用。

（二）通过关键事实运用区别技术比对案件相似性

判断指导性案例与待决案件是否成相似是实现指导性案例优先裁判论据效力的必经环节与步骤。运用人工智能和大数据技术检索出的指导性案例与具体待决案件可在案由、诉讼标的、法律关系、行为、因果关系、后果、过错、主体、客体等存在一个或多个要素之间的相似或不相似。指导性案例与待决案件是否为“类案”基于不同的比较基点从不同的角度会得出不同的答案，这些答案都可作为支撑判断相似性结论的一种理由。“任何两个案件不可能在所有的事实和细节方面都是相似的，最起码在争议发生的时间和地点方面总是不同。”[①] 而由于目前缺乏对待决案件与指导性案例相似性判断的基点或要素统一、明确的规定，导致法官在待决案件中恣意扩展、限缩以及隐性适用指导性案例等诸多指导性案例适用失范现象频发。

关键事实是决定裁判结果、形成裁判理由的充分必要条件，成为法官运用区别技术判断案件是否属于“类案”的操作对象。“从普通法的经验来看，使用‘关键事实’这一概念，能够更好地作为区别技术的操作标准。”[②] 关键事实是直接决定案例法律适用的事实，也是典型的法律事实。法官可根据指导性案例的部门法领域、裁判要点的类型、指导性案例中适用的法律方法以及倒置检验法判断案件中的事实是否为关键事实。识别关键事实主要有以下三条路径可供参考。首先，不同部门法领域的指导性案例的关键事实存在根本不同。比如，在民商事案件中，可分为合同、物权、侵权、人格权、婚姻、继承等不同的案件类型，根据指导性案例依据的法律规范，分析其中的法律关系分离关键事实。比如，指导性案例 23 号属于侵权合同纠纷，根据指导性案例 23 号的相关法条——《食品安全法》第 96 条框定的法律关系可分离以下关键事实要素：消费者主体的资格、法律行为（消费合同行为和欺诈行为）以及请求权基础（侵权抑或惩罚性赔偿）、客体（是否购买的生活消费产品）、过错等。总之，待决案件与指导性案例之间的对比要点宜以案件法律关系为框架体系，形成以具体行为、法律关系主体、客体以及内容（权利与义务）为要点的相似性对比标准。[③] 其次，不同类型的指导性案例发现关键事实的场域也不同。指导性案例的裁判要点分为法律解释型、法律续造型以及政策宣示型。[④] 法律解释型的指导性案例的关键事实围绕解释方法指向的对象。法律续造型的指导性案例的关键事实则主要是法律规范出现空白的具体情形。政策宣示型的指导性案例的关键事实会围绕政策、法律目的及其价值所根据的事实。最后，关键事实的倒置检验发现方法，是指若除去案件中某一事实或要素发生裁判结果

---

①［美］理查德·瓦瑟斯特罗姆：《法官如何裁判》，孙海波译，中国法制出版社 2016 年版，第 25 页。

② 孙光宁：《区别技术在参照指导性案例之司法实践中的应用及其改进——以指导性案例第 24 号为分析对象》，载《法学家》2019 年第 4 期，第 103 页。

③ 雷槟硕：《指导性案例适用的阿基米德支点——事实要点相似性判断研究》，载《法制与社会发展》2018 年第 2 期，第 93 页。

④ 侯晓燕、王立峰：《论指导性案例裁判要点的类型化适用方式》，载《河北法学》2020 年第 38 卷，第 194–196 页。

的更改，则该事实或要素就是关键事实，否则是非关键事实。由上可知，发现关键事实并不能形成一个具体的操作规范。然而，大多数案件的关键事实中必不可少的要素为争议焦点，争议焦点又可细分为事实争议焦点以及法律争议焦点。考察两案或数案是否属于“同案”，并不是从程序意义上讲的，而是从不同案件中所争议的问题即诉讼争点角度而言的。①

若关键事实各要素之间存在根本区别，法官可根据区别技术判断案件不具备相似性，实现指导性案例的正当背离。区别技术对法官运用类比推理得出案件是否构成“类案”的结果起着根本作用。区别技术是对司法过程中对相关或类似的要素进行区分以寻找要素间的差异，从而选择不同的法律适用，形成不同的裁判结果。② 区别技术主要考察构成关键事实各个要素之间是否构成相似，当关键事实中的各个要素构成相似时，可判断案件构成相似，法官可参照援引指导性案例作为优先裁判论据得出裁判结果。

（三）充分听取当事人及代理人对指导性案例适用的意见

现代法治理念的基本要求是多元参与及协商，待决案件的法官回应当事人、代理人及其他诉讼参与人对指导性案例的检索参照意见契合现代法治的基本理念。质言之，判断是否应当将指导案例作为证成待决案件裁判结论的优先裁判论据不能成为法官的独白。一方面，当事人及代理人等通常对案件较为熟悉，可帮助法官确认待决案件是否与指导性案例构成相似，进而判断是否应当引用指导性案例作为证成待决案件结论的裁判论据；另一方面，当事人及代理人作为案件裁判结果的直接或间接利益相关者，在基于胜诉目的的驱动下，具有参与指导性案例的检索、参照适用的主观积极性。总之，充分听取当事人及代理人对指导性案例适用的意见可防范法官在司法实践中不当适用指导性案例。法官与当事人、代理人之间对指导性案例参照适用情况形成有序互动关系，不仅可推动实现指导性案例作为优先裁判论据程序的公开透明化，而且还有助于提高指导性案例适用结果的可接受性等。但由于目前缺乏对当事人及代理人等主张指导性案例作为待决案件优先裁判论据而法院对此未回应或者拒绝回应等情

---

① 冯文生、平宏民：《“同案异判”问题研究》，载舒国滢主编：《法学方法论丛》（第一辑），中国法制出版社2012年版，第283页。

② 李红海：《判例法中的区别技术与我国的司法实践》，载《清华法学》（第六辑），第195页。

况是否属于上诉或再审理由的明确规定，易导致法官对当事人及代理人适用指导性案例的请求重视程度不足的现象。因而，为保障法官充分吸收当事人及代理人的意见，还应当完善当事人及代理人主动提出将指导性案例作为优先裁判论据主张的救济方案与机制等。

三、完善指导性案例检索参照的方向及配套措施

《指导意见》与《案例指导工作的规定》及其《实施细则》缺乏参照指导性案例的奖惩、监测、约束、反馈机制和渠道以及应对指导性案例参照适用困境的救济方案等。为实现指导性案例引领“类案同判”的司法目标，还需对以下四个方面进行改进和提升。

（一）保障指导性案例的数量、类型足够丰富与多元

“就案例指导制度而言，比较现实的选择就是大幅度提升指导性案例的数量和类型，这不仅能够推动法官形成对指导性案例的路径依赖，更能够为区别技术的掌握和数量提供必要的素材。”① 面临纷繁复杂的案件纠纷，单一指导性案例提供的裁判规则尚不足以应对司法实践中所有的纠纷与矛盾冲突等。指导性案例呈现出涵射面窄、辐射范围小的局势。比如，指导性案例 24 号中的裁判要点为道路交通事故中，无过错的受害人患有特殊体质造成损害结果扩大的，不应成为减轻侵权人责任的法定事由。那么司法实践中会出现多种情况尚无法明确的情形。首先，在案由方面，指导性案例 24 号的案由是道路交通事故，那么当出现案由为医疗事故纠纷，人身损害案件是否可以参照适用指导性案例 24 号裁判？仅凭指导性案例 24 号提供的裁判规则无法获得确定的答案。其次，在因果关系方面。指导性案例 24 号中受害人的损害与侵权人的加害行为之间构成直接因果关系。对于其他道路交通事故中受害人与加害人的加害行为之间构成间接因果关系的情形缺乏相应的指导性案例。最后，指导性案例 24 号中受害人患有骨质疏松的特殊体质，属于一种常见的老年人慢性疾病。而对受害人患有血友病、成骨不全或者先天性心脏病等体质类型是否与指导性案例 24 号中受害人的特殊体质类似，也没有其他的指导

---

① 孙光宁：《区别技术在参照指导性案例之司法实践中的应用及其改进——以指导性案例第 24 号为分析对象》，载《法学家》2019 年第 2 期，第 102 页。

性案例为此提供答案。不过，最高人民法院遴选出的其他指导性案例已经能够与其他指导性案例之间相呼应，致力于改善单一指导性案例裁判规则单一、辐射面窄的现象。比如，对于死刑缓刑限制减刑的规定，最高人民法院公布了指导性案例 4 号“李某故意杀人案”和指导性案例 12 号“王某才故意杀人案”两个案例。死缓限制减刑不仅适用于因恋爱、婚姻矛盾造成的故意杀人情形，还包括其他因民间矛盾造成的故意杀人情节。扩展了指导性案例 4 号中“民间矛盾”的外延，扩大了指导性案例 4 号的适用范围。

最高人民法院对第 20 批以及第 21 批指导性案例采取专题化的发布形式。采取这种专题化形式公布指导性案例着重于解决某一特定法律问题并围绕特定法律问题的内涵与外延等形成一个案例群。有助于为后案法官判断是否应当参照适用指导性案例提供可资借鉴的论证数据等。根据指导性案例裁判要点的不同性质，将指导性案例划分为道德宣示型、漏洞补充型以及法律解释型三种类型。不同类型的指导性案例在司法实践中的功能也不同。

（二）统一指导性案例的参照部分

统一指导性案例的参照部分对实现指导性案例的规范化援引以及推动法官主动适用指导性案例、改善指导性案例适用或适用混乱的现象具有重要作用。进而，可巩固指导性案例作为优先裁判论据的效力地位。中国的指导性案例的体例结构与德国《新法学周刊》中对判例编写的体例结构类似。指导性案例由标题、关键词、相关法条、裁判要点、裁判理由、案件事实、裁判结论七个部分组成。而学术界以及司法实践对指导性案例的参照对象或参照部分形成不同的观点与实践。主要观点有“裁判思路说”“裁判结论说”“单一要点说”“双标准说”以及“整体参照说”。其一，“裁判思路说”对应“整体参照说”，主张法官应当将指导性案例的全部内容作为参照适用的对象。“在指导性案例参照内容的区别上，应建立以裁判要点为主但不局限于裁判要点的全案例指导的多元参照体系。”[①] 主张该观点的理据是为防范指导性案例的裁判要点的抽象性及裁判理由的概括性导致后案法官断章取义曲解指导性案例，出现违反“类案类判”的操作或者僵化适用指导性案例违背个案正义的实践困境等。而依照

---

① 付玉明、汪萨日乃:《刑事指导性案例的效力证成与司法适用——以最高人民法院的刑事指导性案例为分析进路》，载《法学》2018 年第 9 期，第 173 页。

“裁判思路说”及“整体参照说”的观点引入指导性案例的原审裁判文书作为后案法官的参照对象不失为更好的选择。原因在于指导性案例的原审裁判文书中包括事实认定、法律方法择取、法律推理方法的使用、裁判结论的法律论证以及考量的现实情境等多方面的综合判断。其中所蕴含的裁判理念、法律适用技巧、价值衡量因素等对后案法官的审判实践可提供细致的指导、引导。引入原审裁判文书并将其作为参照对象是通过“授人以渔”的方法为后案法官应对、解决疑难复杂案件提供指导。其二，“双标准说”认为应当将裁判要点与裁判理由共同作为法官参照适用指导性案例的参照对象。原因在于原审裁判文书过于烦琐，不同的法官根据不同的视角与倾向对原审裁判文书的裁判理由、裁判规则会形成不同的理解与解释。导致无法实现指导性案例统一法律适用的价值。况且，在我国成文制定法国家背景下，指导性案例之所以具有在全国范围的指导力以对个案的指导性，与最高人民法院的行政化力量推进等密不可分。指导性案例的原审裁判文书唯有经过最高人民法院审判委员会的加工与编撰才具有与司法解释类似的指导全国法院审判的效力。指导性案例的裁判要点是基于裁判理由而得出的，但是裁判要点过于抽象概括、模糊，易出现无法为后案提供可适用的裁判规则的情况。而裁判理由中包括法官裁判的理念、运用的法律方法以及对事实与规范涵射的论证理由等。其三，“单一要点说”与“裁判结论说”认为，指导性案例虽然以个案形式呈现，但真正起作用的是从中提炼的裁判要点，裁判要点在形式上、结构上与司法解释条文基本一致。① 笔者认为，裁判理由和要点都应当成为参照的对象，成为指导性案例作为后案裁判论据的载体。②

（三）通过程序措施完善指导性案例检索参照的救济途径

指导性案例由最高人民法院发布，但在我国四级二审终审的审级制度安排之下，尽管上级法院的案例不具有正式裁判理由的地位，但是法官为防止自己的裁判被改判或者发回重审等也会主动隐性参照适用上级法院的判例。在大多数案件都由基层法院或中级法院作为一审法院的情况下，最高人民法院的判

---

① 姜远亮：《指导性案例与司法解释的关系定位及互动路径——以刑事审判为视角》，载《法律适用》2019 年第 8 期，第 11 页。

② 曹志勋：《论指导性案例的“参照”效力及其裁判技术——基于对已公布的 42 个民事指导性案例的实质分析》，载《比较法研究》2016 年第 6 期，第 117 页。

例很难直接触及一审法院的范围。基层法院对中级法院的案例，中级法院对本省、自治区、直辖市高级法院的案例更加青睐，而不会有太多的动力去检索参照与自己审判结果没有直接作用的最高人民法院的案例。必须通过程序措施改善法官消极对待指导性案例的情形。一方面，当事人可将法官对待指导性案例的检索、比较及其适用等作为上诉、申诉的理由。对于未生效的裁判文书，当事人认为法院不当适用指导性案例的可以以此作为上诉理由。当二审法院认为案件适用指导性错误的，可以改判、撤销或变更原裁判。当二审法院认为原审案件事实不清，影响与指导性案例事实间的相似性比较、判断，进而影响到指导性案例的参照适用结果时，二审法院可以撤销原审裁判发回重审或者查清案件事实后对是否应当参照适用指导性案例直接作出裁判。当上诉法院认为法院不当参照适用指导性案例时可以作为撤销裁判或者改判的理由，从间接上增强指导性案例适用的法律拘束力。对于已生效的裁判文书，当事人认为法官适用指导性案例不当的，可以向上一级人民法院或者同级人民检察院申诉。另一方面，法院应主动审查法官适用指导性案例情况。根据《人民法院组织法》的规定，最高人民法院对各级法院以及上级法院对下级法院在审判实践中出现法律适用错误的情形可以提审或者指令下级法院再审。具体而言，当法院的院长发现本院法官的裁判应当参照适用指导性案例而没有参照适用指导性案例裁判，且法官没有作出背离指导性案例裁判的论证理由，出现与指导性案例背离的裁判结果时，院长认为应当再审的，可以指导性案例适用错误为由提交审判委员会讨论。而最高人民法院作为指导性案例唯一权力发布机关，也应当履行监督指导性案例适用的义务。当最高人民法院发现指导性案例适用错误时，可以提审或者指令下级法院再审。指导性案例参照适用分为案件事实以及法律适用的参照适用。

（四）建立指导性案例冲突的解决机制

在我国制定法语境下，正式法源及其法律效力的位阶依次有宪法、法律、行政法规、地方性法规与行政规章。《实施细则》第 12 条规定，指导性案例与新的法律、行政法规、司法解释相冲突以及为新的指导性案例所取代的，不再具有指导作用。但是尚未规定指导性案例与宪法、地方性法规（自治条例和单行条例）以及行政规章冲突的效力孰轻孰重。本文认为，第一，宪法是我国的根本法、母法，任何与宪法相冲突的规范性与非规范性法律文件都不再具有效力。因此，当指导性案例与宪法相冲突时当然无效。第二，当地方性法规与指导性案例相冲突时，地方性法规的效力位阶低于宪法、法律、行政法规。当地方性法规与宪法、法律、行政法规且与指导性案例相冲突时，地方性法规无效。但是当地方性法规仅与指导性案例相冲突时，则需明确效力位阶。由于二者在制定机关以及调整范围上存在不同，地方性法规由本级人民代表大会及其常委会制定，仅在本行政区域内有效，用以调整本行政区内的事项等；而指导性案例由最高人民法院颁布，具有在全国范围的指导力。当指导性案例与地方性法规出现冲突时，应当提交给最高人民法院。当最高人民法院认为应当适用地方性法规的，应当适用地方性法规。而当最高人民法院认为应当适用指导性案例的，则应当提交给全国人大常委会裁决。第三，当指导性案例与行政规章冲突时，首先应当看行政规章是否与宪法、法律、行政法规、地方性法规冲突。当行政规章与宪法、法律、行政法规、地方性法规以及指导性案例都存在冲突时，行政规章当然无效。而当指导性案例与行政规章的规定出现冲突时，应当由最高人民法院与国务院共同决定。

结语

固定指导性案例优先裁判论据的效力对以统一法律适用为目的的司法综合配套制度改革中的组织机构设置、治理制度保障、司法治理技术创新等多个环节都起着核心的作用。指导性案例作为优先裁判论据的效力从实质上保障了指导性案例在裁判活动中的效力，对实现指导性案例由引领统一法律适用过渡到法官正确法律适用的最终目标具有不可或缺的价值。法官应当积极学习并了解指导性案例的效力，将指导性案例的参照贯穿于审判疑难复杂案件的全流程。使指导性案例来源于审判实践并服务于审判实践，不断提高我国的法治水平以及司法公信力，加速推进中国法治的进程等。

[**作者简介：**侯晓燕，山东大学法学院（威海）博士研究生]

参考文献：

[1] [美] 理查德·瓦瑟斯特罗姆：《法官如何裁判》，孙海波译，中国法制出版社 2016 年版。

[2] 冯文生、平宏民：《“同案异判”问题研究》，载舒国滢主编：《法学方法论丛》（第一辑），中国法制出版社 2012 年版。

[3] 孙光宁：《指导性案例在类案检索机制中的地位及其运作》，载《法律适用》2020 年第

12 期。

［4］胡云腾:《打造指导性案例的参照系》，载《法律适用》2018 年第 14 期。

［5］魏新璋、方帅:《类案检索机制的检视与完善》，载《中国应用法学》2018 年第 5 期。

［6］雷磊:《指导性案例法源地位再反思》，载《中国法学》2015 年第 1 期。

［7］马燕:《论我国一元多层级案例指导制度的构建——基于指导性案例司法应用困境的反思》，载《法学》2019 年第 1 期。

［8］吕玉赞:《如何寻找“裁判理由”：一种系统化的操作》，载《东方法学》2020 年第 3 期。

［9］孙光宁:《区别技术在参照指导性案例之司法实践中的应用及其改进——以指导性案例第 24 号为分析对象》，载《法学家》2019 年第 4 期。

［10］雷槟硕:《指导性案例适用的阿基米德支点——事实要点相似性判断研究》，载《法制与社会发展》2018 年第 2 期。

［11］侯晓燕、王立峰:《论指导性案例裁判要点的类型化适用方式》，载《河北法学》2020 年第 38 卷。

［12］李红海:《判例法中的区别技术与我国的司法实践》，载《清华法学》(第六辑)。

［13］付玉明、汪萨日乃:《刑事指导性案例的效力证成与司法适用——以最高人民法院的刑事指导性案例为分析进路》，载《法学》2018 年第 9 期。

［14］姜远亮:《指导性案例与司法解释的关系定位及互动路径——以刑事审判为视角》，载《法律适用》2019 年第 8 期。

［15］曹志勋:《论指导性案例的“参照”效力及其裁判技术——基于对已公布的 42 个民事指导性案例的实质分析》，载《比较法研究》2016 年第 6 期。

类案检索制度若干问题研究

——案件类型、检索范围、检索方法及冲突解决

王秀丽　王东义

摘要： 随着司法改革的深入推进，2017年《最高人民法院司法责任制实施意见（试行）》明确了法官在审理案件过程中应当进行类案检索。由此，类案检索机制从制度层面被确立下来。但在类案检索实践中，仍然存在诸多问题和争议。本文主要从类案检索制度的现实意义、法官案件审理时应当进行类案检索的案件类型、类案检索的案件来源范围界定、类案检索方法、类案检索中的常见冲突问题解决五个方面进行类型化探索，为案例检索工作提供理论和实践指引。

关键词： 类案　检索方法　冲突解决

一、类案检索对于司法审判的现实意义

"同等情况同等对待"是法治的应有之义。规范法官自由裁量权，实现同类案件同类判处，统一法律适用标准，向来是审判实践中不可逾越的话题。从最高人民法院"二·五改革纲要"到发布《关于案例指导工作的规定》，再到《中共中央关于全面推进依法治国若干重大问题的决定》，都不同程度地明确要通过案例指导工作来统一法律适用的标准。案例指导工作在一定程度上起到了统一裁判尺度、总结审判经验的作用。但在目前我国审判实践中，同类案件出现不同裁判结果的现象仍时有发生，究其原因，主要是法官对案件的自由裁量权过大，法官在行使自由裁量权时没有成文或不成文的制约机制，致使作为不同独立个体的法官在面临如何确定自由裁量权范围的合理权利边界时，因其各不相似的认知水平、个人阅历、裁判当时所处的各种外部环境等因素而产生不同的理解，甚至发生自由裁量权的有意滥用现象。因此，建立规范有序的类案检索制度显得极为必要。

随着新一轮司法改革的深入推进，《最高人民法院司法责任制实施意见（试行）》明确地创设了类案与关联案件检索制度，要求法官在办理案件时，应当进行类案检索。类案检索制度既是落实司法责任制的重要内容。同时通过对相同或类似案件适用相同的裁判规则，采纳相同的标准，可以对法官的自由裁量权形成充分有效的制约。[①] 因此，类案检索制度对落实司法责任制、规范法官自由裁量权、统一法律适用标准、提升案件裁判质量、维护司法公正与公信具有重要的现实意义。

二、科学确定应当进行类案检索的案件类型

（一）目前状况及存在问题

自类案检索制度创设以来，一些地方法院也做了一定的有益探索，如江苏省高级人民法院在其 2020 年 7 月 14 日审委会讨论通过的《关于建立类案强制检索报告制度的规定（试行）》中规定了在审理案件过程中，对法律规则适用不明、新类型、合议庭对于法律适用问题存在重大分歧、拟作出裁判与本院或上级法院的类案裁判可能发生冲突、相关诉讼参与主体提交类案生效裁判支持其主张、院庭长依照审判监督管理权限要求进行类案检索的案件，应当进行类案检索。最高人民法院在 2020 年 9 月 14 日发布的《最高人民法院关于完善统一法律适用标准工作机制的意见》（法发〔2020〕35 号）中明确：对于拟提交专业法官会议或者审判委员会讨论决定、缺乏明确裁判规则或尚未形成统一裁判规则、院庭长根据审判监督管理权限要求进行类案检索的案件，应当进行类案检索。上述规定对应当进行类案检索的案件更倾向于用类型化列举的方式加以呈现，且均以院庭长审判监督管理权限为切入点，作兜底性规定。此类规定对办案人员确定类案检索工作的案件类型提供了具体可操作的依据，值得肯定。另外，也存在两个值得商榷的问题：一是存在分类标准的不周延问题。在这种分类下，一个案件既可以是新类型案件，也可以同时是合议庭重大分歧的案件，还可以同时是缺乏明确裁判规则的案件。二是将兜底性规定的实现交给院庭长监管职权，是否有利于司法责任制落实问题。

---

① 郝艳兵：《法律统一适用的中国语境：以案例指导制度为切入点的考察》，载《山东警察学院学报》2015 年第 5 期。

（二）科学分类检索类案的类型

按照类案检索制度的创设目的，其主要在于规范法官自由裁量权，实现同类案件同类判处，统一法律适用标准。因此，按照类案检索的功能作用，应当进行类案检索的案件范围分为两大类：一是某类案件的处理，在现有法律体系之下缺乏相应裁判规则。即法律对该类案件存在空白或漏洞，因而需要通过检索类案的方法力求同类案件得到同类判处，统一法律对该类案件评判的标准，防止法官自由裁量权的不规范行使。此时，类案检索起到填补法律空白、补充法律漏洞的作用。实践中，新类型案件就是最典型的此类案件。二是某类案件虽有对应的裁判规则，但该规则规定的自由裁量权幅度过大，法官在过大的自由裁量幅度范围内寻求最佳裁判点所要判断的因素往往是见仁见智，各不相同。如果不进行类案检索进而借以作为此类案件裁判的参照与平衡，将不可避免地出现这样一种现象：同类案件在不同法院甚至同一法院会产生严重失衡的裁判。此时，类案检索起到解释、明确、细化现有法律规则的作用。不管是填补法律空白、补充法律漏洞，还是释法，也正是在这两种情况下，类案检索才能发挥其应有的制度价值。

三、明确类案检索的案件来源范围

（一）最高法院发布的相关案例

在确定了哪些案件需要类案检索之后，更为重要的是明确哪些案件可供法官检索参考。可供检索的类案是法官形成裁判的重要参照，因此类案来源的范围直接影响案件裁判的质量。就目前的审判实践而言，获得普遍认可的检索案例的范围主要有：最高人民法院发布的指导性案例、最高人民法院相关业务部门发布的典型案例和作出的生效裁判。

1. 最高法院发布的指导性案例

最高法院发布的指导性案例作为对下级法院审判工作的指导，发挥着对成文法弥补的作用，是在成文法空缺，或者成文法不明确、有争议的情况下，通过确定案例的方式，为司法裁判提供类似案件的审理方法。我国的案例指导制度经过十多年的发展，形成了相对比较成熟的工作模式。指导性案例要经过遴选、审查、报审及审委会讨论等严格程序，并对发布形式和载体作了明确规定。最高人民法院审委会讨论决定的指导性案例，统一在《最高人民法院公报》、最高人民法院网站、《人民法院报》上以公告形式发布。① 正是因为经过层层遴选、报审并最终经过最高人民法院审委会讨论，该类类案的质量具有较高可信度，且因指导性案例的数量十分有限，只要法官平时及时学习掌握相关领域的指导性案例，在碰到此类案件的处理时，就可不用过分花费额外的精力来检索。

2. 最高法院相关业务部门发布的典型案例和作出的生效裁判

该类案例往往是由最高法院各业务部门针对相应法律部门在审判实践中常见的法律理解与适用、政策把握等问题发布的案例。该类案例更多的是发挥了案例的释法功能。该类案例的主要表现形式有最高法院民一庭编的《民事审判指导与参考》、行政庭编的《中国行政审判指导案例》、五个刑庭编的《刑事审判参考》、审监庭编的《审判监督指导》及各相关业务庭发布的典型案例，诸如扫黑除恶案例、毒品案例、环境资源案例、未成年人保护案例等。法官及时准确学习掌握该类案例裁判中所体现的自由裁量权行使原则与规则，有利于在全国范围内实现同类案件法律适用及裁判标准的统一。上述两类案例不论从案例质量方面，还是从其效力的空间范围方面，都应当列为类案检索的范围。

（二）高级法院发布的参考性案例和典型案例

按照最高人民法院授权，大多数高级法院也在其各自省、直辖市、自治区范围内发布参考性案例和典型案例。对于此类案例是否应当作为类案检索的范围。此类案例因能够指导其本省辖区三级法院对类案的裁判，确保与本地社会经济发展水平相适应的统一的法律适用标准及自由裁量尺度，故其在本省、直辖市、自治区范围内可以作为类案检索案例的来源。该类案例能否作为其他高级法院检索类案的来源，作为参照适用，一般而言是不行的。除非经最高法院审批发布转化为全国性的指导性案例或典型案例。实践中会发生一种情况：某类需要进行类案检索的案件没有最高法院发布的指导性案例、典型案例或最高法院的生效裁判可参照，但却有其他省份的案例可供参照。

（三）中基层法院应谨慎发布案例

此外，部分中基层法院为总结审判经验，也在积极探索发布可供本辖区内参

① 刘作翔：《中国案例指导制度的最新进展及其问题》，载《东方法学》2015 年第 3 期。

考的案例。对此，原则上应当持谨慎态度。究其原因，首先，从类案检索制度的体系化来看，发布案例主体的多元化会导致案例发布体系混乱。其次，从不同法院层级的功能来看，中基层法院的主要功能定位是司法办案，而高级法院的相当一部分功能和最高法院的主要功能应当是对下指导。最后，从法律适用标准的统一范围及效率来看，中基层法院可以通过现有案例报送机制向高级法院或最高法院报送相关案例。

综上，类案检索的范围应当确定最高法院和高级法院两个层级的上述三大类案例。

四、类案检索方法

（一）不同类型案件类案检索平台的选择

1. 目前状况及存在问题

目前，我国类案检索平台有最高法院部署的全国性的，诸如中国裁判文书网等。这类检索平台从案件类型上基本涵盖了民商事、刑事、行政、国家赔偿、执行异议及复议案件，从审判程序级别上涵盖了一审、二审、再审、复核等各类程序案件。也有各地方高级法院建设的地方性的，诸如浙江审判业务管理系统，在案件管理栏目设有查询跟踪功能，其中一项设置就是关联案件检索，法官可以根据案件类型、当事人、时间段等条件检索关联案件。还有，浙江法院裁判文书检索系统，集成发布全省三级法院裁判文书，通过筛选案号、案由、当事人、地区、法院名称、审判程序、结案时间等条件可较为精准地查找关联案件。[①] 可谓内容丰富、庞杂。既有以电子数据表现形式呈现的，也有以纸质出版物形式呈现的，可谓形式多样。但当法官面临个案时，对类案检索平台的选择，应当依据需要进行检索的案件类型的不同作出不同选择，避免“大海捞针”式的盲目选择。且不论上述众多平台存在重复建设或系统性是否科学等问题，仅从外观数量和结构来看，让人无从下手。因此，就目前而言，必须看到案例检索平台仅仅是一个载体，其中装载着什么样的案例，甚至案例的质量如何，是否具有借鉴性尚不可知。

---

① 魏新璋、方帅：《类案检索机制的检视与完善》，载《中国应用法学》2018 年第 5 期。

2. 按照案件类型确定检索（平台）范围

在类案检索前，首先，法官应当判断自己所面临的案件是哪一类案件。其次，基于前述判断选择不同案例检索的（平台）范围。若法官所面临的是在现有法律体系之下缺乏相应裁判规则的案件，因此时类案检索实质上起到填补法律空白、补充成文法漏洞的作用，类似于创设一种对新型法律关系的司法裁判规则。故应当本着高度谨慎及对裁判在全国范围内保持普遍的统一性（裁判不因各地方经济社会发展水平、文化习俗等差异而不同）的充分考虑，应当选择最高法院建设的相关平台进行查询，且检索的案例范围应当限定在经最高法院审委会通过的指导性案例或者最高法院相关业务部门发布的典型案例和作出的生效裁判。若法官所面临的是虽有对应的裁判规则，但该规则规定的自由裁量权幅度过大的案件（实践中该类案件往往更多），因此时类案检索工作实质上起到了法律解释的作用，法官裁判此类案件需要把握类案之间的自由裁量权不失衡，实现标准统一，精准裁量。故除了最高法院的指导性案例及其相关部门的典型案例、生效裁判之外，对此类案件进行案例检索的范围还应当拓展，将各高级法院在其各自辖区范围内发布的参考性案例和典型案例、生效裁判也纳入其中。尤其是当某些裁判标准（如刑事案件中盗窃、诈骗等财产型犯罪）与当地社会经济发展程度高度关联时，应当更加注重发挥当地高级法院发布的案例甚至是当地中级法院的生效裁判的释法作用，以确保同类案件之间法官自由裁量权的规范、均衡行使具有可行的公正参照系。

（二）分析厘清待裁判案件与待检索类案之间的关联关系

法官能否准确判断自己面临待裁判案件所需据以作出裁判的逻辑点或该案件所蕴含的法律关系，即能否分析厘清待裁判案件与待检索类案之间的关联关系，往往直接决定其能否开展有效的类案检索，检索到的类案对待裁判案件是否具有参考价值。对此，基于面临待裁判案件的类型不同，应当有不同的方法。

1. 缺乏相应裁判规则的案件，要善于突破传统成文法思维方法

我国作为成文法国家，长期以来，法官习惯遵从“三段论”式的逻辑演绎思维，裁判时习惯从法律规定和事实认定出发演绎出裁判结果。[①] 对于在现有

① 郝艳兵：《法律统一适用的中国语境：以案例指导制度为切入点的考察》，载《山东警察学院学报》2015 年第 5 期。

法律体系之下缺乏相应裁判规则的案件，司法裁判因缺乏成文法可依，法官当然不能按照传统三段论的推理方法，而应采用演绎推理方法，将法律条文所既定的诸项要件事实一一对应到案件事实当中，进而围绕该些要件事实进行审理活动，最终得出裁判结论。此时法官需要运用归纳与类比的思维方法，即从待裁判案件的客观事实当中抽象出特定的法律事实，通过与先前类案所蕴含的相应法律事实（实践中指导性案例、典型案例、参考性案例等类案已通过案例裁判要点及裁判理由的形式进行了相应归纳与梳理）做类比，判断二者异同，如果二者所蕴含的法律事实相同，则适用先前类案所遵循的裁判规则对待裁判案件予以裁判。

2. 裁判规则确立自由裁量权幅度过大的案件，把握类案检索两个关键环节

对此类案件，进行类案检索有两个环节尤为关键：一是准确界定案件法律关系。能否通过分析待裁判案件法律要件，准确界定法律关系直接影响自由裁量权的妥当行使，因为足以影响法官对自由裁量权考量的同一案件事实，往往在不同法律关系中产生不同的裁量幅度。审判实践中，如果法官对“以商品房买卖合同为借贷合同进行担保”的后让与担保法律关系，错误界定为独立的商品房买卖合同法律关系。当房屋所有权人发生足以影响法官自由裁量权的不诚信行为时，出借人就其对该房屋的请求权基础及实现程度显然会因对案件法律关系的判断结果不同而大相径庭。二是确定案件事实对自由裁量幅度的影响程度。在对案件法律关系作出准确判断后，需要在同类法律关系案件中检索含有可影响自由裁量的同类案件事实（情节）的案例，并与待裁判案件中同类事实（情节）对比，衡量其对待裁判案件自由裁量的影响幅度，以实现同类事实（情节）对自由裁量产生均衡影响为宜。同为故意伤害案件中的自首情节，但不同的自首表现形式所体现出的被告人主观认罪悔罪态度各不相同，其对量刑自由裁量幅度的影响当然不同。

五、检索中的常见冲突问题解决

通常，类案是现行法律适用的具体化，类案裁判所确立的基本规则与其他诸如司法解释等相关规定、其他案例之间不会存在矛盾。但在司法实践中，案例与法律、其他案例之间存在矛盾的情形也时有发生，主要表现为：

（一）现行法律与案例之间的冲突

此类冲突在类案检索实践中时有发生，涉及裁判的价值衡量与取舍问题。如关于商品房买卖合同效力问题，商品房买卖司法解释明确规定，出卖人未取得商品房预售许可证明，与买受人订立的商品房预售合同，应当认定无效。最高法院在裁判某一此类案件时，开发商主张因签订商品房买卖合同时其未取得预售许可证明，从而请求法院确认该商品房买卖合同无效。法院经过审理，查明开发商之所以提出确认合同无效的诉讼请求，是因为自签订合同至起诉期间，该房屋价格大幅上涨，开发商意图恶意借该规定，谋求更大经济利益。法院依照诚实信用原则，判决对其该请求未予支持。当法官检索到此类案例时，就需要对法律规定与司法案例之间的冲突进行价值评判与取舍，作出符合法律基本原则和理性价值精神的裁判，而不能机械地理解和适用法律。因为，指导案例的指导性在于指导法律适用，对案例的解读，离不开对法律规范本身的解读，法律规范的立法目的、价值取向不仅是指导案例裁判规则的形成依据，也是证成待决案件裁判结果的重要基准。①

（二）同一顺位案例之间的冲突

一般而言，在指导性案例中已经检索到类案的时候，就无须再进行下一层级的检索。类案检索可根据类别顺序进行分类逐层检索，在前一类别中检索到相关案例或类案，可不再检索后一类别，同一类别中，按照层次逐一进行检索。② 但有时候会发生这样的情形：在同一顺位的案例中，检索到法律适用标准不统一的两个案例。此时，法官不能单纯依靠案例发布的时间先后（虽然实际情况一般是后发布的案例会取代之前的案例）来判断取舍，除了时间顺序，还应结合案例发生的诸多具体情形，综合考量不同案例体现的法律精神及价值理念，进而作出妥当且能体现裁判均衡的结论。因为，司法案例的核心价值就在于对法律适用方法与司法理念的引领。

---

① 谢春辉：《从“个案智慧”到“类案经验”：指导案例裁判规则的发现及适用研究》，载《中山大学法律评论》2018 年第 2 期。

② 魏新璋、方帅：《类案检索机制的检视与完善》，载《中国应用法学》2018 年第 5 期。按照文中观点：建议根据案例本身的指导性以及“影响力”原则，将案例按照效力层级分为五个层级。

（三）关于举证责任分配问题

正如通常所说的，举证责任之所在，即败诉之所在。一个裁判是否公正，往往只看举证责任的分配是否公正就知道了。法官们在检索类案过程中，通常可见不同案例对类似情形的举证责任分配存在较大差别，甚至是完全相反。更有甚者，有的裁判对已有法律明确规定应当由某一方承担举证责任的情形熟视无睹，随意分配举证责任。有的法院还将这种裁判作为典型案例发布，供辖区法院参考。对检索到的这类案例，应当旗帜鲜明地予以摒弃，严格按照成文法已有的明确具体规定裁判。

结语

同类法律关系的要件事实通常大同，但世界上没有完全相同的两个案件，这些不完全相同的事实细节，往往表现为大同法律规范背后的情与理。也正是因为这些细节不同，赋予了法官（法律）对个案的（公正）自由裁量权。这种基于情与理的自由裁量权应当服从于公正与理性的价值选择，尤其是当不同价值位阶之间发生冲突时。司法公正的实现也离不开赋予法官自由裁量空间。与此同时，我们更期待着法官的自由裁量权被规范地行使。我们也更坚信通过我们对类案检索制度的不断深入研究，能够实现裁判尺度的统一，推进审判体系和审判能力现代化，做到让人民群众在每一个司法案件中都能感受到公平正义。

（**作者简介：**王秀丽，重庆市大渡口区人民法院法官助理；王东义，青海省高级人民法院法官助理）

参考文献：

[1] 郝艳兵：《法律统一适用的中国语境：以案例指导制度为切入点的考察》，载《山东警察学院学报》2015 年第 5 期。

[2] 刘作翔：《中国案例指导制度的最新进展及其问题》，载《东方法学》2015 年第 3 期。

[3] 魏新璋、方帅：《类案检索机制的检视与完善》，载《中国应用法学》2018 年第 5 期。

[4] 谢春辉：《从“个案智慧”到“类案经验”：指导案例裁判规则的发现及适用研究》，载《中山大学法律评论》2018 年第 2 期。

类案检索的规范模式

——知识实践导入的司法体制综合配套

裴大明

摘要：随着裁判文书的全面公开和法律人工智能的探索前行，类案检索正在成为法官的常规司法行为。本文通过类案疑难的参与式考察，型构法官类案检索的规范模式，即提炼分歧观点、萃取审理方案和归纳裁判规则。同时，将类案检索视为个人化知识实践、系统化知识实践和网络化知识实践，发掘类案检索导入的司法体制综合配套。

关键词：类案检索　综合配套

知识是权力的高级形态，就像光意味着强大的能量。[①]

——斯蒂芬

选取类案检索作为研习课题，主要基于三点因由：其一，作为统一裁判尺度的举措和实现法律人工智能的支点，法院系统的类案检索方兴未艾，[②]需要更为务实的经验总结和实践指引；其二，法官作为知识个体的社会存在，其类案检索是知识汇集、知识分析、知识传播、知识应用和知识再生产的过程，类案检索蕴含着驳杂但未必不精细的自发秩序；其三，与上述相关，法官类案检索不仅是知识层面形成共识的学理问题，亦不仅是统一裁判尺度的司法实践问题，更是关涉司法权运行综合配套的制度实践问题。

---

①［英］詹姆斯·斯蒂芬：《自由·平等·博爱》，冯克利、杨日鹏译，江西人民出版社2016年版，第21页。

②《最高人民法院关于完善人民法院司法责任制的若干意见》中规定，“建立审判业务法律研讨机制，通过类案参考、案例评析等方式统一裁判尺度”。此外，《最高人民法院司法责任制实施意见（试行）》中的类案与关联案件检索作出了类案检索的强制性规定。

引言

本文规范意旨，型构法官类案检索的基本模式。所谓模式，通常指将整体简化为若干要素。[①]类案检索，大致包括三个相互交织、相互渗透并贯穿始终的行为要素，即提炼分歧观点、萃取审理方案和归纳裁判规则。让我们从类案疑难切入题域。

目的港无人提货时，货运代理人[②]（以下简称货代）支付相关费用后是否有权向委托人追偿？对于上述海事审判中的常见纠纷，多年尚未形成定论。相似案件往往会有不同细节，不同细节在一定程度上影响甚至决定了案件的走向。点击进入提炼分歧观点的模块。

一、提炼分歧观点：类案推送精准化

打开中国裁判文书网（于 2018 年 5 月 2 日访问），在高级检索中输入目的港无人提货共找到 157 个结果，在关键词筛选中点击货运代理合同共找到 59 个结果。如果将检索工具改为“法信”，搜索结果是民事裁判 102853 个。“我们正淹没在信息中……信息可以看作牛的原材料，而知识是经过烹调的食物。”[③]将碎片化信息烹调为指导审判的实用知识，第一道工序是清洗、分拣和切墩儿，我们称为类型化信息重组，其间的难题是信息过载。

（一）分析碎片信息：类型化的信息重组功能

以是否支持货代诉请为标准，我们将裁判观点分为两大阵营。

支持诉请的裁判观点，托运人说，“在出现目的港无人提货情形时，承运人在海上货物运输履行过程中因此遭受的集装箱超前使用费等损失属于托运人违约行为所致，托运人应承担赔偿责任……发生该垫付行为后，华伦公司有权向皓德公

① 张文显:《二十世纪西方法哲学思潮研究》，法律出版社 2006 年版，第 311 页。

② 货运代理人是一商业概念而非严格意义上的法律概念。广义上的货运代理人主要包括作为代理人的货运代理人、无船承运人、多式联运经营人、实际承运人、物流经营人等。本文所述国际货运代理人均指作为代理人的货运代理人。

③［英］彼得·伯克:《知识社会史》（下卷），汪一帆、赵博囡译，浙江大学出版社 2016 年版，第 5 页。

司追偿”[（2016）粤民终394号民事判决书[①]]；必要费用说，“因目的港无人提货导致滞港费等额外费用的产生……属于法律规定处理委托事务垫付的必要费用”[（2015）民申字第1554号民事裁定书]；损害赔偿说，“受托人处理委托事务时，因不可归责于自己的事由受到损失的，可以向委托人要求赔偿损失”[（2015）津高民四终字第45号民事判决书]。

驳回诉请的裁判观点，约定说，“当事人之间签订的是与货物在启运港出运相关的货运代理业务，一般而言除非当事人间有明确的约定，启运港的货代并不负责目的港的相关事务”[（2016）沪民终139号民事判决书]；指示说，“没有证据证明嘉运公司指示平帆公司向赫伯罗特公司垫付费用……在嘉运公司对平帆公司垫付费用不予追认的情况下……不属于受托人为处理委托事务垫付的必要费用”[（2017）闽民终360号民事判决书]。

通过类型化重组，庞杂的信息简化为五类裁判观点。如果将可获知性视为知识要素之一，那么分类不仅是知识汇集的工具，更是知识生产的技艺。检索结果似乎告诉我们，对于涉案纠纷司法裁判尚未形成共识，支持或驳回都有自圆其说的判理。如果类案检索止步于此，我们看不出它对统一裁判尺度有何助益。第二道工序，对裁判观点进行专业化解读，发掘不同观点的核心分歧。

（二）解读裁判观点：类型化的知识检索功能

通过对裁判观点的情境式阅读，我们发现五类观点的核心分歧，在于如何认定必要费用。以必要费用的认定为标准，五类观点可以分为两类。

第一类明示必要说，约定说、指示说和损害赔偿说属于此类，约定说和指示说认为必要费用的认定需有合同约定、委托人指示或事后追认，损害赔偿说认为没有明示的情况下难以认定必要费用，退而求其次适用赔偿损失的相关规定；第二类明示不必说，托运人说认为目的港无人提货导致的相关费用应由托运人承担，如果委托人是托运人，相关费用即构成必要费用，必要费用说径直认定必要费用，理由语焉不详。

重新分类是持续不断的过程。依据不同的分类标准，裁判观点会呈现不一样的风景。怎样的分类更有利于展现有价值的分歧？这离不开实践中不断摸索和试错。

---

① 本文所引裁判观点均来自中国裁判文书网。

类型化是减少搜索成本、缓解信息过载和实现类案推送精准化的重要抓手。作为司法公开的平台，中国裁判文书网亦可为类案检索提供技术支持。其一，嵌入分类排序菜单，打开购物网站搜索商品，可以选择综合和销量对推送商品进行排序，可以在筛选项下通过品牌、服务、价格区间等筛除过剩信息，中国裁判文书网同样可以通过点击量或下载量对推送文书进行排序，通过获奖文书、时间区间和二审文书等对文书进行筛选；其二，引进搜索引擎技术，运用数码编程的多面系统，基于用户需求对素材进行多种方式的分选标记，利用引擎技术实现类案推送智能化；其三，设置类案检索报告板块，类案检索报告更容易实现关键词抓取，该板块有利于让分散的知识实践形成制度性知识积累。

上述三点建议是有漏洞的。一方面，如果类案检索没有成为普遍的司法实践，那么无论是排序还是引擎，都缺乏必要数量的数据支持，换言之，如何让类案检索成为习惯性司法行为，即路径依赖问题；另一方面，如何确保类案检索报告的数量和质量，类案检索由谁去做、如何去做、如何激励和评估，即类案检索的综合配套问题。

（三）司法体制综合配套之一：知识实践的溢出效应

有漏洞就要下载补丁。路径依赖，在一定程度上亦是综合配套问题。“当转变的成本相对于变化带来的收益更高时，我们就可以观察到路径依赖，并且当转变需要很大程度的合作时，转变的成本往往会非常高。”① 辅以综合配套，促使类案检索带给法官各种便利和收益，在减少转换成本的同时增加转换收益，类案检索就可能成为法官的自觉行为。“一种知识的发生并不是一种纯智力的成果，而总是依附一套权力机制。”② 作为个人化知识实践，类案检索具有显著的正外在性，可以溢出两点综合配套。

配套机制一，初任法官的能力养成机制。当下制度语境中，大多数初任法官仍然要从法官助理中产生。至少两项因素制约了法官助理司法能力的养成。一则，员额制打破法官助理的心理预期，少数法官助理产生懈怠情绪；二则，审判团队在法官和助理之间楔入书记员，导致法官和助理从前紧密的制度合作产生松动，

---

①［美］理查德·波斯纳：《法律理论的前沿》，武欣、凌斌译，中国政法大学出版社2003年版，第161页。

② 苏力：《送法下乡》，中国政法大学出版社2000年版，第166页。

弱化了耳濡目染的效果。作为法官的人才储备，法官助理如果得不到制度性培养，随着时间推移有可能导致适任法官的断层。类案检索为法官助理搭建了司法能力养成的制度平台：其一，法官和法官助理以类案检索为媒介，展开制度性分工合作，实现法官助理的常态化培训；其二，评选优秀类案检索报告，将类案检索报告的撰写纳入绩效考核和初任法官的选任标识；其三，以类案检索切入，让法官助理深度参与法律大数据和法律人工智能的探索实践。

配套机制二，员额法官的尊荣获得机制。在现行制度体系内，通过加大财政预算大幅度增加员额法官货币收入的可能性不大。如何有效提升员额法官的获得感和尊荣感？类案检索提供了另一种可能。其一，员额法官的制度闲暇。长年累月的一线办案对法官构成一种累积式压力。如果制度不能满足法官的闲暇，法官就有可能通过司法行为的微调来满足闲暇偏好，如审理拖延、虚假合议、调解优先、法条主义等。闲暇作为一种收益，亦是法官持续提供高品质司法服务的保障。以两三个类案研究作为课题折抵办案指标，配以半年至一年的研究时限，让员额法官通过一段闲暇时光舒缓压力，撰写指导司法实践的知识产品。

其二，知识产品的有偿供给。法官及司法辅助人员撰写的类案检索报告、案例分析和办案心得等知识作品，应通过有偿供给体现其价值。即使是作为公共产品的裁判文书，当资本已通过文书检索服务收取报酬时，撰写裁判文书的法官理应获得收益。一则，以点击数或下载数为计费标准，由最高人民法院统一收费后分发给撰写人；二则，借鉴微信公众号的打赏设计，鼓励知识产品的使用人通过打赏直接向知识生产者付费；三则，打造包年收费的品牌法官专栏，定期上传实务作品，以“用户创造内容”为基础，孵化“专家创造内容”模型，培育精英化知名法官。①

我们大致完成类案检索的基础性工作，接下来进入实质作业，“通过搭建法律知识图谱，总结类型化案件办理方法论，梳理裁判规则和法律适用观点，模拟资深法官或律师思维，从而建设完成解决领域问题的人工智能专家系统”②。

---

① “出精品、创品牌……着力培育政法‘网红’名人。”参见中央政法委秘书长陈一新在创新和加强新时代政法宣传舆论工作座谈会上的讲话。

② 钱晓晨：《法律知识服务的变革与趋势》，载微信公众号“法信”，2018年5月30日。

二、萃取审理方案：类案审理标准化

回到题设的类案疑难。对于因目的港无人提货所引发的货代合同纠纷，诚如前文所述，诸多裁判观点的核心分歧，在于货代诉请返还的费用是否构成必要费用。“一种行为的正当性，归根到底取决于人们对事实问题形成的结论。”[①] 以类案检索的裁判信息为资源，结合资深法官的言传身教，审理方案围绕事实疑难展开。经由类案检索的类案审理标准化，为统一裁判尺度开辟了更广阔的通道。

（一）三步走方案：类案检索在事实认定中的运用

第一步，查询目的港无人提货的原因；第二步，查明主张费用是否实际发生；第三步，认定垫付费用是否构成必要费用。三步走仅是出于表达便利，司法实践中三步是纠缠在一起的。本文重点考察前两步。

类案检索的裁判文书，仅有两篇描述了目的港无人提货的原因，均对费用承担起到决定性作用。其一，委托方拒绝受领正本提单，“因声舟公司……在骐翼公司的一再要求下，仍拒绝受领涉案全套正本提单，造成涉案货物至今仍滞留在目的港无人提货所致，因此该部分费用亦应由声舟公司承担”［（2015）沪海法商初字第 2201 号民事判决书］；其二，错装货物，“收货人库斯波公司告知……装有拉链而非 PVC 膜……双方对货物错装均具有同等过错”［（2014）甬海法商初字第 511 号民事判决书］。

费用是否实际发生，包括两个方面的内容：一方面，有权收取费用的主体是否实际收取了相关费用，“承运人向其索赔时并未证明该费用应由港口方还是其他仓储方收取，亦未证明承运人向最终有权收取该费用的主体支付了费用，原告未尽合理审查义务就轻率地向承运人支付了该费用”［（2013）广海法初字第 1015 号民事判决书］；另一方面，货代是否实际支付了相关费用，“票据项下款项的实际支出、收入需经银行办理相应的兑付手续，本案中，支票签收单上虽有地中海香港公司的盖章……尚不足以证明该支票项下款项的兑付情况”［（2015）粤高法民四终字第 77 号民事判决书］。

类案检索对于事实查明的行为指引具有的比较优势：其一，类案提供的具

---

①［英］詹姆斯·斯蒂芬：《自由·平等·博爱》，冯克利、杨日鹏译，江西人民出版社 2016 年版，第 251 页。

体语境，与事实认定的语境合理性相契合；其二，类案检索的数据库更容易满足事实认定的规模化需求。类案检索的实践优势，在统一裁判尺度中更是得以充分彰显。

（二）司法行为标准化：类案检索在统一裁判尺度中的运用

统一裁判尺度——通常称为“相同的事相同对待”——的实践疑难：其一，标准难以厘定，“如果没有关于‘相同’的具体标准，这个理念就是空的”[①]；其二，事实易被操纵，在将生活事实进行规范上评价的过程中，需要对规范上无意义的事实予以剪除，对规范上有意义的事实予以保留，在剪除和保留之间容易产生法律事实的操纵，[②]进一步加大“相同”的判断难度；其三，类比难以证成，在判断是否构成相同、是否应当相同对待以及如何相同对待的过程中，法官不可避免地要运用类比推理，“类比属于发现的逻辑，而不属于正当化的逻辑”[③]，类比本身无法保证结果的正当性。类案检索为统一裁判尺度提供了更具象的操作指南。

其一，通过提升司法能力统一裁判尺度。类比推理需要这样一种司法能力：辨识先例裁判时的诸多考虑因素，评价这些因素在手头案件中的权重，并能把其他相关因素联系起来。传统社会中该司法能力通常是长期司法实践习得的结果，数字化社会让捷径成为可能。通过类案检索大数据分析，将类案疑难的参酌因素淘洗出来，把参酌因素的权重配比分拣清晰，进而完成关联因素的混合搅拌。由此，一种基于无言之知的实践理性转化为一种基于网络知识的科技理性。

其二，通过司法行为标准化统一裁判尺度。一方面，经过上述淘洗、分拣和混合搅拌，萃取类案审理的标准化方案，便于法官按图索骥；另一方面，提炼驾驭庭审的常规询问，让标准化司法行为简约为若干具体标识，最大限度地防止标准模糊和事实操纵。

题设类案疑难，三步走方案明确提示三大参酌因素，即目的港无人提货的原因、费用是否被有权主体收取和货代是否实际交付费用。为了查实参酌因素，并将参酌因素与其他因素有机关联，我们制定了法官询问的问题清单：一则，货代是国内卖方（或其代理人）直接委托还是经国外买方指定；二则，委托人是卖方

---

①［美］理查德·波斯纳：《法理学问题》，苏力译，中国政法大学出版社2002年版，第53页。

②黄茂荣：《法学方法与现代民法》，法律出版社2007年版，第234页。

③［美］理查德·波斯纳：《法官如何思考》，苏力译，北京大学出版社2009年版，第169页。

还是卖方代理；三则，约定的委托事项；四则，目的港无人提货后货代是否及时通知委托人；五则，目的港收货人为什么拒绝提货；六则，货代与承运人（或其订舱代理）是否有订舱协议；七则，货代是否查实承运人开出的费用清单并对相关费用申请减免；八则，货代的付款方式，有无付款水单、商业发票……

与上述相关，类案检索蕴含着更深远的实践价值。其三，通过标准化探寻法律人工智能的突破。我们设计的智能问答模块：第一步，用户输入问题；第二步，通过裁判大数据、类案检索报告等专业成果，抓取问题关键词，自动生成关联因素问题清单，要求用户填写清单设置的选项；第三步，给问题清单嵌入链接，指导用户理解、查证和填写清单问题；第四步，根据用户填写情况，精准推送裁判文书、裁判观点、规范性文件和其他参考资料；第五步，经用户反馈、深度链接、返回第一步等，与智能系统形成互动；第六步，综合以上各步，对用户输入的裁判结果进行匹配度测试。

法律人工智能可以促成传统司法行为与互联网深度融合，进一步提升司法过程的网络化和智能化。蓝图已然绘制，构筑大厦还需要人力、财力、技术和制度的多重支撑。

（三）司法体制综合配套之二：知识实践的诱发效应

"运用权力会源源不断地创造知识，知识也经常诱导权力发挥效应。"[①] 作为系统性知识实践，类案检索可以诱发两点综合配套。

配套机制三，审判管理的服务转向机制。强化审判管理部门的业务指导职能。一则，汇集类案疑难，实施系统性类案检索；二则，将侧重绩效考评的司法统计，转换为侧重为法官裁判提供数据指导的司法统计；三则，与技术部门形成知识互动，提高法律人工智能的实效性和可操作性。

配套机制四，专业法官会议的去正式化机制。专业法官会议的职能定位，"为合议庭正确理解和适用法律提供咨询意见……讨论意见供合议庭复议时参考"[②]。问题提交、会议讨论和记录备查等与审判委员会别无二致的制度设计，实际上削弱了咨询功能的发挥。"知识交换过程中，非正式谈话一直扮演着重要的角色……19 世纪 70 年代的剑桥大学，'实验室下午茶'成了一种机制……牛津的酒吧一

---

①［法］米歇尔·福柯：《知识考古学》，谢强、马月译，生活·读书·新知三联书店 2013 年版。

② 参见《最高人民法院关于完善人民法院司法责任制的若干意见》。

直是英国人类学发展的中心……他们在走廊或者喝咖啡时自发的闲谈里学到的知识最多。”[①] 专业法官会议要在一定程度上去正式化。在法院大楼休闲区域设置饮茶室，每周抽取一个下午由两三名专业法官会议成员轮流在岗。法官的非正式交谈，在松弛状态下实现类案审理知识的分享，通过微观实践促成渐进式裁判尺度的统一。

本文论证了类案检索对于统一裁判尺度的实践价值。三点补充说明：其一，类案检索对案例指导制度的补强，严格的生成机制阻碍了指导性案例的短期批量化生产，类案检索具有将海量生效裁判纳入司法视野的技术优势；其二，类案检索对扁平化司法管理的补强，扁平化可以提高司法效率，亦是司法责任制的制度要求，与此并行不悖，科层制似乎更容易实现裁判尺度的统一，扁平化加类案检索可视为科层制的制度替代；其三，类案检索仅是司法裁判的辅助，司法过程需融入目的考量、利益衡量和价值判断，类案检索和人工智能永远无法替代法官的判断。

三、归纳裁判规则：类案研讨动态化

类案检索的功能是启发性的，“历史在照亮昔日的同时也照亮了今天，而在照亮了今天之际又照亮了未来”[②]。如何认定必要费用？我们搜索到两种方案。方案一，综合判断法，即综合考虑费用产生的原因和交易行为，“在涉案货物运抵目的港无人提货、被告向原告交付托运人弃货保函的情况下，原告先行支付的目的港滞港费……和管理费属于受托人为处理委托事务垫付的必要费用”[（2014）津海法商初字第 825 号民事判决书]；方案二，相关性判断法，“要证明其属于‘必要费用’，货运代理企业必须证明该费用与委托人所委托事务相关”[（2011）粤高法民四终字第 132 号民事判决书]。

两种方案仍然存在认定标准模糊的问题，如何综合判断？如何确认相关性？归纳裁判规则，“富有想象性地重构先前具体环境中的解决办法”[③]，是类案检索中最具创造性的行为要素，最考验法官的智识修养。

---

①[英]彼得·伯克:《知识社会史》(下卷)，汪一帆、赵博囡译，浙江大学出版社 2016 年版，第 102 页。

②[美]本杰明·卡多佐:《司法过程的性质》，苏力译，商务印书馆 1998 年版，第 31 页。

③[美]理查德·波斯纳:《法官如何思考》，苏力译，北京大学出版社 2010 年版，第 178 页。

（一）商事代理与民事代理的界分：服务于现在和未来的先例

认定必要费用要从商事代理的特殊性谈起。货运代理人属典型的商事代理，用民事代理的法律规范和裁判思维，审理商事代理纠纷，难免“失之毫厘，谬以千里”。

与民事代理相比，商事代理具有三项显著特征：地位的独立性、目的的营利性和行为的职业性。①第一，地位的独立性，货运代理人是独立商人，在存在多重货代的情况下，认定合同关系应坚持相对性原则，严格限制转委托的适用，此为规则一，“在没有证据证明嘉运公司转委托获得经贸公司授权的情况下，应认定经贸公司与嘉运公司、嘉运公司与平帆公司之间分别构成货运代理合同关系”[（2017）闽民终360号民事判决书]。货运代理人垫付费用后只能向委托人追偿，不论委托人是否具有托运人身份，托运人说失之过狭。

第二，目的的营利性，促使货代努力与船方港方保持良好关系。目的港无人提货时，货代趋于及时向关联方赔付费用。保护货代合理的盈利诉求，是货运代理业健康发展的必需。约定说和指示说失之过苛。规则二，必要费用的认定不以约定或指示为必要。

第三，行为的职业性，职业性赋予货代更具象的注意义务。某笔费用是否应当赔付，目的港无人提货如何行事更为妥当，货代都应当作出符合职业标准的职业判断。比如滞箱费，货代应积极申请减免，过分超过箱值的款额不构成必要费用。规则三，必要费用的认定应符合港航操作的职业标准。

以综合判断法和相关性判断法为经，以上述三规则为纬，为必要费用的认定描绘了清晰的知识图谱。经类案检索的归纳，是一种时刻准备“将已确立的原则置于新案件的熔炉中不断予以检验的方法”②，是一种“从未预见的新争议中获得新知识并在知识基础上提炼规则”③的方法，就此而言统一裁判尺度是动态的进程。其间，类案检索的优势是强大的整合功能。

（二）司法体制综合配套之三：知识实践的整合效应

作为以互联网技术为依托的知识实践，类案检索的整合功能既体现在促成知

---

① 曾大鹏：《民法典编撰中商事代理的制度构造》，载《法学》2017年第8期。

②［美］理查德·波斯纳：《法理学问题》，苏力译，中国政法大学出版社2002年版，第115页。

③［美］理查德·波斯纳：《法官如何思考》，苏力译，北京大学出版社2009年版，第193页。

识的融通，又体现在推动综合配套的制度整合。

配套机制五，审判团队的知识整合机制。类案检索是据以作出裁判的信息传送带，“一个人从阅读中可以获得的东西特别取决于其将什么带入了阅读”[①]。类案检索的效能发挥，在很大程度上取决于使用者的知识储备。审判团队的组建可能需要经历三个阶段。阶段一，新老搭配相对固定，通过新老搭配促成动态智力和固态智力的平衡，[②]依凭两种智力，通过一段时间相对固定的人员组成和类案审理，归纳类案审理的系统规则和实践经验；阶段二，各有专长动态重组，一段时间专业化审判团队之后，打破专业壁垒，定期重组审判团队，培养一专多能的法官队伍；阶段三，行政事务逐步上移，以扁平化管理模式逐步实现行政事务与审判事务的剥离。

配套机制六，职业共同体的渐进形成机制。互联网具有实时互动的技术优势，通过实名注册，为法官、律师、高校教师开通裁判文书点评端口，以动态化、专业化类案研讨达至最低限度的共识。

作为旨在统一裁判尺度的制度设置，类案检索在现实运行中可能演化为司法体制综合配套的制度性激励。本文旨在列示类案检索模式的类案疑难，也蕴含着颇值玩味的隐喻。

（三）关于法官的代理人隐喻：综合配套的总体方略

题设类案疑难，纠纷发生的根本原因在于货代与委托人的利益分歧。委托人的利益在于办理订舱事宜，代理人的利益要求其妥善处理目的港无人提货的善后事宜，因而产生代理人善后过程中支付的费用是否应由委托人承担的问题。简言之，代理人和被代理人的利益分歧导致纷争，利益分歧在经济学中被称为代理费用。

将法官视为立法者（或政府）的代理人，代理费用的产生原因通常有二：其一，代理人的自利性，法官亦是理性的效用最大化者；其二，委托人意图的不确定性，委托人究竟希望法官做出怎样的司法行为，在许多情况下并不确定。综合

①［美］理查德·波斯纳：《法律理论的前沿》，武欣、凌斌译，中国政法大学出版社2003年版，第170页。

②“一方面动态智力和想象力相似，另一方面固态智力与经验相似……随年龄的增加动态智力下降速度远远快于固态智力下降速度。”参见［美］理查德·波斯纳：《衰老与老龄》，周云译，中国政法大学出版社2002年版，第81页。

配套，就是要通过减少代理费用来提升司法行为的品质。

一方面，加强对法官的制度性保护。作为具体的人和制度中的人，法官亦会受到趋利避害的人性驱动。如果对法官的制度性保护不足，法官就会调适司法行为以实现自我保护，从而在一定程度上降低司法效能。“若真的希望法官有所改变，就一定要诉诸法官的自我利益。”①

另一方面，加快法官的职业化进程。所谓职业化，就是要有一整套职业标准、职业操守和职业判断。通过职业化型构司法过程，通过管控司法过程提升司法效能。通过文书上网和由此展开的类案检索，经由竞争形成一系列法官裁判的职业标准，为法官的职业化提供加速引擎。就此而言，类案检索不仅可以催生司法体制的综合配套，其本身亦是综合配套的制度安排，并且具有深远的战略意蕴。

结语

文章贯穿两条主线，明线类案检索和暗线综合配套，将两者交织在一起的是以下两个方面的贡献：一方面，在开凿类案检索三个行为要素的同时，将类案检索视为个人化知识实践、系统化知识实践和网络化知识实践，透过知识社会学的深刻洞见，从微观、中观和宏观三个层面发掘类案检索导入的司法体制综合配套；另一方面，将类案检索置于司法过程的具体语境，挖掘类案检索的实践价值，如类案检索为司法能力的养成搭建制度平台、类案检索为统一裁判尺度提供操作指南、类案检索为法律人工智能寻求关键突破、类案检索为法官职业化植入加速引擎。

（**作者简介：**裴大明，现任天津海事法院四级高级法官，于2019年被评为天津市审判业务专家。论文曾获全国法院系统第二十一届学术讨论会一等奖、第二十届学术讨论会二等奖、第二十六届学术讨论会二等奖、第二十七届学术讨论会二等奖）

参考文献：

［1］［英］詹姆斯·斯蒂芬：《自由·平等·博爱》，冯克利、杨日鹏译，江西人民出版社2016年版。

［2］张文显：《二十世纪西方法哲学思潮研究》，法律出版社2006年版。

①［美］理查德·波斯纳：《法官如何思考》，苏力译，北京大学出版社2009年版，第197页。

[3][英]彼得·伯克:《知识社会史》(下卷),汪一帆、赵博囡译,浙江大学出版社 2016 年版。

[4][美]理查德·波斯纳:《法律理论的前沿》,武欣、凌斌译,中国政法大学出版社 2003 年版。

[5]苏力:《送法下乡》,中国政法大学出版社 2000 年版。

[6][美]理查德·波斯纳:《法理学问题》,苏力译,中国政法大学出版社 2002 年版。

[7]黄茂荣:《法学方法与现代民法》,法律出版社 2007 年版。

[8][美]理查德·波斯纳:《法官如何思考》,苏力译,北京大学出版社 2009 年版。

[9][法]米歇尔·福柯:《知识考古学》,谢强、马月译,生活·读书·新知三联书店 2013 年版。

[10][美]本杰明·卡多佐:《司法过程的性质》,苏力译,商务印书馆 1998 年版。

[11][美]理查德·波斯纳:《衰老与老龄》,周云译,中国政法大学出版社 2002 年版。

[12]曾大鹏:《民法典编撰中商事代理的制度构造》,载《法学》2017 年第 8 期。

[13]钱晓晨:《法律知识服务的变革与趋势》,载微信公众号"法信",2018 年 5 月 30 日。

类案检索的范围与限度

王亚明　周琴琴

摘要：近些年，类案检索在我国司法改革领域中备受关注，尤其是前不久最高人民法院出台了有关加强类案检索的指导意见，更加凸显了类案检索的重要性。目前，我国类案检索机制的配套措施依然不够完善，类案检索制度存在很大的研究空间和完善空间。本文从类案检索的由来、类案检索的范围、类案检索的限度与原则、两大法系案例检索的方法与借鉴，以及对类案检索的改革建议等方面，对我国类案检索制度的完善进路进行探索。

关键词：类案检索　类案同判　指导性案例　判例检索

一、类案检索的由来

类案检索是近年来我国司法改革领域中出现频率较高的词汇，从一定意义上讲，类案检索是对我国案例指导制度的继承与发展，二者都旨在统一法律适用。由于当前大数据和人工智能的迅速发展，依托于信息数据库支撑的类案检索被提上司法改革的工作日程。

我国类案检索机制的提出，较早可以追溯到 2015 年最高人民法院印发的《关于完善人民法院司法责任制的若干意见》。此后，最高人民法院结合审判实务经验，陆续出台了多部关于司法责任制改革的文件，其中多有涉及类案检索。2017 年 4 月最高人民法院公布了《关于落实司法责任制完善审判监督管理机制的意见（试行）》，明确提出创建类案及关联案件强制检索机制，确保统一法律适用。同年 7 月，最高人民法院又公布了《司法责任制实施意见（试行）》，对类案检索作出了更为详细的规定。提出承办法官在审理案件时，均应依托办案平台、档案系统、中国裁判文书网、法信、智审等，对本院已审结或正在审理的类案和关联案件进行全面检索，制作类案与关联案件检索报告。另外，对于承办法官拟作出的裁判结果与本院同类生效案件裁判尺度是否一致，也规定了详细的内部讨论程序。此后，2019 年 9 月最高人民法院发布的《进一步加强最高人民法院审判监督管理工作的意见（试行）》，其中有关类案检索的规定，与 2017 年 7 月发布的《司法责任制实施意见（试行）》中关于类案检索的内容大致相同，并没有实质性的突破。2020 年 7 月 27 日最高人民法院印发了《关于统一法律适用加强类案检索的指导意见（试行）》（以下简称《类案检索指导意见》）。该文件是最高人民法院第一次针对类案检索而出台的专门性指导意见。其中明确要求各级人民法院要积极推进类案检索工作。该意见对类案概念、检索范围等多方面均作出了规定，为法院审判实务中的类案检索工作提供了较为明确的方向和指引。

由此可见，类案检索在我国的发展时间非常短暂。我国是成文法国家，在以往的审判活动中，对是否需要参考类案，并没有作出强制规定。裁决者在案件审理过程中，考虑的关键点是案件事实与法律适用问题，裁判案件的基本方法是将具体条文适用到待决案件的法律事实中，从而作出裁判结果。此前的案件如何判决，对待决案件并无约束力。但是从公平正义观念来看，相近事物理应获得相近对待。如果法官的裁判结果与先前类似判决出入较大，必然会让人感到不符合公平正义。[①] 随着司法公开化、透明化程度越来越高，人民群众对司法公正的需求愈加迫切，为了确保司法裁决的公正性与权威性，类案检索应运而生。类案检索体现了大陆法系和普通法系日益融合的国际趋势。我国是成文法国家，判例并不是正式的法律渊源，但鉴于成文法的滞后性等弊端，吸收普通法系的判例制度有助于司法审判活动。

二、类案检索的范围

（一）类案检索范围的顺位

在《类案检索指导意见》中，第 4 条对类案检索的范围和顺位均作出了明确的规定。此前，江苏省高级人民法院于 2020 年 7 月 17 日发布的《江苏省高级人民法院关于建立类案强制检索报告制度的规定（试行）》也明确规定了类

---

① 杨先德：《类案检索保障同案同判》，载《经济观察报》2020 年 8 月 3 日第 8 版。

案检索的范围和顺位，且规定的内容和最高人民法院发布的文件中的内容基本一致。但最高人民法院发布的《类案检索指导意见》是第一次确定类案检索顺位在全国法院适用的规范性文件，因此具有十分深远的意义。

值得关注的是，尽管上述文件对类案检索的范围划定了较为清晰的界限，但这个范围依然十分宽泛，规定较为笼统，没有具体考虑各级法院审理案件的特殊性，缺乏针对性。下文将在第五部分“我国类案检索的改革进路”中对此展开详细论述。

（二）不同案例的参考价值

可以看出，类案检索的指导意见主要是根据上下级法院之间的审判监督关系规定的检索顺位，因此确定顺位高低的基本原则是作出裁判或发布案例的法院审级的高低。

在类案检索的顺位中，指导性案例位于第一顺位，这就意味着指导性案例具有排他性效力，即只要在最终检索到的类案中存在指导性案例，那么指导性案例就排除了其他类案的适用空间，法官就应当最大限度地参照指导性案例作出裁判结果。①

但在司法实践中，指导性案例的实际适用效果与其在检索顺位中的重要性地位却不太匹配。根据最新数据，截至 2019 年 12 月 31 日，最高法院一共发布了 24 批 139 例指导性案例，共有 91 例指导性案例已经被应用于司法审判实务中，尚未被应用的有 48 例。在 5104 例应用案例中，法官明示援引 1948 例，总占比约为 38%。法官隐性援引共涉及 2886 例，总占比约为 57%，依然占近六成。② 从前文这些具体数据中可以看出，虽然指导性案例在类案检索中具有优先性，但鉴于目前指导性案例数量较少，且案件涉及的领域较窄，这就决定了指导性案例在类案检索中发挥的参照性作用以及对于“统一法律适用”发挥的作用均较为有限。③

《类案检索指导意见》中规定了四种类案范围，在这四种以法院级别作出的类案范围后面，又作出了进一步的划定：首先明确了类案检索的时间范围，即除了

---

① 孙光宁：《指导性案例在类案检索机制中的地位及其运作》，载《法律适用》2020 年第 12 期。

② 郭叶、孙妹：《最高人民法院指导性案例 2019 年度司法应用报告》，载《中国应用法学》2020 年第 3 期。

③ 张生：《中国律例统编的传统与现代民法体系中的指导性案例》，载《中国法学》2020 年第 3 期。

指导性案例，优先检索近 3 年的案例；另外对检索范围也进行了限缩，即已经在前一顺位中检索到类案的，可以不再进行检索。

在上述文件出台后不久，最高人民法院机关刊《人民司法》杂志就在其微信公众号上发布了针对该意见的理解与适用。在《类案检索指导意见》的理解与适用中，对于四种类案检索范围以外的案例参考价值问题作出了回应，提出《类案检索指导意见》中的检索范围属于倡导性规定，只要有利于司法公正审判，承办法官就不必完全拘泥于指导意见中的规定。[①] 因此，《类案检索指导意见》中四种类案检索范围以及检索时间、检索顺位的规定，并非旨在严格限制，而在于提倡引导。类案检索范围以外的案例依然具有参考价值，只是可供参考性比较弱。

三、类案检索的限度与原则

（一）类案检索的适用限度

在司法审判活动中，并非所有的案件都需要进行类案检索，对于那些常见的案件，以及争议不大、案件事实清楚的案件，完全没有必要进行类案检索。否则，只会大大降低审判效率，增加审判负担。因此，适用类案检索，需要区分案件性质，如此才能达成类案检索的真正目的。

《类案检索指导意见》中对应当进行检索的案件的适用情形进行了明确，其中第 2 条规定了四种需要进行类案检索的情形，总结一下，主要是需要启动内部程序讨论的案件、没有相应法律规定的案件、基于监督关系要求检索的案件，以及其他案件。该指导意见中列举了三种具体情形和一个兜底情形，较为全面地囊括了所有需要进行类案检索的案件，有利于类案检索的程序清晰规范。

（二）类案检索的原则

进行类案检索，并不是盲目去某个检索平台搜索类似案例，它需要遵循一定的原则方法，才能达到理想的检索效果。比如，近因原则、方便原则、裁判者认可原则、不检索法定制裁后果原则等。

---

① 刘树德、胡继先：《〈关于统一法律适用加强类案检索的指导意见（试行）〉的理解与适用》，载《人民司法》2020 年第 25 期。

1. 近因原则

“近因原则”是保险法上的一个概念，是指保险人的责任仅限于最直接、最有效的原因导致的损失范围。当然，保险关系上的近因并非指在时间或空间上与损失最接近的原因。为了便于理解，此处借用近因原则的字面含义。当把“近因原则”运用到类案检索中时，能够使类案检索有章法可循。我们可以从时间和空间上，分别从横向和纵向两个角度来对近因原则进行分析。

（1）时间上的“近因原则”

类案检索中需要遵循时间上的“近因原则”，即《类案检索指导意见》第4条内容，除指导性案例外，优先检索近三年的案例或者案件。通常在没有经过严格筛选的情况下进行类案检索，可能会检索到数量众多的相关案例，这些案例涉及年份跨度较大。由于法律具有时效性，年代久远的案例基本上已经失去了参考价值，这时就必须优先检索近三年的案例。

（2）空间上的“近因原则”

第一，上下级法院的审判监督关系更加紧密。案例的说服力不在于数量，而在于出处，更在于提升裁决者效能最大化的程度。① 在法院审判实践活动中，对于受理法院影响最大的除最高人民法院外，就是上级法院。受我国两审终审制的审判制度的影响，一审法院在审理疑难复杂案件时，除了要考虑最高人民法院的指导性案例之外，它最关注的必然是上级法院有无相关类案。因为作为一审法院，它的上级法院就是案件的上诉法院，如果不考虑上级法院的类案，并且跟上级法院的裁判观点差异较大，一旦当事人上诉，上诉法院要么改判，要么发回重审，这必然会增加一审法院的诉累。不管是为了办案效率或是业绩因素，还是基于上级法院的监督关系，上级法院的类案，对于下级法院的审判活动都具有非常重大的影响。所以，裁判者的类案检索活动，必然需要遵循空间上的“近因原则”，即上级法院的类案具有特殊的优先地位，下级法院必须予以高度重视。当然，最高人民法院的类案依然具有绝对的优先性，如果上级法院的案例和最高人民法院的案例裁判不一致，司法实践中法官依然应当优先按照最高人民法院的案例观点来作出裁判。② 但是现实状况依然与理想状态存在较大差异。有部分学者在研究中发

---

① 张健：《案例检索的近因原则》，载微信公众号“法悟”，2019年6月24日。

② 黄文旭：《〈最高法院类案检索指导意见〉理解与适用发布，明确若干适用问题（附深度解读）》，载微信公众号“法律检索”，2020年9月8日。

现，法官在很多时候其实并不太在意全国其他地区的类案，他们最关心的通常只是其上级法院的类似判决。[①]可见上级法院的类案在司法审判活动中对案件审理法院的影响之重大。

第二，法院所处的地域范围较为类似或相近。类案检索的目的在于统一法律适用，但这里的“统一法律适用”不能予以绝对化理解。我国地域辽阔，不同地区在经济发展程度、社会风俗习惯、法律文化等方面存在较大差异，因此想要在全国范围内实现“类案同判”显然十分艰难，但是我们可以最大限度地实现实质意义上的“类案同判”。因此，法院在检索类案时，必须考虑类案检索的层次性，以案件审理法院为基点，遵循由近及远、由高到低的检索顺序，优先考虑与该法院所处地域较近法院的类案，因为一般地域范围越近，司法传统就越相近，法院作出同类判决后的可接受程度就越高。反之，如果不考虑地域文化因素，就算参考跨地区法院的权威典型案例作出判决，可能也会产生“水土不服”的后果。因此，类案检索必须考虑地域因素。

2. 方便原则

方便原则，是指类案检索应当以方便法官、律师和当事人共同检索为原则。从《类案检索指导意见》第10条规定的内容来看，检察院、当事人、律师等主体，在诉讼中均可以提交类案来增强己方观点的说服力，并且法官应当对此作出回应。可见类案检索的主体，不限于法院，这就需要提高法院以外主体进行类案检索的便利性。

类案检索不应当只是法官的工作，主体应当多元化。首先，法院要尊重法院以外主体提交检索报告的权利。任何参与到诉讼过程中的主体，都应当享有提供类案的权利。作为与案件所涉利益直接相关的当事人，没有人比他自己更了解案件事实。同时，当事人的律师为了最大限度维护自己当事人的利益，其必定会竭尽全力检索到对己方最有利的案例，提交给法院后，在一定程度上有助于提高法院的类案检索效率和质量。其次，法院对于其他诉讼主体提交的类案检索报告必须及时有效地予以回应，尤其是在最终的裁判文书中，对于是否采纳其提供的类案裁判要点，须作出详尽的说理。最后，法院可以对其他诉讼主体进行类案检索提供帮助。比如，法官可以主动告知当事人及其律师，其享有类案检索的权利。体现诉讼程序的公平公正。

---

① 孙海波：《同案同判：并非虚构的法治神话》，载《法学家》2019年第5期。

3. 裁判者认可原则

类案检索制度在于完善统一法律适用标准机制，促进“类案同判”，规范自由裁量权的行使。类案检索绝不是让裁判者机械地适用法律，而是为了更好地规范裁判者的裁量权。通过类案检索，可以规范法律适用，为法院的裁判活动建立风险预警机制，使裁判结果不偏离社会正义主流价值的轨道，最大限度降低误判风险。

类案检索机制会对法官审判案件产生一定约束力，但法官在这个过程中依然存在自由裁量的空间。对于一些疑难复杂案件，在没有明确的法律规定的前提下，法院进行类案检索，检索到的类案不可能都是千篇一律的裁判结果，必然会检索到不同的裁判结果，甚至会检索到截然相反的裁判结果。《类案检索指导意见》中规定，类案是指两个案件在基本事实、争议焦点、法律适用问题等方面具有相似性。但即使在上述三方面都具有相似性，也并不必然导致类案的裁判结果具有一致性。此时，就需要案件裁判者在诸多类案中找寻与本案最为相似的案例，然后在最为相似的案例中再一次类比论证，进行价值利益衡量，以自身对案件的理解和丰富的审判经验作出裁决。在这个过程中，裁判者首先要通过类案说服自己，也就是认可自己检索并参照的类案，然后形成自己独特的审判思维审理案件，最后说服当事人，作出合法合情合理的裁决。北京大学法学院张骐教授在《再论类似案件的判断与指导性案例的使用》一文中，就“在类似案件判断中怎样处理事实、法律与价值的关系”这一问题，提出法官在判断两个案件是否相似时，不能仅仅做一种事实的比对，而要按照一定的价值标准，确定与待审案件事实最为接近、裁判效果最好的一个。[①] 此处提及的“价值标准”便涉及法官的自由裁量与价值判断。

因此，类案检索不是法官机械式参照类案作出裁判，而是给法官一个裁量标准，让法官参照标准审理案件，最后的审判结果不能偏离参照标准太远，而这个适度偏离参照标准的度就是法官的自由裁量空间。

4. 不检索法定制裁后果原则

类案检索制度是我国司法责任制改革的手段之一，任何一项新制度要想发挥出良好的效果，前提是必须得到很好的执行和落实，而完善该制度的相关配套措施是推动该制度执行落实的必要途径。同样，类案检索制度的目的在于促进统一

---

① 张骐：《再论类似案件的判断与指导性案例的使用——以当代中国法官对指导性案例的使用经验为契口》，载《法制与社会发展》2015 年第 5 期。

法律适用、保证类案同判，但前提是类案检索得到很好的执行和落实。要保证类案检索机制的落实，其中完善相应的制裁措施是有效的方法之一。

目前，我国的类案检索制度主要针对审判机关，包括但不限于法官。那么，如何保证法院在审理案件过程中就一定进行了类案检索呢？这就需要制定相关的配套措施。对那些没有严格按照类案检索相关规定审理案件的裁判者给予适当的制裁，如把类案检索工作纳入个人考核机制和法官业绩档案。当然，考虑到法院的巨大工作量，尤其是基层法院，法官审理案件的压力普遍很大，如果把类案检索机制强行纳入考核机制，可能会适得其反，因此我们不能一味地靠制裁，除了制裁，还需要完善监督机制，如设置更加严谨的类案检索程序，建立完善的检索备案机制等。总之，要通过多种方法促使法院的类案检索工作不变形走样，在不按规定进行类案检索的情况下，可能面临着上级法院改判或发回重审的风险。

四、两大法系的案例检索机制

（一）英美法系判例检索对我国类案检索的借鉴意义——以美国为例

英美法系国家是判例法国家，在司法审判中采用遵循先例的制度。英美法系的判例法经过几百年的发展，已经形成了成熟完备的判例体系，无论是在判例检索工具上，还是在判例检索技能以及适用先例的类比推理能力上，都具有高超的水平。尽管我国的类案检索制度与英美法系的判例制度存在很大差异，但关于类案检索方面依然存在可供借鉴之处。美国是判例法国家的典型代表之一，下面将以美国的判例检索为例进行分析。

1. 美国司法实践中的判例检索方法

第一，判例检索的方法步骤。

外交学院教授李红勃和他的学生胡晓凡在《浅析英美判例法的检索方法》一文中，通过“哥斯布赖瓦公寓大厦”一案详细地展现了判例法检索的步骤和方法：（1）准确拟定检索词和检索问题；（2）使用二次文献确定判例检索范围；（3）综合检索纸质判例集与法律数据库；（4）进行有效的检索评估。[①] 其中对我们比较有借

① 胡晓凡、李红勃：《浅析英美判例法的检索方法——以“哥斯布赖瓦公寓大厦”案为例》，载《法律文献信息与研究》2014年第74期。

鉴意义的是第 1 条和第 4 条。

首先是准确拟定检索词和检索问题。在类案检索实务中，检索工作十分复杂，输入简单的关键词，可能会获得大量关联结果，寻找类案如同大海捞针；输入过多关键词或添加筛选条件，又可能导致结果为零。因此，英美判例法检索的第一步最为关键，即准确拟定检索词和检索问题。其次是对最终检索到的判例进行有效的检索评估，即对该判例的有效性和可采纳性进行评估：该判例在后续判决中有无被推翻或者被削弱效力。①

第二，严谨高效的判例检索系统——以 Westlaw 为例。

美国具备相当成熟的判例检索系统，Westlaw 和 LexisNexis 是应用范围较广的权威性判例数据库。其中 Westlaw 检索系统可以采用多种检索方式，包括布尔逻辑检索、概念检索、钥匙号或钥匙码检索、字段检索或限制检索、星号参照检索等多种检索方法。②

比较具有借鉴意义的是钥匙码检索方法。Westlaw 把判例的种类划分为 400 多个大类，大类下面包含小类，每个小类都拥有一个钥匙码。③ 此外，Westlaw 还可以通过案号、当事人的姓名或者自然语言进行判例检索。④ 根据笔者的理解，钥匙码的检索构造设置就类似于字典或者词典的首字母目录索引，根据提前拟定好的检索词和检索问题按图索骥，找到相应的代码即钥匙码，就可以迅速锁定检索目标，找到类似判例。

2. 判例检索方法的借鉴与启发

与完备成熟的英美法系判例检索机制相比，可以说我国的类案检索依然处于萌芽状态，因此借鉴外国判例检索机制的有益经验十分必要。结合我国的司法实践，笔者提出两点建议：

第一，加强类案本身的建设与管理，形成体系化的检索方法。

目前，我国的案例数据库中的案例已经达到数以万计的数量，但是实际检索效果不尽如人意。判例法国家的钥匙码检索方法就是针对类案本身做出的细致分类，从而可以迅速准确检索到真正的类案。四川大学法学院教授左卫民在改进人工智能辅助的类案类判的方法中明确提到了加强“类案”本身的建设与管理。其

---

① 吴有佳:《英美法系判例检索对我国的启示》，载微信公众号“北大法宝”，2020 年 9 月 23 日。

② 朱亚峰:《美国法律的电子化检索——WESTLAW 简介》，载《法律文献信息与研究》2020 年第 2 期。

③ 钥匙码是美国私人机构韦氏建立的全国判例报告系统中对判例分类的表现形式。

④ 雷磊、牛利冉:《指导性案例适用技术的国际比较》，载《治理研究》2018 年第 1 期。

中提到，需要对类案的“标签化”“结构化”工作做进一步精细化的提升。在目前的技术条件下，智能是建立在人工之上的。我们需要经验丰富的法律工作者参与到标签数据的编排工作中，也需要拥有深厚法律素养的专家为复杂的法律事实确立精准的法律标签。只有这样，类案推送系统才能在这个基础上检索到更理想的匹配信息。[①] 文中提出对类案本身“标签化”“结构化”与判例法国家的钥匙码极为相似，类案检索的智能建立在人工之上，因此我国类案检索系统的钥匙码或者说类案的法律标签，需要优秀法律工作者的辛勤努力。我们可以借鉴判例法国家的钥匙码来编排我国的类案法律标签，完善类案本身建设，形成体系化的检索方法。

第二，加快建立专门化的类案检索系统。

加快建立体系化的检索方法，有赖于体系完备的类案检索系统。建设系统化的类案数据库需要强大的技术支撑，目前我们可能无法创建出如 Westlaw 那样强大的判例检索系统，但我们可以建立一个有别于国外的判例检索系统，同时也有别于国内已存在的案例数据库，即“独立型类案检索系统”。[②] 首先，在这个检索系统内，只收录案例，不做法律法规的收录；其次，只服务于特定群体，即法官。独立型类案检索系统不在于大而全，而在于小而精。搭建好专门化的类案检索系统后，再结合体系化的检索方法，那么类案检索工作必定会达到事半功倍的效果。

（二）大陆法系案例检索对我国类案检索的借鉴意义——以德国和日本为例

1. 日本的案例检索制度

日本的案例分为判例和一般案例，判例就相当于我国的指导性案例。相较于一般案例，判例具有更高的司法权威性。日本的判例和一般案例在名称上以“判例集”和“裁判例集”作出区分。[③] 日本和我国虽然都是制定法国家，但日本的判例在法律适用上具有强大的支配力，甚至可以跟判例法国家相提并论。[④]

---

① 左卫民：《如何通过人工智能实现类案类判》，载《中国法律评论》2018 年第 2 期。

② 李鑫：《从信息化呈现到体系性构建：判例运用视角下判例检索系统的建设与发展》，载《四川大学学报（哲学社会科学版）》2020 年第 2 期。

③ 童泽夏、周宇虹、永青：《我国与日本案例指导制度对比研究》，载《法制博览》2016 年第 4 期。

④ 于佳佳：《日本判例的先例约束力》，载《华东政法大学学报》2013 年第 3 期。

类案检索制度的建立离不开类案数据库建设，同样在日本判例制度的确立也离不开裁判文书的收录和出版。日本并不像我国一样拥有很多网上案例数据库检索平台，其在判例文书的出版上则更为出彩。日本的判例集可以分为官方编撰和民间编撰两类。官方判例集是由日本的最高法院和高等法院编辑出版；民间判例集是由一些出版社通过图书、期刊等载体编辑出版。另外，日本也拥有网上判例系统，第一法规网站是目前日本国内最大的检索服务系统。而且在十年以前，日本最高法院就开始要求各级法院在其官方网站上公开发布知识产权案件的裁判文书。①

2. 德国的案例检索制度②

德国作为大陆法系的典型代表，并没有正式的判例制度，但在司法实践中判例也如同日本那样对法院具有强大的支配力。引导词是德国判例制度独有的，引导词就相当于案例中的关键词和裁判要点。在德国司法实践中，主要是通过引导词来检索判例。除了引导词之外，德国判例集中的判例前面列有该判例所涉及的主要法律条文，也同样起到了方便检索的作用。

3. 德日案例检索制度的借鉴与启发

在日本，判例不是制度上的法源，而是事实上的法源，即判例只具有事实上的约束力，尽管如此，违反判例却是法定上诉理由之一。③鉴于此，结合我国类案检索在司法实践中不尽如人意的应用现状，我们也可以将违反指导性案例作为上诉理由之一。如此可以提升法官主动进行类案检索、优先适用指导性案例的积极性。当然，我们依然需要清醒地认识到，我国和日本的司法权威性判例在数量和质量上的差异。首先，日本自明治维新进入现代化以来，在司法上就开始借鉴英美法系的判例制度，其发展历史比较悠久。其次，日本具有完备丰富的判例集体系，里面收录了大量权威判例，且随着时间推进不断更新。因此，日本具有将违反判例作为法定上诉理由的历史和现实基础。待我国案例指导制度发展较为成熟后，我们也可以借鉴这一制度。

另外，在对类案本身的建设和管理上，我们可以参考德国判例中引导词的编排结构。

① 解亘：《日本的判例制度》，载《华东政法大学学报》2009年第1期。

② 雷磊、牛利冉：《指导性案例适用技术的国际比较》，载《治理研究》2018年第1期。

③ 孙跃：《日本司法判例援引技术初探及启示——基于民事判例的考察》，载《海峡法学》2018年第2期。

五、我国类案检索的改革进路

我国类案检索制度的发展任重而道远，需要法学理论界和实务界的共同努力，必须从多个方面推进完善类案检索机制，以本土司法实践为基础，结合国外有益经验，从而探索出一条适合我国司法改革实践的类案检索道路。

（一）完善类案检索数据库建设，适度降低类案检索成本

进行类案检索，最重要的前提条件是有可供参考的类案，这就需要类案完备的数据库。当下法律职业者常用的案例数据平台有中国裁判文书网、法信、北大法宝、威科先行等，其中有些平台是官方创建的，有些是民间创建的，除了中国裁判文书网是完全免费的之外，其他多数都是需要收费的数据库，而且部分数据库使用费用不低。首先，专门进行类案检索的数据库有限；其次，好用高效的数据库收费高昂。以上两点就为类案检索增加了使用上的障碍。因此，要使类案检索真正发挥效用，就必须建设完备系统高效的案例数据库。利用科技支撑建设数据平台，同时降低法律职业者的检索成本，是完善类案检索配套措施不可或缺的一环。

下面将以北大法宝[1]和法信[2]为例，展示部分收费信息。

表

<table>
<tr><th>收费项目（北大法宝）</th><th>司法案例</th><th>法律法规</th><th>检察文书</th><th>法学期刊</th></tr>
<tr><td>收费标准（北大法宝）</td><td>3600元/年</td><td>3600元/年</td><td>2500元/年</td><td>4000元/年</td></tr>
<tr><td>购买时限（法信）</td><td>1个月</td><td colspan="2">6个月</td><td>12个月</td></tr>
<tr><td>收费标准（法信）</td><td>540元</td><td colspan="2">1500元</td><td>2020元</td></tr>
</table>

（二）提升法官统一法律适用标准能力

在类案检索中，法官是最重要的检索主体。因此，法官必须强化自身运用现代

① https：//www.pkulaw.com/，2020年10月9日访问。

② https：//www.faxin.cn/，2020年10月9日访问。法信数据库中存在很多细分检索项目，其中部分免费，如“类案检索”，部分收费。

智能信息化系统进行类案检索和类案分析研究的能力。首先，法官必须清楚掌握有哪些权威的案例数据库，这是案例检索的重要前提；其次，法官必须具备强大的检索能力，能够迅速高效检索到类案；最后，法官必须具有优秀的类比推理能力，保证检索到类案后能够很好地分析运用。[①]在提高法官检索能力的同时，还要强化法官助理的案例检索职能。为此，各级法院应当强化法官助理的配置工作，为法官配置法官助理，使法官在案多人少的情况下，能够得到法官助理的检索帮助。

（三）促进类案检索范围的层次化

类案检索需要明确检索范围和服务对象。[②]我国有四级法院，每一级法院法官的专业素质和审理案件水平都存在差异，另外，每一级法院受理的案件性质也存在较大差别。在司法实践中，基层法院受理的大多是常见且争议不大的传统案件，而最高法院以及高级法院审理的多是争议较大、疑难复杂的案件。这就需要在类案检索的广度和深度上区分对待，以法院的级别为基础，细分类案检索的范围，使得类案检索具有层次性，而不是不加区分地统一按照《类案检索指导意见》划定的范围来检索，最高法院的指导意见中给出的检索范围过于笼统，在司法实践中的适用性不强。

具体细分方法如下，对于级别最高的最高法院来说，类案检索应注重类案的权威性，检索范围应当集中在本院和高级法院的类案。对于高级法院，检索范围首先考虑最高法院的指导性案例以及本院和本辖区内的中级法院的类案，其次考虑跨省区的同级法院类案。对于中级法院，检索范围首先考虑最高院的指导性案例、所属辖区内高级法院和本院的类案，其次考虑跨省区的且在地域上比较相近的同级或上级法院的类案。对于基层法院，可以优先检索上级法院、本院、同一辖区内同级法院的类案，如果检索不到类案，再逐渐扩大检索范围。

总之，类案检索需要遵循“近因原则”，明确检索范围和服务对象，注重检索范围的层次性，才不至于让法律工作者在浩如烟海的案例中迷失方向。

1. 促进类案检索主体多元化

类案检索已然成为法官的一项义务，这无疑会增加法官的审判负担。我国的

---

① 李梦雨:《类案检索制度对法官提出新要求》，载《人民法院报》2020 年 7 月 30 日第 2 版。

② 王亚明:《完善配套机制，强化类案检索效能》，载《人民法院报》2020 年 9 月 22 日第 2 版。

法治建设不应只是法院的义务，应当扩大到全体法律工作者。首先，在法院内部，要把类案检索工作细化，分步骤有序进行，合理分工类案检索任务，有效分解类案检索这一浩大的工作量，使案件承办法官能够集中精力比较已检索到的类案与待决案件，从而高效作出裁决结果。其次，除了法院以外的主体，如检察官、律师、当事人，也应当负有一定的检索义务，尤其是检察官和律师，相较于当事人而言，这两者均是训练有素的法律人，具有更强的检索能力。在审判活动中，其积极提交类案检索报告，一方面，有利于支撑己方观点和诉求，增强胜诉的可能性；另一方面，在一定程度上可以辅助法院的检索工作。

2. 完善类案检索监督机制，推动类案检索程序透明化

类案检索已经成为法院审理疑难复杂案件的必经程序，如何让类案检索的程序设置最终转化为类案同判的实体正义，除了提高裁判者的类案检索和案例研究的能力、完善不检索的惩戒措施之外，还要加强类案检索的监督机制。高效的监督机制既可以防止类案检索流于形式，也可以促进类案同判。

类案检索程序的透明化，有利于对类案检索的监督。实现类案检索程序的透明化，并非简单地将类案检索报告公开，其中包含很多技术性操作。同时实现类案检索程序的透明化需要循序渐进，应当全面考量类案检索机制在司法实践中的发展现状，有序推进透明化的程度。

［**作者简介：**王亚明，江苏省南京市建邺区人民法院法官；周琴琴，南京信息工程大学法学院法律（法本）硕士］

参考文献：

［1］孙跃：《日本司法判例援引技术初探及启示——基于民事判例的考察》，载《海峡法学》2018 年第 20 期。

［2］孙光宁：《指导性案例在类案检索机制中的地位及其运作》，载《法律适用》2020 年第 12 期。

［3］郭叶、孙妹：《最高人民法院指导性案例 2019 年度司法应用报告》，载《中国应用法学》2020 年第 3 期。

［4］张生：《中国律例统编的传统与现代民法体系中的指导性案例》，载《中国法学》2020 年第 3 期。

［5］刘树德、胡继先：《关于统一法律适用加强类案检索的指导意见（试行）的理解与适用》，载《人民司法》2020 年第 25 期。

［6］孙海波：《“同案同判”：并非虚构的法治神话》，载《法学家》2019 年第 5 期。

［7］张骐:《再论类似案件的判断与指导性案例的使用——以当代中国法官对指导性案例的使用经验为契口》，载《法制与社会发展》2015 年第 5 期。

［8］胡晓凡、李红勃:《浅析英美判例法的检索方法——以“哥斯布赖瓦公寓大厦”案为例》，载《法律文献信息与研究》2014 年第 21 期。

［9］朱亚峰:《美国法律的电子化检索——WESTLAW 简介》，载《法律文献信息与研究》2000 年第 2 期。

［10］雷磊、牛利冉:《指导性案例适用技术的国际比较》，载《治理研究》2018 年第 34 期。

［11］左卫民:《如何通过人工智能实现类案类判》，载《中国法律评论》2018 年第 2 期。

［12］李鑫:《从信息化呈现到体系性构建：判例运用视角下判例检索系统的建设与发展》，载《四川大学学报（哲学社会科学版）》2020 年第 2 期。

［13］童泽夏、周宇虹、永青:《我国与日本案例指导制度对比研究》，载《法制博览》2016 年第 4 期。

［14］于佳佳:《日本判例的先例约束力》，载《华东政法大学学报》2013 年第 3 期。

［15］解亘:《日本的判例制度》，载《华东政法大学学报》2009 年第 1 期。

［16］杨先德:《类案检索保障同案同判》，载《经济观察报》2020 年 8 月 3 日第 8 版。

［17］李梦雨:《类案检索制度对法官提出新要求》，载《人民法院报》2020 年 7 月 30 日第 2 版。

［18］王亚明:《完善配套机制，强化类案检索效能》，载《人民法院报》2020 年 9 月 22 日第 2 版。

类案同判：类案的识别判断与同判的技术实现

孙森森　周　杨

摘要： 类案同判在选择作为比较对象的先决案例的范围上一般应该限于本院及有管辖关系的上级法院。对比要点选择上应该分为主要要点和辅助要点进行：在主要要点中，法律事实上区分必要事实和非必要事实、法律适用上区分决定性判决理由和非决定性判决理由、争议焦点。通过在裁判文书中说明要点选择理由来规范法官裁量权，待决案件裁判结果与类似案件不同时，应通过特定程序解决，避免类案不同判。

文章的论述逻辑遵循类案识别判断和同判的司法技术的前后衔接：类案识别判断是同判实现基础，先论述类案识别判断由外而内的三个步骤，之后再论述同判实现。第一部分论述了判例选择的范围，从外部确定了类案同判识别空间范围和时间范围。第二部分论证了类案识别判断的对比要点。第三部分论证了法官需要对对比要点的选择做出理由说明，以此规范法官的裁量权。第四部分提出了解决类案不同判情形的两种解决途径。结语部分总结了类案识别判断的标准和同判的司法技术。

关键词： 类案同判　法律事实　自由裁量

随着指导性案例的确立和不断发展，有关指导性案例的问题在学术界成为讨论的热点话题，也产生了不少相关的研究成果，但与学术界的热议形成鲜明对比的是，在司法实践中对指导性案例援引却呈现出另一种“冷遇”。之所以会出现此种情形，其中一个很关键的原因在于缺乏待决案件与先决生效案件之间存在“类似性”的明确标准和同判的司法技术指引，这直接影响了司法实践中法官对指导性案例的应用。因此，厘清何为类似案件的判断标准对于解决司法实践中的这种困惑有着极为重要的意义。

“类似案件同样判决”（以下简称类案同判）是司法过程应当追求的价值目

标，但该价值目标的实现需要一定的技术支撑。案件类似性的判断，是类案识别的关键和核心所在。类案同判作为一项原则达成共识的情形下，其前提是应该确定何为“类似案件”，之后才会有“同样判决”。“类似案件”的识别和判断是“同样判决”的前提和基础，“同样判决”是“类似案件”识别和判断的目的。

类案的识别判断需要通过前后逻辑连贯的三个步骤实现：第一步是判例选择范围的确定，已决在先判例的空间范围和时间范围的确定；第二步是对比要点选择的确定，确定主要对比要点和辅助比较要点在已决生效案件与待决案件进行对比，区分二者的相同要点和不同要点；第三步是基于对比要点的理由说明（实质理由的权衡判断），即基于充分的理由来判断相同点或不同点何者更为重要，最终确定两个案件是否属于“类似案件”。同判的技术实现，需要在确定类似案件之后，待决案件拟作出的裁判结果与在先判例判决结果可能不同时，基于现行制度和规范通过特定的程序进行化解。

一、判例选择的范围

判例的选择实际上就是确定何种生效裁判作为对比的对象，也即在先裁判的范围何在，这是确定两个案件是否为“类似案件”的重要步骤，选择的范围可以分为空间范围和时间范围。

（一）空间范围

一个待决案件之前有诸多已决生效案件，应该选择哪些作为比较的对象，是首先需要面对的问题。因为一个待决案件之前存在的已决生效案件分布的法院在辖区与级别上存在重要差别。不同的辖区和级别的法院就案件观点还可能存在差异，如何任意选择不但无助于待决案件的处理，还可能导致案件处理过程中思路更加混乱而给问题的解决徒增烦恼。因为法院存在地域辖区与审判层级的差异，基于审级制度的存在、司法责任制和统一法律适用的要求，决定了法官对已决生效裁判的选择主要还是限于上级法院，而不包括无管辖关系的法院，对于这些法院在先判例仅限于“参考”。

案例指导制度之所以能够顺利开展，除最高人民法院颁布相应的司法解释及规范性文件外，关键还在于有相应的审级制度的存在。同样，对于类案审理裁判而言，上级法院的已决生效判例能够得到下级法院的遵循在很大程度上也是基于此项制度。审级制度是司法权的纵向配置，对于克服司法地方主义，维护法律适用的统一性具有重要意义。尤其是在上级法院已经就类似案件作出生效判决的情形下，如果下级法院对类似案件的审判出现不同结果时，下级法院的判决就会面临被改判的风险，而下级法院在作出裁判之前必然会考虑到此种风险，这就是审级制度的监督和统一法律适用的功能之所在。具体而言，从辖区的角度上，对本院的待决案件会产生影响的上级法院的判例包括：最高院颁布的指导性案例、最高院审理的典型案例以及其他普通案例；辖区内高级法院发布的示范性案例、其审理的典型案例及其他普通案例；本院上一级法院审理的典型案例及其他普通案例。

另外，基于司法公平、司法公信力、法律统一适用及前后裁判观点一致性的要求，原则上一个法院的待决案件应该与本院已决生效裁判保持一致，除非有足够充分的理由在例外的情形下才能偏离。实际上，之所以一个法院在待决案件中原则上需要负有与本院类似已决生效案件的义务，其中很重要的一个原因在于司法责任制的要求。司法责任制的实行，是遵循司法规律的制度安排，这意味着：一方面，法官在法律授权的情形下享有相应的权力对案件进行审理；另一方面，法官对于案件的事实认定和法律适用负有相应的责任。法官在审理案件的过程中，对于上级法院和本院类似的生效案件负有作出同样裁判结果的义务，这种义务是司法公正和司法平等的必然要求。司法责任制对于类似案件同样判决毋庸置疑地起到了制度上的保障作用。

（二）时间范围

以上是关于检索地域范围的论述，除此之外还有时间范围的问题。一般而言，对于判例选择范围主要是地域范围，但也要考虑时间范围，因为法律是流动和变化的，对法律的理解阐释也是变动不居的，其根源在于社会情况的变化。因此，在选择判例范围的时候，设定一定的时间区域是合理的，① 对于一定时间区域内的在先类似判例应该重点关注，对于时间区域外的也应该予以关注，如果有可能偏离原来的裁判结果，不仅要通过必要的程序予以解决，也要在裁判文书中进行充分说理，接受监督。

---

① 笔者认为在3年至5年内都是合理的，如有的法院根据不同的级别设置了不同的时间。

二、对比要点的选择

“类似案件”识别判断就是将一个已决案件与一个待决案件进行对比的过程，在对比的过程中必然会选择一定的比较点（基点），基于比较点之间的对比判断二者是否属于“类似案件”。先决生效案件与待决案件之间的相似性判断上，比较要点是沟通二者的桥梁。正如有的学者所言：“比较点的确定主要不是依据一个理性的认识，而是很大程度地根据决断，因而取决于权力的运用。”[①]由此可见，一方面判断两个案件是否相似时，比较点存在很多；另一方面在两个案件比较点的选择上，法官具有一定的裁量权。

在如此多的要素当中应该如何确定案件对比的要素是一个无法回避的重要问题，因为对比要素的选择和确定直接决定了两个案件相似性判断的最终走向。如有论者就主张，以法律关系、核心事实、举证情况、程序处理、法律适用等作为类案的识别要素。[②]还有论者认为类案检索的准确适用应当考量当事人、事由、地域、审级等参考要素。[③]不同的论者在论述时选择不同的要点作为判断已决生效案件与待决案件之间是否构成类似，这种要点的选择在很大程度上决定了二者是否构成类似，正如有论者主张的“比较点是比较者进行案件比较的支点，也是决定类似性是否相关的支点”[④]。

判断一个案件与另一个案件是否相似，需要将构成两个案件的基本要素进行对比，但这个对比的过程并非将全部的要素意义进行对比，一方面是因为不可能存在所有要素都完全一致的案件存在，另一方面是因为效率和成本考量。因此，有必要将上述要素做一个分类，因为以上这些要素在作为识别两个案件是否相似时，权重并不一致。笔者认为：法律事实、法律适用、争议焦点应该是识别二者是否相似的主要对比要点，而其他则属于辅助要点。

---

①［德］阿图尔·考夫曼：《法律哲学》，刘幸义等译，法律出版社2004年版，第116页。

②侯文静：《凝聚类案裁判共识　提升适法统一效果》，载《人民法院报》2019年12月5日第8版。

③侯文静：《凝聚类案裁判共识　提升适法统一效果》，载《人民法院报》2019年12月5日第8版。

④张骐：《论类似案件的判断》，载《中外法学》2014年第2期。

（一）法律事实

基本案情是由案件事实构成的，但并非任何一个案件事实都可以或者有必要构成对比的要素，因此应该将关键事实，而非基本案情作为对比要点。[①]但“决定案件最终法律判断的并非案件的全部事实，而是那些和法律评价直接相关的要件事实”[②]，实际上案件事实可以区分为有法律意义的事实和无法律意义的事实。正如有的学者所认为的“案件事实并不是与法律适用毫无关联的纯粹的事实问题，而必然是与法律适用直接或间接相关的事实问题”[③]。

1. 必要事实与非必要事实的区分

一个案件当中的法律事实可以分为必要事实和非必要事实。[④]在识别案件事实的时候，不仅要识别出法律事实，还要在法律事实中识别出必要事实和非必要事实，即那些影响了案件裁判结果的重要事实为必要事实，也是判决理由依据的事实，而这些必要事实就是识别两个案件是否属于类似案件的关键性事实，由此观之必要事实与非必要事实、关键性事实和非关键性事实存在对应关系。差异事实是否足以导致二者的完全不同，最终导致类似性的判断无法达成。很多事实要素的更改或替换，均不会改变判决的结果，那么这些要素就不是非必要事实。“必要事实，指对于做成判决结论有必要的基础事实，经判断本案例事实与前案例的必要事实相类似时，则前案例必要事实所得的结论，对于本案例具拘束力。”[⑤]

如何判断某一法律事实属于必要事实还是非必要事实是一个不得不面对的问题，即便是在作为判例法国家的英美法系对于区分必要事实和非必要事实上也尚未达成共识。笔者认为：首先，可以从构成要件事实出发，将已决生效案件与待决案件进行对比的前提是二者在法律适用上存在对相关法律规范适用的共同性，

---

① 关于为何将关键事实，而非基本案情作为对比要点的详细论述请参见张骐：《再论类似案件的判断与指导性案例的使用——以当代中国法官对指导性案例的使用经验为契口》，载《法制与社会发展》2015 年第 5 期，第 140–141 页。

②［德］卡尔·拉伦茨：《法学方法论》，陈爱娥译，商务印书馆 2004 年版，第 258 页。

③ 张志铭：《对“同案同判”的法理分析》，载《法制日报》2012 年 3 月 7 日第 11 版。

④ 也有将法律事实要点区分为关键要点与非关键要点的。参见雷槟硕：《判例区分技术运用考察与借鉴》，载《华东政法大学学报》2020 年第 2 期。

⑤ 潘维大、刘文琦编著：《英美法导读》，法律出版社 2000 年版，第 58 页。

同时必要事实首先应该是法律规范的构成要件事实，所以首先要看相关的法律事实是否属于案件法律规范的构成要件事实。其次可以从定义出发，必要事实的判断可以从其内涵出发进行判断，即如果在比较过程中，抽取掉该事实，是否会影响类似性的判断，如果对判断结果有影响，则其为必要事实，反之则不是。最后还可以从审判经验出发进行判断。判断两个案件是否属于类案的时候，经验法则在初步起到很重要的作用，即法院需要通过日常经验、审判经验等综合判断两个案件的法律事实是否存在类似性。因为每个法官长期从事司法审判工作对于案件的审理一定积累了丰富的经验，在判断是否属于必要事实的时候从积累的审判经验出发也是一条可行的路径。

2. 具体应用

已决生效案件的必要事实如果没有出现在待决案件当中，则可以判断待决案件与其就不存在类似性。如果已决生效案件的必要事实出现在待决案件当中，则可以判断待决案件与其可能存在相似性，还需要进一步判断相同事实和差异事实。试举例说明，如已决生效案件的必要事实为 A、B、C，非必要事实为 D、C、E。待决案件的事实为 A、B、C、F、G，此时由于二者的事实方面有相同的地方，但也有不同的地方，此时就需要判断待决案件的事实中与已决生效案件的相同事实和不同事实何者在决定案件裁判结果中的权重更大，继而判断二者是否构成类似案件，即如果 F、G 不影响待决案件的裁判结果，则两者构成类似案件；而如果 F、G 影响待决案件的裁判结果，实际上此时的 F、G 已经构成了待决案件的必要事实，而导致已决生效案件必要事实的差异，则二者不构成类似案件。当然，以上仅是案件对比的一种简单模式，在实际的司法案件审理过程中，会涉及多个法律问题，不同的法律问题有不同的必要事实和非必要事实，这就需要法官进行综合权衡。

（二）法律适用

无论是在理论界，还是在实务界，法官应当依法裁判已经达成了最基本的共识。因此，在判断是否属于类似案件的情形中，同样应当依据法律作出判断。尽管对于法律的理解和解释不可避免地存在分歧，但这依然无法改变应该依据法律作出判断这一论断，我们需要讨论的是在依法裁判这一前提下，如何将其予以进一步落实。要确定已决生效案件与待决案件是否构成类似案件，很重要的一个方面在于二者适用的核心法律条文是否相同。

1. 决定性理由与非决定性理由的区分

判决理由部分蕴含了法院对案件裁判依据的法律规则或原则的理解和阐释，也是将抽象的法律规则或原则进行具体化之后适用于个案的论证过程。判决理由是法律适用的核心部分。在诸多的判决理由当中，有起到决定性作用的判决理由，也有起到辅助性作用的判决理由，前者可称之为决定性理由，后者可称之为非决定性理由（一般理由）。有论者就认为裁判理由可以在是否属于同案的判断中成为实质理由。①

由于判决理由部分实际上是在对案件事实认定的基础上，对案件的法律问题作出分析论证的过程，此过程中确定何者为决定性判决理由，与法律事实中的必要事实和非必要事实的确定一样，判决理由中决定性判决理由与非决定性判决理由的确定也是由待决案件的法官来确定的，法官对于案件中的判决理由有一定的裁量权。但这种裁量权不是恣意的，因为即使是其判决理由给出的过程也需要基于已经在此之前确定的法律事实，另外其论证的过程同样应该在现行法律框架下规范进行。

2. 具体应用

在判断已决生效案件与待决案件是否相同时，应该从决定性理由和非决定性理由的区分出发，判断二者是否构成类似案件。如果已决生效案件的决定性理由与待决案件的判决理由不同，则二者不会构成类似案件；如果已决生效案件的决定性理由出现在待决案件判决理由当中，则二者可能构成类似案件，需要进一步作出判断。如已决生效案件的判决理由中，决定性判决理由为 A、B、C，非决定性判决理由为 D、C、E，拟作出裁判的待决案件理由为 A、B、C、F、G。由于二者存在相同的判决理由，二者可能构成类似案件，但是否确定构成类似案件，则需要作出进一步判断：即如果 F、G 作为判决理由在待决案件的论证中能够起到决定性作用，则二者不构成类似案件；如果 F、G 作为待决案件的判决理由在论证中不构成决定性判决理由，则二者构成类似案件。

---

① 黄泽敏、张继成：《案例指导制度下的法律推理及其规则》，载《法学研究》2013 年第 2 期。

（三）争议焦点

很多事实要素或者法律要素相同，但与争议焦点无关或者相关性不大，不影响案件裁判结果的，可以不作为比较的基点。案件法律事实或者法律适用争议焦点可以作为筛选是否为重要事实或者重要法律问题的标准，因为案件的审理就是围绕争议点展开的，其可以作为判别是否类似的重要核心。

尽管民事案件、行政案件、刑事案件之间在具体的诉讼构造上存在较大差异，但其均为纠纷解决的诉讼程序，争议主体之间一定存在一个或者多个根本分歧，无论是当事人诉求，还是法院审理都将之作为纠纷解决的核心问题，而其他分歧和争议均是围绕此展开的。以争议焦点为核心可以将案件理出一条明晰的线索，探究清楚案件根本的问题之所在。如果已决生效案件与待决案件之间争议的法律事实问题或者法律适用问题中的焦点问题一致，则二者就可以认定为类似案件，反之则不能将二者认定为类似案件。

争议焦点的确定，就目前的司法实践而言，已决生效案件与待决案件的法官都可能作出归纳和总结。有的案件中已决生效案件当中已经对案件的争议焦点作出了归纳和总结，此时待决案件的法官在一般情形下就无须就已决生效案件的争议焦点重新作出归纳，除非已决生效案件中对于争议焦点的归纳存在明显的问题。但如果已决生效案件未作出争议焦点的归纳，则待决案件的法官就需要对其作出归纳总结，提炼出案件争议焦点。

（四）辅助要点

判断在先生效案件与待决案件是否构成类似案件，固然需要通过主要对比要点进行判断，但如果在主要对比要点无法或者不能充分起到对比作用时，还需要通过其他要点的辅助。案由、法律关系、诉讼标的等都可以作为辅助要点。

案由是人民法院对诉讼案件所涉及的法律关系的性质进行概括后形成的案件名称，为类案提供了界定标准。案由相同只是可能构成类似案件的起点，因为即便是同一案由，也可能因为基本法律事实和法律适用的不同不属于类似案件。因此，从这个角度上讲，案由只是作为类似案件识别的第一步，也只是一种辅助因素。

除案由外，还有当事人的诉讼请求、诉讼标的、法律关系①、证据材料裁判要点②等各方面的要素，但这些要素只是为类似案件的识别指明了大致的方向，或者说大致的框架，并不能起到决定作用。更进一步说，这些辅助要素为类似案件的识别提供了很好的入口，有助于通过法律事实要点、法律适用要点、争议焦点更好地识别类似案件，并且最终对于是否属于类似案件这一最终结果的实现起到决定作用的还是法律事实要点、法律适用要点、争议焦点。

三、要点选择理由的说明

类案判断过程中必然少不了类比推理，而类比推理是一种由特殊到特殊的过程，不同于演绎逻辑由一般到特殊的思维过程，相比较而言前者要达到准确的结论的难度明显大于后者。运用演绎逻辑的时候，只要保证大前提为真，逻辑有效，其结论基本上也可以保真，但在类比推理当中更需要注意的是对比基点的选择对于结论的影响极大。无论是法律事实要点的选择，还是法律适用要点的选择，抑或争议焦点的选择，选择将何种要点作为比较的基点，在很大程度上决定了案件最终相似性的判断。

将一个已决生效案件作为待决案件的对比对象，基于一定的判断标准在区分出两个案件的相同点和不同点之后，需要进一步判断是相同点的权重更大，还是不同点的权重更大，最终得出两个案件是否类似的判断结果。已决生效案件是否能够作为待决案件在相似性以及裁判结果上的对比对象，实际上取决于待决案件法官的选择和判断，而非已决生效案件的法官。

《最高人民法院〈关于案例指导工作的规定〉实施细则》第 11 条第 2 款规定："公诉机关、案件当事人及其辩护人、诉讼代理人引述指导性案例作为控（诉）辩理由的，案件承办人员应当在裁判理由中回应是否参照了该指导性案例并说明理

① 有论者主张"对比要点宜以案件法律关系为框架体系，形成以具体行为、法律关系主体、客体以及内容为要点的相似性对比标准"。详细论述参见雷槟硕：《指导性案例适用的阿基米德支点——事实要点相似性判断研究》，载《法制与社会发展》2018 年第 2 期。王利明教授主张将案件事实相类似、法律关系相类似、案件争议点相类似、争议的法律问题相类似作为"类似性"判断的要点。详细论述参见王利明：《成文法传统中的创新——怎么看案例指导制度》，载《人民法院报》2012 年 2 月 20 日第 2 版。

② 四川省高级人民法院、四川大学联合课题组：《中国特色案例指导制度的发展和完善》，载《中国法学》2013 年第 3 期。

由。”尽管以上的规定适用的范围主要是指导性案例，即在审判过程中，案件承办人应该在裁判理由部分对是否参照适用指导性案例给出理由，但其在法理上体现出的依旧是法官应该对自己的裁判作出充分的理由说明，唯有如此才能加强司法公信力的确立和提升。两个案件是否属于类似案件判断过程中，对于要点的选择，法官同样应该作出充分的理由说明。

由此观之，待决案件的法官实际上在判断两个案件是否属于类似案件这一问题上享有裁量权。而对于此种裁量权的行使应该进行理由的说明，唯有如此才能尽可能避免法官在要点选择过程中的恣意。当然这种理由的说明也是法官作出判决时判决理由阐述的组成部分之一，不能随意放弃。

另外，需要注意的是我们毕竟是制定法国家，并没有彻底意义上的判例法传统，判例不能作为正式法律渊源。因此，在对要点选择的理由进行说明的过程中不能超越既有的制定法框架。换言之，法官首先应该做的还是依法裁判、援法而言，不能抛开制定法依据，随意创设规则，应该符合法律解释的基本规则。在既有的制定法框架下进行要点选择的理由说明是基本的底线，这在一定程度上也对要点选择理由说明进行了必要的限定，避免超越法官权限的情形发生。

四、类案不同判的程序化解

在英美法系国家的判例制度运行过程中，运用区分技术之后，其适用结果上会出现肯定性结果，也可能出现否定性结果：对已决生效案件存在遵循先例、不遵循先例、推翻先例三种情形。在我国对已决生效案件与待决案件进行类似案件识别与判断之后，可能存在以下几种情形：第一种情形，认为二者构成类似案件，作出同样的裁判结果；第二种情形，不构成类似案件，作出不同的裁判结果；第三种情形，构成类似案件，但发现已决生效案件裁判在法律事实认定或者法律适用中存在问题，则从个案正义的实现及裁判正确性的考量出发，不会作出同样的裁判结果，也可以称之为对先决生效裁判的偏离。

类案同判是基于司法公平目的的达成，如果因为情势变化，基于个案正义实现的目的，法官在有更具优势理由的情况下，可以抛弃之前生效判决的理由，作出与在先判决不同的裁判结果。对于这种经过判断认为构成类似案件，但作出同样裁判结果会影响个案正义和裁判正确性的实现，如何处理这种矛盾，需要通过程序予以妥善处理。

通过案例的收集、论证、审查机制等，做好先决生效案例的发现和识别工作需要必要的程序。在早期的一些关于“先例判决制度”的先行先试中，一些法院就“先例判决”的产生确定了一定的程序，即需要经过业务庭室的法官专业咨询小组初选和审核，由审判委员会确认，对其他法官处理同类案件有一定的拘束力，在审理同类案件时应当参照先例判决进行裁判，认为不应参照先例判决的，应报审判委员会决定。[①]

在此之后，2017 年《最高人民法院司法责任制实施意见（试行）》对最高院如何处理这种情形作出了规定，在拟作出的裁判结果将改变本院同类生效案件裁判尺度的，应当通过院庭长提交专业法官会议、审判委员会等专业审判组织讨论决定。为了进一步解决此类问题，最高院在 2018 年 12 月 4 日出台的《关于进一步全面落实司法责任制的实施意见》中作出了进一步规定，要求类案检索机制适用于各级法院，其中规定：“存在法律适用争议或者‘类案不同判’可能的案件，承办法官应当制作关联案件和类案检索报告，并在合议庭评议或者专业法官会议讨论时说明。”以上规定实际上明确了法官在拟作出的判决有可能会出现类案不同判的情形时，负有相应的检索义务及通过合议、专业法官会议及审判委员会等途径予以解决。

通过以上的规定可以看出，我国对仍旧可能出现的类案不同判问题提出了解决的方案。其中专业法官会议的类案研判机制（研究裁判思路、裁判标准、审理要点），以及审委会类案指导作用能够为该问题的解决提供制度保障。但需要指出的是，因为类案同判的判例选择范围不仅限于本院，很大一部分还涉及上级法院的类似案件，如果发现拟作出的裁判结果与上级法院的类似案件不一致，应该如何处理，以上的规定并未作出明确规定。《最高人民法院关于规范上下级人民法院审判业务关系的若干意见》中的规定也没有提供相应的解决措施。

就我国的现行法秩序规定的审判制度而言，即使是发现了本院已决生效案件裁判存在问题，也不能由待决案件法官针对已决生效案件重新作出裁判，而只能通过审判监督程序作出重新裁判。笔者认为由于我国不是判例法国家，法官需要做的是“依法裁判”，实际上法官在作出裁判的时候没有遵循上级裁判的义务，此时可以作出不同于上级法院的裁判。这种做法尽管可能会有利于个案正义和裁判正确性的实现，但其不利于司法公信力的维护。为了能够切实地解决好该问题，

---

① 谢庆、屈婷：《先例判决制度利弊争锋》，载《法制日报》2005 年 10 月 26 日第 10 版。

应该通过上下级法院正常业务交流途径实现沟通，最终通过正常的法律程序作出认定和处理。

结语

法治（制）统一是法治国家实现的最基本要求，法治（制）统一至少包含两项内容：一是从静态法体系的角度而言，要求法律体系的融贯一致和自洽无矛盾；二是从动态法实践的角度而言，则意味着法律适用上的统一，即在特定的国家，不同法院的法官或同一法院的不同法官对于相同的案件，不能给出差异明显甚至完全相反的裁判。[①]类案同判价值的实现，必须通过司法技术来实现。在类似案件的判断上，需要遵循由外而内、逻辑连贯的方式确定：第一，就外部而言，要确定已决生效判例的时空范围；第二，就内部而言，应该从由法律事实、法律适用、争议焦点等组成的主要对比要点和案由、法律关系等组成的辅助要点来综合进行对比判断，来确定是否构成类似案件；第三，对于对比要点选择和确定而言，由于法官有裁量权，因此需要在裁判文书中对此作出理由的说明。当是否为类似案件得到肯定性回答之后，在同判的实现上，当待决案件拟作出的裁判结果与已决生效案件可能存在不一致时，对于本院案件需要通过专业法官会议、审判委员会会议等程序解决，对于上级法院的案件则需要个案请示等正常的业务交流途径。

（**作者简介：**孙森森，法学博士，最高人民检察院第八检察厅检察官助理，曾在《行政法学研究》《诉讼法学研究》等期刊上发表论文十余篇；周杨，现工作于天津市北辰区人民法院研究室，任三级法官。2011 年毕业于西北政法大学，获法学学士学位。2019 年在天津师范大学获法学硕士学位）

参考文献：

[1][德]阿图尔·考夫曼：《法律哲学》，刘幸义等译，法律出版社 2004 年版。

[2][德]卡尔·拉伦茨：《法学方法论》，陈爱娥译，商务印书馆 2004 年版。

[3]潘维大、刘文琦编著：《英美法导读》，法律出版社 2000 年版。

[4]张骐：《再论类似案件的判断与指导性案例的使用——以当代中国法官对指导性案例的使用经验为契口》，载《法制与社会发展》2015 年第 5 期。

---

① 陈景辉：《同案同判：法律义务还是道德要求》，载《中国法学》2013 年第 3 期。

［5］张骐:《论类似案件的判断》，载《中外法学》2014 年第 2 期。

［6］黄泽敏、张继成:《案例指导制度下的法律推理及其规则》，载《法学研究》2013 年第 2 期。

［7］雷槟硕:《指导性案例适用的阿基米德支点——事实要点相似性判断研究》，载《法制与社会发展》2018 年第 2 期。

［8］四川省高级人民法院、四川大学联合课题组:《中国特色案例指导制度的发展和完善》，载《中国法学》2013 年第 3 期。

［9］陈景辉:《同案同判：法律义务还是道德要求》，载《中国法学》2013 年第 3 期。

［10］雷槟硕:《判例区分技术运用考察与借鉴》，载《华东政法大学学报》2020 年第 2 期。

［11］侯文静:《凝聚类案裁判共识　提升适法统一效果》，载《人民法院报》2019 年 12 月 5 日第 8 版。

［12］张志铭:《对“同案同判”的法理分析》，载《法制日报》2012 年 3 月 7 日第 11 版。

［13］王利明:《成文法传统中的创新——怎么看案例指导制度》，载《人民法院报》2012 年 2 月 20 日第 2 版。

［14］谢庆、屈婷:《先例判决制度利弊争锋》，载《法制日报》2005 年 10 月 26 日第 10 版。

司法改革视域下案例指导制度的完善[①]

詹王镇　鲍宗新

摘要：指导性案例具有社会关注度高、典型性、疑难复杂性、新型性等特点，对于统一法律适用和裁判尺度，指导法律的实际运用和执行具有重大意义。然而，随着社会经济的发展，案例指导制度难以满足现实要求，亟待更新理论，革新制度。四五改革纲要的颁布，赋予案例指导制度以新指导、新要求、新发展。本文从案例指导制度在司法实务中的适用情况审视、反思现行案例指导制度的不足并探寻内在的原因，进而从内部完善和外部保障两个方面提出具有针对性的完善建议。

关键词：案例指导制度　四五改革纲要　内部完善　外部保障

党的十八届四中全会《决定》指出："加强和规范司法解释和案例指导，统一法律适用标准。"建立和完善案例指导制度对推进中国司法改革以及保障人民法院依法履责、统一裁判尺度具有重大意义。不同法系之间的快速融合是当今世界法律体系的特征之一，大陆法系逐渐吸收英美法系传统，开始注重判例制度。英美法系继续融合大陆法系完善法典的特征。中国特色社会主义法律体系也在此期间衍变出更多新的法律特征，其中继承古代判例传统，建立案例指导制度，具有重大意义。现今，司法改革已迈入新阶段，不断涌现出新情况、新问题。

指导性案例具有不同于一般案例或典型案例的筛选程序和确认标准。对于典型案例、指导性案例的重视、收集、整理和研究，在我国司法实践中启动较早，早在1995年，这些被精心汇编的案件就已经帮助法院应对疑难杂件、处理新型社会矛盾。30年后，《最高人民法院公报》出版，开启了案例指导的规范化及其制度化进程。

① 基金项目：最高人民法院司法研究重大课题《司法解释和案例指导理论与实务问题研究》（课题编号 ZGFYKT201620）阶段性成果之一。

事实上，《最高人民法院公报》刊载案例的构成部分也在适应社会要求中不断完善。于2004年第1期刊登案例“裁判要旨”，2005年第1辑刊登内容增加了“要点提示”。

最高人民法院对典型案件开始定期公布肇始于第一个人民法院五年改革纲要的颁布。《人民法院第二个五年改革纲要（2004—2008）》中提出要进一步发挥指导性案例制度的作用，完善选编标准和程序等。除此之外，《最高人民法院关于案例指导工作的规定》（以下简称《案例指导工作的规定》）也是一项具有重大意义的文件，它首次明确了案例发布的唯一机关——最高人民法院，并颁布了指导性案例的价值、参照适用标准的原则，并对“指导性案例”作出权威解释。虽然文件只有十条内容，却为最高人民法院案例指导制度的建立奠定了文本基础、法律渊源，也为今后制度的发展提供了坚实保障。

一、指导性案例在司法实务中的适用情况

（一）参照指导性案例要注意细节

首先，必须明晰“裁判要点”归纳出的裁判规则，参照时不得超过裁判要点肆意发挥。其次，切准“类似案件”脉搏。所谓类似，不仅指案件事实的类似，更要注意争议核心、矛盾中心的匹配。最后，应考虑指导性案例体现的价值精神，包括其所倡导的社会价值也是参照时必然考量的一部分。

以甘南州中级人民法院为例，州中院在近几年的案件审理中充分引用指导性案例解决并审理了一批案件，尤其在适用拒不执行人民法院判决裁定违法犯罪案件中，有关裁判文书生效时间的确定上，参照71号毛某文拒不执行判决、裁定案对辖区范围内有能力执行而拒不执行判决、裁定的“老赖”采取强制措施判决等，顺利执结了一批执行难案件。在甘南藏区，案件数量和类型相对其他兄弟法院较少，利用指导性案例审理新类型案件更有利于快速准确公正地裁判案件，更加有利于取得当事人的理解和信任。对于法律法规没有具体规定或作出解释的案件，如果也没有案例给予指导时，通常情况下会针对此类案件中出现的类同问题开展调研，形成意见报省高级人民法院进行请示。随着请示工作的进一步规范，甘肃省高级人民法院对此不再做出批复。如2014年7月15日，临潭县人民法院针对“离婚纠纷案件中当事人法律地位如何界定”的问题报甘南州中级人民法院等待答复，甘南州中级人民法院审委会研究后，形成大多数意见上报甘肃省高级人民法

院进行请示。甘肃省高级人民法院研究室开展研究并口头答复，对此类问题由地方根据具体情况加以解决，省高院不再做出书面批复。此后，临潭县、卓尼县等法院依照多年审理案件经验，对此类问题做出地方性的指导意见。

（二）参照指导性案例实务中的差异

以甘南藏区为例，刑事犯罪领域涉及少数民族地区的案件较为普遍。例如，偷牛盗马案件在牧区发生较为普遍，但在其他地区较少发生。因为，牧区的偷盗数量基本以“群”为单位，一次犯罪几乎可以导致被偷盗的牧民陷入贫穷甚至是破产。而在农区或半农半牧地区，偷盗数量不大，犯罪影响较为轻微。来自不同地域的指导性案例在互相参照时，就要严格对比案例事实及案例背后的社会现状。如若不然，就会出现处罚过轻或过重的司法不公，不利于惩罚犯罪，更不利于维护地区安宁和社会稳定。

实践中，审理者应根据审理的案件，经过开庭调查案件事实，对证据进行举证、质证和认证之后，综合分析案情和地区之间对案件判罚的差异以及地区经济建设发展之间的不平衡，在参照相似指导性案例时认真比对，找出指导性案例和该案件的相同点，指导性案例法理分析、逻辑推理和本案法理分析的结合点，得出符合本案判罚的标准和法理的逻辑推理。而不是盲目地去迎合指导性案例，作出不符合本地区实际情况的裁判，这样做不到法律效果和社会效果高度统一，也不利于调节本地区社会经济发展，更不利于维护本地区社会综合治理。

二、现行案例指导制度的不足及原因分析

（一）现行案例指导制度存在主要问题

案例指导制度是最高人民法院在当前司法改革制度中构建的一项具有中国特色的司法制度，自案例指导制度建立以来，社会各界总体上是肯定和支持的，但该项制度在数量、范围、援引情况、援引方式等方面还存在不足，实践中意识尚未达成共识。

1. 效力尴尬

（1）法律渊源“尴尬”

我国并无判例法传统，但判例制度确实存在过。成文法传统从西周开始就

根植于中华法系之中，时至今日，中国特色社会主义法律体系仍未改变这一传统。因此，法官的裁量主要依据成文法，指导性案例起辅助作用，不同于英美法系国家将判例法作为法律渊源，我国的案例指导制度中的指导性案例重在指导，并不具有法律渊源的性质。即在法律规定空白或不明确或存在歧义漏洞的情况下，法官“可以”依据指导性案例的“指导”或“引导”作出正确的裁判，而非“必须”。

（2）参照“尴尬”

指导性案例只具有“应当参照”的效力，而不具有法官适用上的强制拘束力。这是目前案例指导制度的尴尬之一。《案例指导工作的规定》第7条明确规定：“最高人民法院发布的指导性案例，各级人民法院审判类似案例时应当参照。”其中的“应当参照”，蕴含了必须参照之意，但理解时，容易对“类似案例”“应当参照”等内容产生疑问，并且对指导性案例是否应纳入司法解释的范围之内，指导性案例与规范性法律文件之间的关系，各高级人民法院和有关业务部门发布案例的效力，以及指导性案例的实际运用等问题均未作规定。因此，法官可能以指导性案例的事实与待决案件的事实不同为由，对指导性案例中法律适用的观点拒绝参照适用，这就使设立案例指导制度的目的落空。

2. 变更、废止规定欠缺

《案例指导工作的规定》中关于指导性案例的筛查、选择等都作了具体的规定，却没有规定相关的变更、废止程序。就目前来看，我国案例指导制度尚在探索和完善的阶段，因为实践时间较短，还没有形成一套完整的规定体系，但随着指导性案例的逐年增多、法律法规和政策的不断完善以及社会的发展需要，就需要我们对一些旧的、不再具有指导意义或不再适应社会发展需要的“指导性案例”修正、完善甚至是废止。

3. 范围过窄、数量不足

截止到目前，最高人民法院一共发布了21批112件指导性案例。经调研发现集中反映出如下问题：一是新型疑难案件较多，传统类的疑难案件偏少；二是社会关注度高得多，普通案件少；三是经济发达地区案件选取多，经济欠发达地区案件选取少。甘肃法院迄今为止仅有一件案例入选最高人民法院指导性案例。还有一点，我国是成文法国家的传统，对案例指导的认识和研究还不是足够的重视。一方面，指导性案例数量有限，“由于指导性案例的针对性较强，且发布程序相对简单，因此最高人民法院每年发布的指导性案例，其数量至少不应低于司法解释的数量”。[①] 另一方面，案例需求与案例供给矛盾不可调和。主要体现在供应审判实践的案例数量有限，且供应体系缺乏系统性。

4. 实务参照运用率低

从实践调研结果来看，各级法院在裁判文书中援引指导性案例的情形很少，存在“上面热点、下面冷”“说起来重要、用起来不想、不敢、不会、不能甚至认为根本没有用”的尴尬，这与当初制度设计者的初衷是相悖的。截止到目前，调研中发现而且数量不多的指导性案例在西部地方法院适用得不是很多，如平凉一件、敦煌法院两件案件，对指导性案例进行了援引。我们注意到，全国各地法院包括最高人民法院援引指导性案例的也少之又少。一份调查资料显示，指导性案例援引率不足 0.72%，援引的判决书还有不少引发了“援引是否适当、是否正确”的热议。

（二）现行案例指导制度在实务中运用不足的原因分析

1. 指导性案例编选存在天然“缺陷”

最高人民法院发布的指导性案例有四个特点，即“四多四少”：一是专业、新型或疑难案件多，传统案件少，事实上绝大多数案件属于传统类型；二是涉及法律适用问题的多，解决审判具体问题的少，审判中涉及法律适用问题反而占少数；三是社会关注度高、大案要案多，贴近百姓生活的普通案件少；四是最高院和东部地区法院多，地方法院和西部法院的少。据统计，江浙沪三地的案件占了一半以上。面对大量、传统、民商事、富有地方特色的案件，譬如平凉天价彩礼问题涉及民俗与法律冲突问题，却没有案例给予指导。

2. 不习惯、怕担责

我国是成文法国家，不是判例法国家，运用指导性案例判案，中国法官不习惯，律师不习惯，当事人也不习惯。担心把握不准，适用错误，本着“多一事不如少一事”的原则干脆“敬而远之”。

3. 法官应用技能不足

法律职业者已习惯于从规则到事实，最后得出结论的推理方式，但从大量案例中归纳、总结、演绎出法律规则，正是法学教育里缺失，“前辈师傅们”未传授的，理论学习中未培训过的思维模式。因此，“不会用”成了法官抗拒的原因之一。

---

① 胡云腾：《关于案例指导制度的几个问题》，载《光明日报》2014 年 1 月 29 日。

三、我国案例指导制度的完善建议

（一）目前的对策建议

1. 指导性案例制度的内部完善

指导性案例制度的内部完善主要是指指导性案例制度的规范化。《〈最高人民法院关于案例指导工作的规定〉实施细则》（以下简称《实施细则》）旨在加强、规范和促进案例指导工作。该规定用15条对指导性案例的发布主体、案例内容、遴选发布等程序、推荐方式、效力问题、适用条件作出了规定，为指导性判例制度的构建提供了内部驱动力。具体包括发布主体，案例类型，推荐、审批、发布程序，援引和监督等方面。

（1）发布主体。根据《实施细则》规定，最高人民法院案例指导工作办公室是指导性案例的发布主体，同时，案例的征集、遴选、审查等亦由其负责，保障了司法解释权利的专有性以及立法精神与司法解释相统一。

（2）案例类型。指导性案例必须是已经发生法律效力以及具有事实清楚、适用法律正确、说理充分、社会效果良好以及具有普遍适用性等特征。

（3）推荐、审批、发布程序。随着指导性案例发布频率的提升，发布日期等程序仍未固定。最高人民法院民商事指导性案例的发布时间比较分散，并没有固定在上半年或下半年。[①] 各高级人民法院负责辖区内的案例工作，推荐的备选案例应当经审判委员会讨论决定。中、基层人民法院通过高级人民法院推荐备选指导性案例，也可参考社会各界法律从业者的推荐。通过最高人民法院审委会讨论通过的指导性案例，印发各高级人民法院，在《最高人民法院公报》《人民法院报》和最高人民法院网站上公布。同时，要充分运用“互联网+”思维，发挥大数据、云计算等现代科技手段，抓取、分析、编选指导性案例。

2. 指导性案例制度的外部保障

（1）提升法官职业素养和知识储备。法律识别是对法律认识的过程，案例识别是法官对指导性案例识别并适用的过程。在实践中，法官对于待判案件与指

---

① 赵晓海、郭叶:《最高人民法院民商事指导性案例的司法应用研究》，载《法律适用》2017年第1期。

导性案例之间关系的认识是指导性案例能否被准确适用的关键。根据人民法院“四五改革纲要”精神，裁判文书的说理性将纳入法官的考核范围，法官应该具备识别、运用指导案例的技能。不能识别指导性案例与待判案件在法律上的异同，或错误运用均会导致案件审判的偏差。精准适用指导性案例提升裁判文书的说理性和权威性是指导性案例制度必须配备的法官素养。

（2）搭建便于检索的案例大数据库和检索平台。指导性案例发布平台多样，但无统一的检索平台，为查找指导性案例增加了难度，其繁复过程让大多数习惯了运用成文法的法官在实践中仍然选择从现成法律、司法解释中查询法律依据。首先，注重便捷性。搭建类似于中国裁判文书网的案例检索平台，按刑事、民事、行政、赔偿、执行案件分为第一门类。同时可以地图式检索的形式按照辖区法院所判案件检索。其次，保证及时性。指导性案例的发布渠道在逐渐统一，在发布完成后应及时在平台上更新数据以便法官检索。同时，还可应用大数据分析，对不同类型的案件在不同地区法院被引用的次数作出标注，从而对指导性案例的引用建立可视化量化分析。最后，强调经济性。各地方法院可按自身财政状况搭建实用经济型检索平台，方便法官准确查找与待判案件类似的指导性案例，快速识别案例之间的必要事实，全面熟悉裁判规则的推导逻辑。①

（3）规范文书制作，树立精品意识。2016 年 6 月最高人民法院制定了《人民法院民事裁判文书制作规范》和《民事诉讼文书样式》，规定指导性案例不作为裁判依据引用，但应作为裁判理由引述。②因此，要梳理精品意识，拓展案例来源，更好地发挥司法裁判规范的指导作用。

（二）短期对策

1. 从制度层面保障指导性案例发挥作用

（1）完善功用机制。主要体现在两个方面，一方面是从内部提升诉讼机制关于指导性案例制度的能动性。目前，当事人上诉和法院主动启动再审程序都有明确规定，把法官适用指导性案例错误的情形排除在外，法官可以将优秀指导案例中蕴含的说理运用到审判实践中，如可以直接作为裁判理由引用，亦可以作为裁

① 詹王镇:《完善我国案例指导制度的对策》，载《甘肃日报》2019 年 2 月 27 日。

② 参见最高人民法院发布的《人民法院民事裁判文书制作规范》理由第 7 项即“正在审理的案件在基本案情和法律适用方面与最高人民法院颁布的指导性案例相类似的，应当将指导性案例作为裁判理由引述，并写明指导性案例的编号和裁判要点”。

判的参考。

（2）建立应用案例培训制度。首先，针对案例适用加强培训，开展专门培训课程，对于法官如何适用指导性案例进行系统、针对性的培训，提升法官正确适用指导性案例的能力。

2. 从运行层面保障指导性案例发布规范及应用频率

（1）坚持发布主体一致原则。主体一致原则是指司法解释权与指导性案例发布权的主体始终保持一致。我国法律规定，最高人民法院是作出审判工作中法律应用相关问题司法解释的机关。指导性案例征集、筛选、发布的主体是最高人民法院案例指导工作办公室，这为指导性案例上升为指导性判例奠定了法律基础。

（2）提升案例地位，引导法官明示援引。指导性案例相比普通案例更具有权威性，更适合进入司法程序，但普通案例在当今司法实践中仍发挥着更大作用，提升判例司法解释中心地位的核心是引导法官明示援引指导性案例。截止到 2016 年 9 月 30 日，民商事指导性案例占最高人民法院发布的指导性案例的 60.8%，在司法实践活动中，法官明示援引的案例占 38.1%，其余较大比例为隐形援引。究其原因，明示援引相较于隐形援引对法官办案水平要求更高。同时，我们还可以看出，在明示援引的比例中，法官主动援引案件约为 71.6%，其余为被动援引。[①]这说明了法官在明示援引案例中，主动援引的倾向性较高。因此，引导法官明示援引指导性案例，能显著提升法官主动援引的比率。“指导性案例发布后是否被后案所援引，是指导性案例落地生根的标志。”明示适用指导性案例既是案例指导制度的内在要求与目标，同时又是保障案例指导良性健康发展的重要抓手，更是提升判例司法解释中心地位的核心途径。[②]

3. 规范监督制约机制

我国法官在审判实践中碰到疑难案件时，第一选择往往并不是寻找指导性案例，而是通过其他替代性方法来解决[③]。实践中，指导性案例的隐形适用是一种试探性的迂回政策，在具体的个案中，要不要适用指导性案例很多时候要先

---

① 赵晓海、郭叶：《最高人民法院民商事指导性案例的司法应用研究》，载《法律适用》2017 年第 1 期。

② 詹王镇：《完善我国案例指导制度的对策》，载《甘肃日报》2019 年 2 月 27 日。

③ 赵瑞罡、耿协阳：《指导性案例“适用难”的实证研究——以 261 份裁判文书为分析样本》，载《法学杂志》2016 年第 3 期。

试探主管领导的意见[①]，如果领导明确表达可适用即明示适用成为首选。如果领导不发表意见或默认，隐形适用就成为平衡上级指导意见与案件裁判中的折中点。推进指导性案例从“隐形适用”到“明示适用”的转变是规范监督制约机制的新途径。

（1）当事人监督。对于法官错误地或者不适当地适用指导性案例，当事人可以依法提起上诉或进行申诉，法院可据此改判或发回重审。因为“违背指导性案例的裁判，本质上是违背了指导性案例所适用的法律规定，司法解释所反映的法理精神、裁判要点”[②]。这里的违背包括违背指导性案例的裁判要点以及关键事实的认定或者错误把握裁判说理的精神和裁判结果。之所以赋予当事人上诉或进行申诉的救济权利，是对案例适用情况的合理监督，最大限度地避免指导性案例滥用或错用的情形。

（2）案例“排除制度”监督。“排除制度”是指法官选择不适用或规避指导性案例必须论证不启用的理由。[③]案例指导制度的不启用一般发生在两种情况下。第一，当事人要求法官适用某个具体的指导性案例而法官拒绝予以适用，此时法官负有公开论证理由的义务。案例指导制度的《实施细则》对此有明确规定，即“强制回应义务”。第二，法官主动寻找指导性案例，但在谨慎的分析之后判断此案例与待决案件之间不足以形成指导关系。此时法官的论证义务较弱，取决于法官的职业自觉。

（三）中长期对策

人民法院“四五改革纲要”关于司法解释及案例指导制度做出了重大指示，明确提出要建立指导性判例制度。这将极大提升指导性案例的规范性和效力性，赋予指导性判例多次和反复适用的功能。

1. 建立以判例为主司法解释制度可行性分析

（1）可行性。首先，判例援用在我国昙花一现，却并非史无前例，在 1956 年召开的全国司法审判工作会议上，最高人民法院明确指出：“要注重编纂典型判例，经审定后发给各级法院比照援用。”其次，司法改革带来的机遇，在司法改革

---

① 秦宗文、严正华：《刑事案例指导运行实证研究》，载《法制与社会发展》2015 年第 4 期。

② 孙光宁：《反思指导性案例的援引方式——以〈《关于案例指导工作的规定》实施细则〉为分析对象》，载《法制与社会发展》2016 年第 4 期。

③ 詹王镇：《完善我国案例指导制度的对策》，载《甘肃日报》2019 年 2 月 27 日。

背景下，许多法院已在具体司法实践中开展指导性判例制度的实践工作，点滴经验汇聚成河，势必推动指导性判例制度在全国推开。

（2）必要性。目前，指导性案例的筛选机制存在一定缺陷。一方面，指导性案例通常由《最高人民法院公报》等官方渠道发布，而司法解释从讨论、审委会通过再到包含案例指导制度的司法解释见报公布有一个“时间差”，使得人为扩大了指导性案例效力滞后的可能性。另一方面，司法解释也随着社情变化而不断调整，以满足新型诉讼问题的需要。然而被宣布废止或不再适用的司法解释并无有效公开手段，实际审判执行中仍成为法官审理裁判的依据之一。

2. 建立以判例为主司法解释制度的具体构想

（1）确立司法解释制度的基本原则。法官对司法解释细心研读与对指导性案例束之高阁形成对比，使没有进入司法解释体系的案例难以发挥其应有的指导作用。因此，确立基本原则，将经过精心筛选、技术化处理的案例纳入司法解释之中，是人民法院“四五改革纲要”精神的体现。确立司法解释工作的基本原则，是构建指导性判例制度的基石，也是构建指导性判例制度的切入点。结合当今司法改革形势，司法解释工作应当遵循以下原则：

第一，“宜细不宜粗”原则。我国立法指导思想基本贯彻“宜粗不宜细”原则，较为抽象的立法规定实践中更易于变通，易于法官行使自由裁量权。相反，较为细致的立法规定使得各部门法的法条冗长繁重，不利于查阅、更新。然而，在搭建指导性判例制度的框架下，司法解释应坚持“宜细不宜粗”的原则。其原因是指导性判例的本质是针对某一个法条在具体问题中具体应用的生动阐释，或是司法审判工作中针对某一类新型社会现象、疑难问题的具体指导。为此，应在指导性判例中对法条的内涵和外延做合理的扩张性解释或限制性解释，增强指导性判例的可适用范围，便于法官准确理解，反复适用。如果司法解释过于笼统，甚至模棱两可，下级法院必然无法准确引用。

第二，及时公开原则。司法解释如何生效一般有几种情况：一是公布司法解释时在文件中直接规定了生效时间；二是公布时未注明生效时间，以文件下发日计为生效日；三是以上两个时间都没有，以司法审判委员会通过的日期为标准。法不溯及过往，新生效的指导性判例类司法解释只能对生效之后的社会案件做出指导，而在新的司法解释生效以前，旧的司法解释尚未失效。如果制定、发布时间过长，有可能会成为“马后炮”。

（2）设立专门生产与筛选案例机构。构建以指导性判例为主要形式的司法解释体系，必然需要一个与之相适应的生产机制和筛选机制。

首先，尊重司法规律，体现司法权力属性，强化法官的独立审判地位。笔者认为，可在法院审判委员会下设立一个专门的判例筛选机构，《实施细则》规定各级法院都需有专人负责指导性案例的联络工作。如若设置专门的筛选机构，则其负责专业筛选、修正、评估和发布指导性案例。

其次，强调审判中心地位。建立判例库，由制作裁判文书的法官决定是否将判决放入案例库中，使判例的筛查工作成为一线办案法官的独立行使权。

最后，专门的筛选、发布机构还应对指导性案例定期清理，协调司法解释的内容是否冲突、重叠，格式是否标准、规范，发现内容相抵触的也应宣布无效，或宣布不再适用。

（**作者简介**：詹王镇，九三学社中央法律委员会秘书长、甘肃省高级人民法院研究室负责人，三级高级法官、博士后，西北师范大学、甘肃政法大学兼职教授、硕士研究生导师，研究方向：司法制度、民商法；鲍宗新，兰州中级人民法院研究室干部，研究方向：司法制度、诉讼法）

参考文献：

[1] 孙光宁:《反思指导性案例的援引方式——以〈《关于案例指导工作的规定》实施细则〉为分析对象》，载《法制与社会发展》2016 年第 4 期。

[2] 赵晓海、郭叶:《最高人民法院民商事指导性案例的司法应用研究》，载《法律适用》2017 年第 1 期。

[3] 秦宗文、严正华:《刑事案例指导运行实证研究》，载《法制与社会发展》2015 年第 4 期。

[4] 赵瑞罡、耿协阳:《指导性案例“适用难”的实证研究——以 261 份裁判文书为分析样本》，载《法学杂志》2016 年第 3 期。

[5] 胡云腾:《关于案例指导制度的几个问题》，载《光明日报》2014 年 1 月 29 日。

[6] 詹王镇:《完善我国案例指导制度的对策》，载《甘肃日报》2019 年 2 月 27 日。

立足法官的体验：类案检索的痛点分析、成因检视及路径优化

季玲玲　童　磊

摘要： 类案检索作为提升审判质效的办案机制，对于促进适法统一、提升司法公信力具有积极作用。2020 年 7 月，最高人民法院公布《关于统一法律适用加强类案检索的指导意见（试行）》，类案检索进入快车道。但综观司法实践，类案检索的使用效果参差不齐，如何在新出台的《类案检索指导意见》框架指引下，完善检索平台资源输入、推动检索结果优质输出，是亟待解决的问题。本文主要包括三个部分：第一部分为痛点分析，对类案检索的运用情况进行实证考察，分析法官在类案检索中感受到的主要痛点，为后文原因剖析做现实的铺垫；第二部分为成因检视，从深层次角度探究痛点发生的机理及原因，为如何解决问题指明方向；第三部分以解决痛点为导向，首先从"输入"的角度，对如何完善类案检索平台的前端建设提出相关建议，其次从"输出"的角度，对类案检索平台的终端应用提出可行性方案。

关键词： 类案检索　法官视角　检索标签　平台建设

司法责任制改革后，如何在保证法官办案主体地位的同时，最大限度统一裁判尺度，是司法实践中热议的话题。随着大数据和人工智能的飞速发展，类案检索机制在统一裁判尺度、提升司法公信力方面被寄予厚望。类案检索的制度要求，早在 2017 年《最高人民法院关于落实司法责任制完善审判监督管理机制的意见（试行）》中就有所体现，随后《最高人民法院司法责任制实施意见（试行）》也专门用三个条文进一步对类案及关联案件检索进行了初步规范。而 2020 年 7 月，最高人民法院公布《关于统一法律适用加强类案检索的指导意见（试行）》（以下简称《类案检索指导意见》）并开始试行，成为创设具有中国特色类案检索制度最直

接的司法文件，至此，类案检索的发展进入快车道。

然而,《类案检索指导意见》虽然规定了检索的主体、方式、范围、结果处理、技术保障等问题，但是如何使类案检索成为打开“类案类判”大门的金钥匙，仍有待我们探索。特别是，立足法官视角，满足审判需求，完善检索平台资源输入、推动检索结果优质输出，将被动适用为主动需求，是当前亟待研究的课题。

一、缘起：类案检索制度的现状考察

笔者通过问卷调查及访谈方式，以S市J区基层法院14个审判团队45位法官为样本，调查法官使用类案检索的情况。通过笔者调查，发现法官在进行类案检索时普遍感受到以下“痛点”：

（一）检索平台各自为政，司法资源散落重复

近几年，类案检索平台如雨后春笋般诞生，但因缺乏顶层设计与规范引导，各类法律检索公司开发的检索产品同质性较大、个性化不足。海量散落的司法信息未系统整合，没有统一的数据来源，类案检索变成“大海捞针”“大浪淘沙”，冗余的数据分散了法官的检索精力，使法官无法在相对较短的时间内“淘”到最具有价值的信息。调查中发现，有近80%的法官因无法“确信”单一检索平台结果的全面性，存在同时使用两种或两种以上平台的情况。

（二）检索产品供需失衡，推送信息有失精准

因未建立统一的司法元数据标准，各平台的数据信息呈闭环流通，缺乏共享融合，协同开放程度不高，平台案例推送的精准度不能满足法官的检索需求。调查中发现，有23%的法官认为，通过设定关键词筛选后获得的案例，并非“类案”，需进一步筛选，耗时耗力；有25%的法官认为，检索平台仅程式性设置若干检索标签，并未关注案件个性化的法律难点和技术细节，类案参考价值不大；另有52%的法官认为，检索平台存在类案提取范围过窄、案例来源不清、案件效力不明等无法满足法官检索预期的情况。

（三）检索方法简单机械，搜索结果偏移背离

因缺乏与类案检索平台配套的具体操作指引，法官检索案件主要凭个体经

验，未形成统一的检索思路与方法技巧，检索有效性差异较大。上述情况在 45 周岁以下的法官中相对较好，而在 45 周岁以上的法官中则不容乐观。当然，除了缺乏检索指引之外，也与检索平台标签制作粗糙、法官自身检索能力等有关。调查中发现，经常性使用检索平台的法官中，有 50% 以上对于检索任务的实现需要耗费 60 分钟以上的时间，仅有不足 20% 对于检索任务的实现仅耗时 15 分钟以下。

（四）检索结果选择适用，避重就轻缺乏规范

类案的主要作用，在于前案对后案处理在法律适用上的参考价值。虽然新出台的《类案检索指导意见》中列出四类强制检索的范围，并提出在前一顺位检索到案件，可以不再进行检索。但是，除最高法院指导性案例为“应当参照”外，其他案例的效力仍缺乏“硬性”的评价。效力问题的缺失，导致理性的法官往往选择对承办案件风险较小的案例作为优先参考，规避办案风险。调查中发现，有 84% 的法官检索类案时，首先考虑的是其上一级法院有无“类案”，其次才会考虑其他级别的“类案”，而对于外地法院的案件一般不予参考。如此一来，法官所检索的案件并非真正意义上的“类案”，选择性适用检索案例影响了案件的审判质量，最终不利于适法统一。

二、检视：类案检索的制约因素

类案检索机制在司法实践中遭遇挑战，从既往的司法实践看，检索效果参差不齐，这与检索理念不清、检索范围不明、检索标签不精细存在因果关系，具体而言：

（一）顶层设计规范化与生效案例自发性运用的矛盾

《类案检索指导意见》对于类案检索作出了四种情形下“应当”检索的强制性规定，即“（一）拟提交专业（主审）法官会议或者审判委员会讨论的；（二）缺乏明确裁判规则或者尚未形成统一裁判规则的；（三）院长、庭长根据审判监督管理权限要求进行类案检索的；（四）其他需要进行类案检索的”。其他情形下，法官对法律检索的认知还停留在自发性阶段，把类案检索看作一项选择性工作，而非办案的必经程序，这与当下法官的理念、类案需求和检索能力存在天然联系，也与

法官办案时间紧、压力大、任务重等客观因素有关。值得注意的是，2017年的《类案检索实施意见》规定，除拟作出的裁判结果与本院同类生效案件裁判尺度一致的，可以由合议庭自主决定外，其他形成新的裁判尺度或改变原有生效案件裁判尺度的，都要通过专业法官会议或审判委员会的支持。2020年出台的《类案检索指导意见》指出，对于类案法律适用不一致的，通过法律适用分歧机制予以解决，而《最高人民法院关于建立法律适用分歧解决机制的实施办法》的适用范围仅为高级人民法院以上以及专门法院，并未覆盖到中院及以下法院。此种情况下，法官对于检索平台中有关生效案例的自发性运用更加趋于弱化，有的会刻意选择作出与原有生效裁判尺度一致的结果而规避检索类案。久而久之，将形成裁判尺度的“马太效应”，不利于“类案”的质量。

（二）搜索任务多元化与检索规范性要求泛化的矛盾

首先，适用范围上，当前，正值新一轮繁简分流改革试点阶段，对于“繁案”与“简案”的标准如何划分尚未进一步细化，由此导致检索要求也缺乏细则。其次，法院审级上，不同审级、兄弟法院在适用法律方面产生冲突，如何确定检索效力尚未明确；对于最高法院层级的案例效力是否必然高于其他案例，有待规范；最高法院的法官检索类案是否仅限于本院，是否存在参考地方法院判决的空间，需待说明；对于上一级法院的判决是否应当优先参考存在不确定性。最后，案件事实上，法官对于关键事实的细微改变是否对类案适用及审判产生影响等问题难以判断，检索的全面性、有效性将无法保证。总而言之，如果缺乏一套明确的检索规则，法官所选择的案例将会是“选择性”类案，一些裁判质量不同的案例会因为法官先入为主的主观因素不当地进入类案的范畴，导致类案类判功能的偏离。①

（三）标签匹配精细化与类案自动推送非智能的矛盾

精准是法律检索的关键。法官对于现有案件进行类案检索目标的实现，在相当程度上依赖于法律标签的精准度，但因缺乏统一的标签词库，标签制作粗糙简单，标签名字随意无序，导致类案自动推送并不智能，即推送案件数量庞大，法官不得不进行多次甄别与筛选，无奈以“人工检索”方式选择契合办案需求的裁

---

① 魏新璋、方帅：《类案检索机制的检视与完善》，载《中国应用法学》2018年第5期。

判文书、司法案例等，这实质上并未真正提高法官的办案效率。另外，因裁判文书的复杂多样性，以及缺乏争议焦点的归纳与表述规范，导致有的标签无法准确表达争议焦点，难以供检索主体发现、提取和比对，从而使得当前的标签定位无法满足法官精准检索的需求。标签不精准、维度不完善、知识不全面、分类不深入已成为法官对推送案例“类似而无用”的认知与感受。[①] 也就是说，如果仅通过规模化的法律标签比对寻找类似案件，即便标签相同，而核心法律技术不符合检索预期，则对于法官而言，该类检索毫无价值可言。因此，如何解决标签匹配的精准化问题，是实现类案自动推送智能化的关键。

三、输入：类案检索的建构完善

类案检索在实践中存在的问题，归根结底，就是要如何完善检索的前端建设以及优化法官群体终端使用路径。

（一）确立数据采集的遵循原则

随着人工智能技术的发展，类案检索技术的算法不断迭代更新，但不论技术条件怎么变化，优质的法律数据库依然是类案检索的根基。对类案检索数据库的内容进行大数据采集时，要关注到数据的“海量 + 权威 + 分层”。“海量”就是要求采集数据的内容广泛，既应当包括以自然原始形态呈现的生效裁判文书、根据案件编写加工而成的案例分析的案例资源，也包括法律、司法解释、各级法院出台的指导审判工作的意见、印发的会议纪要等案例周边资源。“权威”是指采集的司法数据来源应当出自官方渠道，内容的准确关乎检索的结果是否具有参照意义，基于这些数据的产生源于法院，对于案件是否生效、裁判文书是否被改判或者撤销、审判工作的指导意见和会议纪要等内容是否发生变化，都要在采集时予以明确。“分层”则是出于检索效率的考虑，在采集司法数据时，根据对案件裁判的参考意义大小，对案例及案例周边资源进行层级区分，便于检索者在搜寻到大量检索结果后，可以对案例的参考价值作出判断（见图 1）。

① 魏新璋、方帅：《类案检索机制的检视与完善》，载《中国应用法学》2018 年第 5 期。

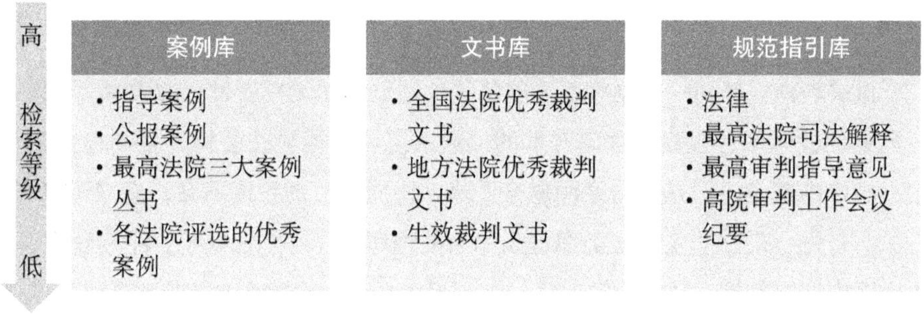

图 1

（二）拓宽案例资源的供给渠道

检索依赖于稳定而准确的资源供给，数据库不断需要新鲜血液的补给，才能持续焕发活力。首先，中国裁判文书网已成为全球公开规模最大的裁判文书检索网站，成为检索生效法律文书最权威、最完整的渠道来源。裁判文书公开上网，各级法院均有专人负责，延续目前机制即可。其次，优秀裁判文书和精品案例的资源供给，则可以与各地法院开展的优秀裁判文书和精品案例评选工作相结合，[①] 精心筛选后的优秀裁判文书和精品案例，一般涉及司法实践中的新类型和疑难复杂案例，具有示范效应和参考价值。考虑到评选活动主要由各级法院的审判管理部门牵头组织，已有的优秀裁判文书和精品案例成果较为完备，且总体数量可控，故可由审判管理部门集中负责上传，也可以在发挥优秀评选激励效应后，进一步发挥优秀裁判文书和精品案例的指引价值，以审判成果反哺司法实践。最后，类案的周边资源，如法律、司法解释等，直接从全国人大常委会、最高法院的官方渠道即可获取；而地方各高级、中级法院形成的对案件裁判的指导意见、会议纪要等，凝结了法官的集体智慧，对类案审判具有指导作用，由印发的部门负责上传，但考虑到部分内容具有当地司法实践的特性，故应允许上传部门设置公开的范围。

---

① 如最高法院的全国法院百篇优秀裁判文书评选、S 直辖市法院开展十多年的百篇优秀文书、百篇优秀案例。

（三）推进检索系统的集成互融

追求和建立任何一项制度都不能仅关注结果，而无视所付出的成本。[①]当前，各类案例检索平台较多，法院开发的检索系统和法律科技公司开发的检索平台，已有较好的基础。但是平台之间融合共享、协同开放的程度不高，应当予以有效集成。首先，最高法院建成类案检索的大数据库后，各地法院检索平台都可从该数据库中抓取数据，数据来源的唯一性与权威性也为检索平台的集成提供了基础。其次，检索系统的集成，还要坚持内外有别的思路。法院内部，建议由最高法院出台《类案检索平台建设规范指引》，规范各地法院检索平台的基本功能。检索平台之间可以通过最高法院内网互联，互相开放检索端口，实现资源共享。法院外部，应认识到商业类案检索平台对推进司法公开，提升律师等群体的司法能力具有重要价值。对于合作共享类案检索数据库的开发成果，最高法院可以选择几家权威的商业检索平台，对其开放数据库。最后，鉴于法院对案件进行了如下文所要探讨的标签标记工作，凝结着法官的劳动成果，也解决了制约商业检索平台破解标签精细化的重要难点，商业检索平台则向法院免费开放检索端口，共享司法公开的成果。

（四）更迭类案标签的制作主体

类案检索数据库的构建，基础工作是司法数据的收集，但要确保对外输出结果的精准，数据标签的制作尤为重要。未经归纳和整理的数据，就像摆放在仓库中杂乱无章的货物，所以必须对海量的文书、案例等通过标签的方式进行标记。而标签制作本身是一项极其耗费人力和精力的工作，且需要较强的司法能力，这并非仅依靠人工智能即可一蹴而就予以解决，这也是制约当前法律检索平台发展的最大瓶颈。目前多数类案检索平台由法律技术公司开发，从事基础性法律数据标签工作的人员，未必有专业的法律知识背景。如果目光向内，转换思维，让每一名法官成为案件标签的标记者，或许是切实可行而又成本低廉的方法。鉴于当前案件报结都采用电子方式，可以将案件标签设置的任务，嵌入报结系统，作为案件报结必须输入的信息点。案由、当事人、标的、裁判结果等案件标签，[②]系统

---

① [美]罗格·I.鲁茨：《法律的“乌龙”：公共政策的意外后果》，刘呈芸译，载《经济社会体制比较》2005年第2期。

② 案件标签，即案件特征要素，在标识案件特征时的形象化表达。

本身已作为基础采集数据；而裁判要旨、争议焦点等反映案件最重要特征的标签，应当由法官在报结案件时进行录入。因为法官对于自己承办案件的裁判要旨、争议焦点进行归纳，最为准确，而在报结时录入，则不需要额外耗费人力在阅读文书和案例后另作标签，成本较低。值得说明的是，对于上文提到的案件是否属于优秀裁判文书、精品案例以及案件审判指导意见、会议纪要等内容，则由负责评选以及负责印发的部门予以标记。

（五）创设类案标签的词库指引

类案检索的精确度源于标签设置的精准化，只有细分明确的法律标签，类案检索的目标和结果的匹配度才能更高。上文提及由法官作为标签设置的主体，极大提高了案件标签的标记质量。因法官个体能力和认识存在差异，同时考虑到争议焦点和裁判要旨的标签设置更加符合类案的快速定位要求，应在争议焦点、裁判要旨等核心标签的设置上进行规范。涉及争点整理与表达的基本规范，建议最高法院可以结合最高法院案由规范指引等已有规定，对案件焦点问题进行分类总结，就各争议焦点设置检索词，出台《类案检索标签词库指引》，并将标签的关键词直接导入案件报结系统，便于法官报结时使用。而对于裁判要旨的表达方式，可以参照指导案例的裁判要旨所列方式。由此，可以在一定程度上减少因法官个体智识和能力上的差异所导致的词库标记的不精准、不科学。当然，在设置标签的过程中，对于标签的关键词有必要区分必选项和输入项，普通案件的争议焦点可以直接在必选项中进行选择，对于疑难案件和新类型案件，无法在词库中找到精确用词的，可以由法官自主标记。有一种担心认为，法官在进行案件标签设置时，可能会随意适用，但事实上标签精细化对法官而言也具有一定的内生驱动，对自己承办案件的标签设置得越精确，日后自行搜寻和梳理承办案件时，检索效率越高。

（六）区分类案标签的繁简类别

为科学运用类案检索繁简分流机制，使类案检索成为法官手中的“智囊”而非负担，对繁简不同的案件，应分情形设置类案检索的标签。首先，以案由为标准进行一次分流，案由不同，类案的简繁设定规则就不同，如金融借款案件的繁简分流就以简案为原则，系统默认这类案件以简案为原则，繁案为例外，标签设置可以尽量简单。而股权转让纠纷案件，法律关系相对复杂，则应以繁案为标准，简案为例外，标签设置相对复杂。其次，对于案件繁简的区分，本身也存在较大的主观性，此处可以引用S市法院开发用以考核法官工作量的案件权重系数，该套系数已经大量科学测算论证并在实践中取得了较好的运行效果，尤其是对每一类案件的权重系数都予以了明确，权重系数越高则案件越难，为案件繁简的识别提供了参考依据。

四、输出：类案检索的应用优化

（一）检索预期的实现路径

1. 明确检索的启动标准。探讨类案检索的启动标准，应观照类案检索的制度初衷，类案检索制度的目的在于辅助法官办案、促进法律适用统一，并非是给法官本已繁重的审判任务再添负担，因此不宜对所有案件进行强制检索。鉴于司法实践中高位运行的案件数量和不同案件的不同检索需求，可将类案检索的启动标准区分为应当适用及建议适用两种情形。《类案检索指导意见》已经明确四类“应当适用的情形”：（1）拟提交专业（主审）法官会议或者审判委员会讨论的；（2）缺乏明确裁判规则或者尚未形成统一裁判规则的；（3）院长、庭长根据审判监督管理权限要求进行类案检索的；（4）其他需要进行类案检索的。为了推进适法统一，可以拓展“建议适用的情形”：（1）被发回重审、指令再审的案件；（2）诉讼主体已提交类案裁判的案件；（3）对本院及辖区法院法律适用具有一定指导意义的案件；（4）对司法调研工作有积极作用的案件。类案检索的主体，则根据适用情形的不同进行匹配，符合“应当适用情形”时，由主审法官负责检索并制作检索报告；符合“建议适用情形”时，由主审法官委托法官助理进行检索并制作检索报告（见图2）。

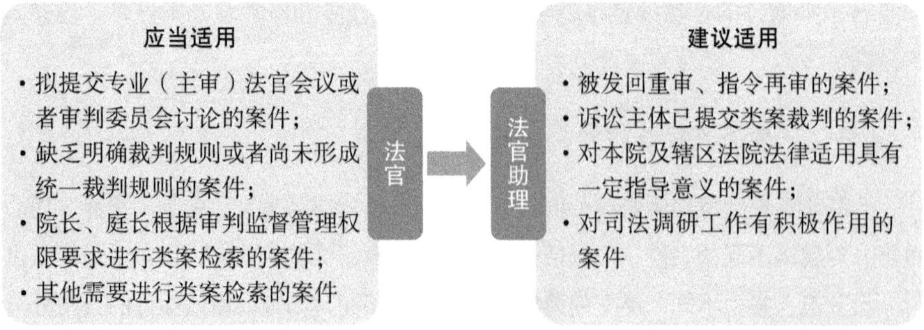

图2

2. 厘定科学的检索思维。当需要对案件进行类案检索时，科学的检索思维能起到事半功倍的效果。形成科学的检索思维，需掌握两个要点。一是明确“类案标准”。何为类案？最高法院“类案智能推送系统”，从“案件性质、案情特征、争议焦点、法律适用”四个方面构建了案件的特征体系。受此启发，类案的标准应当是在上述四个方面内具有共性，鉴于争议焦点的表达最为凝练，搜索时容易读取和识别，可以说争议焦点中关键词相同或相近的案件可初步视为类案。当然，受表述篇幅局限，争议焦点本身无法涵盖案由、裁判结论等内容，争议焦点相同的案件案由和裁判结果可能千差万别，此时裁判要旨类似的案件，则从更为精确的意义上判断为类案。二是明确关键词。只有把握类案搜索的核心关键词，才可以迎合准确的检索需求，更加符合类案界定和快速定位。上文提及的《类案检索标签词库指引》，除在前置的输入端，在司法元数据库采集数据时，用以对案件特征进行标记外，在检索中可以直接作为检索工具，类似于我们使用的词典。而且，在数据输入端和检索输出端，均使用《类案检索标签词库指引》这一套语言体系，搜索的匹配度和精准率将大大提高。

3. 廓清合理的检索范围。类案检索不是漫无目的地搜寻，检索范围必须做必要限制，且张弛有度。必要限制是针对初检而言的，体现在案件范围、时间范围及地域范围。案件范围主要包括上级法院及本院发布的典型案例及作出的生效裁判。时间范围，应当充分考虑类案的时效性，区分案件的重要程度，来明确检索的时间范围。《类案检索指导意见》指出，除指导性案例外，优先检索近三年的案例或案件，已经在前一顺位中检索到类案的，可以不再进行检索。结合上述指导意见，建议：对最高法院已发布的指导性案例应检尽检，不限时间范围；最高院公布的公报案例、三大案例选、典型案例及裁判生效案件检索时间范围为五年内；本省高级法院发布的参考性案例、指导意见、裁判生效案件检索范围为三年内；上级法院和本院发布的典型案例、生效裁判文书的检索时间范围为三年内（见图3）。地域范围则规定除上级法院和本院外，其他具有代表性的省市中高级法院发布的典型案例及生效裁判也可纳入检索范围。张弛有度是针对复检而言的，依据上述方法进行初检后，若尚未实现搜索目标，则应合理突破上述限制，适当扩大检索范围，确保检索预期实现。

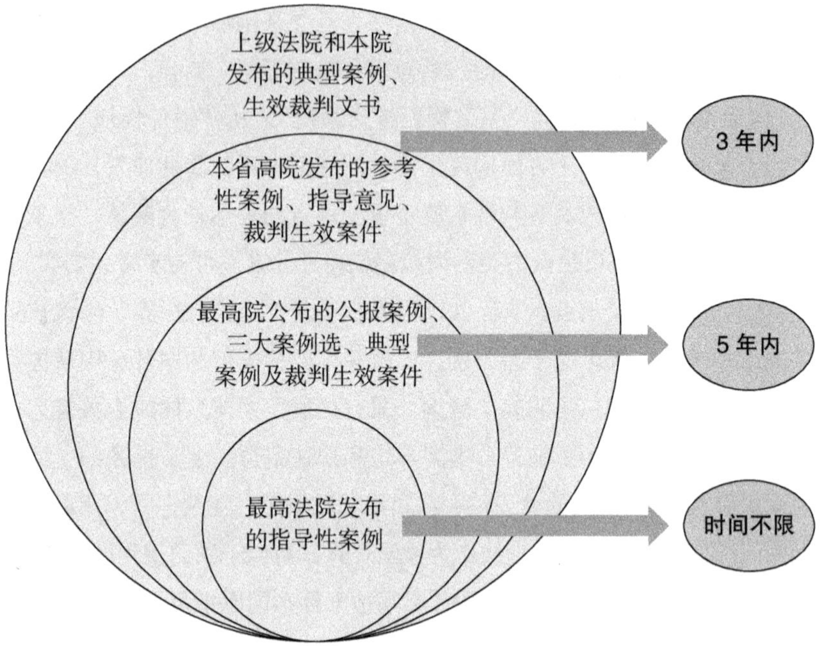

图 3

4. 对标缜密的检索逻辑。随着数据库的不断充实和检索平台的融合发展，法律检索的终极目标，是让检索结果对检索主体的检索能力依赖越来越弱。但是即便如此，在现有的检索背景下，缜密的检索逻辑，依然能有效提高检索效率。检索应当把握好体系化检索、逐层检索、平台顺序选择等要领。体系化检索，是要明确检索的路径，一般为归纳案情—总结争议焦点—抽象出检索标签—输入搜索关键词—读取检索结果。逐层检索，则是根据检索内容按照效力大小进行等级排布，分类逐层检索，在较高类别检索到相关文书和类案的，可不再向后一类别进行检索。检索平台的顺序选择上，可优先选择智能权威的平台，如法信、类案智能推送平台、无讼、威科先行等法律检索平台。

5. 提高检索的实操技能。实践中，检索目标所依赖的法律规范、审判思路、平台本身等均处于发展变化中，唯有不断加强培训，才能提高类案检索的能力，最终实现精准检索。一方面，可将案例检索纳入法官和法官助理职业能力培训的必修课程，制作法院内部类案检索的指南手册，由法官、法官助理自主学习、自我培训。另一方面，职能管理部门可以对类案检索中所反映出的问题进行归纳总结，开展个性化、针对性的辅导和提示，并定期组织法律检索技能大赛，以赛代练，促进检索能力的提升。此外，还可邀请法律科技公司派人讲授检索技巧，提升应用外部检索平台的能力。

（二）检索结果的运用场景

类案检索的结果归根结底是为了服务审判实践，最终体现在微观、中观、宏观三个层面。

1. 微观层面：满足法官个体需要。类案检索结果，首先是满足法官个案审理需要。检索从个案出发，最终又回归个案，在这个过程中，我们进行类案检索，完成的是个案向个案的裁判要旨的比对和裁判思路的迁移，生成的检索结果可以直接辅助案件审判。当然，在案件检索结果的表达上，因我国并非判例法国家，检索到的案例不宜直接以援引的方式体现，而一般可在裁判理由中予以表述，并将参照案例的裁判规则融入文书的说理部分。另外，类案检索并非为了一味地“套用”在先案例的裁判思路，裁判结果可能与类案检索所得的多数裁判观点一致，也可能存在与之不同的情形。为防止案件审理出现偏差，一般情形下结合个案情况，以参照多数意见为主。拟作出的裁判结果与检索所得类案的多数裁判观点一致，一般可以直接适用；特殊情形下，拟作出的裁判结果与多数裁判观点不一致的，拟作出的裁判结果应当提交专业法官会议讨论，必要时按程序提交至审判委员会讨论，符合《最高人民法院关于建立法律适用分歧解决机制的实施办法》情形的，参照该办法处理。

2. 中观层面：满足类案研究需要。中观上，则是从个案到众案，帮助法官从整体上分析裁判思路，提升同类案件的审判能力。当前，不少检索系统可以根据法官搜索的历史轨迹，自动生成检索案件的检索报告。未来随着人工智能的进一步发展，检索报告可以实现报告内容的智能比对，可以对一段时期内裁判观点的变化予以追踪。系统可以对法官在检索中关注较多的领域内最新的法律规范、指导意见、会议纪要等进行智能推送，显示该领域内最新的权威观点。此时，类案检索的效果，便不再止步于个案的审判，而是以一种研究的视角探索法律适用的异同，目光不仅关注在待决的个案怎么裁判，更多地注重类案裁判的思考方式、逻辑演进，挖掘可以借鉴的司法方法，真正实现“检索一个，办好一类”的效果，发挥类案检索在统一裁判标准方面的重要作用。

3. 宏观层面：满足审判管理需要。类案检索制度最终是为了提升审判质效，这也是审判管理部门的职责所在。类案检索可以成为一种新型的审判管理抓手。

首先，审判管理部门通过大数据手段跟踪一定时期内，本院法官跟踪的检索热词及形成的检索报告，可以发现审判实务中的热点、难点问题，并就当前审判工作中的疑难复杂问题，提交审判委员会进行讨论，形成明确意见后反馈给审判业务部门，指导审判实践。其次，审判管理部门在对改发案件进行评查及错案追究中，是否经过类案检索及检索程度、处理及回应方式，也可以作为认定改发责任的情节予以考量。另外，审判管理部门还可向教育培训部门反馈通过类案检索发现的法官在办案过程中存在的急需补强的知识盲点与薄弱环节，有针对性地加强培训的力度，以进一步提高法官的司法能力与业务水平。

结语

通过人工智能实现类案类判绝非一朝一夕之事，但在司法责任制改革着陆的背景下，在法律人工智能与法律大数据飞速发展的强力推动下，我们看到了实现这一夙愿的曙光。处在这一变革之中，我们有幸站在一线法官的立场和视角，对类案检索机制和平台的构建提出自己小小的思考。相信，在不久的将来，“海纳百川”的司法元数据库、“智能便捷”的检索平台、“权威实用”的检索结果运用机制都将逐步得到完善，法律人对于类案检索机制的美好期待终将实现。

（**作者简介：**季玲玲，女，上海市静安区人民法院审判员、二级法官。积极参与司法改革实践，四度中标并执笔上海法院重点调研课题，撰写的《法官助理管理制度研究》《民商事庭审方式改革的思考与探索》等均获评优秀；积极探索民商事庭审方式，探索法官助理庭审汇报机制以及“跨国视频认证＋专家辅助证人”的庭审模式；疫情期间助力企业攻坚克难，承办的案件入选全国法院首批保障复工复产十大案例；擅长演讲，曾获上海法院系统演讲比赛一等奖。童磊，男，上海市静安区人民法院审判员、二级法官。长期关注司法改革领域及相关配套措施建设、产业领域相关法律问题，连续三年中标并与他人合作执笔上海法院重点调研课题《法官助理管理制度研究》《民商事庭审方式改革的思考与探索》，以及报批课题《“互联网＋融资租赁”模式相关法律问题研究与前瞻思考》《电竞产业相关法律问题研究与前瞻思考》，均获评优秀；编写的案例多次入选最高法院《人民法院案例选》《中国法院年度案例》；承办的全国首例案件入选上海法院百例精品案例、百例示范庭审及百例优秀裁判文书，并刊登于《人民法院报》等）

参考文献：

[1] 魏新璋、方帅：《类案检索机制的检视与完善》，载《中国应用法学》2018 年第 5 期。

[2] [美] 罗格 · I. 鲁茨：《法律的“乌龙”：公共政策的意外后果》，刘呈芸译，载《经济社会体制比较》2005 年第 2 期。

[3] 李梦雨：《类案检索制度对法官提出新要求》，载《人民法院报》2020 年 7 月 30 日。

[4] 于同志：《我们应如何研究司法案例》，载《人民法院报》2018 年 1 月 9 日第 2 版。

[5] 郑通斌：《类案检索运行现状及完善路径》，载《人民司法》2018 年第 31 期。

从诉中走向诉前：类案检索功能完善之探讨

——以打造“一站式”诉讼服务体系为视角

张长山　马　越　齐姗姗

摘要： 在“互联网 +”的时代背景下，推进类案检索制度，[①]统一法律适用，是人民法院适应时代发展的改革举措。通常来说，类案检索结果主要是为法官审判服务的，包括类案的判断和参照适用，进而统一裁判尺度。然而，从贯彻落实把非诉纠纷解决机制挺在前面的要求出发，类案检索结果的有效运用对通过非诉方式化解矛盾有着极大的借鉴意义和指导价值，类案类调、类案集中办理能够有效化解批量式、多发式、群体性纠纷。本文提出的“一站式”类案指导服务，运用“人工智能＋类案检索机制”提高诉源治理效率，是全面推进多元化纠纷解决机制和现代化诉讼服务体系建设，努力实现“一站式”多元解纷机制和诉讼服务中心建设的机制创新；是推进类案检索工作，拓宽类案检索制度的功能和价值，提升类案推送的智能化、精细化水平的举措创新；是为当事人提供合理的裁判结果预期，落实坚持以人民为中心，切实满足人民群众新要求、新期待的路径创新。本文从类案检索制度运行现状出发，探讨了建立诉前类案检索机制的可行性，分析了“一站式”类案指导纳入法院“一站式”诉讼服务对法院化解矛盾纠纷的影响，积极探索“一站式”类案指导机制运行的具体路径。

关键词： 诉讼服务　类案检索　关联案件　大数据　诉前解纷

---

①《关于统一法律适用加强类案检索的指导意见（试行）》（以下简称《类案检索指导意见》），最高人民法院于2020年7月27日发布。

引言

类案检索制度由来已久。[①]2020年7月31日起最高人民法院试行的《类案检索指导意见》明确了类案检索制度的责任主体为承办法官，并对强制检索的案件类型，类案检索的范围、平台、方法、顺序，当事人提交类案情况等提出了明确要求。这对本就承担着高负荷审判工作的法官提出了更高的要求。如何制作案例检索报告、如何进行裁判说理都需要地方法院制定更为细化的规定，通过实践逐渐发挥类案检索制度优势和价值。在这一进程中，将类案检索制度前置到诉前阶段，作为诉讼服务的一部分，不仅有利于为当事人提供裁判结果的合理预期，便于当事人正确理解法律，通过诉讼或非诉方式化解矛盾，从而提升当事人对司法裁判的信服度；更有利于为法官在诉讼阶段进行类案检索提质增效，推进类案检索制度落地。

一、现实图景：建立"一站式"类案指导机制的必要性分析

基于类似案件裁决尺度应当统一的法理，切实满足诉讼之外纠纷实质化解的诉源治理要求，在诉前阶段有必要通过类案检索向当事人或者调解组织人员推送生效案件的裁判规则，主要体现在诉源治理的三个维度。

（一）对源头治理起到关键作用

为持续深入推进司法体制综合配套改革，进一步满足人民群众对司法审判的新需求和新期待，将诉前类案检索作为深化"一站式"建设工作的一部分，完善"分调裁审"机制，为当事人提供裁判结果的合理预期，便于当事人自主选择诉讼或非诉方式化解矛盾纠纷，从而提升当事人对司法裁判的信服度。

1. 引导当事人正确理解法律。同案是真实的案件，为当事人提供类型化案件

① 早在2010年11月26日，最高院就发布了《关于案例指导工作的规定》，2015年5月13日发布了《〈关于案件指导工作的规定〉实施细则》，逐步推进案例指导工作。2017年4月12日最高院在《关于落实司法责任制完善审判监督管理机制的意见（试行）》中明确提出要在完善类案参考、裁判指引等工作机制基础上，建立类案及关联案件强制检索机制。此后，又在《关于建立法律适用分歧解决机制的实施办法》中要求全面落实推进"类案和新类型案件强制检索"制度。

的审理思路和价值导向，更好发挥案例的释法功能，便于当事人找法、学法、用法解决问题，维护自身合法权益。尤其对于不具有法律基础知识，或者没有条件聘请律师等法律专业人士的当事人，法院提供检索服务最大限度满足人民群众日益增长的对于纠纷解决的期待和愿望。

2. 为当事人提供合理的诉讼预期。现有“诉讼风险告知制度”，将常见的若干诉讼风险告知当事人，让当事人做好承受、防范和应对诉讼风险的心理准备和行动预期。在此基础上提供类案检索报告，使当事人在立案前就能预知案件审理和执行结果，对于商事主体，法院提供类案裁判规则，向公司传递非诉、低成本破解公司僵局的矛盾化解路径。此举彰显法院的服务理念，凸显现代法院的司法服务和司法指导功能，昭示着现代法院越来越重视与当事人之间的沟通和合作。

3. 引导当事人选择适当的纠纷解决方式。基于“理性经济人”视角，诉讼中的当事人在诉讼对抗、攻击防御过程中的博弈除了希冀获取最有利的诉讼结果以外，还希望努力探求以最小的成本投入获取最大的诉讼收益。[①] 提供类案的指引，当事人选择诉讼之前就通常会客观理性地衡量诉讼结果与预期收益，比如诉求是否成立、证据充分与否、胜诉概率、权益实现以及替代性纠纷解决方式的可能性，引导当事人选择更多纠纷解决平台。

（二）对非诉纠纷解决机制建设起到关键作用

非诉机制挺在前面的意义在于构建多元化、立体式的纠纷化解体系，促进纠纷当事人优先选择诉讼外的和解、人民调解、仲裁等其他非诉纠纷解决方式，低成本、更高效率地化解纠纷，减轻当事人诉累。人民法院完善诉前多元解纷联动衔接机制，促进非诉解决机制整体质效的提高，类案指导是加大业务指导工作的重要一环。

1. 为类案类调提供裁判指引。与司法机关相比，人民调解组织的调解人员需要凭借丰富的社会经验、办事能力、法律知识及其他必要的专门知识才能达到调解成功的目的，而非诉调解人员的素质在以上方面参差不齐，影响了非诉调解作用的发挥。人民法院精准对接人民调解组织的需要，向当事人和社会调解组织人员推送法律指引和类案检索情况，以类案检索结果作为调解的重要依据，促进非诉解纷中心先行开展调处化解工作，形成纠纷多元化解决的工作合力。

---

① 赵晓薇：《民事诉讼当事人博弈及成本优化——以“理性经济人”为视角》，载《湘潭大学学报》2018 年第 1 期，第 70–73 页。

2. 有效化解批量式、多发式、群体性纠纷。在科学合理界定先行调解范围的基础上，对于适合诉前强制调解的案件，[①] 在登记立案前，增加类似“预立案”环节，向当事人推送类案裁判指引，在尊重当事人意思自治的基础上为当事人做适度引导和释明，着力加大家事、医疗、物业、房屋、土地、金融、劳动争议、消费者权益、道路交通等专业性、行业性纠纷的类案指导，给案件预留出合理的调解空间。

（三）对同类同判、类案类判起到关键作用

实践中，推进类案检索工作的效果并不理想，有必要将类案检索提前至起诉阶段，提高类案检索结果的有效供给，指引法官在审判过程中进行更智能化、精细化的类案检索。

1. 规范法官自由裁量权。类案检索置于立案环节而非审判环节，其中一个优势在于针对同一法院的不同业务庭、同一业务庭的不同合议庭或法官，在针对同类案件行使自由裁量权之前，可查看到相同检索方式下的类案检索结果，更有利于在全院范围内同类案件的同类处理，减少不同法官不同检索方法在同类案件判断上产生的误差。

2. 促进类案集中办理。类案集中办理能够促进简单案件从简从快办理，提升审判效率。通常来说，检索出类案较多的案件，比如金融借款纠纷、物业服务合同纠纷，法律关系相对简单，为简案；检索出类案较少的，一般当事人数量多、案情相对复杂，为繁案。简案和繁案在类案检索方法、结果、效率上都不尽相同，可以将类案检索繁简分流机制作为健全案件繁简分流机制的配套机制。类案集中办理，专人专办同类型案件，可以在类案检索结果的基础上，选择典型案件确立类案领办法官，先行调解、判决，为其他案件办理明确导向、提供参考。

3. 提升法官检索能力。《类案检索指导意见》、T 省高院《关于开展关联案件和类案检索工作的指导意见（试行）》（以下简称《检索意见》）[②] 出台前，现有规范

① 比如案件基本事实清楚、双方争议不大、标的额不大的简易纠纷；婚姻家庭、邻里纠纷等人身伦理性较强的纠纷；医疗、交通事故、金融等专业性较强的纠纷；政策性、群体性等需要与政府部门合力解决的纠纷。

② 2020 年 6 月 1 日正式施行，相较于《类案检索指导意见》在检索范围、检索要求、制作报告、案件处理等方面作出更为细致的规定，强调案件检索作为“办案助手”在启发、拓展法官判决思路，帮助法官正确裁判方面发挥的正面导向和积极作用。

制度没有专门对关联案件和类案检索的强制性要求，同案检索系统也呈现出技术平台多样化、检索方法各异、检索速度不一等特征。检索经验不足的情况下，简单案件检索效率不高，复杂案件检索存在难度，法官缺乏长期检索实践和经验积累，短时间内难以在案件检索中得到裁判思路得以被支持或被纠正的获得感。另外，法官较少在裁判文书中对当事人提供的类案予以回应，也较少引用指导性、参考性案例中的法律适用观点或理由作为说理素材，从侧面反映出法院在同类案件裁判说理方面存在不足和差距。诉前判断案件难易程度并进行类案检索，有助于法官对案件裁判形成初步判断，培养类案检索习惯，缓解检索和审判压力。

4. 促进审判监督管理。同案同判、类案类判的情况如何，直接关系到法院工作的生命线——审判质量的整体水平。[①] 将类案检索前置，能够更好地发挥提升审判质效的作用。对于重大、敏感、新类型案件，也能更早纳入监督视野，与院庭长履行审判监督权等各项机制相互协调配合，实现类案裁判结果的统一。统一的诉前类案检索报告作为案件初期检索成果，有利于形成类案裁判方法的数据库，规范法官制作检索报告。

二、制度反思：建立“一站式”类案指导机制的可行性分析

（一）建立“一站式”类案指导机制的技术可行性

目前类案识别技术主要表现为两类[②]：一是半自动识别模式，是在人工识别模式的基础上引入机器识别类案的技术，是对传统的纯粹人工识别类案模式的改进。以 T 省法院办案系统为基础，广泛应用于法院系统内部类案检索的识别技术主要有全省法院文书全文检索、法信、中国裁判文书网、类案智能推送和智审等。半自动识别模式下，类案识别技术提供案例数据库，通过法官手动输入关键词，通过系统比对推送类案。这种识别方式对用户的依赖程度较高，结果准确性取决于关键词的选取。二是智能化识别模式，是在传统信息检索方法的基础上，运用人工智能技术，对所检索的内容分析、理解、推理、决策等，并以良好的形式展现

① 黄穗、白兰：《案件繁简分流机制改革视野下类案检索的智能化进路》，全国法院学术讨论会获奖论文，2019 年 12 月。

② 钟明亮：《类案检索机制研究——以类案识别技术在审判中的应用为视角》，载《黑龙江省政法管理干部学院学报》2019 年第 1 期，第 127–128 页。

给用户。除了提供快速检索，相关度排序等功能，还提供用户角色登记、用户兴趣自动识别、内容的语义理解、智能化信息过滤和推送等功能。①实践中，有部分法院在智能化识别模式方面作出了尝试。其中，上海市一中院研发类案报告智能推送和检索平台，将类案报告与相关案件精细关联后，向案件合议庭、当事人智能推送。当事人通过微信、支付宝、浏览器等扫描二维码即可打开与个案相关的类案报告，也可通过菜单浏览、检索全部类案报告。②

目前，智能化识别模式是发展方向。对于基本事实清楚、双方争议不大、标的额不大的简易纠纷，或者专业化较强的纠纷，智能化推送简案基本能够满足当事人对类案指引的需求。从实践来看，绝大多数法院类案检索主要依托半自动模式，尤其对于疑难复杂的繁案，受数据库系统、检索技术和检索方法的限制，需要更多人力进行判断。建立“一站式”类案指导机制，在半自动模式下需要配备熟悉审判工作人员专司检索工作，而智能化模式主要依赖信息化技术平台，运用信息技术大力推进类案裁判方法总结的深度应用。

（二）建立“一站式”类案指导机制的组织可行性

“一站式”类案指导机制的建立符合深入推进一站式多元解纷和诉讼服务体系建设工作要求，将最便捷高效的服务提供给人民群众，切实提升化解矛盾纠纷、服务人民群众的能力水平。最高院院长周强在2020年9月全国高级法院院长座谈会上提出，全面推进一站式多元解纷和诉讼服务体系建设，加快构建中国特色纠纷解决和诉讼服务模式。诉前类案检索机制的探索就是围绕“一站式”“多元化解”“集约化”等关键目标，创新丰富一站式多元解纷和诉讼服务体系内涵和形式。从狭义的诉源治理视角来看，法院的角色定位为有限参与、积极辅助，法院的辅助作用体现的一个方面即提供司法大数据支撑，挖掘现有司法数据资源，向多元调解主体、当事人提供类案检索结果。

当前在诉讼服务中嵌入类案检索的方式主要分为线下、线上两种：一种是提供线下类案检索查询服务。四川省高院在省级类案检索规定中明确了立案时告知、裁判时回应义务，全省各级法院在诉讼服务中心等场所为公诉机关、案件当事人

---

① 宋文宾、钱兴华、刘鹏：《智能信息检索应用技术研究》，载《舰船电子工程》2015年第7期。

②《上海市一中院研发启用类案报告智能推送和检索平台》，载《“深化司法体制综合配套改革”系列专辑之二十七》。

及其辩护人、诉讼代理人提供类案检索查询服务，对提交本院或上级法院类案的生效裁判支持自己主张的，承办法官或合议庭应当予以回应。另一种是嵌入线上诉讼服务系统。北京法院诉讼服务微信公众号提供“找法问案”功能模块，借助最高法院“法信”平台，免费提供与当事人本案案件相似的典型案例和相关法律法规的检索服务。

（三）“一站式”类案指导机制风险控制的可行性

与诉讼中法官类案检索不同的是，诉讼服务中类案检索的功能和目标更为丰富，主要是为了便利当事人、引导当事人选择诉讼外途径化解矛盾纠纷，为法官提供参考、审判质效的目标次之，机制建设服务对象的首选是当事人。因此，诉前类案检索便利当事人的同时也可能会给后续的诉讼带来风险。

1. 公正因素

起诉阶段提起类案检索的一方诉讼主体为原告，根据原告要求制作类案检索报告，可能会引起被告方的不满。类案检索情况由法院提供，类案检索虽然不涉及待审案件事实、证据、定性方面的争议认定问题，但类案检索过程中法官难免会根据当事人的诉讼请求、初步证据等情况进行价值判断，尤其对于疑难、复杂的案件，为了检索的准确性，需要就案件事实问题获取当事人更多信息。尤其在被告败诉的场合，诉讼中的任何问题都可能被以挑剔说的眼光来审视和评价，尤其在司法公信力不足的情况下，法院向原告出具类案检索情况，存在被指责偏袒一方的审判风险。

2. 质量因素

最高人民法院在《类案检索指导意见》中明确了类案检索的范围，自上而下从指导性案例到本院裁判生效的案件，基本明确了类案的层次顺序。其中，指导性、参考性案例的选拔具备严格的流程，质量有保障，其他生效判决的质量则不然。但实践中，法官所能检索出的往往会是“选择性”类案，一些裁判质量不同的案例会因为法官先入为主的主观因素不当地进入类案范畴。[①]服务于诉源治理的诉前类案检索机制，既包括简案类案推送，也包括繁案深度检索，基层法院对区域内法院生效判决的同案参考需求远远大于对指导性、参考性案例的需求。生效判决的质量参差不齐，尤其是基层法院作出的判决，虽已生效，但文书裁判尺度

---

① 魏新璋、方帅：《类案检索机制的检视与完善》，载《中国应用法学》2018 年第 5 期，第 73-78 页。

的准确性难以把握，加之基层法院裁判文书不善说理，文书更不能展现出案件的全貌，降低了对当事人的指引和预期作用。

3. 技术因素

半自动类案识别模式下，检索平台呈多元化发展趋势，裁判文书或者案例的数据库不同，检索平台面向的主体不同，检索的识别方法、功能设置也存在差异，面向当事人还有免费和付费的差别。因此，法院向当事人提供同案检索报告时，要确保不同地区的法官在检索类案时能够获取相同的案例并非易事。即便是仅通过最高人民法院裁判文书网检索，检索的结果也存在差异。技术上的不确定性影响类案检索的统一性。

三、路径指引："一站式"类案指导机制运行的具体路径

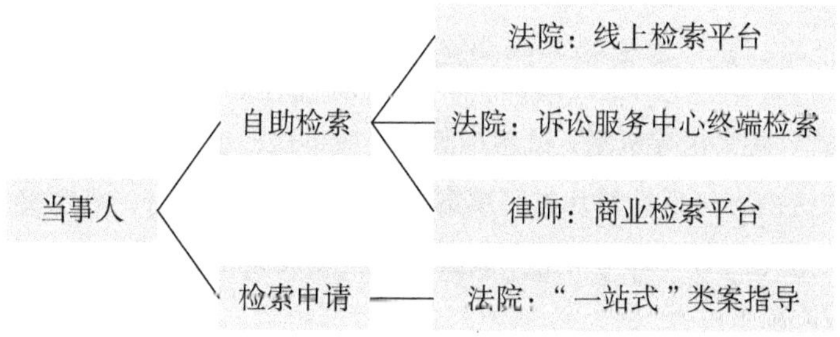

图1

当事人之间发生纠纷矛盾，由于案件尚未进入法院办案系统，按照检索主体的区别，可以选择两种方式就拟向法院登记立案的案件进行类案检索：一种是自助类案检索，即通过法院线上诉讼服务平台提供的类案检索模块，或者前往法院诉讼服务大厅，使用法院提供的类案检索硬件终端进行类案检索，自行辨别类案与自身纠纷的关联度、参考性；另一种是将纠纷的基本信息，比如起诉书中记载的信息内容，提交给法院类案检索窗口，申请法院就纠纷进行类案检索，并依据法院提供的类案检索报告对诉讼主张予以修正，或者选择诉讼以外的方式化解纠纷。

"一站式"类案指导机制，即以类案检索为核心，将"人工智能+类案检索机制"嵌入一站式多元解纷平台，依托智能化和半自动两类类案识别方式，向当事人或调解组织等提供以类案检索报告为核心具有裁判指引价值的生效案件、诉讼

风险评估等法律知识。

（一）提起“一站式”类案指导的前提要件

诉中制作类案检索报告的目的在于解决裁判的分歧和差异，[①] 诉前制作类案检索报告的目的在于提供与待检索案件最为相似的裁判结果。显然，前者需要综合当事人双方的诉辩意见、证据材料等内容提炼出核心事实、法律关系、争议法律问题等关键信息，对事实判断、法律适用的准确度要求更高，对检索技巧的要求也更高。诉前类案检索则不然，并非所有案件都有检索的必要，检索宜坚持以自愿为前提，兼顾统一裁判尺度、促进审判监督管理的功能。

诉前类案检索的功能和目标主要是为当事人提供合理的诉讼预期、引导当事人选择适当的纠纷解决方式，进而实现非诉实质化解纠纷，故类案检索应当由当事人主导，当然也包括当事人的法定代理人、诉讼代理人等诉讼参与人。

（二）“一站式”类案指导的构成要件

“一站式”类案指导机制，既包括简案类案推送，也包括繁案深度检索。简案类案指导推送内容包括针对几类简单案由制作类案裁判指引、典型案例、诉讼风险提示和类型化纠纷调解指引等。繁案深度检索类案指导推送除了上述内容，还包括类案深度检索报告。

1. 类案检索报告。诉中类案检索报告在构成形式上需要清晰展现类案检索的过程，突出显示检索结果。[②] 诉中类案检索报告的构成要素包括实质要素和形式要素。其中，实质要素指的是类案的具体识别，即检索案件与待决案件属同类案件，并且其裁判规则对待决案件有一定的指引作用。将案件的核心事实、法律关系及争议法律问题作为基本识别要素，并结合当事人的举证情况、法院审理案件所处的诉讼程序等因素，综合判断同类案件的可参考性。形式要素指的是类案检索报告的组成板块，从 T 省高院发布的《检索意见》看，检索报告主要内容有：（1）案件的争议焦点；（2）类案检索情况（包括检索主体、时间、平台、范围，检索的具体方法，检索到的类案基本情况）；（3）对本案裁判结果的参考价值或影响

---

① 北京市三中院课题组：《类案检索报告制作和运用机制研究》，载《法律适用》2020 年第 12 期，第 7-8 页。

② 北京市三中院课题组：《类案检索报告制作和运用机制研究》，载《法律适用》2020 年第 12 期，第 8-9 页。

因素（包括类案参照价值分析和本案处理意见）。

与诉中类案检索报告相比，诉前类案检索报告在实质要素的要求上，主要以原告的诉讼请求、事实理由、初步证据或者被告的答辩意见为基础，直接以当事人的诉讼请求作为争议法律问题，通过提取关键信息进行检索，综合判断同案对当事人的借鉴参考意义。形式要素上应当更概括、简明、清晰。形式要素方面，检索报告的主要组成板块有：（1）案件基本信息（案件名称、诉讼请求）；（2）类案情况（包括检索平台、检索条件和类案情况）；并注明检索申请人和检索人身份信息（见附件）。与诉中类案检索报告最大的区别就在于，诉前类案检索报告缺少对检索类案的分析、评价，以及对法律适用的定论，仅停留在向当事人展示案件的层面，将法律适用可能存在的分歧留到真正化解矛盾的过程。

（1）案件基本信息。制作类案检索报告，首先应当明确进行检索所涉及的争议焦点，在案件尚未进入审判环节时，可以将诉讼请求作为案件争议焦点的关键语句进行检索。

（2）检索平台。由于案件尚未进入办案平台系统，法院诉前检索工作人员主要依托审判资源，借助类案检索平台进行类案检索。确立“1+N”类案检索平台，“1”指的是以中国裁判文书网及其类案智能推送模块为主要检索平台；“N”指的是根据案件情况，综合运用法信、北大法宝、裁判文书全文检索等检索平台。

（3）检索条件。检索时包含的检索条件要素：案由、诉讼请求、事实与理由、初步证据等，适当提炼出待决案件的关键事实和争议焦点，最大限度实现类案之间的比对。

（4）类案的选取。一是总体遵循《类案检索指导意见》中确立的先后顺序，[①] 在没有类似指导性、参考性或者最高的典型案例的情况下，对基层法院进行的类案检索，明确对本地区生效类裁判或者本省类案进行检索，在本地区、本省范围内没有类案的情况下，再放宽至全国或部分地区进行检索，力求检索到法律认知比较接近、案件事实比较接近的地区及当事人的案件，不宜跨地区进行检索，防止不同地区法律适用存在较大差异参考性不强，或者检索范围过大，浪费有效检索时间；二是选择一定的时间范围，受法律法规的时效性影响，尤

① 《类案检索指导意见》第4条规定：“类案检索范围一般包括：（一）最高人民法院发布的指导性案例；（二）最高人民法院发布的典型案例及裁判生效的案件；（三）本省（自治区、直辖市）高级人民法院发布的参考性案例及裁判生效的案件；（四）上一级人民法院及本院裁判生效的案件。除指导性案例以外，优先检索近三年的案例或者案件；已经在前一顺位中检索到类案的，可以不再进行检索。”

其《民法典》通过后，向当事人展示失效法律作为裁判依据的案件，反而会影响当事人对诉讼的预期；三是对于检索关键词较少，或者简单案件，在检索的类案数量较为庞大的情况下，应充分向当事人展示不同裁判结果的类案，涵盖不同类别的观点，以展现类案检索的全貌，避免选择性类案裁判结果误导当事人；四是裁判理由的展示应优先选择裁判说理充分、法律适用清晰的类案。

（5）示范类案检索。对于群体性案件，多个当事人均提出类案检索请求的，可以只制作示范性类案检索报告，向当事人展示类案处理情况，辅助当事人诉前进行批量案件调解等工作。

2. 诉讼风险评估。当事人在诉前借助线上、线下的人工智能评估系统对案件进行诉讼风险评估。诉讼风险评估结果可提示矛盾纠纷进入诉讼的胜诉率、提供诉前调解建议、多元化建议等。

（三）“一站式”类案指导的应用场景和成果转化

1. “一站式”类案指导报告的随案推送

（1）向当事人推送。“一站式”类案指导作为案件进入法院审判流程前的一个延伸环节，收到类案指导报告的当事人可以选择同意非诉途径化解矛盾，也可以选择在类案检索报告的基础上完善诉讼主张，修正诉讼策略，或者进一步深度检索，将有利己方的检索结果提交法院。

（2）向调解组织推送。当事人同意调解的，法院通过调解平台等途径向调解组织提供类案指导报告，以此为基础积极推动设置重点领域的纠纷化解前置程序，从源头减少诉讼增量。

（3）向承办法官推送。初步检索结果对案件进入实质审理起到初步审查的作用，作为法官类案检索、案件研究的参考，有利于类案检索制度运行。承办法官可以对类案检索情况作出回应，并以此作为基础继续诉中调解工作。拟作出与类案不同的裁判结果的，应向当事人作出解释，并在裁判文书中进行详尽的实质性说理。对于论述充分、有参考价值的同案裁判论理，可以写入本案裁判文书。诉前检索结果可能出现无结果的情况，此时案件大多属于疑难复杂或者新类型案件，应就案件进行标记，在后续进入实质审理阶段，由承办法官在查明案件基本事实，明确争议焦点、法律适用方面的问题后，进行诉中类案检索。

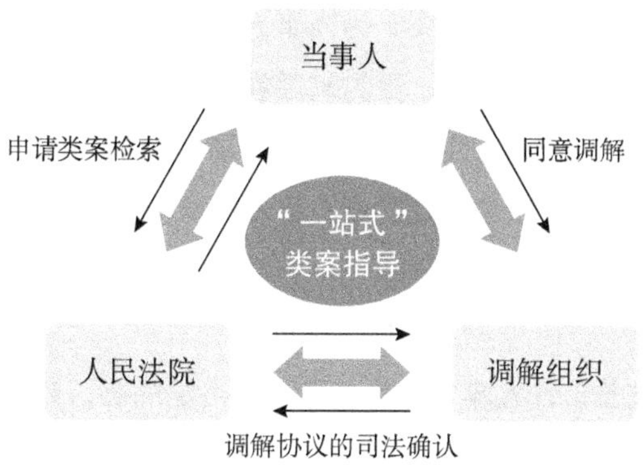

图 2

2. 类案检索成果的大数据统计分析

（1）建立诉前类案检索数据库，充分利用数据分析技术，提升类案检索推送的智能化、精细化水平。搭建"一站式"类案指导数据库，通过案由、诉讼主体、检索平台、检索条件等信息要素的识别和分析，有针对性制作部分案由的类案裁判指引规则，制作类型化纠纷调解指引，并附典型案例，向当事人提供更有实效性和参考性的类案指引，提升诉源治理的实效。

（2）注重对基层治理有典型意义的类型化案例收集和分析。把类案检索数据分析成果融入基层治理范畴，推动社会力量优先参与纠纷化解，基层法院针对本地常见的纠纷类型特点，设置重点领域的纠纷化解前置程序，并认真探索类案审判方式和改革机制，将审判工作与基层社会治理工作相结合。

（3）类案检索形成的法治成果向纠纷源头防控延伸。人民法院要做好与党委政府加强城乡社区治理、建设公共法律服务体系、建设"无讼社区"等工作对接，主动参与和培育城乡诉源治理自治力量，类案检索形成的法治成果将作为法院参与、推动、规范和保障纠纷源头治理的重要内容，为有关部门科学决策、防控化解矛盾风险提供参考。通过司法裁判培育和增强人民群众的法治意识、规则意识，引导人民群众尊重法律和司法权威。

结语

类案检索制度是大数据时代背景下人们行为方式的变化在司法工作中的重要体现，类案检索机制融入"一站式"诉讼服务建设，不仅重构了法官办案规则，在法官找法、适法之间搭建了桥梁，为当事人找法、学法提供了捷径，为司法辅助非诉纠纷实质解决指明了方向，更为基层社会治理的探索实践提供了脚本，以回应当下基层社会治理的现实需求，担负起基层社会治理社会化、法治化、智能化、专业化实践的引领性和建构性功能，是新时代推进基层社会治理体系和治理能力现代化的应有之义。

（**作者简介**：张长山，天津市滨海新区人民法院院长；马越，天津市滨海新区人民法院副院长；齐姗姗，天津市滨海新区人民法院研究室法官助理）

参考文献：

［1］黄穗、白兰：《案件繁简分流机制改革视野下类案检索的智能化进路》，全国法院学术讨论会获奖论文，2019年12月。

［2］赵晓薇：《民事诉讼当事人博弈及成本优化——以“理性经济人”为视角》，载《湘潭大学学报》2018年第1期。

［3］钟明亮：《类案检索机制研究——以类案识别技术在审判中的应用为视角》，载《黑龙江省政法管理干部学院学报》2019年第1期。

［4］宋文宾、钱兴华、刘鹏：《智能信息检索应用技术研究》，载《舰船电子工程》2015年第7期。

［5］《上海市一中院研发启用类案报告智能推送和检索平台》，载《“深化司法体制综合配套改革”系列专辑之二十七》。

［6］魏新璋、方帅：《类案检索机制的检视与完善》，载《中国应用法学》2018年第5期。

［7］北京市三中院课题组：《类案检索报告制作和运用机制研究》，载《法律适用》2020年第12期。

附件：诉前类案检索情况

<table>
<tr><th colspan="5">基本信息</th></tr>
<tr><td>案件名称</td><td colspan="4">（当事人 + 案由）</td></tr>
<tr><td>诉讼请求</td><td colspan="4"></td></tr>
<tr><th colspan="5">类案情况</th></tr>
<tr><td>检索平台</td><td colspan="4">□类案推送　□法信　□智审　□全市文书检索　□其他</td></tr>
<tr><td>检索条件</td><td colspan="4">（关键词 / 地域 / 审级 / 裁判时间等）</td></tr>
<tr><td>案号</td><td>级别</td><td>裁判结果</td><td colspan="2">裁判要旨</td></tr>
<tr><td></td><td></td><td></td><td colspan="2"></td></tr>
<tr><td></td><td></td><td></td><td colspan="2"></td></tr>
<tr><td></td><td></td><td></td><td colspan="2"></td></tr>
<tr><td>申请人</td><td colspan="2"></td><td>诉讼地位</td><td></td></tr>
<tr><td>检索人</td><td colspan="2"></td><td>日期</td><td></td></tr>
</table>

类案检索制度应用的困境及完善

——以《关于统一法律适用加强类案检索的指导意见（试行）》为研究视角

蔡一博　卞贵龙

摘要：类案检索作为促进适法统一的一项有力改革举措，自确立以来一直施行不畅，制度设计虽有诸多考量，但缺乏贴近审判实际的实务指引，类案检索工作长期陷入进退两难的尴尬境地。类案检索的基础资源整合不足、类案识别标准不明、人工智能助力不足、个人偏好取舍难定是制度虚置的主要原因，制度完善可从明晰制度功能定位、健全类案识别机制、明确类案检索的约束力、探索激励保障机制等方面入手，并注重类案结果的深度应用，实现类案应用场域的链条式发展。

关键词：类案检索　制度虚置　类案识别　深度应用

《最高人民法院关于统一法律适用加强类案检索的指导意见（试行）》（以下简称《意见》）用14个条文详细规定了类案检索的主体、方式、范围、结果处理、技术保障等问题，成为创设具有中国特色类案检索制度最直接、最规范的司法性文件。无论是从落实司法责任制的角度出发，还是从促进适法统一的层面考量，类案检索机制均是司法改革系统工程中一项重大举措。但类案检索机制的框架设计虽已见雏形，实用效果却不尽如人意，类案为何检索、何为类案、如何检索类案、检索效力如何判定等问题在实践中未有定论。

一、类案检索的现实困境

（一）类案检索制度高开低走

1. 制度要求明确，法官回应不畅

依《意见》等文件规范之义，类案检索的制度框架大致是以法官为中心，网

络检索为方式，上级法院及本院审理的案件为对象，检索结果分类处理为路径。（见图 1）

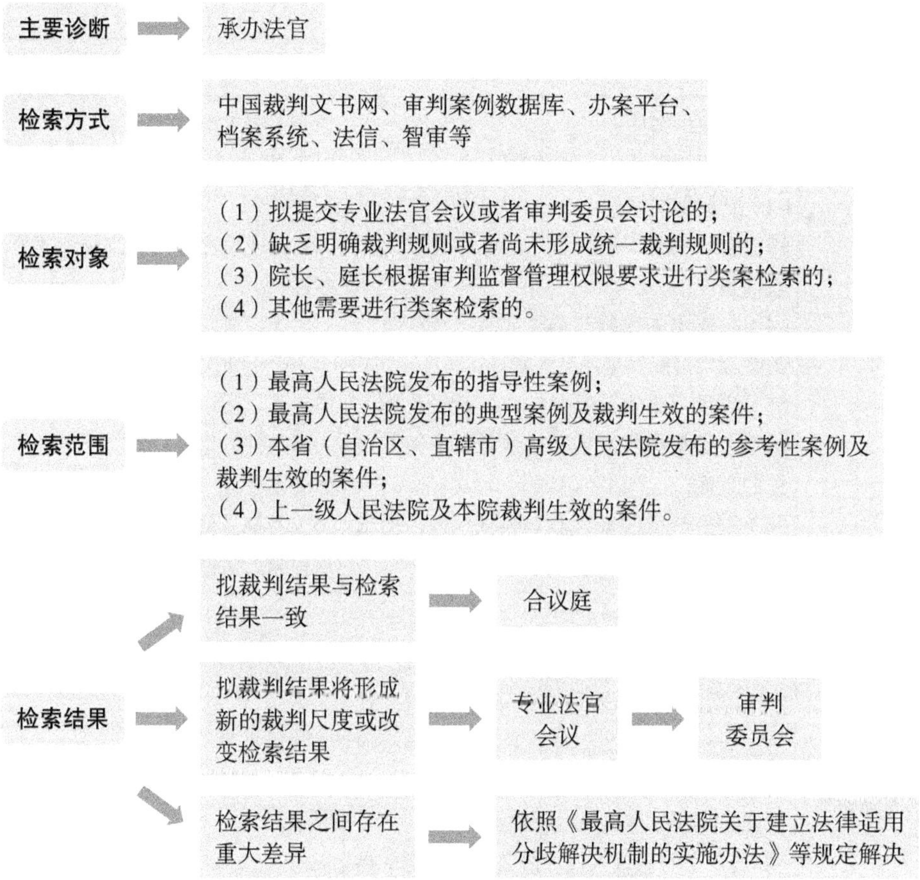

图 1　类案与关联案件强制检索流程

实践中，各地法院纷纷将类案检索写进司法性文件中，近乎每个法院都设有类案检索或与其相关的制度，如有部分法院将类案检索制度规定在落实最高人民法院司法责任制文件中，仅有少数法院专门制定了类案检索制度文件，以江苏省和广西壮族自治区为例，两地高院对类案检索制度均有一定的独创性设计。（见表 1）

表 1　典型类案检索制度性文件对比

省份	江苏省	广西壮族自治区
检索主体	承办法官、法官助理	
检索方式	在线检索、查阅相关资料等	
检索对象	应当检索的案件： （1）法制规则适用不明的案件； （2）新类型案件； （3）合议庭对于法律适用问题存在重大分歧的案件； （4）拟作出的裁判与本院或者上级法院的类案裁判可能发生冲突的案件； （5）案件当事人及其辩护人、诉讼代理人或者公诉机关提交类案生效裁判支持其主张的案件； （6）院庭长依照审判监督管理权限，要求进行类案检索的案件。	原则上要求检索的案件： （1）提交审判委员会讨论的案件； （2）纳入院庭长审判监督管理的案件； （3）上级法院指令再审的案件； （4）公诉机关、案件当事人及其辩护人、诉讼代理人提交类案与关联案件的生效裁判支持自己主张的案件； （5）其他需要进行类案或关联案件检索的案件。
检索范围	依照顺位进行检索： （1）最高人民法院发布的指导性案例； （2）《最高人民法院公报》刊登的案件、裁判文书； （3）最高人民法院及其相关业务部门发布的典型案例、作出的生效裁判； （4）《江苏省高级人民法院公报》刊登的参阅案件、长三角四地高级人民法院联合发布的典型案例； （5）上级法院及本院作出的其他生效裁判。	全国各级法院已生效的类案或关联案。
检索结果	（1）拟作出的裁判结果与经检索发现的类案裁判一致的，可以径行作出裁判； （2）经检索发现：同一位阶的类案存在法律适用分歧、拟作出的裁判结果将改变本院或者上级法院同类生效案件裁判规则、未检索出类案，拟作出的裁判结果将形成新的裁判规则，则提交审判委员会讨论决定。	案件拟作出的裁判结果可能与最高人民法院的指导案例、自治区高级人民法院的参考案例裁判结果不一致的，应当提交审判委员会讨论决定。

续表

省份	江苏省	广西壮族自治区
检索效力	（1）最高人民法院发布的指导性案例，应当参照适用； （2）其他案例和生效裁判，可以参照适用。	最高人民法院发布的指导性案例、自治区高级人民法院发布的参考案例，应当参照适用。

相较于最高人民法院规定的类案检索制度，两地高院均将类案检索的主体要求扩张到法官助理，以类型化模式对待检索案件进行了限定。不同的是，江苏省高院将查阅相关资料列入检索方式内，将案件检索的范围也进行一定的扩大，仅赋予了指导性案例的强制参照效力；广西壮族自治区高院则将检索范围扩大到全国法院，并将案件强制参照效力从指导性案例扩张到高院发布的参考案例，拟裁判结果可能与指导性案例及高院参考案例裁判结果不一致时，直接由审判委员会决定。

尽管类案检索的制度性设计已有不少成果，法官在案件审理中却并未能灵活运用类案检索技术辅助裁判。经中国裁判文书网的检索统计，①判决书中涉及“类案检索”表述的裁判文书共计 75 份，其中具有分析价值的有效文书仅有 64 份。②就裁判文书的记载情况来看，检索主体上，当事人主动提出类案检索的比例明显高于法院主动适用；检索目的上，当事人提出类案检索的方式以提交证据为主；回应情况上，法院对于类案检索的请求或证据的回应比例不高，且回应的内容单薄，说理性不足。（见表 2、表 3）

表 2　类案检索在裁判文书中的体现情况

主体	当事人			法院		
	作为证据使用	原告主张权利的理由	被告提出抗辩的理由	主动检索	被动回应	未回应
文书数量	43	7	14	9	17	38

① 以“类案检索”“类案强制检索”为关键词对中国裁判文书网已公布的判决书进行全文检索，检索时间截至 2020 年 7 月 30 日。

② 部分文书存在重复上传、标签设置偏差等问题，故排除在统计分析范围内。

表 3　法院类案检索的回应情况

案号	当事人提出的内容	法院回应情况	备注
（2019）川 13 民终 4448 号	一审法院认定根据被上诉人提交的（2018）川 13 民终 715 号民事判决书并依据四川省人民法院《类案与关联案件检索规定（试行）》第 8 条认定梁某、陈某的行为构成表见代理行为错误。	一审法院依据四川省高级人民法院《类案与管理案件检索规定（试行）》的相关规定，进行类案检索辅助审理，并依据另一生效民事判决认定的事实作为本案的事实，并非以上述规定直接进行事实推定，中齐公司的该项上诉请求不能成立。	对类案检索结果的适用进行了简要说理。
（2019）京 02 民终 3289 号	一审判决无视徐某在一审中提交的“法信”类案推送结果，作出与同类案件截然相反的判决，适用法律错误，且违反了《最高人民法院司法责任制实施意见（试行）》中关于类案检索及参考的规定，程序违法。	徐某上诉以“法信”平台检索结果为由主张一审程序违法，因徐某主张的违法情形不属于《民事诉讼法》第 174 条第 1 款第 4 项和《最高人民法院关于适用〈中华人民共和国民事诉讼法〉的解释》第 325 条规定的严重违反法定程序的情形，本院不予支持。	未具体阐述法院对类案检索结果的不适用理由。
（2018）晋 01 民终 3806 号	关于张某利的类案检索报告及裁判文书，证明张某利系“职业打假人”，其行为有违诚实信用原则；张某利在各地法院的类案行为、类案主张均未得到相关判决的支持。	未具体回应。	

2. 检索系统多样，实用效果单一

最高人民法院及各地方法院均开发了具有类案检索、类案推送功能的辅助系统，除法院内部系统外，可用于类案检索的外部系统更为常见。（见表 4）

表 4　部分地区类案检索系统统计

<table>
<tr><th></th><th>内部检索系统</th><th>外部检索系统</th></tr>
<tr><td>最高人民法院</td><td>类案智能推送系统</td><td rowspan="7">中国裁判文书网
法信
北大法宝
中国知网
中国司法案例网
无讼案例
取法案例</td></tr>
<tr><td>上海市</td><td>C2J 智能辅助系统、上海全快搜系统</td></tr>
<tr><td>广西壮族自治区</td><td>刑事案件智能研判系统、法律资源服务系统、法智罗盘操作系统</td></tr>
<tr><td>重庆市</td><td>类案智能专审平台</td></tr>
<tr><td>贵州省</td><td>法镜大数据系统、C2J 智能辅助系统</td></tr>
<tr><td>安徽省</td><td>类案指引项目</td></tr>
<tr><td>海南省</td><td>量刑规范化智能辅助系统</td></tr>
<tr><td>四川省</td><td>类案文书预警系统、类案智能推送系统</td><td rowspan="2"></td></tr>
<tr><td>浙江省</td><td>凤凰民间借贷智审</td></tr>
</table>

尽管可使用的类案检索系统如此之多，但各大检索系统各有其功能特色及检索偏好，系统的实用度并未完全匹配检索工具使用者的需求度。各地法院系统内嵌的检索系统限于数据权限、开发技术、资源投入等问题，均存在基础案例资源不全的问题，在案例的整合、加工、分析上也存在一些短板，更多的是用于同区域内典型案例的初步检索，全面检索仍需借助外部检索工具才能得以实现。而众多的外部检索系统虽在数据资源拥有量上占有优势，但检索的精准度、有效度、便利度仍有很大的改进空间。

3. 类案应用初级，智能融合不足

司法审判步入大数据、人工智能时代后，各类数据的实时生产、交换使得个案的司法裁判约束力上升为全体社会的影响力，智慧司法的建设可以利用数据测算提供类案的均值判断，以形式理性沟通个殊正义，以规模性和技术中立避免主观赋值带来的不确定性。理想状态下的类案检索模式包括强制检索、主动检索和智能推送，类案检索的潜在价值在于检索结果的深度融合，经过法律技术提炼后形成类案裁判方法总结。如上海市第一中级人民法院研发启用的类案报告智能推送和检索平台，该平台在汇集本院裁判方法总结的基础上，已实现了类案报告在办公网、法院网、因特网、二维码同步上线、同步更新、交互使用，在一定程度上推进了类案报告的深度应用。但目前的应用模式仍为弱人工智能的产物，以类案经验总结为基础的要素性审判模式、要素式裁判文书仍未有效嵌入系统中，裁判要素的提炼还需反复斟酌，图片识别、语义理解技术无法直接抓取案件要素。此外，类案在审判资源配置方面的延伸应用上也有不足，如人案匹配、繁简分流的案件分配及绩效考核和审判团队力量调配等，都需要借助类案特征识别和权重模型构建，作为进一步测算的依据。

（二）类案检索工作高耗低效

为便于了解审判实务中类案检索的实际效用情况，以 S 市 P 区法院 79 个审判业务团队的类案检索工作开展情况为例，法院的类案检索工作仍有很大的阻力。

1. 检索主体分布失衡

经调查发现，各审判团队采用类案检索模式分为以下几种：一是由承办法官直接负责类案及关联案件的检索、分析、汇报工作；二是由法官助理负责类案及关联案件的检索、分析工作，承办法官对检索案例进行审核，并负责总结、汇报工作；三是承办法官、法官助理检索困难时，由审监庭（研究室）协助查询类案情况，将初步查询情况反馈给承办法官，由承办法官负责后续的案例分析、汇报工作。上述三种模式中的检索主体均为青年干警，且以年轻法官助理为主，资深法官的类案检索参与度较低。（见图 2、图 3）

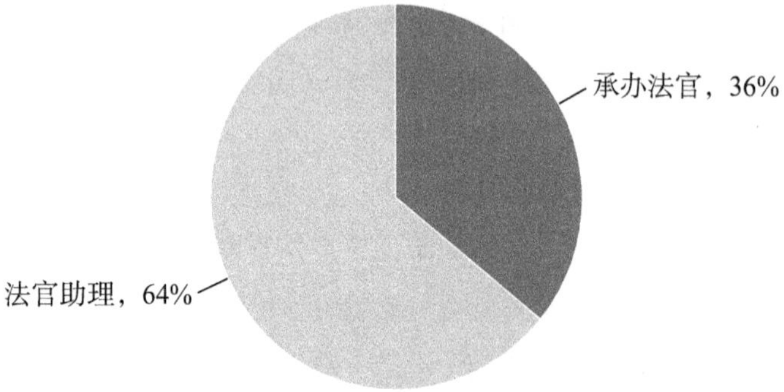

图 2　类案检索主要工作承担主体

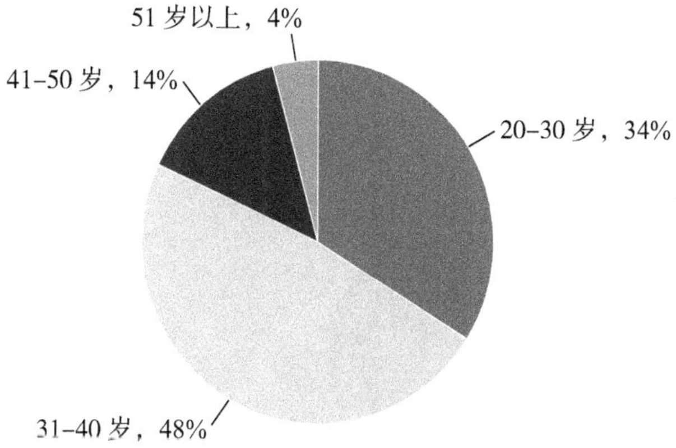

图 3　类案检索主体年龄分布

2. 检索系统实用性低

承办法官及法官助理在进行类案检索时以网络检索为主，就众多的检索系统的使用情况来看，内网检索系统并未普及，使用内部检索系统进行法律法规、内部规范性文件的查询及关联案件基础信息检索的情况居多，内部检索系统未能实现大范围的类案检索功能。在外部检索系统的使用频率中，中国裁判文书网仍然是最高，法信系统、北大法宝系统次之。在检索时间的耗费上，大部分案件的类案检索（包括对检索结果的比对分析）耗时在 2 小时以上，且时常会出现检索不到相匹配的类案的情况。（见图 4、图 5）

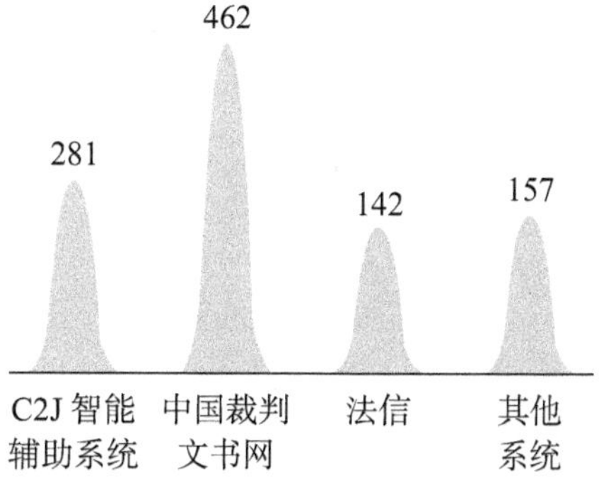

图 4　检索系统使用情况

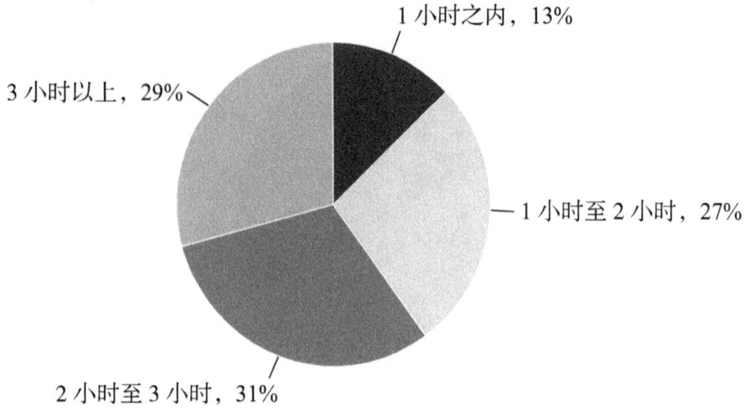

图 5　类案检索工作耗时情况

3. 检索流程标准模糊

在谈及类案检索技巧、经验问题时，90% 以上的承办法官、法官助理表示对专业检索系统使用的流程不熟以及难以把握类案检索的识别标准，提炼、确立检索关键词是检索工作的最大难题。仅有不到 5% 的人接受过专业检索技能的培训，培训次数也几乎在 3 次以下，培训的内容实操性也有待加强。（见图 6、图 7）

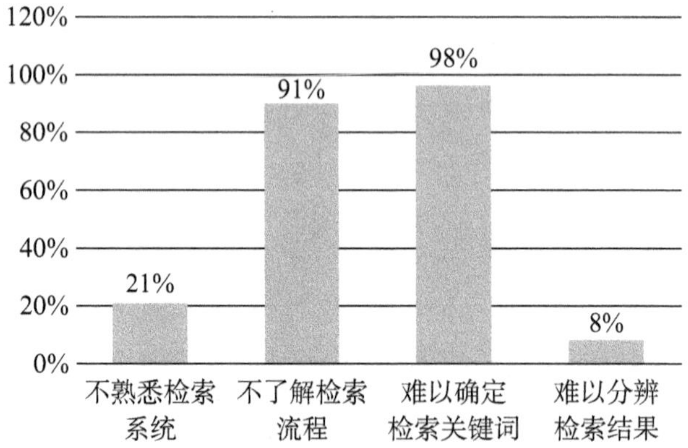

图 6　检索系统实用情况

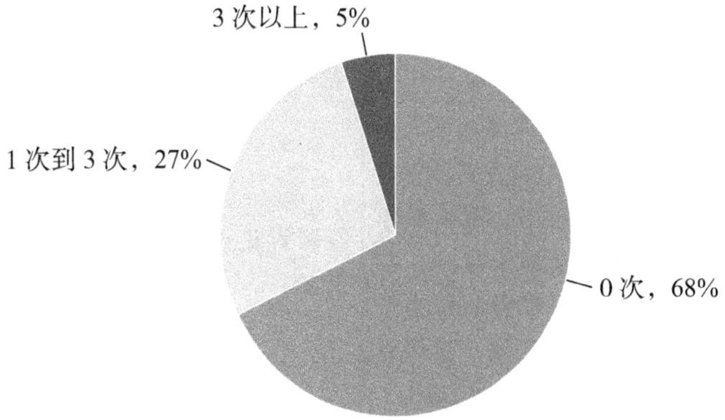

图 7　参与类案检索培训次数情况

（三）类案检索结果差异难辨

广义的类案检索范围包括全国四级法院作出的生效裁判案例，虽然最高法院和部分地区高级法院在一定程度上限缩了强制检索的案例范围，但均是鼓励承办法官在全国范围内进行系统性的检索，类案结果的差异冲突在所难免。（见表 5）

表 5　类案裁判结果差异情况

案号	主要事实	裁判结果	主要裁判理由	备注
（2018）粤 03 民终 9180 号	职业打假人韩某坤购买存在标签瑕疵的洋酒后，要求商家“退一赔十”	不支持十倍赔偿	商家没有明知销售的不符合食品安全标准的食品	案件事实相近，但裁判结果相反
（2018）粤 03 民终 13146 号	职业打假人韩某坤购买存在标签瑕疵的洋酒后，要求商家“退一赔十”	支持十倍赔偿	商家向韩某坤销售的商品不仅无中文标签，而且不是经合法途径进口的、被许可销售的、有合法来源的食品，涉案商品不符合食品安全标准	

续表

案号	主要事实	裁判结果	主要裁判理由	备注
（2018）沪 0114 民初 4267 号	QQ 群成员朱某其认为濮某平在 QQ 群里对原告进行语言攻击，雷某海作为管理员对其禁言，并将其踢出群聊的行为侵犯了其名誉权，诉请要求赔礼道歉并赔偿损失	驳回诉讼请求	被告对群内的不当言行，合理行使业主群管理员职责，并未特殊针对原告，未侵犯原告名誉权	案件事实相近，但裁判结果的形式不同
（2019）鲁 0285 民初 4407 号	微信群成员柳某圣认为被群主刘某治踢出群聊的行为侵犯了其名誉权，诉请要求重新邀请其进群，并赔礼道歉、赔偿损失	驳回起诉	不属于人民法院受理民事诉讼的范围	

在面对差异化的检索结果时往往需要进行类案识别，这就需要结合多种影响因素对检索结果进行对比分析，如地域差异因素、自由裁量尺度因素、新旧司法政策理念因素等，这些多样的影响因素给检索结果的加工、分析、报告带来了很大的困扰，不仅需要从制度上规范检索结果差异化处理的模式，更需要法官对类案正义有更深的理解。

二、类案检索的虚置原因

（一）基础数据整合不全

类案检索的结果有效性需要司法大数据的支持，数据的可测量、可收集、可报告、可分析是检索可能性的基础，但当下的案例数据资源存在以下问题。

1. 早期案例未有收录。现有的类案检索系统大部分是以中国裁判文书网手里的案例为基础资源，已公开的案例为 2013 年后已生效的案件，对于早期的案例仅存于一些案例汇编书籍、司法规范性文件等，社会接触面较窄，且案例的真实性、权威性无从核实。

2. 案例来源受限较大。根据《关于人民法院在互联网公布裁判文书的规定》第 3 条、第 4 条的约束性公开规则，人民法院通过互联网公开的裁判文书并非所有的生效文书，对于涉及国家秘密、未成年人犯罪、离婚诉讼等事由的文书均无须公开，实践中不予公开的裁判文书范围远大于此，一些重大敏感案件、社会热点案件的裁判文书往往也不予公开。

3. 案例更新略显滞后。司法案例制度是法律制度规范的一门分支，法律本身的滞后性也体现在案例的更新上，就一些大型的数据库收录情况来看，案例的收录及更新并未实现同轨运行。（见表 6）

表 6　部分检索系统案例收录情况

系统名称	公开文书量（万份）	日新增量（份）
中国裁判文书网	9794.61	21895
法信	9832.56	40322
无讼案例	9453.15	11856
北大法宝	8123.61	
威科先行	9519.13	

4. 地域分布差异较大。裁判文书的公开有赖于各地区法院的文书公开工作推动力度，事实上，不同法院对于文书公开的重视程度和公开口径仍有较大差异。如江西的公开文书量与结案数比为 4.66：1，北京的公开文书量与结案数比为 4：1，而贵州的公开文书量与结案数比为 2.5：1。

（二）类案识别标准不明

1. 类案识别方法未必详尽。检索类案的核心在于确立类案识别的标准，《意见》将类案界定为与待决案件在基本事实、争议焦点、法律适用问题等方面具有相似性，且经人民法院裁判生效的案件，但案件基本事实、争议焦点和法律适用问题的总结归纳并未都是在裁判文书中可以直接查询的，尤其是案件存在基础事实、关键事实、相关事实等不同的事实分类，需要检索者进一步提炼总结方可。由于缺乏争点整理与表述的规范技术，裁判文书中有关诉讼争点的表述五花八门。

2. 类案识别精度存有差异。类案检索结果与待决案件之间必然存在具体情节的微观差异，这就需要运用类比推理方法及区分技术等适合我国司法实践、具有可操作性的案例适用技术，对案件的背景、地域、当事人、行为等因素的相似性和不同点加以提炼和比对，而目前法官对这种法律技术的实际运用还不熟悉，运用能力也是参差不齐。

3. 类案的参考范围不明。类案检索结果往往不仅是一篇完整的裁判文书，还包括对应的裁判要旨、案例推荐理由、案例说明等内容，这些内容的参照力并未明确，即使是应当参照适用的指导性案例也存在不同观点。

（三）人工智能助力不足

1. 技术瓶颈无法突破。类案主动检索或自动推送以知识图谱和自然语言处理技术为基础，案件事实之间的相似度计算任务是智能检索、推送技术的关键，由于裁判文书在文本结构和语言表述方面有其自身特征，目前还缺乏对类案推送策略的定量化研究。处理这些技术难题需要技术服务商付出极大成本来进行人工建模及标注，法律人工智能还处于初创阶段，短期内想要实现技术突破难度较大。

2. 技术资源分散度大。目前的检索系统过于繁多，国家层面并未建成具有一定权威性、实用性的数据库，各地区法院的内网嵌入的检索系统也是千差万别。虽然不同平台的功能特色、内容展示可以在一定程度上形成资源互补，利于交叉比对，但检索结果的统一性问题无法得到有效解决，在类案检索者的实用便利感上也有一定折扣。

3. 技术开发认识局限。对于案件事实的比对存在量上的对比方法和质上的对比方式，前者是指识别案件中正、负相似部分的数量，后者则侧重于相同点与不同点何者在法律评价上更为重要。目前的检索系统设置受后者影响更大，还未实现对案件事实与裁判结果之间有关因素影响权重的精细量化，对类案检索结果的差异无法作出很精确的对比分析。

三、类案检索的制度完善

（一）明晰类案检索的功能定位

1. 法官需求为导向。法律适用统一的直接责任主体为法官，《意见》将类案检索的主体要求为承办法官，类案检索、类案推送是基于法官需求场景出现的智能产品，应紧紧围绕身份定位、目的功能和正确途径展开，以法官为开发视角，突出基础场景，细分需求场景，健全环境场景。如果真的希望法官有所改变，就一定要诉诸法官的自我利益。类案检索的制度设计、规范要求的出发点和落脚点也应集中于服务法官裁判，背离了以法官为中心的类案检索也将被诟病。

2. 司法效率为优选。类案类判略去了法官在事实认定、法律查明方面的重复、多余劳动，从司法效率的角度看，进行类案检索必然是要便于法官作出公正裁判，这就要求类案检索的对象不能是法官所有的在审案件，对于简易案件的检索实则是在浪费司法资源，就特定案件的裁判进行有针对性的类案检索才能保证裁判效率。

3. 个案正义为目标。法的安定性在法律成长过程中并非唯一的价值追求，法律服务于社会塑造，司法裁判总是在特定的社会情境下进行。个案事实在不同时代背景下，所承载的道德评价、利益诉求并不同，产生不同的社会意义和影响决定了个案审查的纵深。法官应该更注重类案裁判中的类案思维，不应被他人裁判的结果所束缚，适当鼓励法官开拓出与先例不同的裁判结果也是必要的。类案检索具有约束和创新的双重属性，在个案裁判中必然会有突破类案约束的特例，如此才能推动司法裁判的与时俱进。

（二）健全类案识别机制

1. 正向区分为主。《意见》第 1 条将基本事实、争议焦点、法律适用问题列为类案的区分标准，由此，法官在进行类案检索时可以分三步走：首先，根据个案裁判的需求提炼待决案件的事实、争点和法律适用点，确定类案检索的方向和检索结果的比对维度。理论上，若两个案子的所有要素特征均相同，无疑是类案，但实践中出现的概率较小，即使存在，一般也是在法律生活中大量出现的简易案件，对于这类案件的法律态度早已明确。需要类案检索的案件往往是疑难复杂、新类型案件，这类案件的出现频率不高，案件的形成要素或多或少存在差异点，这就需要法官在众多的比较维度中确定更为重要的维度，以此为检索重心进行类案检索。其次，根据不同的检索维度选择适宜的检索方法，《意见》第 5 条列举了关键词检索、法条关联案件检索、案例关联检索三种典型的检索方法，关键词检索是使用频率最高，也是检索结果最贴近需求的方法，但这种方法的检索精度取决于关键词的选取，对于检索人的关键词提炼能力要求较高，检索人在进行基本事实和争议焦点的维度检索时可采用此种方法。相较之下，法条关联案件检索和案例关联检索则融入了一定的人工智能属性，需要检索系统提前比对好案件之间的相似度，并以要素标签化的形式链接到外部，目前一些外部检索系统已经基本实现了该功能，对于法律适用的问题则可以采用此方法。最后，类案中的类似性是一个程度识别的问题，《意见》第 6 条也提到类案检索的最后一步：将待决案件与检索结果进行相似性识别和比对，确定是否属于类案，识别和比对的主要内容即案件之间的维度特征区分。

2. 侧向印证为辅。类案的判定是一个多维度、多因素综合作用的过程，仅凭事实、争点和法律适用三个维度去判断案件的相似性略显以偏概全，但《意见》并未从侧面去比较类案，实践中可借助一些辅助性的案件相似性判断标准作类案对比。如：（1）涉案证据，证据作为证明案件事实经过的直接来源，证据规则的运用往往会对案件事实认定产生极大影响，尤其是刑事领域的非法证据排除规则使得相同证据印证的刑事犯罪事实与民事法律事实可能截然不同；（2）诉讼程序，不同的程序设计背后的价值偏向有所不同，速裁程序、简易程序更具效率，一审程序重事实认定，二审程序重法律适用，再审、申诉程序重在实现个案平衡，审理程序的不同可能也会对案件审理结果产生一定影响；（3）司法政策，司法审判需服务保障社会经济的健康发展和国家的长治久安，在不同的社会发展时期，国家战略指引、地方政策导向均有所不同，如扫黑除恶期间法律对黑恶势力犯罪的制裁必定更加严厉，部分检索出的类案必定要结合当时的司法政策去衡量裁判的合理性；（4）社会舆论，法院在审理重大敏感案件、社会热点案件时，政治效果、法律效果及社会效果的有机统一显得更为重要，为引领社会正能量，给公众提供正向的价值导向，司法裁判往往会兼顾社会舆论的评价，部分为引导社会舆论正向发展、实现个案正义的类案裁判结果在适用效力上需有所保留。

（三）明确类案检索的约束力

1. 完善法官强制回应制度。类案制度的强制力表现在两个方面，一为强制法官必须进行类案检索，尤其是在当事人已经提供类案的情况下需以一定的方式进行回应；二为对类案检索结果的强制适用力。《意见》第 9 条将回应方式分为判决文书说理方式和行使释明权方式，分别回应指导性案例和非指导性案例，但该条规定的回应义务的前提并非当事人提供的所有案例，而是提供的案例应被法官判定为类案，即在基本事实、争议焦点、法律适用等方面构成相似性的案例才需要法官予以回应，因此，即使当事人提供了指导性案例作为控（诉）辩理由，但很明显与待决案件差异较大的，法官对此无须回应。另外，就回应方式而言，针对指导性案例的回应必须在裁判说理中体现，并不意味着非指导性案例只能通过释明权的方式予以回应，裁判说理的回应方式应适用于所有案例，并且应鼓励法官采用这种正式的回应方式，充分公开心证内容。

2. 区别检索结果的法律效力。《意见》第4条、第9条、第11条实际上将类案的参照效力分为四个层级，第一层级为指导性案例，对应的法律效力为应当参照适用，第二层级至第四层级因为检索顺位的影响，实际上也具有一定的效力优先作用，依次为最高人民法院发布的典型案例及裁判生效的案件、本省（自治区、直辖市）高级人民法院发布的参考性案例及裁判生效的案件、上一级人民法院及本院裁判生效的案件。就效力的强弱程度看，第一层级的指导性案例具有法律明文承认的显性拘束力，第二层级、第三层级及第四层级的案例虽存在检索顺位先后，但在参考效力上应属同等，对法官而言均没有明显的约束力，但因受到审级制度的影响，这些案例事实上具有了一定的隐形约束力，法官在进行裁判时虽不会直接援引判例，但往往会参考前案的裁判思路完成审判，否则会有较大的改判风险。①

在不同顺位层级中，同层级的案例亦有一定的效力先后，最高院的典型案例参考度应优先于一般的生效裁判，高院发布的参考性案例亦优先于一般生效裁判，上级法院的生效裁判当然优先于本院的生效裁判。

（四）探索建立激励保障机制

1. 探索优质检索报告的有偿化。在案多人少的现实压力下，法官的办案量已长期处于超负荷的状态，要求法官在办理案件时额外地进行案例检索势必会加大法官工作量，在法官待遇未有明显提升的情况下，付出与回报比例的失调会打击法官的工作积极性。优质的类案检索报告撰写难度及指导价值不亚于一篇优秀的案例分析或课题报告，可借鉴案例汇编稿酬或调研课题经费的给付制度，实现检索报告的合理有偿化。

2. 建立检索能力培训考核机制。司法经验技术的增长并非依靠单纯的理论学习，实践理性才是法官等法律实务工作者培训的核心。类案检索及报告撰写融合了多种司法技能，将类案检索纳入法官遴选、等级晋升的考核加分项，能不断提升法官的执业能力，稳定裁判公信力。

3. 建立类案检索的责任豁免机制。类案检索结果代表的是在历史情境中作出的个案裁判，案件事实相同、法律争议相同、适用法律亦相同的两案仍存在当事

---

① 司法实践中，与指导性案例层级相近的还有公报案例，虽然《意见》未明确指定公报案例的参照顺位，但公报案例的权威度足以让其上升到第二层级。

人身份、地区经济差异、社会背景不同等其他区别，参照类案进行裁判产生同一法律效果的同时引发的社会效果也许不一，因此需要赋予法官参照类案进行裁判时的责任豁免权，减轻因参照类案进行裁判导致的错案责任。

四、类案检索的深度应用

（一）多维度开发类案应用

类案检索制度不应停留在制度本身的框架里，而应充分利用类案检索结果，总结类案裁判经验，形成裁判方式指引，实现类案的深度应用。类案的深度应用理念在《意见》第13条也有所体现，该条从建立长效机制的角度要求各级人民法院应当定期归纳整理类案检索情况，通过一定形式在本院或者辖区法院公开，至于具体的公开形式并未明确。实践中，已有部分法院开始探索类案检索报告的总结机制，如上海高院将类案裁判方法总结分为三种形态：第一种形态是类案裁判方法的总结编撰，即制定《类案办案要件指南》；第二种形态是智能辅助办案系统，也是第一种形态的信息化应用场景，核心在于类案裁判思路的知识图谱体系；第三种形态是来源于类案、高于类案的适法统一意见，针对一线法官这方面的共性需求，依托全市审判业务专家和智库咨询专家，将收集、研判、反馈适法冲突疑难问题，并协调相关业务条线，对反映集中的问题研究制定专项的执法意见。不难看出，类案应用的诸多探索均是类案检索结果的进一步升华，就深度应用的形式来看，以类案应用是否依托信息技术服务为区分，一为融合线上应用系统，二为拓宽类案指引范围，最终致力于类案应用不同维度的全面开发。

（二）注重类案应用协同性

类案的深度应用不仅注重总结类案的裁判标准，更需综合考量类案检索的价值导向，体现司法政策的设计理念。类案检索的价值多样性决定了类案的深度应用必将与其他司法制度产生共鸣，合理的应用类案制度才能与关联制度形成合力。

首先，类案的深度应用应契合案例指导制度。类案检索是在建设我国特色案例制度过程中的一个阶段性尝试，我国的法律适用体系本质上仍属成文法，判例法规则并不能取代现行立法，在类案应用的深度扩张时应坚持案例的补充、参考地位，案例本身并不能直接作为法官裁判的法律依据，唯有经过加工处理后的高品质案例才具有一定的参照效力，类案的结果应用理应在特色案例制度的框架下进一步深化。

其次，类案的深度应用应满足审判监督管理的需求。类案深度应用在审判资源的合理配置、案件审判质效的提升上助力良多，司法改革的一大核心在于放权于法官，解决审者不判的问题，法官裁判权的不断扩张与院庭长监督管理权的相对缩小形成了一定的制度矛盾，为了避免出现院庭长不愿管、不敢管、不会管导致审判质效下降的局面，类案制度的规划、落实必须与审判权力的运行和监督机制改革相配套，无论是监督、管理还是辅助，都必须以审判管理的需求、一线法官的需求为导向，坚持有序放权与有效监管并重的原则。

最后，类案的深度应用应服务于审判委员会及专业法官会议的制度优化。审委会、专业法官会议作为落实集体决策理论的重要制度创新，在总结审判经验、促进司法公正、统一法律适用等方面发挥了十分重要的作用。《意见》将类案检索作为拟讨论案件上会的前置程序，目的在于用类案检索情况为合议庭、主审法官会议、审判委员会研究讨论案件提供必要支持和参考，释放法官会议的制度优势，让会议制度专业化、实质化，因此类案的应用也应适当体现会议的成果，通过执法意见、会议纪要等形式总结类案审判经验。

（三）构建类案应用场域链

类案应用场域建设应是保障审判权规范运行、服务新型审判权力监督、服务审判资源科学设置的基础性、系统性工程，类案裁判方法的总结仅是类案应用场域的一个场景而已。司法实践中，可针对案件办理、审判监督、资源配置的不同需求，探索类案应用在不同场域、不同层级发挥重要功能作用，通过从机制运行、规范指引、技术辅助等维度共同构筑类案应用场域链条来解决适法不统一的问题。

宏观上，可以探索建立全面科学的类案应用管理的规范性机制，把握类案应用场域顶层设计与基层探索、整体统筹和重点突破相结合，做好法院类案应用场域建设的中长期发展规划，围绕一线办案人员的需求，制定详细完备且具有可行性的类案应用场域建设的指导意见。

微观上，一是围绕一线干警的业务需求和办案习惯，合理规划类案数据库内容和功能，打造精准度高、关联性强的类案应用智能系统，开发、改进类案推送功能、类案智能庭审、类案裁判文书自动生成功能。二是依托类案应用场域建设，将类案工作融入办案环节的不同场域，并嵌入审执风险预警系统，实现审判监督管理方式转型升级。三是通过类案标准与裁判方法的统一，克服不同案由、不同类型案件采取同一标准评判的弊端，建立了科学的评价标准体系。

结语

如《意见》开篇所言，类案检索制度致力于统一法律适用，提升司法公信力，是全面落实司法责任制改革的重要创举，而最高院《关于完善法律适用标准工作机制的意见》[①] 从规范类案检索工作和规范类案检索结果运用两个方面再一次强调了类案检索的重要意义，目前最高院虽已完成了制度的框架性设计，但在类案强制检索的情形、范围，类案识别的标准，类案结果的运用以及技术研发应用等方面还有赖于司法实践的不断探索和完善。而且目前在类案检索责任的分配上明显偏向法官，并未充分考虑到诉讼当事人、律师的诉讼参与和辅助作用，[②] 在检索主体的范围上是否存在一定的扩张空间也有待进一步论证。

（**作者简介**：蔡一博，上海市高级人民法院研究室干部，华东政法大学法律学院博士研究生；卞贵龙，上海市浦东新区人民法院法官助理，华东政法大学硕士研究生）

参考文献：

[1]陈竹:《类案检索制度的梳理及系统化构建研究——从司法改革框架下制度的整合出发》，载胡云腾主编:《司法体制综合配套改革与刑事审判问题研究——全国法院第30届学术讨论会获奖论文集》，人民法院出版社2019年版。

[2]李世宇:《司法大数据在类案裁判中的应用探索》，载《郑州大学学报（哲学社会科学版）》2018年第1期。

[3]陈琨:《类案推送嵌入“智慧法院”办案场景的原理和路径》，载《中国应用法学》2018

---

① 该意见为最高院于2020年9月23日发布的司法指导性文件，共分为10个部分，将统一法律适用标准融入人民法院审判整体工作中，全面归纳了法院实现法律适用标准统一的10个路径和方法，提出了21条具体措施。

② 2020年8月29日，在河南郑州举办的“类案检索 同案同判”研讨会上，多位学者、司法实务者在讨论类案检索实施的现状效果及存在的困境时就提出了“要充分发挥律师的诉讼作用，强化律师类案检索的义务，减轻法官负担，形成良性互动机制”的相似观点，可见，律师参与类案检索的必要性问题已经得到了司法界的关注。

年第 4 期。

［4］徐骏:《智慧法院的法理审思》，载《法学》2017 年第 3 期。

［5］陈国平:《类案强制检索机制的检索与完善》，江西财经大学 2019 年硕士学位论文。

［6］冯文生:《个案比对技术的运用研究》，载《法律适用 · 司法案例》2018 年第 6 期。

［7］李文超:《案例自发性运用的实践检视、机理归纳和规则构建——基于中国裁判文书网建立以来类案检索运行效果的考察》，载胡云腾主编:《司法体制综合配套改革与刑事审判问题研究——全国法院第 30 届学术讨论会获奖论文集》，人民法院出版社 2019 年版。

［8］李友根:《论指导性案例的约束力范围》，载《苏州大学学报（哲学社会科学报）》2011 年第 4 期。

［9］朱彬彬、祝兴栋:《类案推送的精细化：问题、成因与改进——以刑事类案推送为例》，载《法律适用》2018 年第 20 期。

［10］王彬:《案例指导制度下的法律论证——以同案判断的证成为中心》，载《法律与社会发展》2017 年第 3 期。

［11］［美］理查德 · 波斯纳:《法官如何思考》，苏力译，北京大学出版社 2009 年版。

［12］谢春晖、何依然:《“智慧司法”融合“司法智慧”：类案及关联案件检索机制的实践路径——基于 SWOT 分析视角》，载胡云腾主编:《司法体制综合配套改革与刑事审判问题研究——全国法院第 30 届学术讨论会获奖论文集》，人民法院出版社 2019 年版。

［13］左卫民:《如何通过人工智能实现类案类判》，载《中国法律评论》2018 年第 2 期。

［14］吕忠梅:《论法律的实践理性与法官培训模式选择》，载《探索与争鸣》2006 年第 11 期。

二、民法典与“一站式多元解纷和诉讼服务体系建设”研究

纠纷解决机制“两率”背离：调解案件大量进入强制执行程序现象的反思

——以H省Z县法院为样本

邓　娇　陈　芳　邓颖尹

摘要： 调解制度系我国民事诉讼中的一项重要制度，对于平息诉争、维护社会安定起到了积极作用。然而各地法院的调解率在不断创下新高的同时，调解案件申请执行率却在不断攀升，出现“两率”背离现象，导致法院面临着更加繁重的执行压力。

关键词： 调解率　调解申请执行率　考核指标　财产报告

调解率与调解案件申请执行率背离的原因是：（1）机制衔接不到位。调解工作与执行工作在机制上衔接不到位，造成部分法官在调解时未能关注调解协议后续履行问题，以致影响执行质量。（2）惩戒力度不到位。在执行难的大背景下，“迟延履行利息和迟延履行金”制度在司法实践中极少被实际适用。（3）财产申报不到位。义务人财产申报制度滞后，财产数量、位置、抵押和到期债权等情况在调解阶段处于“真空”状态，以致义务人在达成调解协议后仍可隐匿转移财产。（4）考核机制不到位。调解率是业绩考核的重要指标，但未考虑调解协议自动履行等情况，造成调解率“虚高”现象。

对应着化解“两率”背离的对策是：（1）从强化诉讼保全措施、搭建一体化信息共享平台、建立调解法官先期执行制度三方面扣好“连环扣”，完善调执衔接配合机制；（2）从用足“迟延履行利息和迟延履行金”制度、设立“不安抗辩申请执行权”、建立执行制裁措施体系三角度装好“警示器”，加大对债务人的惩戒力度；（3）从财产报告关口前移、规范财产报告程序、确保财产报告令准确送达、对违法报告者予以处罚四层面找准“钱袋子”，完善债务人财产报告制度；（4）从确定正反双向考核指标、因案制宜设置考核分值权重、调解考核功能由强制向激励转变三维度用活“指挥棒”，重构调解考核机制。

民事执行是民事司法的重要组成部分，与民事审判如车之两轮、鸟之双翼，承载着树立司法权威的伟大使命。《最高人民法院关于深化人民法院司法体制综合配套改革的意见——人民法院第五个五年改革纲要（2019—2023）》要求健全切实解决执行难长效制度体系，切实“让人民群众在每一个司法案件中感受到公平正义”。[①] 本文以此为契机，以 H 省 Z 县法院为样本，通过检视调解案件大量进入强制执行程序这一值得让人警惕的现象，立足法院层面进行多维度症结解构，并结合实践提出缓解该现象的制度构想。

一、实践检视：调解案件进入强制执行程序样本分析

司法实践中，调解率与调解案件申请执行率之间的关系表现为如下四种情形。

情形	调解率	调解案件申请执行率
第一种	高	低
第二种	高	高
第三种	低	低
第四种	低	高

从逻辑上讲，以上四种情形中只有（高，低）为正常形态，而（高，高）、（低，低）和（低，高）均属不正常形态，对于这些不正常形态我们应当提高警惕。通过调研分析，H省Z县法院近四年调解案件进入强制执行程序的情况呈现如下特点。

（一）调解案件进入强制执行程序收案量大

表 1　H 省 Z 县法院 2015-2018 年调解案件进入强制执行程序收案量

年份	调解结案数（件）	调解案件进入执行数（件）	调解案件申请执行率（%）
2015	583	30	5.15%
2016	622	46	7.40%
2017	939	296	31.52%
2018	922	558	60.52%

近四年间调解案件申请执行率足足增长了 12 倍，执行员的工作压力可见一

①《最高人民法院关于深化人民法院司法体制综合配套改革的意见——人民法院第五个五年改革纲要（2019—2023）》（法发〔2019〕8 号）。

斑。调解工作固然重要，但如果只注重调解数量的提高，而忽视了调解质量的提升，无异于舍本逐末。

（二）调解案件进入强制执行程序执行难度大

笔者就“调解案件与判决案件哪个执行难度更大”对H省Z县法院22名执行员进行了个别访谈和问卷调查，共计发放22份调查问卷并全部收回。

表2　执行员对执行工作反馈情况调查表

同等条件下，调解案件与判决案件哪个执行难度更大？ A. 调解；B. 判决
选A，请说明具体原因：
选B，请说明具体原因：

在同等条件下，22名执行员均认为调解案件比判决案件执行难度更大，主要原因在于债权人为早日实现权利，已在诉讼阶段作出诸多让步，结果还是进入执行阶段，心中不免怨气更深，部分债权人甚至对法院和执行员存在一定程度的误解，执行难度相应加大。

（三）调解案件进入强制执行程序执行到位率低

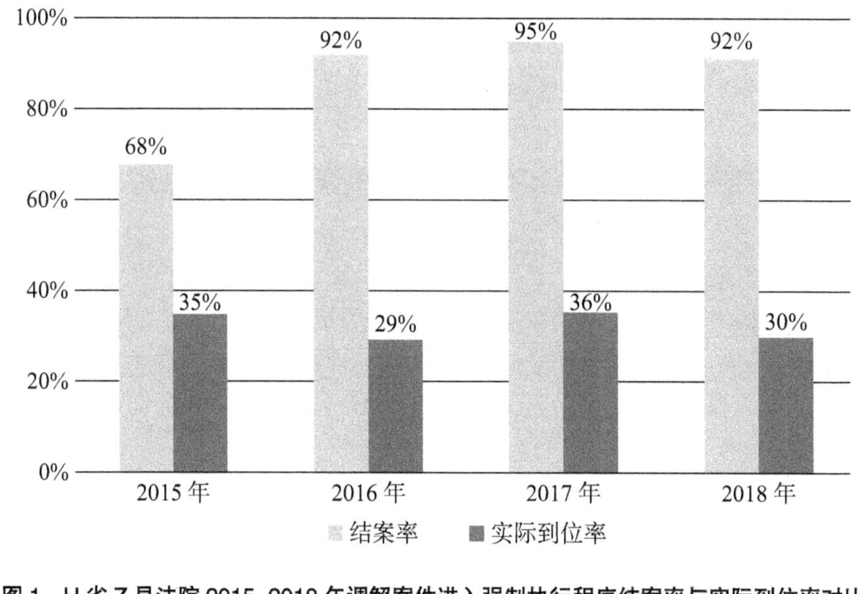

图1　H省Z县法院2015–2018年调解案件进入强制执行程序结案率与实际到位率对比

图 1 显示，面对如此之高的结案率，对应的却是过半案件无法执行到位。如此大的反差带来的是胜诉人权益的落空、法院执行压力的加大以及司法资源的浪费。

（四）调解案件进入强制执行程序群众满意度低

在该院近四年涉及执行的 158 份信访登记表中，以调解方式结案的执行信访为 92 份。这 92 份中群众反映的主要问题如下。

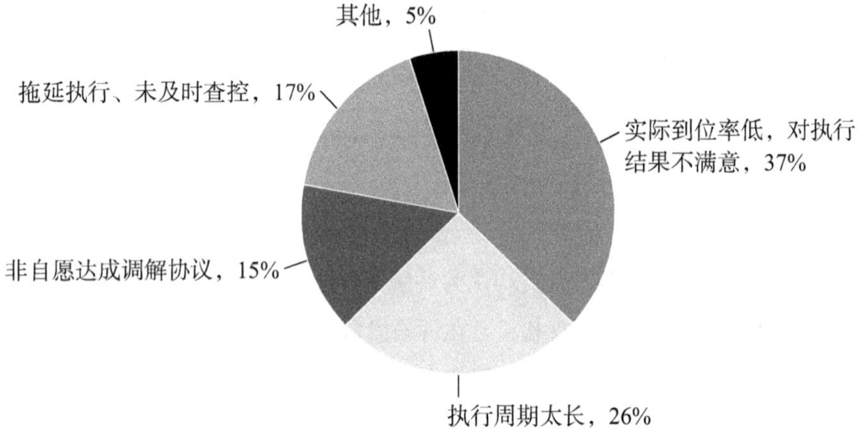

图 2　H 省 Z 县法院 2015-2018 年调解案件进入强制执行程序群众反映的主要问题

群众对自己的合法权益最终是否实现最为关心，尽快执行到位皆大欢喜。然而事实并非如此，在诸多进入执行程序的调解案件中，因执行到位金额少，对执行结果不满意的投诉信访最多。值得一提的是，部分被执行人提出非自愿达成调解协议。

二、症结解构：“四个不到位”造成调解案件大量进入强制执行程序

导致调解案件大量进入强制执行程序的原因是多方面的，有申请执行人的原因、被执行人的原因，也有法院的原因及社会综合因素。本文立足法院层面进行探索。

（一）机制衔接不到位

在 20 世纪 90 年代末《人民法院五年改革纲要（1999—2003）》（以下简称

一五改革纲要）中明确提出要全面实行立审分立、审执分立、审监分立。审执分立是为了提高审判和执行工作的专业化，提高司法效率，减少司法腐败滋生环节。

一五改革纲要要求“审执分立”而非“审执分离”，由于司法实践中，法院部分人员对“审执分立”理解片面，对法院整体工作和目标缺乏理性认识及把握，导致审判和执行岗位法官各自为政、各管一段的异象较为突出。审判岗位法官在诉讼调解过程中往往忽视对被告履行能力的调查，更遑论对调解协议是否履行进行实时跟踪。笔者就“在审判中是否会依案情主动了解被告的财产状况”对该院28名从事民事审判的法官发放调查问卷并全部收回。

表3　在审判中是否会依案情主动了解被告的财产状况？

选项类别	人数（名）	占比（%）
会，不清楚的我会进行调查甚至实地勘察	0	0
不会，一般依据当事人提供的证据材料进行了解	8	28.6
不了解，这是执行局考虑的事情	20	71.4

根据调查问卷结果反馈，没有一位民事审判法官会主动调查被告的财产状况，超过七成的法官认为被告是否有财产可供执行是执行法官需要考虑的事情。需注意的是，诉讼阶段对被告财产线索的忽视易延误保全时机，使后续执行工作陷入十分被动的状况，导致执行工作难以有效展开。

（二）惩戒力度不到位

2017年9月至2018年4月，原告在被告个人经营的某美容美发店从事理发工作，被告欠原告工资3805元，在法院的主持调解下，原被告达成如下协议：被告欠原告工资款3800元，定于2018年9月30日前支付800元，2018年10月至2019年2月期间每月月末各支付600元。①

区区3800元的工资被分成六期，长达半年的给付时间，作出如此大的让步，原告以为自己的维权之路就此结束，殊不知才刚刚开始。第一期履行期限届满，被告并未自觉履行，原告遂于2018年10月11日到法院申请强制执行，申请执行标的为3805元。但工作人员告知原告只能按调解协议确定的3800元申请执行，

① 详见H省Z县人民法院（2018）鄂0527民初1153号民事调解书。

且因调解协议未约定“被告未按时还款，原告有权就未到期债权一并申请执行”，原告目前只能就已到期的800元申请执行，其余款项应在每次还款期限届满后申请执行或在最后一笔款项到期后一并申请执行。该案原告因为3800元工资款已为法院“贡献”3个执行案件，①相较于该案原告为了案件五六次往返法院的辛苦而言，该案被告舒服很多，除应诉来了一次法院及承担25元诉讼费、150元执行费外，再无其他任何损失。

“法律必须被信仰，否则它将形同虚设。”②在上述案件中，相信法律的信仰和法院的权威在原告心中会大打折扣。虽然《民事诉讼法》为防止债务人拖延履行，在第253条专门设置了“迟延履行利息和迟延履行金”③，然而在执行难的大背景下，迟延履行利息和迟延履行金在司法实践中极少被实际适用。债权人一般能够拿到调解书载明的金额就很满意了，很少有其他要求，执行员能够将申请执行标的全额执行到位已属不易，对迟延履行金也不会特别关注。上述案件中因执行员未对被告强制适用“迟延履行利息和迟延履行金”条款，被告的违约成本极低，法院生效文书在被告心中的权威也大打折扣。

（三）财产申报不到位

关于财产申报，最早出现在《最高人民法院关于人民法院执行工作若干问题的规定（试行）》中，④但仅仅规定了被执行人必须如实报告财产状况，对于申报财产范围、形式、期限及未如实申报的法律责任等一片空白。到《民事诉讼法》修订后在执行措施章节规定了被执行人报告财产义务，⑤明确了未如实申报的法律责任。直至2017年颁布的《最高人民法院关于民事执行中财产调查若干问题的规定》才比较全面规定了被执行人财产报告制度。

然而司法实践中，被执行人因未如实申报财产被法院罚款、拘留或追究刑事

---

①分别是H省Z县人民法院（2018）鄂0527执778号、（2018）鄂0527执875号、（2018）鄂0527执876号。

②[美]伯尔曼:《法律与宗教》，梁治平译，中国政法大学出版社2002年版，第26页。

③《民事诉讼法》第253条。

④《最高人民法院关于人民法院执行工作若干问题的规定（试行）》第28条第1款。

⑤《民事诉讼法》第241条：被执行人未按执行通知履行法律文书确定的义务，应当报告当前以及收到执行通知之日前一年的财产情况。被执行人拒绝报告或者虚假报告的，人民法院可以根据情节轻重对被执行人或者其法定代理人、有关单位的主要负责人或者直接负责人员予以罚款、拘留。

责任的极少。更为重要的是，财产申报制度仅限于执行阶段，在调解阶段无法强制要求债务人进行财产申报，债权人和法院对债务人财产数量、位置、抵押和到期债权等情况均不清楚，以致债务人在达成调解协议后仍能隐匿转移财产，从而进一步加大调解案件进入强制执行程序后的执行难度。

（四）考核机制不到位

以《H省Z县法院人民法院综合目标考评暨绩效评价办法》为例，表4是该院对员额法官的考评指标。

表4 审判部门员额法官业绩评价指标

二级指标	三级指标	权重
办案质量	精品案件、优秀文书、典型案例，错误案件、质量差错、瑕疵，评查案件	30%
办案数量	目标任务数	30%
办案效率	结案率、简易程序适用率、长期未结案件数	25%
办案效果	调撤率、诉调对接、审执结合、巡回办案	10%
审判流程	裁判文书上网率、庭审直播数、信息录入完整性	5%

该院对三级指标中的审执结合并没有硬性指标，只是作为加分项，但对结案率、简易程序适用率、调撤率有硬性考核指标，如表5所示。

表5 结案率、简易程序适用率、调撤率考核指标

部门	结案率	简易程序适用率	调撤率
机关业务庭	≥ 95%	≥ 75%	≥ 65%
人民法庭	≥ 95%	≥ 80%	≥ 70%

结案率、简易程序适用率、调撤率虽说是三项不同的考核指标，但司法实践中，员额法官之间的结案率和简易程序适用率并无显著差距。因此，对于员额法官业绩评价而言，拉开差距的关键在于调撤率，法官的行为决策本能向评价体系靠拢，即尽可能提高调撤率。[①]

---

① 当事人主动撤诉与法官无关，不在本文讨论范围。本文调解率包括以调解方式结案和经法官调解后以撤诉结案两类。

正如江苏省高院原院长公丕祥所说："在评估体系中，各单项指标只是从不同的角度反映了审判工作的不同方面而已，因此各单项指标在评估审判质量、效率与效果上不可避免地存在着局限性、单一化倾向。"[①]最高法意识到只考虑调解率不考虑调解履行率的弊端，因此在2011年《人民法院案件质量评估指标体系》中新设"调解案件申请执行率"反向考核指标，但是贯彻落实效果不佳，《H省Z县法院人民法院综合目标考评暨绩效评价办法》便是佐证。与此同时，调解率正向考核指标和调解案件申请执行率反向考核指标在内容上不周延：调解率更多反映的是调解"数量"而非"质量"；调解案件申请执行率并不必然反映调解"质量"不好，如调解案件进入执行程序后自动履行的。[②]

三、路径探讨：缓解调解案件大量进入强制执行程序的制度构想

"构建合理的制度是一个不断试错的过程，是一个寻找理性与现实交集的过程，理性的谨慎选择和现实的小心求证都是不可缺少的环节。"[③]前文已从四个角度解构调解案件大量进入执行阶段的症结所在，那么，症结何解呢？笔者就制度漏洞填补做如下大胆构想：

（一）扣好"连环扣"：完善调执衔接配合机制

在立案和审判阶段都应考虑到案件的执行问题，做到彼此配合、相互衔接。

1. 强化诉讼保全措施

2019年5月22日北京一中院发布《关于多措并举构建解决"执行难"长效机制的实施意见》明确提出要坚持"立保同步、保调对接、以保促调、以保促审、以保促执"[④]的工作理念，同时在立案诉讼服务大厅增设"保全立案"窗口，并成立专业化保全团队，在立案时加大对保全程序的告知和释明力度，积极引导当事

① 公丕祥：《关于审判质量效率评估体系的初步思考》，载《人民法院报》2006年1月9日。

② 陈树森：《调解考评体系的反思与重构——兼议〈案件质量评估指标体系〉中调解率的功能定位》，载万鄂湘编：《建设公平正义社会与刑事法律适用问题研究：全国法院第24届学术讨论会获奖论文集》，人民法院出版社2012年版，第288-289页。

③ 童兆洪：《改革语境中的民事执行权配置理论》，载《法制与社会发展》2005年第2期。

④《最高人民法院关于深化人民法院司法体制综合配套改革的意见——人民法院第五个五年改革纲要（2019—2023）》第47条。

人申请诉前财产保全，防范诉讼和执行风险。[①]

在调解阶段，审判员应关注债务人的履行能力和财产状况，及时提醒债权人并依照其申请采取诉讼财产保全措施，防止债务人隐匿、转移财产等行为的发生，确保调解书的最终履行，避免“调而不解”现象的发生。

2. 搭建一体化信息共享平台

以现有的法院综合信息门户平台为基础，立案和审判环节制作并填写《执行可能性评估表》，要求“一案一表”。立案阶段工作人员根据了解，对案件进入执行阶段的可能性、执行难度、是否采取诉前保全进行预估和评价，并制填《执行可能性评估表》。审理阶段法官根据立案阶段的《执行可能性评估表》并结合自己的判断，对案件进入执行阶段的可能性、执行难度、是否采取诉中保全及财产线索进行再次预估和评价，并制填《执行可能性评估表》。案件调解结束后，调解法官及时将《执行可能性评估表》上传人民法院执行案件流程信息管理系统供执行法官参考。对于没有认真及时填写并移送《执行可能性评估表》的调解法官应当严肃问责，实现前后衔接、层层发力、多方参与化解纠纷的整体合力。

3. 建立调解法官先期执行制度

坚持调执分立的原则下，适当延伸调解职能，建立调解法官先期执行制度，实现二者的无缝链接，从而缩小调解案件进入强制执行程序的比例。调解法官先期执行制度，即案件调解后又进入强制执行程序的，由原调解法官负责前期执行工作（主要包括执行文书的送达、被执行人财产的调查及查封、扣押、冻结等），因为调解法官对案情和当事人比较熟悉，完成前期执行工作相较于执行员来说更为容易，在前期执行工作完毕后仍未执行到位的再移送执行员进行后续的执行工作。

由调解法官负责案件的先期执行工作，调解法官在诉讼阶段必然会主动关注债务人的履行能力，这关系着调解协议能否履行的问题，直接与其后期工作挂钩。其实从 2009 年起广州从化法院、北京崇文法院和江苏省常州中院都陆续进行过富有成效的探索，[②] 我们应当将这些富有成效的探索重拾起来。

---

① 高春乾、张春城：《执行攻坚再进阶：构建端到端长效机制》，载《人民法院报》2009 年第 5 版。

② 周强：《诉讼调解申请执行率高的现状、成因与对策——以基层法院司法实践为研究样本》，载《法治论坛》（第二辑），中国法制出版社 2011 年版，第 353 页以下；侯毅君：《法院首推调解执行二合一》，载《北京青年报》2009 年 10 月 19 日；叶建、肖江：《常州出台意见立审执协调配合信息共享》，载《江苏法制报》2010 年 4 月 20 日。

（二）装好“警示器”：加大对债务人的惩戒力度

之所以出现债务人“恶意”不主动履行调解协议的现象，惩戒力度太弱系原因之一。执行工作作为兑现胜诉人权益的最后一环，关口一定要把牢，该用的、能用的惩戒措施都要用上，对债务人形成警示，防止债务人能拖则拖的思想。

1. 用足“迟延履行利息和迟延履行金”等制度

执行员在执行案件时，一定要将《民事诉讼法》第253条规定的“迟延履行利息和迟延履行金”制度用足，不要因为当事人不申请就不适用，除非当事人明确表示放弃迟延履行利息或迟延履行金。该制度对于“恶意”不主动履行调解协议的债务人具有强有力的威慑力，如前文提到的3800元工资款执行案例，如果在第一次执行时，执行员就要求债务人支付迟延履行利息，相信债务人出于趋利避害的本能，会加快还款进程。从另一个角度看，该制度的用足用实有利于减轻执行员后续工作，节约司法资源，也不会导致债权人权益到了执行阶段再度削减。

另外，承办法官在诉讼阶段主持调解时可以引导当事人设定违约责任，[①] 如可以约定被告如未按期履行调解协议的需向原告支付一定数额的违约金，或将调解协议中原告放弃部分权利约定为附条件的行为，前提是被告必须切实履行调解协议中确定的义务，以此避免原告权利的“缩水”。北京市海淀区人民法院曾进行相关的尝试并取得了不错的效果，调解执行率下降35%左右。[②]

2. 设立“不安抗辩申请执行权”

很多调解案件均为分期给付，仅有极少数人在调解书中约定一旦被告不按期履行调解协议视为全部债权已到期。《合同法》中规定了不安抗辩权，笔者认为，可以将其引入调解案件的执行过程中。不安抗辩申请执行权的行使期限为达成调解协议之后至调解协议履行完毕之前。权利的行使分为两种情形：一种是前期债务未到期的不安抗辩申请执行权；另一种是前期债务已到期未履行的不安抗辩申请执行权。

（1）前期债务未到期的不安抗辩申请执行权

前期债务未到期的不安抗辩申请执行权的行使可以参照《民法典》中不安抗辩权的行使，即有确切证据证明债务人存在《民法典》第527条第1款规定的四

---

①《最高人民法院关于人民法院民事调解工作若干问题的规定》第10条第1款。

② 王殿学：《调解书增加惩罚性条款》，载《新京报》2009年11月12日。

种情形的，[①] 达成调解协议的债权人可凭调解书和相应证据向出具调解书的法院申请行使不安抗辩申请执行权，具体流程如下：

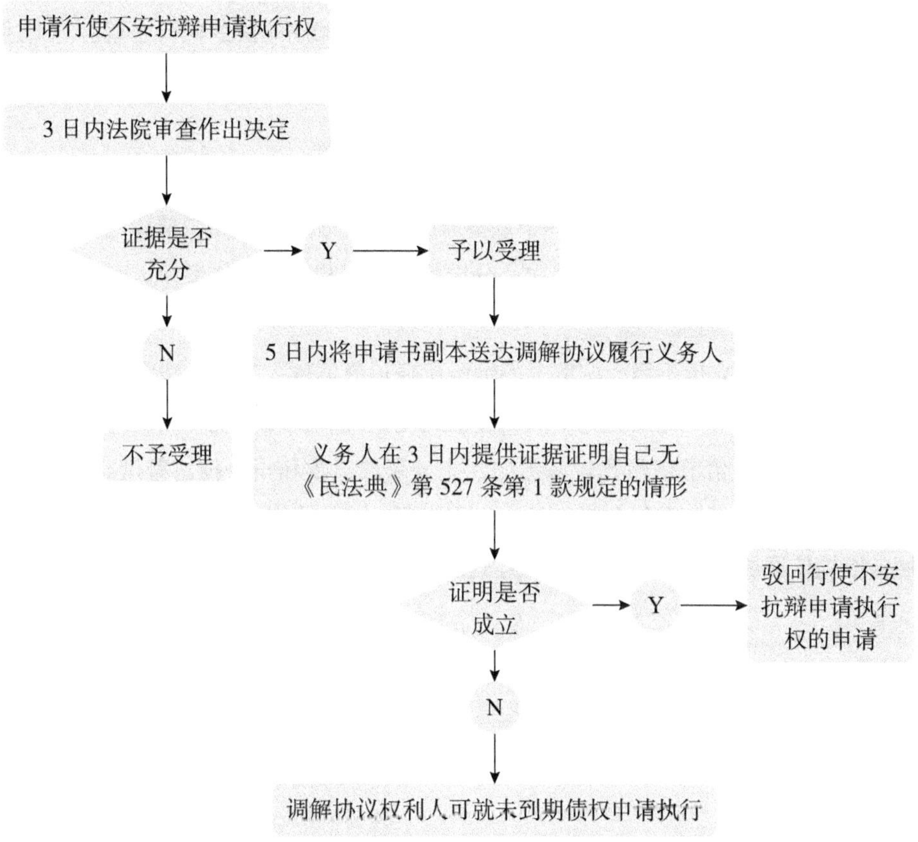

图 3　前期债务未到期的不安抗辩申请执行权行使流程

（2）前期债务已到期未履行的不安抗辩申请执行权

相比于第一种情形，这种情形简单很多，在义务人未履行前期到期债务时，权利人可申请已到期债权，也可申请全部债权，选择权在权利人，立案和执行部门均应受理和执行，不能因债权未到期而拒绝立案或执行。如果当事人只申请了到期债权，立案部门在受案时应主动释明，告知当事人可就全部债权申请执行，

①《民法典》第 527 条第 1 款：“应当先履行债务的当事人，有确切证据证明对方有下列情形之一的，可以中止履行：（一）经营状况严重恶化；（二）转移财产、抽逃资金，以逃避债务；（三）丧失商业信誉；（四）有丧失或者可能丧失履行债务能力的其他情形。”

并最终依据当事人的申请立案。有了“不安抗辩申请执行权”，就不会再出现类似前文 3800 元工资款“贡献”3 个执行案件的状况。

在法院主持下达成的调解协议，无论是债务人还是债权人都应不折不扣地履行，这是社会诚信体系的应有之义，也是促使纠纷彻底解决的应行之道。对上述两种情形进行区分，是为了表明法院不允许任何一方破坏社会诚信制度，保证纠纷实质性化解。

3. 建立执行制裁措施体系

“惩治不力”成为执行难的一个重要原因，对于那些不按期自愿履行调解协议的被执行人，需建立起一套分层次、分措施的执行制裁措施体系，以对其构成足够的威慑。

首先，须建立拒不履行调解书的刑事责任追究制度，通过立法将那些拒不履行生效调解书情节严重的行为纳入犯罪的范畴，加大制裁力度；其次，对于虽不构成刑事犯罪但情节依然比较恶劣的，应当采取罚款和司法拘留等措施；最后，对于未按时履行调解书情节轻微的，也应当罚款或责令其具结悔过。总之，各种制裁措施依据被执行人行为对抗的激烈程度来确定。如下图所示：

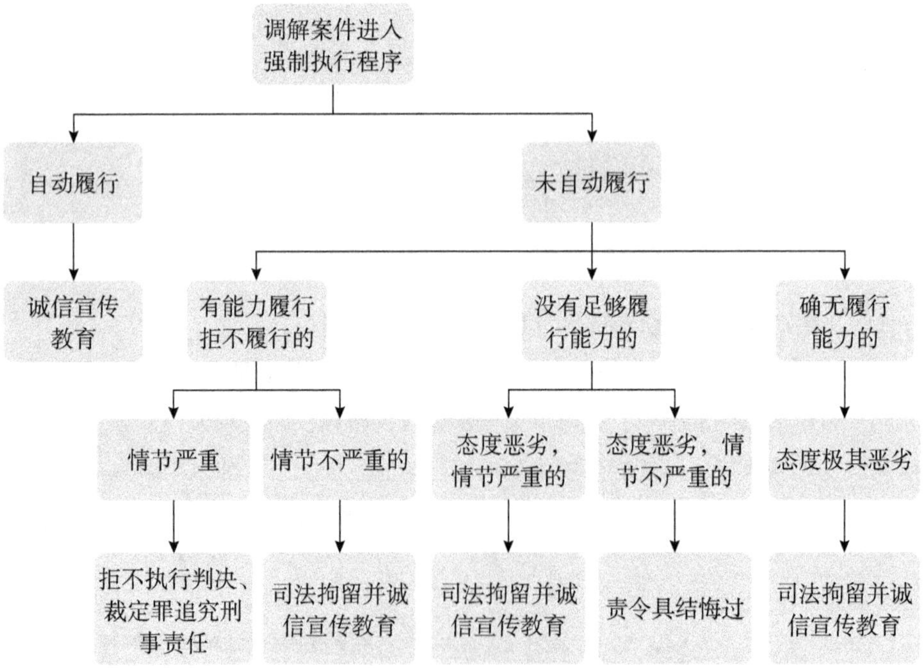

图 4　调解案件进入强制执行程序制裁措施体系

（三）找准“钱袋子”：完善债务人财产报告制度

财产报告制度在实践中仅限于执行阶段，且因程序不规范、送达不到位、执行员重视不够及对违规报告者惩治不力等因素，导致其运行效果并不理想。因此财产报告制度亟待完善，笔者认为可从以下方面着手：

1. 将财产报告关口前移

承办法官在诉讼阶段就应当对财产报告制度足够重视，除调解协议当庭履行的，其余调解案件一律实行“一人一报”。除非调解协议义务人能提供足够担保，或查封、扣押、冻结的财产足以清偿调解书确定的债务的，其他案件一律应当责令债务人申报财产，确保财产报告制度常态化，防止债务人在达成调解协议后隐匿转移相关财产。

2. 进一步规范财产报告程序

在向调解协议义务人发出财产报告令时应一并附上财产报告表，方便义务人填写；在财产报告令中应注明拒不报告或不如实报告的法律后果，同时附上相应的法律条款；报告表中的内容最好举例说明，确保明确无歧义，防止义务人以报告表内容不明确为由逃避不如实报告的法律处罚。

3. 确保财产报告令准确送达

在立案阶段即应要求当事人填写送达地址确认书，为后续工作的开展提供方便。立案阶段未填写的，诉讼阶段应及时督促当事人填写，以将被执行人难寻这一顽疾扼杀在萌芽中。若均未填写的，执行员一旦找到被执行人，需尽快督促被执行人填写，为送达财产报告令等法律文书提供依据。填写了送达地址确认书的被执行人，财产报告令可以邮寄送达，未填写的尽可能直接送达，确保财产报告令送达到位。

4. 对违法报告者予以处罚

对拒不报告或不如实进行财产报告的调解协议义务人予以处罚是财产报告制度真正发挥作用的关键。对于违反财产报告制度的调解协议义务人，应当严格按照《民事诉讼法》和有关司法解释的规定，及时采取罚款、拘留及纳入失信人名单等措施，阻断调解协议义务人的侥幸心理，对其形成有效威慑。

（四）用活“指挥棒”：重构调解考核机制

将调解率纳入考核指标有利于激发法官调解的积极性，营造出人人重视调解的氛围。因此，我们在重构调解考核机制时还是应当保留调解率作为考核指标，但同时应当增设对调解质量的考核指标，通过倒逼机制增强法官调执兼顾的意识，从而提高调解质量，达到调解案件较少进入执行阶段的目的。

1. 确定正、反双向考核指标

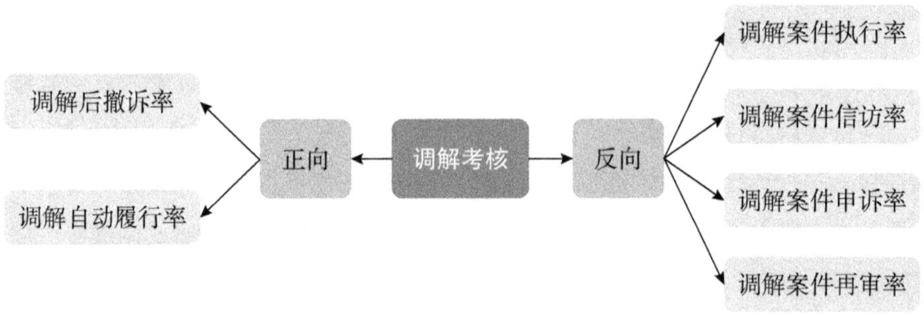

图 5

如图 5 所示，对调解案件可从正反两个方向进行全面系统考核，以克服法官对调解率的片面追求，从而降低调解案件进入强制执行程序的数量和比例。

2. 因案制宜设置考核分值权重

不同案件调解难易程度不同，如果机械式进行量化考核，不能真实反映法官办案的工作量，也不能实现不同部门之间工作量的科学对比。根据历年司法统计结果显示婚姻家庭类案件的调撤率远高于合同类、侵权类案件，[①] 并非从事婚姻家庭类案件审理的法官调解能力更高，而是婚姻家庭类案件需要保持或解除某种社会关系，更注重社会因素，调解的基础很大；而合同类、侵权类案件中涉及经济因素，一旦与经济利益挂钩，调解难度自然加大。因此，分值权重应与案件调解工作量正相关。

同时，应把握一个原则，即分值权重足以消解单一调解率对法官强制调解的诱惑力。即挤压调解过程中法官的个人利益空间，确保不使法官基于不当调解而额外获益，以减少法官为了个人利益而隐性强制当事人调解的可能，从而确保调解协议真正建立在当事人自由协商基础之上。[②]

---

① 家事案件的调解率稳定在 43%-47%，而合同类案件和权属类案件的调解率则处于 20%-30%。见潘剑锋、刘哲玮：《论法院调解与纠纷解决之关系》，载《比较法研究》2010 年第 4 期。

② 童兆洪：《改革语境中的民事执行权配置理论》，载《法制与社会发展》2005 年第 2 期。

3. 调解考核功能由强制向激励转变

对调解指标的考核有激励和强制两种功能。司法实践中很多法院要求业务庭和法官的调撤率必须达到一定比例以上，没达标的有相应的惩罚措施，当然超过的也有奖励措施。然而由于调撤率比例设定较高，且惩罚措施和奖励措施并不对等，这就导致强制调解现象的发生，这种强制性规定产生的后果往往是由当事人来承受。应将强制性的考核转为柔性考核引导调解，强调发挥调解考核的激励作用，将法官的调解业绩同绩效考评挂钩，对于调解后撤诉率和调解自动履行率高的法官，授予调解能手称号并发放一定数量的奖金；或者将成功调解的重大、疑难、复杂案件作为精品案件上报上级法院予以表彰，并编辑成册供大家参考学习，最大限度地推动调解工作的发展。

结　语

调解案件大量进入强制执行程序属不正常形态，与调解的价值及功能相悖，这一不正常形态应当引起法院的高度关注。为了恢复调解优势，实现从调解量到调解质的转变，必须把关注点从调解率转移到调解自动履行率上来。相信只要我们秉持正确的调解理念，并从制度层面上采取相应措施，调解案件大量进入强制执行程序的病态现象一定能够得到改观，从而回归正常形态，我们期待并坚信这一回归就在不远的将来。

（**作者简介**：邓娇，湖北省秭归县人民法院立案庭法官助理；陈芳，湖北省秭归县人民法院政治处法官助理；邓颖尹，湖北省秭归县人民法院归州人民法庭法官助理）

参考文献：

[1][美]伯尔曼：《法律与宗教》，梁治平译，中国政法大学出版社 2002 年版。

[2] 周强：《诉讼调解申请执行率高的现状、成因与对策——以基层法院司法实践为研究样本》，载《法治论坛》(第二辑)，中国法制出版社 2011 年版。

[3] 陈树森：《调解考评体系的反思与重构——兼议〈案件质量评估指标体系〉中调解率的功能定位》，载万鄂湘编：《建设公平正义社会与刑事法律适用问题研究：全国法院第 24 届学术讨论会获奖论文集》，人民法院出版社 2012 年版。

[4] 童兆洪：《改革语境中的民事执行权配置理论》，载《法制与社会发展》2005 年第 2 期。

[5] 潘剑锋、刘哲玮:《论法院调解与纠纷解决之关系》,载《比较法研究》2010年第4期。

[6] 高春乾、张春城:《执行攻坚再进阶:构建端到端长效机制》,载《人民法院报》2009年第5版。

[7] 侯毅君:《法院首推调解执行二合一》,载《北京青年报》2009年10月19日。

[8] 王殿学:《调解书增加惩罚性条款》,载《新京报》2009年11月12日。

[9] 叶建、肖江:《常州出台意见立审执协调配合信息共享》,载《江苏法制报》2010年4月20日。

[10] 公丕祥:《关于审判质量效率评估体系的初步思考》,载《人民法院报》2006年1月9日。

乘风破浪的快审速裁破茧成蝶之式

——优化快审速裁机制助推一站式解纷的实践探寻

车志平

摘要： 西方有一句古老的法谚语“迟来的正义已非正义”（Delay of justice is injustice）。这说明正义固然是司法工作追求的目标，而提高诉讼效率也是公平正义的应有之义。全面推进一站式解纷成为目前人民法院司法体制改革的重中之重。深化“分调裁审”机制改革，推进诉讼服务集约化，让司法公正更快实现，让人民群众对司法有更多获得感，让司法人员集中精力办好案。中基层法院推进完善快审速裁机制就是在一站式解纷的总体思路、目标任务之下的具体面、突破口、着力点。只有将快审速裁机制与现实的审判实际相结合，与人民群众的需求相呼应，才能暴发能量，才能有持久生命力。

关键词： 一站式　快审速裁　要素　解纷

社会转型时期，各类民事纠纷数量增长较快，案件数量大幅度增加的同时，新案由、新类型案件，涉众、涉稳、涉黑的协调型案件，法律适应疑难案件，社会舆论关注的导向型案件的数量也在与日俱增。民事纠纷中的常见类型比如家事纠纷、交通事故纠纷、民间借贷纠纷、房地产纠纷在近五年来数量比较稳定，而物业纠纷、金融借款纠纷随着社会的发展和经济下行的影响逐年攀升，成为新的体量较大的类型化纠纷。对于法院来说，一方面要及时“消化”数量庞大的案件，杜绝诉讼拖延；另一方面又要审慎裁判各类敏感案件，确保案件质量。因此，建立“繁简分流、简案快审、繁案精审”配套机制，推动民事纠纷的类型化解决刻不容缓。而快审速裁机制作为一种相对于普通程序的审理机制更为高效、简化的审判运行机制，就是在这种形势之下应运而生的改革，其具备低成本、高效率、强灵活性的特点，也兼具精准匹配司法资源、实现司法效率价值的独特优势。在两个一站式建设如火如荼之下，快审速裁作为“分调裁审”的重中之重，也成为各个法院竞相摸索探索创新的重要方向。从目前的改革实践来看，快审速裁制度发挥了一定成效，但是在制度运行过程中也反映出一些问题，亟待完善。

一、快审速裁制度的实践探寻

从我国地方实践来看，不少中基层法院将多元解纷、“分调裁审”等工作与诉讼服务工作深度融合，在诉讼服务中心打造定分止争“门诊部”，让大量纠纷以调解、和解、速裁、快审等方式解决在诉讼前端。

（一）各家齐放

1. 合意适用式。Y 市两级法院虽然未纳入民事诉讼程序繁简分流改革试点法院，但其主动作为，推陈出新，形成了合意适用式的快审速裁模式。通过引导当事人双方约定适用快审速裁程序，提高合意适用率，扩大快审速裁程序适用范围。一是强化主动释明。强调快审速裁程序的经济性、便捷性和终局性，引导当事人合意适用，如试行诉讼费用免缓预交，从降低当事人诉讼成本角度考量，吸引当事人选择适用快审速裁程序。二是示范引导。对于存在“一人多案”的情形，在处理第一起案件时，主动向当事人释明并及时制作询问笔录，引导当事人对今后某段时间内符合条件的案件适用快审速裁程序。三是类型化约定前置。对于起诉一方诉讼比较集中、权利义务以合同形式约定明确、事实清楚、争议不大的类型化案件，比如金融借贷、保险赔付、物业纠纷等，引导当事人办理业务时在合同中增加适用快审速裁程序纠纷解决机制相关补充条款，或者签订补充协议，将合意选择程序前移，提高合意适用率。四是加强诉调衔接。对于诉前调解的案件如调解不成，在正式立案前引导当事人合意适用快审速裁程序，并及时立案作出裁判，彰显快审速裁程序的效率价值。

2020 年 1 月至 7 月，Y 市两级法院共审结民商事案件 17493 件，适用快审速裁程序审结案件 2308 件，占全部民事案件的 13.19%。在裁判文书方面，快审速裁诉讼程序适用简式文书案件 378 件。快审速裁程序适用率与“分调裁审”改革工作开展以前相比，有较大幅度提高，但与“小额诉讼案件将占到全部民事案件的 30% 左右”的估计，还有一定差距。其中，简式文书适用率为 16.37%，适用率不高。[①]

---

① 数据来源于 Y 市中级人民法院审判管理办公室。

2. 审理要素式。H 区法院设立民事速裁团队，负责办理民商事简案。推进诉讼程序简捷化，对物业合同、交通事故、劳动争议等类型化案件实行“要素式”庭审，庭审时间仅为普通民事案件的 30%，并开展“门诊室”示范庭审，大量当事人旁听后表示愿意调解。推广简化文书样式，适用令状式、表格式等简化文书样式判决 3000 余案，类案一审服判息诉率 95.4%。①

3. 专业一站式。F 区法院成立快审速裁专业法庭，专门办理事实清楚、案情简单、争议不大的民商事案件，包括借贷纠纷、追索劳动报酬纠纷、加工承揽纠纷、物业纠纷、交通事故纠纷、侵害消费者权益纠纷等特定案件，由对此类案件有专业知识和较长审判经验的法官办理，该法庭对其受理范围的案件进行诉前调解、立案、审判、送达、执行，进行一站式办理，一般案件均在一个月内审结，实现了无缝对接、高效衔接、一站办结。②

4. 调解前置式。我国台湾地区“民事诉讼法”规定，适用简易程序的案件都必须经过诉前调解。当事人没有经过诉前调解径行向法院起诉的，法院依起诉不合程序，裁定驳回起诉。我国澳门地区《民事诉讼法》也规定，法官在法庭调查前必须先进行调解，调解不成，再进行法庭调查。在我国目前的法治环境下，如果规定所有的简易案件都必须先进行调解，不利于从程序公正的角度保护当事人的利益。故有些法院对此进行了探索，要求立案阶段引导、劝导当事人进行调解，调解不成，及时立案；在审判中可以根据庭审情况打断庭审程序进行调解，以将调解贯穿于诉讼始终。③

（二）突出特征

快审速裁程序在兼顾公平和效率的情况下，更注重司法效率，审理程序更加灵活、经济、便捷，在保障当事人诉讼权利的情况下，各诉讼环节均可以简化。

1. 流程之快。首先在程序设计上要缩短流动环节、流转时间，通过机制合理化、技术应用化、质效考核化、团队配合化等方式提速从立案、分流、调解、庭审、文书制作、送达等方面的效率及衔接，比如移动技术、电子信息技术的发展

---

①《武汉市汉阳区法院全力推动“两个一站式”机制建设》，载《湖北法院信息交流》2019 年第 12 期。

② 谢勇：《最高人民法院审判委员会专职委员杜万华 2012 年在宁夏调研时强调要认真做好小额诉讼实施准备工作》，载《人民法院报》2012 年 10 月 9 日。

③ 鄢焱：《比较法视阈下我国大陆地区小额诉讼程序的新图景》，载《中国海洋大学学报》2017 年第 6 期。

带来了审判流程变革，为审判流程的简化提供了契机，法官和当事人可以通过智慧法院平台和移动微法院平台进行网上立案、在线调解、云审判、线上互动，打破时空限制，全程电子留痕，为案卷“瘦身”，提高司法的便捷性和司法效率。

2. 庭审之简。针对不同的案件类型，提炼公约数，将类案的要素提出制作格式化诉讼要素表，在庭审前让当事人对诉讼要素、证据进行确认，明确无争议的事实和证据，归纳出争议焦点，庭审中直接围绕诉讼请求或者案件要素进行，同时，在征询当事人意见之下，将庭审调查、法庭辩论、庭内调解予以合并，以缩减庭审用时，聚焦争议焦点，剔除杂质，简化庭审。

3. 文书之精。裁判文书制作之目的在于作为裁判凭证，主要内容体现为诉讼参与主体、争议之法律关系、案件事实、裁判理由结果，而诸多内容可以在庭审笔录中固定，前期的说理与认证即为裁判的一部分，因此裁判文书可以根据案情简化，可以适用令状式、表格式、列举式等形式，只要能体现核心要素，明了清晰，精练准确。

4. 成本之低。设定小额诉讼制度的价值取向和效果是十分明确的，即低成本、高效率，即便是像美欧一些诉讼成本普遍高昂的国家，其小额诉讼却可以做到完全免费或只收取 10 美元至 20 美元的低费用。[①] 虽然诉讼费用不是人们考量是否寻求司法救济的唯一标准，但可能是一个很重要的因素，这与当事人对诉讼成本的衡量及最终对诉权的行使选择密切相关，设立快审速裁机制的其中应有之义就是通过简化程序，节约诉讼成本，这里的诉讼成本不只是诉讼费用的减免，还包括时间成本、委托代理成本、交通食宿成本等各种直接间接费用。快审速裁机制的建立，也考虑了其诉讼费用的收取，降低基本费及收费比例，为当事人减轻诉讼负担。

二、快审速裁程序运行中的问题

应当认识到，只要人民法院事业在发展，人民群众司法需求在增长，巩固和深化“分调裁审”和快审速裁机制改革就没有尽头。“一站式”解纷下的快审速裁工作的成效直接影响人民群众的获得感，要推动诉讼程序从有到优、从优到精的品质提升，还有很大空间需要改进。

---

①［美］杰弗里·C. 哈泽德、米歇尔·塔鲁伊:《美国民事诉讼法导论》，张茂译，中国政法大学出版社 1998 年版，第 173 页。

（一）主体不力

一是，审判人员心力不足。一些法院已经建立了快审速裁庭或快审速裁审判团队，在审判辅助力量与案件数量、办案高效要求不匹配之下，难免会让法官负荷沉重。一方面快审速裁快审诉讼程序审限短，如无法在规定期限内审结就要面临程序转化和考核压力；另一方面潜在的涉诉信访，一审终审使当事人极有可能走上信访这条路，这对法官造成较大的审判压力。二是，当事人态度不恭。一些当事人从利己作祟，滥用程序转换规则。民事诉讼法司法解释规定了小额诉讼程序转换为简易程序审理的情形，比如当事人申请增加或者变更诉讼请求、提出反诉、追加当事人，这些都可以人为操控；另外，当事人提出鉴定、评估、审计，也不适合适用速裁快审程序，当事人也容易予以利用。而现有的规则下，不管当事人出于何种目的，轻易即可启动程序转换，存在滥用程序转换规则的法律风险。

（二）送达不畅

快审速裁程序适用于事实清楚、权利义务关系明确、争议不大的简单金钱给付类案件，但是该类案件的送达难度并不亚于其他案件，向当事人送达诉讼材料时，由于联系方式变更或者当受送达人故意躲避时，经常难以找到受送达人，在穷尽其他送达方式无法送达后只能通过公告送达。一方当事人下落不明的情形应排除适用快审速裁程序，考虑到目前公告送达率比较高，意味着有相当数量符合快审速裁程序条件的案件因为公告送达而需要转换程序，对快审速裁程序的运行造成一定的阻碍。

（三）程序不明

快审速裁程序的一些程序性规定不明确，给法官和当事人带来困扰。比如对快审速裁程序的举证、答辩期限能否合并计算存在不同的理解和适用。实践中有相当一部分案件因为当事人不配合，导致送达、出庭、举证、调解等工作延误，法院在送达应诉通知书时要预判当事人是否同意不超过 7 日的答辩期限，增加额外的工作量，法官会倾向于直接确定 15 日的答辩期限，如果出现快审速裁程序案件的举证、答辩期限比普通程序案件更长的情况，显然不符合快审速裁程序的高效率的价值导向。

（四）救济不足

司法实践中，人们往往将司法资源配置模式与程序保障程度画等号，快审速裁程序大大简化审判程序，当事人潜意识里认为会克扣程序、弱化保障，从而抵触或者规避快审速裁程序的适用。我国民事诉讼法对小额诉讼程序采取一审终审制，主要考虑到小额诉讼的制度目的是以与标的额相称的经济成本向法院求得纠纷的迅速有效解决。当事人对于小额诉讼程序只有通过再审途径实现权利救济，然而我国再审程序立案要求严格，程序复杂，耗时较长，只有极少数的案件可以进入再审程序。比如，Y 市某区法院 2020 年 1 月至 6 月期间，小额诉讼程序的再审案件仅为 5 件，小额诉讼程序的再审率仅为千分之三，其救济途径极为有限。小额诉讼程序案件虽然标的额较小、案情相对简单，但也不乏冲突、争议之处，尤其是缺席审理、判决的案件，法院采用拟制自认方式对案件进行审理，有可能因为签名的真实性、非真实意思表示等因素存在一定的错判风险，如果既不赋予当事人程序选择权，事后又不赋予当事人充分的救济途径，这必然导致对当事人程序保障、实体保障的缺失。

截至 2020 年 7 月底，Y 市两级法院快审速裁程序转换案件数达 15%，一部分案件办理时间较长，超过一个月占到 26%。[①]其中主要是有关主体消极、送达迟延、程序滥用等因素导致的。快审速裁程序在功能定位上，除了以诉讼高效、便捷和低成本为价值导向以外，更强调司法资源与案件类型精准匹配，凸显对司法效率的追求，体现一次性解纷的终局性和权威性或快速的高效性。在制度构建过程中，快审速裁程序通过简化环节、简化庭审、简化文书，在保证案件得到公平正义审判的基础上又缩短审限和减少审级，实现司法资源的合理配置。但是在实践过程中，往往因为对于制度理解上的偏差，“简案不简审”的情况时有发生，以致快审速裁程序未能体现高效的价值功能。

三、一站式提速：完善快审速裁机制之策

习近平总书记强调，要完善政法公共服务体系，实现从“有没有”向“好不好”的跨越。立足人民群众对司法工作的新期待、新要求，不断拓展服务渠道，

---

① 数据来源于 Y 市中级人民法院审判管理办公室。

打造一站式解纷中心，切实增强人民群众的获得感、幸福感、安全感。“分调裁审”机制是落实中央改革要求，满足群众司法需求，提升司法效能的一项重大改革举措。诉讼案件繁简分流和快审速裁机制的建立，既遵循诉讼规律，又符合司法实际，以形成中国特色多层次诉讼程序。《最高人民法院关于建设一站式多元解纷机制 一站式诉讼服务中心的意见》第11条规定了关于完善“分调裁审”机制的意见，要求各级法院普遍开展繁简分流。如何进一步细化落实，需要我们在实践中探索创新改进，使之真正成为满足人民群众司法需求的有效机制。

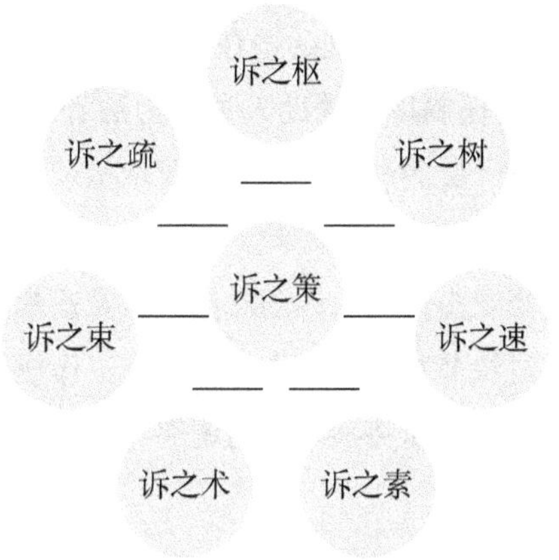

图1 一站式诉讼

（一）诉之枢：打造中枢团队

在诉讼服务中心配备专门团队承接简转繁案件办理工作，精准识别繁简案件，并在两到三个工作日内将案件交到审判团队，畅通案件流转渠道；建立专业的快审速裁审判团队，综合运用督促程序、司法确认程序、小额诉讼程序、简易程序、普通程序等，从简从快审理简单案件，对简案进行集约化审理，实现又快又专。建立以速裁法官为中心的权责明晰、权责统一、管理有序、运转高效的快审速裁团队。快审速裁团队要探索确认社会组织调解协议司法效力的扩大适用，使当事人通过非诉调解同样能获得司法保障，从而自愿接受和选择这种方式化解矛盾纠纷。在实践运行过程中，明确快审速裁团队内部的职责分工和整体工作的流程：（1）法官——协调团队、指导调解、开展速裁。法官作为整个诉调对接团队的核心，应当担负起统筹协调团队内部运行的管理职责，主要包括工作任务分配、案件流程节点把控、调解协议合法性审查、司法确认等工作。对于一些较为复杂，具有一定调解难度的案件，法官有指导调解甚至参与调解的职责。而法官在诉调对接团队中最为重要的职责是发挥其专业裁判优势，专司速裁审判事宜。从目前调研的情况来看，法官应将90%的精力放在速裁审判事项上，剩余10%的精力放在团队协调管理和调解监督指导上。[①]（2）法官助理——承“调”启“裁”的枢纽。在多元调解环节，法官助理应承担直接参与调解或指导人民调解员调解的职责，使法官从调解事务中解脱出来，专司快审速裁审判业务。在立案速裁程序中，法官助理承担庭前准备、裁判文书起草、协助法官处理法律适用性问题等专业性司法辅助事务工作。法官助理的选任是否得当，直接决定了工作的成效，但实践中各法院往往将聘任制审判辅助人员作为法官助理配置到诉调对接团队中，由于法律知识和实践经验的缺失，他们主要承担琐碎的事务性工作，严重制约着诉调对接团队工作成效的发挥。因此，笔者认为对于审判经验有待加强的年轻法官及法官助理，应当更多地纳入诉调对接团队及速裁团队，并建立快审速裁团队定期轮换机制，通过快节奏、高工作量的审判工作使得年轻法官及法官助理快速得到锻炼与成长，甚至可以将参与诉前调解和快审速裁工作作为法官助理入额前的必经阶段。[②]

（二）诉之树：分流繁简树枝

完善繁简分流机制，为“简案快审，繁案精审”保驾护航。图2是案件繁简分流的基本流程，虽然整个流程看起来很简单顺畅，但在实践中也是值得探索和完善的。法院对于繁简分流的司法实践可以分为两个层面：一是技术层面，即主要通过简化审理方式，如法庭调查提纲化、裁判文书模板化、案件评议即时化等，帮助提高简易案件的审判效率。二是管理层面，即通过法院内部机构、人员、案件分配和工作机制的调整，根据实际实现相对平缓、均衡的专业跨度，实现以较小比例人员分流较大比例案件的目标。一是繁简分类。一审可以将小额、事实清楚、法律关系简单、争议不大等作为简案标准；二审可将程序类案件以及原判决、裁定认定事实清楚，但适用法律错误的作为简案。[③] 二是程序分类。简单案件依法

---

① 陈昱江：《审判团队改革的探索与实践》，载《山东审判》2014年第6期。

② 李承运：《正确适用简化审理机制应当注意的四个问题》，载《人民法院报》2020年4月30日。

③《最高人民法院关于适用〈中华人民共和国民事诉讼法〉的解释》第333条。

适用简易程序、速裁程序、小额诉讼程序以及其他快审程序等；疑难复杂案件依法适用普通程序。随着信息技术的发展，法院的审判管理面临新一轮的应用升级。利用现代科技将大数据、人工智能等技术与法院分案机制、诉讼程序转换机制等流程节点进行深度融合，以更好地实现案件繁简分流机制效能的发挥。条件成熟的法院可以运用人工智能分案辅助系统，将甄别后的案件繁简分流信息嵌入审判流程管理系统，实现立案后自动分流的目的，从而减少分案人员的工作量。

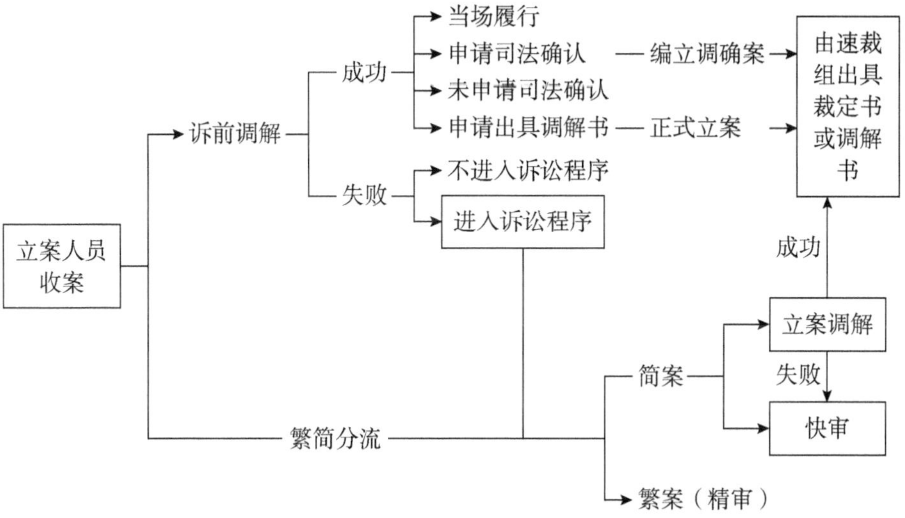

图 2　案件繁简分流基本流程

（三）诉之速：打通程序督脉

强化快审速裁流程管理工作的流程化、标准化，使各个流程之间协作顺畅，工作相互咬合，高效运转。（1）无缝衔接。将诉前调解、立案、分流、庭前准备、案件庭审、文书制作和宣判结案等每个环节操作、每个节点管控都明确职责和权限，各主体在各流程节点中交互式参与，协作互动，形成一套完整的团队运行线路图。细化主审法官、合议庭其他成员、法官助理和书记员的工作任务标准，让各个主体有明确的职责导向指引；实现同类案件的审理模式、裁判标准的统一，提高审判效率。责任化，建立团队职责清单，明确主审法官、合议庭成员承担庭审、合议的责任；明确法官助理承担辅助性工作的责任；明确书记员承担具体事务性工作的责任，形成责任清晰、合理、严格的团队责任模式。（2）权利救济。再审程序以外，应构建起小额诉讼案件异议程序，完善对小额诉讼程序的救济。（3）异议设置。对于判决案件，未到庭参加诉讼的被告有权在判决生效之日起10日内提起异议程序，对于缺席被告提起的异议程序，法院应当进行审查，以确保判决的精确性。

（四）诉之素：握紧要素审理

1. 类案要素。根据不同种类案件的数量、办案流程、诉讼要求以及部分案件类型的专业性，结合办案团队及法官的知识结构、经验水平、年龄阅历等因素进行相应的专业类型化分配，确保审判资源分配的合理性。

2. 审理要素。将分散的法律法规、司法解释、上级法院的指导意见、指导案例参阅要点等按照案件类型汇总归纳，总结一线办案法官的审判经验，对常见案件的事实要点和法律要点进行提炼，对实践中的同性观点和成熟做法进行系统梳理和总结。通过提炼公因数，提供类案共同要素，在庭审中予以要素化审理，减少枝节纠缠，减轻诉讼负担。

3. 文书要素。使用要素式文书在于弥补传统文书样式针对性不足的缺陷。对于简易、小额、当事人确认、争议不大或有直接证据佐证的案件，把握核心要素，简化其格式，简单其内容，简略其表述，简洁其结构。强调大范围适用要素式裁判文书，以类型案件“格式化”为要素，减少在简单案件文书中对事实的重复陈述和不必要的复杂论述，方便当事人更加直接明了地理解裁判内容。同时，运用案件信息化、电子化技术，借助裁判文书自动生成系统生成制式文书，缩减文书篇幅，减轻工作负荷，提升审判效率。

（五）诉之术：事务集约技术

对于事务性工作可以通过集约化等方式来提高效率，让审判法官从繁杂的事务中解脱出来专注于案件办理。一是集约化送达。整合完善现有的送达途径，加强电子送达适用，以电子送达作为破解“送达难”问题的重要突破口，通过移动微法院和人民法院的在线送达平台的广泛应用，有序推进在线送达；通过人民法院送达平台线上集约化办理，线上无法办理的集约到诉讼服务中心办理，将人民法院送达平台与中国邮政信息系统对接，建设集约化送达服务中心，利用邮政系统的信息优势、人力优势、经验优势，实现文书集中打印、集中邮寄送达、直接送达、委托。二是在线办理保全工作。依托人民法院网上保全系统集中办理财产保全、行为保全和证据保全工作，网上保全系统对外与担保机构对接，对内与人民法院办案系统、执行系统、诉讼费交费系统、送达系统、档案系统对接，实现申请保全、受理审查、移转材料、保全实施、节点监控、流程管理、结果通知等事务性在线办理和信息化管理功能，从而大力提升案件办理效率。

（六）诉之束：科学考评约束

通过设立科学合理可操作性的考核机制激发、约束、引导团队价值行动及心态，从而将快审速裁程序的外部管理与内部自觉性结合起来，以推动快审速裁质效的提升。以建立科学合理的考核机制引导快审速裁团队加强执法办案，通过突出指标考核，让快审速裁法官审判目标任务的完成情况与绩效考核、评优晋级结合起来，激发办案积极性；通过为审判团队配齐硬件设施来树立司法庄严，提升审判团队的责任感和尊荣感；在案件分配方面，实行以随机分案为主的案件分配制度，促进收结平衡，树立公平竞争的导向对于适用小额诉讼程序的案件实行程序转换审批制，在转换程序事由出现后及时报批，无正当理由不得随意改变程序。在考核审判工作质效时，繁简两类案件具体指标应有所区别。根据案件类型、难易程度等因素，分别确立不同的考核标准，实行分类考核。对疑难案件的考核，确立“以案件权重为主、案件数量为辅”的原则，同时兼顾案件质量考核，确保“难案精审”的实效；对简单案件的考核，确立“以案件数量为主、案件权重为辅”的原则，同时兼顾案件效率考核，确保“简案快审”的高效。此外，探索推行分级考核，对已经推行专业审判团队和速裁团队审判的，可实行二级考核，即一级考核由院里考核团队，二级考核由团队考核团队成员，以便实现相对精准的内部考核，激发团队活力，调动团队工作积极性，增强团队审判效果。①

（七）诉之疏：强力宣传疏引

快审速裁机制的建立和适用关键在于诉讼主体的认知和接受。特别是审判人员和审判辅助人员的理念观念的认同和积极实践探索，因此，首先要加强对审判人员和审判辅助人员关于快审速裁机制重要性认知和如何操作的培训以及职业素养考核及监督管理。其次在于对适用主体当事人的引导。可以通过互联网、微信

---

① 叶伟巍、刘占奎:《繁简分流改革背景下小额诉讼程序的运行现状及优化路径》，载《浙江审判》2020 年第 6 期。

公众号、新闻媒体等多种方式加大宣传力度，[①] 积极营造人民法院推进“两个一站式”改革的良好舆论氛围，加深社会公众对快审速裁程序的认知，引导当事人依法维权，加大社会公众对法院工作的认同度。

四、诉之语：回应众之需求乃司法进步之指针

在法律的质量和民众对法律的信仰尚未成熟的时节，构建“两个一站式”下的现代化快审速裁程序，必然使一站式解纷真正成为满足人民群众司法需求的推进者、担当者、燃灯者。正如拉尔夫·甘茨所说的：“法官的职责不仅在于实现社会公正，更要解决实际问题，并以此推动司法公正……”[②] 在一站式解纷机制体系中我们应谨记诉讼机制的核心地位，法院并不能包罗万象，而应使其作为“司法的最后一道防线”来维护整个社会和谐稳定，实现案件处理结果的法律效果和社会效果，实现民众对司法正义的内心信服。准确把握现代化“一站式”解纷的基本内涵，以新理念、新思路、新方式推动快审速裁工作，才能开创人民法院诉讼服务的全新格局，打造让人民群众点赞的“民心工程”。

（**作者简介**：车志平，研究生学历，硕士，在职法学博士研究生班结业，湖北省宜昌市中级人民法院立案一庭庭长，先后在《湖北行政学院学报》《行政与法制》《党政干部论坛》《安徽法学》《湖南法学》《湖北法学》《楚天检察》《湖北社会科学》《中南民族大学学报》《人民司法》《中国审判》《人民法院报》《法庭内外》等刊物发表法学论文几十篇，并在征文活动中多次获奖）

参考文献：

［1］《武汉市汉阳区法院全力推动“两个一站式”机制建设》，载《湖北法院信息交流》2019年第12期。

［2］谢勇：《最高人民法院审判委员会专职委员杜万华2012年在宁夏调研时强调要认真做好小额诉讼实施准备工作》，载《人民法院报》2012年10月9日。

［3］鄢焱：《比较法视阈下我国大陆地区小额诉讼程序的新图景》，载《中国海洋大学学报》

---

① 叶伟巍、刘占奎：《繁简分流改革背景下小额诉讼程序的运行现状及优化路径》，载《浙江审判》2020年第6期。

②［美］拉尔夫·甘茨：《美国马萨诸塞州最高法院首席大法官2014年司法年度报告》，李妙奇译，载《人民法院报》2015年2月6日第8版。

2017 年第 6 期。

[4][美]杰弗里 · C. 哈泽德 、米歇尔 · 塔鲁伊:《美国民事诉讼法导论》，张茂译，中国政法大学出版社 1998 年版。

[5]陈显江:《审判团队改革的探索与实践》，载《山东审判》2014 年第 6 期。

[6]李承运:《正确适用简化审理机制应当注意的四个问题》，载《人民法院报》2020 年 4 月 30 日。

[7]叶伟巍、刘占奎:《繁简分流改革背景下小额诉讼程序的运行现状及优化路径》，载《浙江审判》2020 年第 6 期。

[8][美]拉尔夫 · 甘茨:《美国马萨诸塞州最高法院首席大法官 2014 年司法年度报告》，李妙奇译，载《人民法院报》2015 年 2 月 6 日第 8 版。

疫情防控环境下的多元化在线纠纷解决机制之重构

——社会治理视域下的“四网联动”构想

邹晓玫　吴飞凤

摘要： 在社会治理的视域下，多元化在线纠纷解决机制（ODR）作为完善国家治理体系、应对重大社会风险的重要制度措施，在新冠肺炎疫情防控环境下具备降低接触风险、常态与管制状态无障碍切换和防止司法“次生灾害”的独特功能优势。我国的 ODR 经过近 20 年的发展已经具备三大经典类型，但在新冠肺炎疫情防控中却表现出资源分散缺乏整合、信息和技术沟壑导致的路径依赖、法律规范供给不足等结构性问题，严重阻碍了其功能发挥。通过打通“四大网络”资源、以社区为中心“一站式”启动案件分流、技术与规范双管齐下降低风险等系统性改进措施，可以依托信息网络、社区网格、法院在线审判局域网和社会法律资源网的“四网联动”，实现疫情防控环境下 ODR 系统之重构。

关键词： 疫情防控　在线纠纷解决　四网联动　社会治理

自党的十九届四中全会《中共中央关于坚持和完善中国特色社会主义制度　推进国家治理体系和治理能力现代化若干重大问题的决定》明确了推进国家治理体系和治理能力现代化的战略目标以来，作为国家治理体系重要组成部分的多元化纠纷解决机制取得了长足进步，贯彻“互联网 + 法律服务”理念的在线纠纷解决机制（Online Dispute Resolution，ODR）在我国方兴未艾。然而，在突如其来的新冠肺炎疫情考验面前，初步建立的在线纠纷解决机制却没有发挥出公众和法律职业共同体所期待的作用：各级人民法院、仲裁庭为避免人员聚集不得不一再延期开庭。在法律服务市场中，一边是律师等法律职业工作者为手中大量的在办案件无法继续进行，财产保全、执行等程序开展受到严重影响而心急如焚；一边是处于新冠肺炎疫情防控隔离中的民众为合同逾期、履行不能和发生的纠纷无法获得法律服务而徒唤奈何。更为重要的是，在社会分工高度细化、经济合作日益广泛深入的现代经济运行模式下，任何一个流转环节的局部失灵，都可能导致一项合作的整体失败。一项纠纷无法及时解决，其结果可能是疫情防控的重要物资流转失灵。[①]

这些现象清晰地反映出，我国现有的纠纷解决机制设计缺乏对大规模疫情防控等非战争紧急状态的应对能力，因此导致的社会系统局部运转失灵，是我们在社会治理能力方面不得不面对的重要问题。在社会治理的视域下，整合现有的社会资源，发挥互联网的工具优势，重构疫情防控等紧急状态下的多元化在线纠纷解决机制，是完善国家治理体系、应对重大社会风险的重要制度措施。

一、社会治理视角下的纠纷解决机制

社会科学和公共管理意义上的社会治理，是指通过特定的资源整合机制，使来自政府、市场的多元参与者在一个制度框架中相互依存，为实现一定的社会公共价值而展开的联合行动。新中国成立以来，我国的社会治理经历了历史性飞跃。在此过程中，作为国家治理体系重要组成部分的社会纠纷解决机制也经历了从“诉讼主导下的一元”到“包括诉讼的多元”再到“线上＋线下的多元”的发展过程。

作为一种整合社会资源的制度框架，现代意义上的社会治理要求：治理理念由政府对社会成员的单向管理，转向包括政府在内的多元社会主体的互动；治理方式由单纯依赖传统的科层体系到互联网线上线下的综合交互；社会治理功能的实现由依赖政府监管转化为多重社会力量的协同互动。社会治理视角之下的纠纷解决机制应当具备以下特点：

1. 以实现权利而非消灭纠纷为目的。在政府管控的思维方式之下，通常将纠纷理解为社会冲突的外化形式，而“管理和控制”的效果即表现为在多大程度上

① 2020 年 1 月 22 日，上海三中院破产法庭在审理某医疗科技（上海）股份有限公司破产清算一案时获悉，债务人企业有库存口罩 35 万余只，为解疫情之需，采取紧急处置措施，赶在春节放假之前争取到债权人会议的同意，将该库存变卖用于防疫。参见《被申请破产企业有 35 万余只口罩，法院紧急处置提供市场急需》，载澎湃新闻，https：//baijiahao.baidu.com/s?id=1657312799674736952&wfr=spider&for=pc，2020 年 2 月 17 日访问。该案恰好发生在全国性的疫情防控管制措施启动之前，如果此案发生于最严格的疫情管控措施启动之后，很有可能这 35 万余只口罩仍然静置于破产企业仓库，难以发挥其应有的作用。

通过公共权力的干预最终“消除”了纠纷，即社会纠纷不再以显性形态而存在，较少过问纠纷解决的实际社会效果及解决方案的社会认同程度。社会治理视角下的纠纷解决将纠纷理解为一种权利诉求的碰撞，任何社会纠纷解决方式都是实现权利的手段，公权力主导下的诉讼只是其中之一；纠纷并不只是单纯表征社会冲突的存在，还可能成为新的权利增长点。

2. 多重社会资源对接实现纠纷有序分流。社会治理下的纠纷解决，强调通过制度框架的构建使多层次的社会资源实现整合和对接，而不是过度依赖法院为主导的诉讼方式来解决纠纷。社会转型导致的社会纠纷的激增，共同促使纠纷解决方式必须从国家权力对社会的全面单向干预困境中解放出来，使多元的社会主体和多样化的社会资源均能在纠纷解决过程中发挥作用，使数量庞大的社会纠纷在多元化纠纷解决机制中形成自然分层、自动分流、良性化解的“漏斗模式”。

3. 充分利用现代信息技术提高效率和环境适应度。互联网、大数据和人工智能等现代科学技术的发展，为多元社会主体和多种社会资源在同一技术平台按照同一机制实现高效协同提供了技术上的可能性。一个理想的纠纷解决机制，对社会主体而言，应当可实现任何纠纷在同一平台获得“一站式”服务，最终实现权利救济；对纠纷解决主体而言，能够通过同一平台寻找到最适合自身作用发挥的权利救济需求；对社会整体治理效果而言，该纠纷解决机制应当具有社会正常状态和应急管控状态下的广泛适应性。

二、在线纠纷解决机制及其在疫情防控环境下的功能优势

在线纠纷解决机制包括在线诉讼、调解、执行、公证、仲裁等，最初起源于互联网交易领域，是电商平台解决纠纷的主要机制，最终被各国司法机关认可和推广，成为世界范围内纠纷解决机制的改革热点。

1. 在线纠纷解决机制的类型化发展状况

ODR 最早产生于美国 1996 年的三个研究性试验方案，[①] 后成为 eBay 等大型网络电商平台为实现高效的售后服务而着力开发的附属性功能平台。经过 20 多年的

---

① 一是 The Virtual Magistrate（VM），世界上第一个在线仲裁项目；二是由美国马里兰州大学进行的在线调解方案，该项目现成为营利性 ODR 网站，名为 Mediate-net；三是由马萨诸塞大学信息技术及争议解决中心进行的一个以在线调节方式解决网上纠纷的项目，这是三个方案中较为成功的一个。

发展和积累，电商平台的成功经验已经开始向司法部门转化，2016 年起美国犹他州、康涅狄格州和第 46 区等地方法院陆续建成了正式运行的 ODR 平台，以完全在线的方式处理交通罚单、小额诉讼、合同托收、借贷纠纷和家庭案件，在提升法庭效率和节约诉讼成本方面取得了成果。世界首个政府主导建立的 ODR 平台是 2016 年 7 月开始运行的加拿大民事纠纷审裁处（CRT），公民可以使用该平台全程在线解决物业纠纷。欧盟于 2013 年公布了《消费者 ODR 条例》，建立了旨在解决成员国之间的跨境电商交易中的销售合同和服务合同争议。澳大利亚民事法庭和行政法庭的 ODR 试点 VCAT 于 2018 年 10 月结束，对涉及货物和服务的纠纷给出了高性价比的解决途径。此后，印度、日本、尼日利亚也都先后开展了 ODR 的制度尝试。

2004 年 6 月成立的中国在线争议解决中心（China ODR）是我国第一个在线提供争议解决服务的正式 ODR 平台。2016 年 6 月最高人民法院公布《关于人民法院进一步深化多元化纠纷解决机制改革的意见》，明确了以“互联网 +”的方式创新纠纷解决机制的战略要求。2019 年 2 月，《最高人民法院关于深化人民法院司法体制综合配套改革的意见——人民法院第五个五年改革纲要（2019—2023）》提出推动建立统一的在线矛盾纠纷多元化解平台，实现纠纷解决在线咨询、在线分流、在线调解、在线确认。目前杭州、重庆等地区均已经建立了以法院为主导的 ODR 试点，获得了有益的探索性经验。根据其运行模式和功能特点，全球范围内已有的 ODR 可以分为三种类型：

（1）内部性在线纠纷调解系统。内部性在线纠纷调解系统多由消费型电商平台自主设立于自己平台内部，用于解决本平台用户之间产生的合同纠纷。此类纠纷调解系统以国内的淘宝平台和域外的 E-buy 最为典型。此类 ISP 内部调解系统的特点在于：①系统由 ISP 设立于平台内部，平台作为中立于争议双方的技术服务主体，具有相当独立的地位，成为居中调解的第三方。②调解系统的合法性基于《用户协议》为载体的当事人同意。买家和商家在注册为用户的时候，均要在线签署《用户协议》，其中包含了产生争议，双方均可以单方提起纠纷提交平台进行调处，并需要在通过其他争议处理途径未取得终局决定前仍应接受平台调处结果。[①] ③调解的具体方式是由平台雇用的人员（通常为非法律专业人员），对双方在线提交的证据和诉求进行审查，并居中调解，给出处理的意见。如果双方不能

① 参见《淘宝平台服务协议》和《淘宝平台争议处理规则》。

达成协议，还可以将争议交由大众评审员。大众评审员由公开招募产生，满足特定条件的平台会员可依申请成为评审员。评审员主要针对违规行为、争议款项归属或资金赔偿等内容进行判定。

（2）外部性智能纠纷解决系统。此类在线系统的本质特征在于：纠纷解决主体由自然人转化为配备智能算法的计算机系统。较为典型的代表是美国律师审判协会用于线上调解的 Cybersettle 系统，美国国家级的仲裁调解机构 ClickNsettle，私人在线服务提供机构 WebMediate 等。此类 ODR 系统的特点表现为：①系统是由独立的第三方开发并独立存在的软件系统，是一个专门为当事人提供纠纷解决方案的技术型网络平台。②在此类系统中，传统认知意义上的人类调解员被替换为专门的网络系统或技术软件，通过对当事人所提交的含有其调解主张的表单进行识别，由计算机系统进行比对和裁决，最终形成调解协议，反馈给当事人。整个调解协议的形成过程是基于事先设计好的计算机智能算法产生相应的结果，由当事人与计算机系统人机互动而形成的结果，没有传统意义上的自然人调解员的参与。③作为自然人的法律工作者仅在双方不能就系统给出的协议予以确认时，派出专门的工作人员帮助申请者对纠纷性质、争议焦点、报价方案等进行确认，或者由专业法律工作者向申请者提出相应意见和建议。

（3）外部性在线纠纷处理系统。此种类型的纠纷解决系统是为调解（或仲裁）工作者开发的实现远程在线工作的技术工具。此类系统以德国争端处理机构 Cybercourt、美国在线调解服务 SquareTrade 和英国的 E-Mediator、Online-Resolution 等在线调解服务和我国的互联网法院为典型代表。此类纠纷处理系统的特点在于：①是为专业法律工作者提供的技术服务工具。②能够通过专业的技术设计满足诉讼、调解或仲裁的全部程序性要求，仅仅是通过网络技术方式压缩了时间和空间距离，其他与线下的法律程序无明显差别。③用户通过互联网系统的中介信息传递，由纠纷处理人员与双方分别在线沟通，并对沟通内容保密。④通过 VR 可视技术等远程在线技术的改进，此类在线调解可最大限度地逼近现实的线下法律过程。“VR+ODR”调解机制建立在 VR 等可视性技术之上，当事人身处不同地域也能营造出身临其境面对面调解的氛围，能克服一般线上纠纷解决机制的弊端。

2. ODR 在疫情防控环境下的功能优势

作为一种依托互联网和信息技术发展起来的新型纠纷处理平台，ODR 最初的功能是为互联网电商平台处理售后纠纷，后作为“替代性纠纷解决机制”（ADR）

的重要组成部分，为社会转型期案件激增条件下的法院案件分流作出了贡献。如果说此前的ODR机制只是凭借自身的技术特点，成为电商平台或ADR有特色的补充，那么在疫情防控的环境之下，ODR的功能优势则决定了它必然成为担纲的主角和必须全力打造的重要战略机制。

（1）缩减时空沟壑以最大限度降低接触风险。传统的线下司法过程可以抽象为一系列不同主体在不同时间和空间中的会面和信息交流过程，辅之以大量的法律文书流转和交换。社会纠纷的处理都涉及当事人的利益处置，面对面的磋商和博弈有利于决策信息的最大化获得和主体意志的充分表达。但在疫情防控的环境下，传统的面对面纠纷解决过程无法避免人员聚集（在某些集团诉讼案件中可能是大规模人员聚集），不符合防疫的基本要求。而通过网络信息技术实现的在线纠纷解决模式，恰恰能够通过空间上相互分离的电脑终端实现各方主体的信息沟通（包括文字沟通、语言沟通和视频沟通）。一个设计理想的ODR系统能够最大限度地压缩当事人之间的时间和空间沟壑，在“零接触”的前提下实现纠纷解决的全过程，有效降低疫情期间的接触传播风险。

（2）常态与管制状态无障碍切换。通常而言，社会非正常状态下的应急机制，会与常态下的处置机制有较大的不同，应急机制一般只作为预案，在特定的紧急状态出现时才启动。ODR的特殊功能优势则在于：它既可以在疫情防控状态下独立承担社会纠纷解决系统的功能，也可以在常态社会环境下作为社会成员的自选性纠纷解决渠道。一个设计理想的ODR系统，在常态社会环境下，可以为社区居民提供线上的法律咨询、在线调解、在线仲裁和小额简易诉讼的在线裁决；添加了人工智能算法的ODR系统还可以通过海量既决案件的大数据分析，为特定当事人提供在线的纠纷参照性解决方案。日常状态下的ODR可以有效地分流相当大一部分的简易案件，既可以为法院、仲裁庭等常设实体机构减少案件压力，也可以为社区居民提供高效便捷的纠纷解决渠道，为双方节省大量的时间和物质成本。一旦发生因疫情防控需要限制公众活动等紧急状况，只需将线上线下可选性的纠纷处理方式，强制切换为管制期间只允许通过线上方式处理纠纷即可。

（3）防止案件积压造成司法“次生灾害”。疫情防控期间要求居民居家隔离，是为了避免人员交集导致疾病扩散。如果隔离管制时间较短，非重大纠纷的解决可以被视为非民生紧迫相关之事宜，暂缓处理。但从2003年“非典”和当下的新冠肺炎疫情的实际情况来看，这种管制模式很可能长达数月，个别地区可能更长。在这种情况下，如果长期搁置纠纷的处理，必将导致管制解除时大量案件集中涌向法院、仲裁庭等机构，造成司法环节的“次生灾害”。更为重要的是，很多社会纠纷并非只单纯涉及当事人的利益取舍，还关联着社会重要物资或经济活动的流转和运行，一个纠纷解决过程的停滞，可能导致特定经济过程停摆。一个设计理想的 ODR 系统能通过统一的线上平台整合线下的各种纠纷处断资源，使当事人和法律服务工作者在足不出户的前提下完成解决方式选择、法律程序进行、法律文书送达、裁判执行等全部纠纷解决流程。这样的 ODR 机制可以保证绝大部分的社会纠纷能够在疫情防控管制期间获得有效解决，即便遗留少数复杂疑难案件，也不至于在管制解除后导致司法机关面临过于巨大的工作压力。

三、疫情防控挑战下我国在线纠纷解决机制之构造缺陷

在线纠纷解决机制在国内外的社会治理实践中均取得了实验性成果，ODR 的便捷、高效和时空压缩能力也使其在限制社会成员活动范围的紧急状态下具有特殊的功能优势。然而，我国现有的各类 ODR 系统并未能在此次新冠肺炎疫情防控中发挥其应有的应急替代功能，以下三种整体性构造缺陷是导致这种功能缺失的根本原因。

1. 存量巨大的分散资源缺乏一体化整合

从我国社会资源的存量来看，疫情防控环境下理想的 ODR 机制所需的几乎所有物质设备、职业队伍和权利救济途径都已经具备，但分散于不同的社会子系统中，其功能发挥也只能局限于社会局部。当前最根本的问题在于缺少科学有效的机制将下列重要资源进行一体化整合：

（1）数量庞大的网络终端设备和先进的远程技术、智能算法。根据中国互联网络信息中心（CNNIC）发布的《第 44 次中国互联网络发展状况统计报告》，截至 2019 年 6 月，我国网络用户已达 8.54 亿人，其中采用手机上网用户 8.47 亿人，互联网普及率 61.2%。数以亿计可以接入互联网的终端设备，为全覆盖的在线纠纷解决系统运行提供了基本物质设备保障。大规模 ODR 所需要的远程会议系统和文本、音频、视频实时传输技术已经成熟并被广泛使用，可确保纠纷解决过程中的文书传递、证据交换和陈述、答辩等过程均能在线实现。大数据和智能算法可以在用户授权的前提下，通过海量信息的处理为其提供智能解决方案咨询或者按照用户要求自动寻找匹配的纠纷解决资源。上述物理设备、系统技术和数据处理的条件均已具备，但缺乏覆盖全区域（或全国大部分区域）的统一 ODR 设计将其

整合为一个物理信息系统。

（2）精细分工的法律职业工作群体。经过多年的法治建设，国家已经拥有了一支数量庞大且分工精细的法律职业工作者队伍。该群体至少包括：国家法官、检察官、警官等法律工作人员；专职的商业律师、公职律师和法律工作者；仲裁员、公证员、企业法务人员等专业法律工作人员；人民调解员、社区法律志愿者等非专业法律工作者。这样一个多层次、组织化、多元化的法律职业群体，能够为统一的 ODR 平台提供充足的纠纷解决法律服务。事实上，上述群体也一直都在以线下方式实际发挥着纠纷解决主体的社会功能。依托于统一的在线平台进行资源匹配，可以有效地缓解长期以来法律服务资源在地区间的分布不平衡问题。ODR 法律服务需求和专业服务供给都很充分，却缺乏现实可用的 ODR 系统作为中间桥梁沟通两者。

（3）相对成熟的纠纷解决局域平台。常态环境下，已经有多层次的 ODR 平台在各社会子系统中实际发挥着作用。在私权领域中，各大电商平台为主导的商品交易和服务纠纷之在线调处机制已经比较成熟，并开创了平台担保下的小额先行赔付等有效的新机制。在国家司法权力领域中，以各级人民法院为主导的远程审判和网络调解系统已经有多年的运行经验：在浙江省高院指导下形成了诉讼和调解“无缝对接”的“枫桥经验”，并于 2018 年将诸暨确立为“在线矛盾纠纷多元化解平台”先行运行地区；2017 年“重庆法院纠纷易解平台”上线，截至 2019 年 6 月已经调解成功 5627 件案件；以北京、广州、杭州互联网法院为代表的远程案件审理和虚拟法庭建设已经初具规模。上述事实说明 ODR 工作机制在我国已经形成了局域相对成熟的平台，全国范围的疫情环境下 ODR 建设，并不是要从零做起，而是将现有的局域平台整合为功能一体的整体性平台。

2. 信息和技术沟壑加剧路径依赖

路径依赖在制度经济学领域是指某种制度路径一旦优先发展起来，就很容易按照惯性一直发展下去。就个体而言，路径依赖可以理解为社会主体面对解决问题的多种选择时，会按照已经建立的行为习惯，选择自己最为熟悉和经常采用的行为路径来解决问题，哪怕客观上存在可能更为经济和有效的方法。建立一体化 ODR 机制面临的另一结构性困难，就是久远的历史传统和司法实践造就的线下纠纷解决路径依赖，而网络信息技术的高速发展在颠覆传统的同时也在一定程度上强化了此种依赖。

（1）技术壁垒导致部分社会主体利用 ODR 存在困难。网络信息技术的高速迭代确实为社会交往提供了极大的便利，但技术的日新月异也对社会主体的技术适应能力提出了很大的挑战。姑且不论纠纷处理作为法律活动本身就有比较强的专业性，仅就使用专门设计的网络系统进行案件基本事实的描述、证据的上传、纠纷调处方式的选择、在线进行陈述、庭审等技术操作问题而言，便足以将很多网络技术不甚熟练的当事人挡在 ODR 系统之外。遭遇技术壁垒，会令相当一部分社会主体转而寻求他们相对熟悉的线下方式解决纠纷。如果是在疫情防控情况下，线下救济方式难以获得时，因技术壁垒而形成路径依赖的当事人甚至会选择搁置争议暂不处理，也不会采用线上方式予以解决。

（2）信息沟壑造成当事人对 ODR 心存疑虑。即使是在传统的线下纠纷解决过程中，由于文化水平、法律知识、诉讼能力的不同，当事人之间的信息占有量也是存在差异的。信息技术和法律问题的远程处理可能加剧信息不对称，造成当事人对 ODR 在线处理方式的不信任。一方面，当事人习惯了“当面锣，对面鼓”的线下现场沟通，面对线上交流的“隔空喊话”和技术不熟悉，可能对自身权益的有效保障缺乏信心；另一方面，由于对大数据和智能算法的工作原理不了解，当面对 ODR 系统的自动案件分流和基于大数据分析自动给出的纠纷处理建议方案（这是理想 ODR 系统应当具备的功能）时，当事人会产生对机器分类标准和处理方式的不信任感，转而寻求相对熟悉和习惯的线下处理方式。

3. 法律规范供给不足导致风险回避

如果上述的资源分散和路径依赖可以通过有组织的物质投入和宣传普及工作予以改善，那么导致现有的民间 ODR 平台和国家司法平台都不敢贸然推进 ODR 全网互联的另一个重要原因，便是法律规范供给不足导致不得不采取局域平台的方式回避风险。

（1）信息安全风险。从国家司法平台的角度来看，物理设备的投入、技术的测试和宣传、专业的法律工作者队伍都不是实现 ODR 全覆盖的根本性阻碍。然而，一旦将 ODR 系统向所有公民的网络终端全面开放，则意味着数以亿计的社会主体的个人信息、财产信息和其他涉及重大利益的法律信息均会在 ODR 系统里高速流动和交换。互联网的开放性和多元性决定了如果没有法律规范的周密保护，这些重要信息的安全将面临来自全世界范围内不确定的威胁。我国现有的数据和信息安全立法中，尚无针对 ODR 数据的专门性规定。一旦全覆盖、开放式的 ODR 系统运行起来，其中的信息存储、转移、加密、调取、使用、保密及监督等行为均缺乏法律规范的约束和指引，这将引发重大的信息安全风险。

（2）ODR 裁决执行风险。从当事人的角度来看，ODR 的优势在于便捷高效、节省时间和寻找纠纷解决途径的交易成本，最大的担忧则在于 ODR 形成的纠纷解决方案能否获得有效的执行。若不能获得有效的执行，当事人很可能需要就同一纠纷再行启动线下的纠纷解决，如此不但不能节约时间和交易成本，还可能造成时间拖延和双重的诉讼负担。目前我国的《民事诉讼法》和《最高人民法院、司法部关于公证机关赋予强制执行效力的债权文书执行有关问题的联合通知》仅赋予了非诉调解协议中的明确给付内容和经公证机关公证的债权文书以明确的强制执行效力。对 ODR 系统的裁决的执行效力，现有的规范性法律文件采取了谨慎和保守的态度，未予明确的保障。效力保障规范的缺失，在很大程度上阻碍了 ODR 功能优势的发挥。

四、疫情防控环境下"四网联动"ODR体系之重构

要实现疫情防控环境下"一键切换"的高效能在线纠纷解决体系，必须按照社会治理的理念进行多主体协同共治，将信息网络、社区网格、法院在线审判局域网和社会法律资源网全面融合；将 ODR 的启动中心下沉至社区网格，以实现对所有公民的全网覆盖和"一站式"纠纷解决；通过技术革新和规范跟进共同保障 ODR 的功能实现和运行安全。

1. 以人民法院为核心打通"四大网络"资源

以诉讼为代表的国家司法活动是社会纠纷解决的终局形态，人民法院也是宪法授权的裁决强制执行机关。以法院为中心构建全覆盖的 ODR 系统，在疫情防控条件下可以保证该系统作为应急工作方式由国家权力机关统一启用；在常态社会环境下则可以确保该系统的裁决能够由司法机关做终局性把控，并使各项 ODR 裁决获得被司法确认执行的可能性。法院主导的 ODR 系统应当有效地沟通以下四大网络资源：

（1）5G 信息网络。互联网是 ODR 系统的物理载体。ODR 要实现多种纠纷解决方式的完全在线运行，则意味着数以百万计的主体会同时在线进行文本、图片、音频和视频等信息的传递和交换。案件的自动分流和基于智能算法的处理方案推荐也对网络的负载和传输能力提出了很高的要求。5G 通信技术具有高速度、低延时等优势，已经成为我国当前重点推广的通信技术。搭载于 5G 网络的 ODR 系统才能够为司法大数据的应用提供"用武之地"。

（2）各级人民法院的在线审判局域网络。根据最高人民法院《人民法院信息化建设五年发展规划（2016—2020）》的要求，2020 年年底要实现人民法院信息化 3.0 版，目前部分试点区域已经能够局部实现起诉、立案、送达、举证、开庭、裁判、执行的全流程在线。在司法系统内部，大量的基层人民法院开始使用审判辅助系统以减轻审判员和书记员的工作压力；对司法系统外的资源，各级人民法院的局域网已经开始了开放式对接的尝试，如浙江省高院主持下的“在线矛盾纠纷多元化解平台”，截至 2019 年 4 月已经注册调解员 43159 人，咨询师 1445 人，分流了大量诉前的咨询和调解案件。可见法院系统已经在局域实现了 ODR 的基本功能和初步的资源整合，要实现疫情环境下的全网覆盖，尚需完成两大任务：整合司法系统内的所有局域网络，实现各级各类人民法院的“智慧法庭”系统的整体互联互通，保障诉讼案件能够实现全线上完成；开放系统内网实现与外部资源的对接，主要涉及诉讼与诉前阶段的对接、诉讼与执行工作的对接，以及司法资源与社会法律资源的对接。

（3）社会法律资源网络。社会治理的基本理念在于对社会问题的多主体协同共治。疫情环境下的 ODR 系统要实现对绝大多数社会纠纷的线上解决，就不能单纯依赖人民法院以诉讼为主体的局域网络，而必须建设开放性的平台并整合多维度的社会资源，共同为社会纠纷的解决贡献力量。接入 ODR 平台的社会法律资源至少应当包括：公安和检察机关的案件侦查系统；律师协会建立的执业律师工作系统；司法行政机关组织的人民调解员群体；公证机构及其工作人员；以电子交易平台为代表的企业线上纠纷调处系统及其工作人员；法律救助机构、慈善机构和法制宣传群体。上述社会资源与法院主导的线上诉讼平台有效对接，能够保障即使在疫情防控的隔离状态下，不同类型的案件均能通过 ODR 系统找到最为适合的解决方式，并能获得不同法律职业群体的法律服务。

（4）社区网格。社区网格化管理是将互联网信息技术的“信息共享和异地协同”理念应用于基层社区治理，按照特定原则对社区进行物理空间的单元网格划分，然后组织管理队伍对每一网格单元实行对应性的管理和服务，从而实现基层社区的快速响应和精细化治理。网格化管理是现代基层管理的发展方向，也势必成为所有社会管理政策落地于社区的“最后一公里”。在疫情防控的环境下，ODR 系统的社区终端使用、基本功能介绍和基本操作辅助都需要网格员实际配合完成，因此在 ODR 与社会资源网络对接的过程中，社区网格是不可忽略的重要组成部分。

2. 以社区为中心“一站式”启动 ODR“漏斗式”案件分流

疫情防控期间的 ODR 系统最终要实现公民在任意终端登录，都能“一站式”地找到适合的纠纷解决方式。鉴于疫情防控限制公民活动范围的特殊情况，ODR 系统的固定终端设备应当设置于社区的网格点，系统后台通过大数据和智能算法的应用，实现任何终端提交的结构化案件的漏斗式自动分流。

（1）社区网格中心的“结构化”立案。ODR 的固定终端设备配置于网格管理节点，是为了方便社区居民在疫情防控的情形下以最快的方式就近找到可以登录 ODR 系统的设备。虽然 ODR 系统基于开放的公共网络，任何可联网的终端设备均可登录使用，但作为公共服务资源和疫情防控的配套设施，ODR 终端应当充分考虑部分社区居民可能并不熟悉网络或者 ODR 系统的使用。固定设备配置于网格管理中心，可以保障居民能够在社区网格员处寻求必要的使用帮助。终端设备和网格员的基本任务是帮助纠纷当事人将案件的基本事实、证据和诉求等转化为电脑可以自动识别的结构化信息。ODR 系统可以在用户的登录界面将案件处理必需的当事人基本信息、案件事实、基本诉求等设计为特定的信息录入界面，当事人只要自行（或者在网格员的帮助下）登录系统，提交上述信息，便可以在 ODR 系统中按照自己的需要来选择解决纠纷的方式。

（2）基于大数据的解决方案智能推荐。要实现海量纠纷的漏斗式分流，经 ODR 用户端提交的案件，应当首先由人工智能算法进行自动识别。通过对纠纷内容、标的大小、诉请可行性等的自动分析，对照系统对既决案件的大数据统计结论，自动为当事人提供免费的纠纷解决建议。如果当事人同意，系统可以将纠纷诉请及建议处理方案自动发送至对方当事人。若解决方案获得双方当事人认可，则可直接形成 ODR 和解协议，进入协议履行环节；若推荐解决方案在双方之间不能达成一致，则可建议双方进一步选择远程的人工辅助纠纷处理方式。

（3）在线纠纷调解或仲裁。如果 ODR 系统提供的智能解决方案不能帮助纠纷双方达成一致的解决意见，则可由当事人自主选择在线第三方参与下的调解或仲裁方式解决纠纷。ODR 系统应当能够向用户提供：可供当事人挑选的在线调解员（或仲裁员）人员；可供当事人协商选择的实体规则；如果出现调解协议（或仲裁裁决）不能实际履行的情形，双方同意的进一步处理方式等。完成上述选择后，当事双方可以在第三方的在线主持之下，完成调解（或仲裁过程），达成的调解协议（或仲裁裁决）可以依双方的一致选择具有请求人民法院强制执行的效力。

（4）诉调对接和在线执行。如果上述在线调解（或仲裁）过程仍不能实现当事人的纠纷解决，或者经上述过程达成的解决方案被当事人推翻，则可通过ODR系统将案件转至有管辖权的人民法院发起网络诉讼。网络诉讼案件应当按照国家诉讼法的要求，以线上的方式完成起诉、立案、送达、举证、开庭、裁判、执行的全部司法过程。经ODR在线审理的诉讼案件，其裁决与人民法院的线下裁决具有同等的法律效力，可以申请人民法院的强制执行（线上线下均可）。以上ODR各非诉环节达成的当事人协议，笔者认为也应当可以经由司法确认程序获得人民法院的强制执行保障（线上线下均可）。

3. 技术与规范双管齐下降低ODR系统风险

任何技术革新和机制改进都可能带来新的风险，但风险不是放弃革新或裹足不前的理由。疫情环境下全覆盖的ODR机制可能会带来数据安全风险和行为效力风险，但可以通过系统内部的技术措施和系统外部的立法规范完善来共同实现风险化解。

（1）采用电子签名和区块链技术保护数据安全。大规模的在线纠纷解决活动，会产生海量信息数据和行为数据。这些数据中有相当一部分可能涉及当事人的隐私或个人信息、未决案件的法律信息，甚至是涉案企业的商业秘密或国家机密。保证上述重要信息数据在开放网络环境中的数据安全，是ODR上线运行的必备条件。就ODR系统内部而言，可以通过电子签名和加密技术，保证特定的信息只能在系统中由发出者指定的接受主体获得并阅读；对于关键法律过程或关键证据则可以采用系统内设的区块链技术予以不可篡改的保留。就系统外部的立法规范而言，应当对线上纠纷处理过程产生的大量司法数据（和准司法数据）进行专门性立法，并立法确认ODR系统以区块链等技术方式保留的纠纷解决过程数据在产生争议时具有证据效力。

（2）以司法确认等制度为切入点跟进法律规范保障。要确保疫情环境下ODR系统高效运行并赢得用户的信赖，降低ODR裁决的执行风险也是不可回避的课题。就系统内部而言，可以依托平台内对接的法律援助机构、慈善机构和国家的专项投入，设立担保基金。该基金对有紧急需要的小额、亟须争议标的，或确有困难的当事人实施先行给付，以确保疫情环境下的应急需要和重要物资流转不因纠纷解决过程导致重大迟延。就系统外部的立法工作而言，应当进一步扩大司法确认的适用范围，对ODR各非诉环节达成的当事人协议给予强制执行的法律保障，确实解决当事人选择ODR进行纠纷处理的后顾之忧，保障ODR在疫情防控环境下最大化效能的发挥。

结语

突如其来的新冠肺炎疫情对我国的国家治理体系和治理水平提出了全方位的挑战。作为社会治理体系重要组成部分的纠纷解决机制在此次“大考”中未能表现出应有的应对能力。多元化在线纠纷解决机制在国内外经过了20年的发展，已经初具形态；我国建设全网覆盖ODR系统的各项局部资源也几近齐备。秉承以法院为核心打通“四大网络”资源、以社区为中心“一站式”启动案件分流、技术与规范双管齐下降低风险等系统性改进思路，能够实现信息网络、社区网格、法院在线审判局域网和社会法律资源网的全面融合。在“四网联动”的路径下对疫情防控环境中ODR系统进行重构，才能保证中国特色的ODR机制在未来可能出现的疫情防控环境中大放异彩，充分体现我国国家治理能力和社会制度之优越性。

［**项目基金：**国家社科基金项目“网络服务提供商法律责任体系研究”（课题编号13CFX082）阶段性成果；天津市哲学社会科学研究规划项目“个人信息二元民事保护机制研究”（TJFX16-009）阶段性成果；天津市高校“中青年骨干创新人才培养计划”资助成果（资助时间2018.1.1-2020.12.31）；天津商业大学“青年英才百人计划”资助成果（资助时间2018.1.1-2021.12.31）］

（**作者简介：**邹晓玫，天津商业大学法学院副教授，法学博士，研究方向：法律社会学，网络法学；吴飞凤，天津商业大学法学院2018级硕士研究生，研究方向：法学理论）

参考文献：

［1］龙飞：《“把非诉讼纠纷解决机制挺在前面”的实证研究——以重庆法院实践为样本》，载《法律适用》2019年第23期。

［2］陈剩勇、于兰兰：《网络化治理：一种新的公共治理模式》，载《政治学研究》2012年第2期。

［3］朱前星、黄辰呈：《新中国成立以来中国社会治理价值导向和基本内涵的变迁》，载《西南民族大学学报（人文社会科学版）》2020年第2期。

［4］邹晓玫：《权利冲突的网络演化及其系统性解决机制》，南开大学出版社2014年版。

[5] 胡仕浩:《多元化纠纷解决机制的“中国方案”》，载《中国应用法学》2017 年第 3 期。

[6] 胡晓霞:《我国在线纠纷解决机制发展的现实困境与未来出路》，载《法学论坛》2017 年第 3 期。

[7] 郭文利等:《域外在线纠纷解决机制发展新趋势》(上)，载《人民法院报》2019 年 2 月 15 日。

[8] 郭文利等:《域外在线纠纷解决机制发展新趋势》(下)，载《人民法院报》2019 年 2 月 22 日。

[9] 胡晓霞:《我国在线纠纷解决机制发展的现实困境与未来出路》，载《法学论坛》2017 年第 5 期。

[10] 葛欣、王丽娟:《我国构建 ODR 平台的障碍及解决对策》，载《法制与经济》2019 年第 9 期。

[11] 支瑶:《跨境网购消费者权益保护中的在线纠纷解决(ODR)研究》，宁波大学 2018 年硕士学位论文。

[12] 姜英超:《B2C 电子商务纠纷在线调解机制研究》，山东大学 2019 年硕士学位论文。

[13] Sarah Rudolph Cole，Kristen M. Blankley. Online Mediation：Where We Have Been，Where We are now，and Where We Should Be. University of Toledo Law Review，Vol.38 (2006).

[14] 韩赤风、刁舜:《论〈欧盟版权指令〉的改革举措及其借鉴——基于虚拟现实新业态产业的分析》，载《电子知识产权》2019 年第 7 期。

[15] 朱继萍、梁凯凡:《“诉调对接”的“枫桥经验”及其在新时代的创新发展》，载《人民法治》2019 年第 4 期。

[16] 何小敏、刘文添:《“凭空”建法庭，广州互联网法院发布全国首个“YUE 法庭”》，载《信息时报》2020 年 2 月 28 日。

[17] 裴然、吴献雅、李易忱:《“互联网法院”时代知识产权多元解纷机制的电子化路径》，载《司法体制综合配套改革与刑事审判问题研究——全国法院第 30 届学术讨论会获奖论文集》，人民法院出版社 2019 年版。

[18] 刘加良:《司法确认程序的显著优势与未来前景》，载《东方法学》2018 年第 5 期。

[19] 林和宗:《大数据技术在 5G 通信网络中的应用》，载《科技创新与应用》2020 年第 6 期。

[20] 张伟征、项凯丽、张丹青:《当解纷机制与互联网 + 时代在诉调衔接领域发生碰撞——ODR 之路径探索》，载《人民法院报》2019 年 12 月 20 日。

[21] 张梦伟、王佰顺、许克南:《基于网格化管理的“防灾型”高校社区管理模式构建》，载《中国安全生产科学技术》2019 年第 3 期。

专业高效:《民法典》视野下自贸区“专业解纷中心”的构建

——以制度型开放中审判能力现代化为视角

侯文静

摘要:《民法典》的颁布实施对于化解矛盾纠纷、促进社会和谐意义重大。加快实施自贸区战略是新形势下全面深化改革、扩大对外开放的战略举措。我国当前自贸区解纷机制存在审判定位不够清晰、非诉解纷尚显薄弱、配套机制不够健全等问题。为探索形成适应自贸区经济社会发展的综合法律服务机制,提供多样化解纷方案,打造专业化解纷平台,在梳理调整现行法律法规、确定解纷基本价值追求、建立健全统一协调机制的基础上,尝试构建自贸区“专业解纷中心”。“专业解纷中心”以自贸区法院为主体,建立法院、调解、仲裁机构的“合作伙伴”关系,并邀请其他机构常驻“解纷中心”,下设区域合作机构。以此推动形成专业解纷机制,满足自贸区多元法律服务需求。

关键词: 民法典　自贸区　专业解纷中心　诉调对接

提高政治站位,坚持法治先行,加强综合法律服务机制建设,是主动融入国家战略、承担政治使命的责任体现,也是实现制度创新,推动自贸区形成规范法治环境的必然要求。我国当前自贸区综合法律服务机制在诉讼、调解、仲裁等解纷领域仍然存在诸多短板,与国际一流自贸区的配套法律服务相比仍然存在一定差距。《民法典》的颁布实施为探索形成适应自贸区经济社会发展的综合法律服务机制,找准法律服务保障切入点、着力点,加大法律服务机制创新,现尝试构建自贸区“专业解纷中心”,致力于打造快捷与高效、精英化与国际化的纠纷解决平台,提供了富有创造性、实现共赢的解纷方案。为此,需要发挥法院在综合法律服务中的参与、推动、规范和保障作用,会同仲裁、调解、检察、司法局等多家部门和机构,推动形成专业解纷机制,满足自贸区多元法律服务的需求。

一、当前自贸区解纷机制存在的问题

（一）审判定位不够清晰

首先，自贸区法庭作为基层法院的派出法庭，层级较低。随着自贸区战略的深入实施，机构设置的能级与自贸区的行政主管机构设置并不匹配，在法庭自身建设、重大案件研判、案件执行以及对外沟通交流等方面存在掣肘。

其次，虽然目前我国很多地区都已经设立自贸区法院或自贸区法庭，但大多流于形式，自贸区特色淡化，与普通商事庭区别不大。自贸区作为对外开放的前沿，改革的广度和深度远远超过区外，由此带来自贸区争端的专业性和复杂性不断提升，对自贸区审判提出更高要求。然而，目前自贸区法院或自贸区法庭受理案件缺乏专业定位，不能体现自贸区案件的特点。

最后，由于自贸区实际容量有限，企业希望获得区内政策红利，享受区内优惠及便利，便往往采用区内注册、区外经营的做法。按照《民事诉讼法》的相关规定，被告住所地（包括注册登记地与实际经营地）、合同缔结地、合同履行地、侵权行为地均可能成为法院管辖的依据，因此，自贸区外的法院对于涉自贸区的民商事纠纷案件也可能具有管辖权。由此导致涉自贸区案件的审判实际上并不集中，不利于保证案件的审理质量、集中发现问题以及法律适用的统一。

（二）非诉解纷尚显薄弱

第一，现行法律制度亟须完善。调解方面，由于我国缺乏针对商事调解的一般立法，《新加坡调解公约》在我国的适用会产生障碍。《新加坡调解公约》中的“调解”涵盖正式调解和非正式调解，机构调解和个人调解，而我国现行法律仅承认常设机构作出的裁决或调解协议的效力，不认可非正式调解机构或个人作出的裁决或调解协议的效力。仲裁方面，我国《仲裁法》完全建立在仲裁机构的基础上，已经不适应自贸区法律服务的需要。虽然我国在加入世贸组织时并未承诺开放仲裁市场，但仲裁作为法律服务业的一种，扩大其开放程度，与国际接轨具有紧迫性和必要性。2014 年出台的《中国（上海）自贸区仲裁规则》在尊重当事人意思自治、开放仲裁员名册、创设紧急仲裁庭制度等方面进行了创新与完善，但对于仲裁员选择、裁决依据的适用、仲裁监督等问题仍需要更为全面具体的配套法规来解决。

第二，非诉解纷机构独立性相对欠缺。我国的仲裁或调解机构主要采取事业单位管理模式，决策层与执行层混为一体，具有半官方性和半行政性。许多仲裁委员会办事机构由行政官员兼职管理，政府法制部门享有许多仲裁机构人员调配、管理的权利。①《仲裁法》虽然规定“仲裁不受行政机关、社会团体和个人的干涉”，实际上我国的仲裁机构多依附于行政机关，其独立的法律地位相对欠缺，行政化问题突出，这在很大程度上会影响当事人选择仲裁机构解决纠纷的意愿。

第三，仲裁和解裁决比例较低。从结案方式来看，当前裁决结案方式占总案件数的比例稳定在50%至70%之间，是最主要的仲裁结案方式；和解裁决结案方式所占比例整体呈上升趋势，但仍未超出15%。注重仲裁前或仲裁中的和解既是对当事人意思自治的尊重，也可以提高纠纷解决的效率，节约法律服务成本。和解裁决在仲裁结案形式中所占比重不大，对于该种简洁、友好、方便执行的解纷方式仍有很大潜力可以挖掘。

（三）配套机制不够健全

解纷机制衔接方面，仍有很大空间需要完善。以查阅卷宗为例，仲裁机构与人民法院之间尚未建立卷宗互享机制，法院需要调取仲裁卷宗时，只能自行前往仲裁机构阅卷，或由当事人自行向仲裁机构复印仲裁卷宗后，以证据形式提供。仲裁机构在办理重新仲裁案件时，需要查阅法院撤销仲裁裁决卷宗的，也需要再行向法院申请调取纸质卷宗。信息与材料等流转不畅影响各方案件办理的效率。

检察监督方面，检察院对于保障自贸区法治营商环境、建立自贸区检务协调体系意义重大，在检察监督方面更是发挥着不可替代的作用。然而，检察院参与纠纷化解仍然存在一些乏力的表现，比如很难对调解协议中当事人的真实意思进行监督，对于虚假仲裁缺乏适当的介入途径，较法院而言对自贸区诉讼案件专业性相对欠缺导致对裁判监督“硬”度不够等。

---

① 郝毓、张升:《关于完善我国商事仲裁制度之构想》，载《重庆科技学院学报》2011年第15期，第45–47页。

二、自贸区“专业解纷中心”可行性分析

世界上有超过3000个自由贸易区、自由港和类似的指定地区，[①]不同国家和地区的自贸区司法或其他争端解决机制差异较大。其中迪拜国际金融中心的纠纷解决机构的设置对于我国自贸区“专业解纷中心”的具体建构具有很大借鉴意义。迪拜的国际金融中心下设纠纷解决管理局，纠纷管理局又由彼此独立的机构组成，即迪拜国际金融中心法院、迪拜国际金融中心——伦敦国际仲裁院以及与迪拜国际金融中心法院相关的法庭及附属机构。上述部门作为综合法律服务的主要提供机构，统一规划和管理诉讼与非诉讼纠纷解决服务。[②]迪拜国际金融中心纠纷解决机构的设置和运行体现了法院地位以及多元化纠纷解决机制的重要作用，迪拜国际金融中心纠纷解决管理局统一化、标准化与行政化的管理模式为我国自贸区“专业解纷中心”建设提供了有益借鉴。

结合我国实际，我们期待建立一个以自贸区法院为主体、下设调解与仲裁机构，检察院、司法局、律师常驻，信访、市场监管等职能部门参与会商，区域合作机构繁荣发展的“专业解纷中心”。

（一）梳理调整现行法律法规，保证先行先试于法有据

随着自贸区改革开放的进一步发展深入，法治引领和推动对自贸区综合法律服务机制建设至关重要。自贸区作为改革开放的前沿阵地，其综合法律服务等方面与现行法律法规会产生一定冲突，与国际法对接也面临一定挑战。立法不但要全面回应现实需要，还要引领自贸区综合法律服务的改革方向。因此，自贸区“专业解纷中心”的构建需要法治先行，对现有法律法规进行梳理和调整，保证先行先试于法有据。

1. 审判领域

第一，关于诉讼管辖问题。涉自贸区民商事案件由自贸区法院排他性集中管

---

①《世界及美国的自由贸易区》，胡苑等译，法律出版社2016年版，第1页。

②赵蕾、邓迪心、何晓懿：《沙漠金融中心之门——迪拜国际金融中心的纠纷解决机制》，载《人民法院报》2017年7月14日第8版。

辖更为妥当。[1]借鉴以往实践经验,[2]可以通过司法解释的方式，授权自贸区法院集中管辖涉自贸区民商事案件，同时明确案件范围。关于刑事案件的管辖方面，由于自贸区在金融、公司设立等领域具有特殊规定，“虚报注册资本罪”“虚假出资、抽逃出资罪”等刑法罪名在自贸区可能出现限制适用的情形。对此，在与公司注册资本认缴、外商投资管理、外汇管理等相关的罪名适用条件予以明确的前提下，可以由自贸区法院集中管辖涉及自贸区特别法的刑事案件，其他普通刑事案件则仍由原管辖地法院受理。[3]

第二，关于推动建立抽象行政行为的司法复审机制。“目前对市场主体干预最多的不是法律法规，而是政府通过发布规范性文件设置行政许可的方式进行管制。”[4]自贸区以商人本位为中心以及注重效率的特点是自贸区的活力所在，而这显然与繁杂的行政审批等格格不入。虽然在简政放权、转变政府职能等改革举措下，行政审批事项较以往已大有改观，但缺乏对行政规范性文件的司法审查才是权力膨胀的根本症结，否则，这种自上而下的行政推动终究治标不治本。如果在自贸区“专业解纷中心”建立对行政规范性文件的司法审查机制，将抽象行政行为纳入行政诉讼的范畴，行政机关定然会在很大程度上谦抑审慎用权。并且，同级法院受理对同级政府和下一级政府提起的涉自贸区事项的行政诉讼与宪法并不相悖，将规范性文件纳入备案审查范围于法有据。

2. 调解与仲裁领域

为防止因此而挫伤国际商事争议当事人选择调解解决争议的积极性，自贸区应当尽快制定一部可以同时适用于国内、国际商事纠纷的调解法，对国际和解协议的执行程序、调解的适用范围、保密性及管辖等内容进行规定。此外，随着自贸区进一步发展深入，现有调解机构难以满足巨大的商事调解需求，故可以在自贸区范围内率先以立法形式确认临时性机构或个人的调解效力，规定调解员的权

---

① 陈力:《上海自贸区投资争端解决机制的构建与创新》，载《东方法学》2014 年第 3 期，第 101 页。

② 2001 年为了适应我国加入世贸组织的需要以及提高涉外商事案件的审判质量，我国最高人民法院曾通过《关于涉外民商事案件诉讼管辖若干问题的规定》，对信用证纠纷等几类商事纠纷规定了特定法院的集中管辖制度。

③ 黄洁:《上海自贸区争端解决机构的建立与相关国内法制度创新》，载《中山大学学报（社会科学版)》2014 年第 5 期，第 182 页。

④ 贺小勇:《中国（上海）自由贸易试验区法治建设的评估与展望》，载《海关与经贸研究》2015 年第 2 期，第 10 页。

利义务，建立相对完善的调解员制度。[①]同时，可以通过对《仲裁法》的修订，探索引进港澳台地区以及国外仲裁机构到自贸区内执业、临时仲裁的司法审查标准匮乏等一系列问题。

（二）应对争端解决创新挑战，确立解纷基本价值追求

“专业解纷中心”的建立应首先明确争端解决的基本价值追求及其内涵，以公正、高效、专业的价值理念应对自贸区争端解决的新问题、新挑战。

1. 公正：以商人本位为中心

公平公正作为争端解决的首要追求是毋庸置疑的。当事人诉诸解纷机构处理争端问题，其目的就是寻求中立的第三方以公平公正解决矛盾、促成共识。当然，无论如何先进的解纷理念和完善的解纷机制，都不可能打造绝对公平，只能追求相对公正，即在当事人之间达成利益的衡平。民商事争端解决体系的相对公正主要体现在平等民商事主体之间。基于“商事自治”的理念，在管辖、仲裁、外国判决执行、多元化纠纷解决等多个环节充分尊重当事人的意思自治。

2. 高效：注重不同争端解决之间的统一性

自贸区市场活动瞬息万变，如果争端解决机制与市场活动的高速运转不匹配，无疑会使自贸区失去其应有的吸引力和竞争力。高效的争端解决机制对自贸区创新和发展至关重要，效率原则在争端解决机制中主要表现为：配备多元化的争端解决机构、对各阶段争端处理作出时间限制、特殊的决策方式（如 WTO 争端解决机构中的“消极协商一致”）、规定解纷结果的执行效力等。[②]除此之外，在多元解纷背景下，不同争端解决机构之间的衔接与统一也是保障效率的重要因素。自贸区争端当事人往往具有国际背景、流动性较高，如果不同争端之间缺乏有效联系，当事人在不同解纷机构之间奔忙，甚至需要进行大量重复性的解释与证明活动，则会大大增加解纷成本，降低解纷效率，造成维权不便。因此，自贸区“专业解纷中心”本身应形成一个有机整体，注重不同争端解决之间的统一性，以一定的逻辑结构作为连接，整合资源，内环形成一个相对完整的以诉讼作为最终手段，调解、仲裁作为一线途径的多元解纷回路，外环吸纳信访、市场监管、社会

---

① 陈胜、张逸飞：《〈新加坡调解公约〉对我国多元化商业纠纷解决机制的促进作用》，载微信公众号“上海市法学会”，2020 年 3 月 9 日。

② 陈颖洁：《上海自贸区金融争端解决机制构建之价值追求研究》，载《特区经济》2014 年第 4 期，第 60 页。

管理等职能部门，不同机构之间协调合作，增强信息的有效传递。

3. 专业：专业知识、专业人才与专业机构

第一，自贸区经济贸易活动伴有大量专业概念和术语，尤其是在金融和知识产权领域，不仅知识更新换代快，而且复杂抽象。解纷中心的人员除了需要具备专业知识和专业思维，还需要了解特定的交易规则和习惯。第二，在诉讼领域，选拔具备争端解决专业素养和专业法律思维的复合型人才，必要时引入专家陪审制度或专家证人制度。在仲裁、调解领域，吸纳各界专业人士，注意人员的独立性、中立性和多样性，避免偏向性和局限性。同时，基于自贸区开放性的特点，要尤其注意专业人才的国际性，提升解纷结果的国际认可度。第三，“解纷中心”下设不同类型的专门机构以满足不同的解纷需求，除具有专业知识和配备专业人才外，这些机构还应建设类型化专业解纷平台，根据不同纠纷的类型特点作出专门化处理。

（三）充分发挥各自职能作用，建立健全统一协调机制

1. “走出去”与“引进来”相结合

与自贸区包容、开放的特点相匹配，自贸区“专业解纷中心”的建设也需要双轮驱动。一方面，强调法院主动发挥其职能作用，勇于“走出去”，为非诉解纷方式提供司法保障。另一方面，“专业解纷中心”引进多类型的解纷机构，为当事人提供多元的解纷方案和丰富的法律服务。在“走出去”与“引进来”的共同作用下，优化整合法律服务资源，发挥优势、建立健全统一协调机制，充分发挥司法职能作用。

2. 建立多层递进解纷网络

为了合理配置司法和社会资源，提高纠纷解决的质量与效率，自贸区“专业解纷中心”要注重不同解纷方式之间的有效衔接，建立有机联动的内部机制，保证其协调配合。“专业解纷中心”要坚持“把非诉机制挺在前面”的解纷理念，引导和鼓励当事人优先选择形式温和、解纷成本低、高效便捷的解纷方式，首先经过自治协商与和解后，如果矛盾仍未解决，再考虑调解、仲裁方式，最后启动诉讼这一纠纷解决的最后一道防线。通过对矛盾纠纷的过滤和分流，可以有效配置司法和社会资源，建立多层次、递进式、有的放矢的纠纷解决网络。①

3. 探索统一透明监管体系

权力不受制约和监督，必然导致滥用和腐败。无论是法院还是调解、仲裁机

---

① 王琦：《探索自贸区自贸港纠纷解决新机制》，载《海南日报》2019 年 12 月 13 日第 A10 版。

构，甚至行业协会在缺乏有效监管的情况下，都有可能滥用权力、滋生腐败。尤其在自贸区这一特殊场域，商事自治程度高，自由裁量幅度大，为了“专业解纷中心”能够长久健康运转，就必须对其中每一环节和要素进行规范监管，将所有解纷平台暴露在阳光下，唯有如此，才能构建权责明确、公平公正、透明高效的解纷中心。为此，需要从以下三个方面创新规范监管模式方法，建立统一透明监管体系。首先，以制度建设推进综合监管。确立对自贸区“专业解纷中心”的监管条款，构建政府、社会（行业）、市场主体和公众参与的监管体系。其次，建立解纷机构信用体系，引导当事人对机构进行评价以及推进机构自评工作，建立长效跟踪机制，形成竞争和退出机制，加强信息披露和举报保护制度。最后，探索与第三方合作建立信息化监管平台，平台覆盖律师、公证、调解、仲裁、诉讼、司法鉴定等各个领域，同时与税务、工商等政务部门建立信息互联，实现不良和异常情况的主动抓取和提前预警。

三、自贸区“专业解纷中心”具体建构

（一）以自贸区法院建设为主体

1. 自贸区法院基本设置

出于便利当事人的考虑，自贸区法院一般建在自贸区内。从法院级别来看，自贸区法院属于基层人民法院，受上一级法院的监督。从行政管理来看，自贸区法院隶属于自贸区“专业解纷中心”，受“专业解纷中心”的统一管理。从管辖来看，自贸区法院排他性集中管辖涉及自贸区的投资、贸易、金融、知识产权等重点领域民商事案件以及涉及自贸区特别立法的刑事和行政案件。从人员配备来看，自贸区法院对于法官的专业性、国际性要求较高，除符合一般法官要求外，还应设立有别于其他法院、能够反映自贸区案件要求的法官遴选标准，比如通晓国际经贸规则、熟谙英美法传统等，以保证审判的公正性和权威性。

2. 多举措推进诉源治理

第一，司法向纠纷产生源头倾斜和延伸。纠纷和矛盾越往后端则气氛越对立、化解难度越高、解纷成本越大，诉源治理的重点要求就是“把非诉讼纠纷解决机制挺在前面”。为此，法院需要精准对接调解、仲裁、行业协会等机构的解纷需要，提供专业指导，使纠纷在源头就得以化解。第二，在法院内部创新工作机制，

优化整合资源。引进遵循先例原则，建立案例指导制度，通过审委会讨论的案件，可以作为自贸区法院的判例或指导性案例。开展繁简分流工作，建立案件分类处置平台，将简单案件集中到建议程序审理，提高解纷效率，合理配置审判资源，使疑难复杂案件得以精细审理，普通案件得以简化审理。第三，在实行法官负责制的同时，设立调裁分离制度。实践中存在用裁判作为威慑，当事人被迫接受调解的情况，为了避免该种弊端，可以规定，负责调解的法官不能在同一个案件中负责审理裁判工作。

（二）建立法院、调解机构、仲裁机构的“合作伙伴”关系

1. 诉讼、调解、仲裁无缝对接

为提高解纷效率、降低解纷成本，自贸区“专业解纷中心”致力于实现诉讼、调解、仲裁的无缝对接。为此，要完善诉前调解机制，充分发挥调判结合、调解优先的多元纠纷解决机制的优势，实现流线型对接，缩短周期。打通收案平台，加强案件管理和电子文档的运用，实现法律服务和数据流转的系统对接。

2. 仲调结合模式

在仲调结合模式下，当事人可以更加灵活方便地选择解纷程序，具有更大的自主权，在提高纠纷解决效率的同时根据自身需求寻求最佳方案。仲调结合可以分为“先调解后仲裁”和“先仲裁后调解”两种模式。其中前者在国内已较为成熟，后者现也由于《新加坡调解公约》的签署而破除最后的障碍。在自贸区“专业解纷中心”，当事人可以根据自身需求在不同的仲调结合形式中选择。

在“先调解后仲裁”模式下，当事人先进入调解程序，调解成功的则通过仲裁赋予调解协议执行效力；调解不成功的，则另行启动仲裁程序。最终仲裁裁决依据《纽约公约》申请承认与执行。

在“先仲裁后调解”模式下，当事人先进入仲裁程序，由仲裁员对案件进行调解，若调解成功则恢复仲裁程序，通过仲裁赋予调解协议执行效力；若调解不成功，则继续进行仲裁程序。该模式中，调解的地位更加灵活，既可以是从属于仲裁程序的某一环节，也可以是与仲裁程序平衡的独立程序。[①]《新加坡调解公约》签署之前，平行程序下达成的调解协议只能通过仲裁裁决赋予其执行效力，《新加坡调解公约》签署后，只要尚未记录在案作为仲裁裁决，就属于《新加坡调解公

---

① 参见陈力:《上海自贸区投资争端解决机制的构建与创新》，载《东方法学》2014年第3期，第101页。

约》的适用范围。

3. 诉调对接

商会调解是商事调解的重要形式，商会调解中，当事人在工商联、协会、商会的主持下自愿达成协议，解决纠纷。现有诉调对接模式下，商会主要负责平台建设、流程或规则制定等事项，而法院则承担主要调解工作，对诉调对接过程以及调解后的效力确认、执行起主导作用。也正是由于这个原因，我国现有诉调对接模式下作出的调解书和调解协议很有可能会被《新加坡调解公约》排除适用。另外,《新加坡调解公约》的签署会大大增强商事主体对于商会等调解组织的信任，调解成功率和调解协议的执行率会相应提高，通过商会调解达成的调解协议等可以不再只能通过司法确认程序而获得执行力。因此，在自贸区“专业解纷中心”，率先尝试商会调解破除原有模式下必须接受司法审查的障碍，使其焕发新的生机与活力。倡导商会等调解机构积极为诉调对接机制扩展新的内核，提高调解协议的执行效率，为商事争端的解决提供一条更便捷的路径，减轻法院和争议当事方的讼累。[①]

（三）其他机构常驻解纷中心

1. 检察监督参与纠纷化解

为更好地发挥检察监督参与化解纠纷的作用，需要检察院常驻解纷中心，强化其调解监督、仲裁监督和审判监督职能。首先，由于片面追求调解率、以判压调、久调不判等现象客观存在，加之当事人双方地位不对等因素，“调解事了”很容易走样为“调解了事”，而当事人对于调解的“非自愿”举证困难，调解监督很难发挥其作用。基于调解的特点，该种困境从法律角度暂时很难破解，但检察院可以侧重调解源头监督，对于当事人双方在专业水平、诉讼地位、经济能力等方面完全不对等的情况，及时提供法律咨询等服务，并做好跟踪反馈工作，确保矛盾早发现、早化解。其次，虽然检察机关不能直接对仲裁进行监督，但是可以通过对法院执行程序的监督达到对仲裁间接监督的目的。同时，检察院常驻解纷中心，可以与其他机构及时地互通有无、资源共享，对仲裁员行为失范实施多维、联动的监督路径。最后，检察院常驻解纷中心，有利于加强其自身队伍建设，及时更新自贸区知识结构，与中心区域合作机构展开广泛交流，探索资源共享模式，

---

① 参见陈力:《上海自贸区投资争端解决机制的构建与创新》，载《东方法学》2014 年第 3 期，第 101 页。

以专业水平提升确保监督有力。[①]

此外，检察院常驻解纷中心，还可以找准检察机关服务保障自贸区建设的接合部和切入点，加强执法衔接，对标国际标准，提升司法协同性，建立和维护自由公平经济秩序。

2. 渐进开放律师法律服务

律师是法律服务最主要的提供者之一，律所常驻自贸区“专业解纷中心”的地缘和政策等优势可以使律师更加及时地掌握自贸区信息，更精准地分析研判自贸区法律风险，更有针对性地出具争端解决方案，自贸区渐进开放律师法律服务十分必要。随着自贸区法律服务市场进一步扩大，中国律所的管理模式、业务流程逐渐与国际接轨，业务水平和竞争力显著提高，可以逐渐减少法律服务类负面清单，渐进推动自贸区开放律师法律服务市场。

3. 司法局、信访、市场监管等职能部门参与会商

司法局参与会商，致力于提高自贸区的法律服务能级，培养涉外法律服务人才，统筹提供律师、公证、司法鉴定、仲裁等全方位的法律服务，加强法律服务行业与自贸区各方的沟通衔接。

信访部门参与会商，以依法及时解决当事人合理诉求为目标，有利于及时发现自贸区建设背景下信访矛盾的新问题，总结自贸区争端解决的新规律，为自贸区建设营造和谐稳定的市场环境和社会环境。

市场监管部门参与会商，充分发挥其综合执法优势，创新运用多种监管手段，优化政务服务举措，支持各类商事纠纷专业调解机构采取多种方式、依照国际惯例解决纠纷，为自贸区营造良好市场秩序，并从源头上减少争端。

（四）下设区域合作机构

经济全球化的深入发展，给自贸区法律服务带来新的挑战。自贸区“专业解纷中心”应积极推进跨境司法合作，不仅为争端解决提供沟通与协助的平台，而且成为展示我国法治建设、提升我国司法国际影响力的重要窗口。

1. 建立国际司法协助研究基地

目前，最高人民法院国际合作局与武汉大学、西安交通大学、华东政法大学

---

① 天津市人民检察院第三分院课题组:《检察机关运用新时代“枫桥经验”参与社会治理的路径——以检察机关服务天津自由贸易试验区展开》，载《天津法学》2019年第4期，第91–93页。

等高校合作，建立国际司法协助研究基地。自贸区“专业解纷中心”也可以此为借鉴，依托最高人民法院和高等院校，在自贸区建立国际司法协助研究基地，与境外司法协助机构开展广泛交流与合作，包括对国际协助法律理论问题的研究、司法协助国际公约的研究、互惠基础上民商事判决的承认与执行、文书送达等。

2. 建立国际法律与司法信息中心

自贸区“专业解纷中心”下设国际法律与司法信息中心，搭建国际先进的自贸区法律信息网络，提供外国法查明等法律服务，构筑跨境审判、调解、仲裁的信息共享平台、学术研究平台和沟通合作平台，汇聚国际司法界、实务界、学术界各方资源，并为纠纷解决提供法律大数据等智力支持。此外，国际法律与司法信息中心可以成为自贸区专业法律服务人才的培养基地，为解纷人员提供培训和联系对外交流学习。

3. 建立国际司法案例研究中心

商事交易需要可预测性，商人才能据此做相应的商事规则和风险安排。如果裁判一直变化，则商事交易的风险就会增大，因此，自贸区纠纷解决需要在一定程度上遵循先例，建立国际司法案例研究中心的重要性不言而喻。建立自贸区国际司法案例研究中心的宗旨在于通过案例研究，对争端解决的方法和路径进行提炼、总结，促进司法实务发展、推动学术交流，增进解纷中心的专业性和权威性。其具体任务包括：组织国际会议研讨自贸区热点、疑难案件，培育和报送涉及自贸区精品案例、提供案例咨询等。自贸区国际司法案例研究中心依托法律职业共同体，挖掘国际案例资源，提高国际司法案例研究的科学性、专业性和国际性，不仅为自贸区纠纷解决提供有效路径，也为国家战略和司法决策提供可靠依据。

（**作者简介：**侯文静，在上海市第一中级人民法院研究室工作）

参考文献：

[1] 郝毓、张升：《关于完善我国商事仲裁制度之构想》，载《重庆科技学院学报》2011 年第 15 期。

[2] 张方舟：《论中国法律服务市场开放的新标准——以上海自贸区的实践为视角》，载《研究生法学》2016 年第 31 卷第 1 期。

[3]《世界及美国的自由贸易区》，胡苑等译，法律出版社 2016 年版。

[4] 赵蕾、邓迪心、何晓懿：《沙漠金融中心之门——迪拜国际金融中心的纠纷解决机制》，载《人民法院报》2017 年 7 月 14 日第 8 版。

[5] 陈力:《上海自贸区投资争端解决机制的构建与创新》,载《东方法学》2014 年第 3 期。
[6] 黄洁:《上海自贸区争端解决机构的建立与相关国内法制度创新》,载《中山大学学报(社会科学版)》2014 年第 5 期。
[7] 贺小勇:《中国(上海)自由贸易试验区法治建设的评估与展望》,载《海关与经贸研究》2015 年第 2 期。
[8] 陈胜、张逸飞:《〈新加坡调解公约〉对我国多元化商业纠纷解决机制的促进作用》,载微信公众号“上海市法学会”,2020 年 3 月 9 日。
[9] 陈颖洁:《上海自贸区金融争端解决机制构建之价值追求研究》,载《特区经济》2014 年第 4 期。
[10] 王琦:《探索自贸区自贸港纠纷解决新机制》,载《海南日报》2019 年 12 月 13 日第 A10 版。
[11] 天津市人民检察院第三分院课题组:《检察机关运用新时代“枫桥经验”参与社会治理的路径——以检察机关服务天津自由贸易试验区展开》,载《天津法学》2019 年第 4 期。

人民法院一站式多元解纷体系建设的路径选择

——以S省L市人民法庭基层治理工作情况为分析视角

胡浪波

摘要：为基层社会治理提供司法服务和保障是人民法院落实党的十九届四中全会提出的推进国家治理体系和治理能力现代化的应有之义。人民法庭由于有着贴近矛盾纠纷源头的“先天优势”，在矛盾纠纷多元化解机制中仍然发挥着基础性作用，要借“一站式多元解纷”的东风，建立起一站式多元纠纷基层治理体系。本文以基层治理体系构建的可行性探索为切入点，将S省L市人民法庭的发展现状作为研究样本，深入探析人民法庭在参与基层社会治理中面临案件审理与基层治理相对失衡、乡村利益多元化下应对乏力、缺乏参与基层社会治理的内生力量和机制、审判保障力量亟待加强等困难。鉴于此，本文提出应明确人民法庭参与基层社会治理的功能定位，确定其具体职责，并提出人民法庭参与基层社会治理的功能实现需三种维度的融合，处理好“一个关系”，把握好“四项结合”，才能够真正地实现基层治理体系的法治化。

关键词：人民法庭　社会治理　职能定位　基层治理体系

引言

党的十九届四中全会对坚持和完善中国特色社会主义制度、推进国家治理体系和治理能力现代化作出了重大战略部署，为人民法院参与基层社会治理指明了方向，提供了根本遵循。在新时代下，乡土社会如何有效化解社会转型期面临的各种矛盾纠纷，推动现代乡村社会治理体系的有效建立，已成为党政机关、法院、社会公众所不得不面临的重要课题。

人民法庭作为基层的基层，其设立在乡土社会，依靠乡土社会的长者，依据包括乡土规范在内的规范解决乡土社会的纠纷，满足乡土社会民众的需要，维持乡土社会的秩序，[①]其天然具有基层治理的地缘优势和专业能力。在推进国家治理体系和治理能力现代化背景下，人民法庭如何协调审判工作与基层治理、如何找准自身的功能定位、如何有效服务于基层社会治理，都是亟待探讨的问题。本文从S省L市法庭的实践现状出发，在厘清人民法庭服务基层社会治理找准功能定位后，试图为人民法庭进一步参与基层社会治理提供一种有益探索。

一、检视：人民法庭参与基层社会治理的实证分析

"中国的人民法庭制度建设经历了创立与挫折、恢复与重建、发展与转型等不同的历史时期。"[②]随着我国民族区域自治制度、社会主义市场经济和全面依法治国理念的不断深化，民族地区人民法庭需要在习近平新时代中国特色社会主义思想指导下实现对基层社会治理模式的全面升级和转型。如何在实现全面依法治国与乡土司法的融合中架起一座法治的桥梁成为当前理论界和实务部门需要探讨的一个真命题。我国基层社会治理模式的转型升级取决于广大社会群众对上层建筑治理理念的理解和遵从，而人民法庭对案件进行审理即通过司法活动来实现法律适用的功能。民族地区的人民法庭作为国家基层政治元素之一，需要通过法文化维度内的融合功能定位来实现现代法治与乡土司法的统一。[③]

（一）以S省L市人民法庭为样本的数据统计分析

L市地处四川盆地边缘与云贵高原的过渡地带，幅员面积12243平方公里、地形条件复杂、交通不甚发达。作为西部欠发达地区，全市乡村人口300.48万人，比重超过58%，近一半农业人口常年在外打工，属于人口净流出地区。全市52个人民法庭常驻地均为乡镇，距离县城50公里以上的人民法庭有9个，路远地偏、交通不便是L市大部分人民法庭面临的实际现状。

目前L市人民法庭共有在编干警106人、聘用编制外人员82人，其中员额法官为66人（见图1）。平均每庭员额法官1.26人、正式在编干警2.03人，包括聘

① 高其才：《乡土社会中的人民法庭》，载《法律适用》2015年第6期。

② 胡夏冰、陈春梅：《我国人民法庭制度的发展历程》，载《法学杂志》2011年第2期。

③ 参见傅树朝、廖世归：《现代法治融入乡土司法探析》，载《福建法学》2016年第6期。

用书记员、法警在内平均每庭有工作人员3人。司法责任制改革后，绝大部分人民法庭维持1审1书1警的人员编配。2019年，人民法庭法官人均结案数达220件，除了审判任务，还担负着指导人民调解委员会工作、参与基层矛盾纠纷化解、脱贫攻坚等其他工作，人民法庭案多人少矛盾仍然突出。

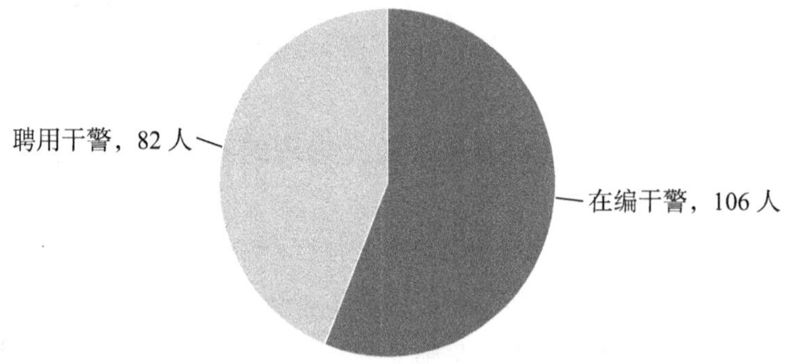

图1　L市人民法庭组成人员结构分布

2019年，L市人民法庭共受理各类案件15320件，其中民商事案件14729件，执行案件（包括保全执行案件）591件。结案15010件，其中民商事案件14429件，执行案件581件，结案率为97.9%，调解率为75.8%，均高于全市基层人民法院平均水平（见图2）。案件类型仍以传统纠纷为主，案件数量排前六的案件类型为：婚姻家庭继承纠纷、民间借贷纠纷、金融借款合同纠纷、劳务合同纠纷、机动车交通事故纠纷、土地承包经营权及相邻权纠纷。双方当事人之间多为熟人之争、亲属之争，矛盾发生后往往不仅涉及法律问题，还涉及乡村生活方方面面的风俗、伦理和人情。

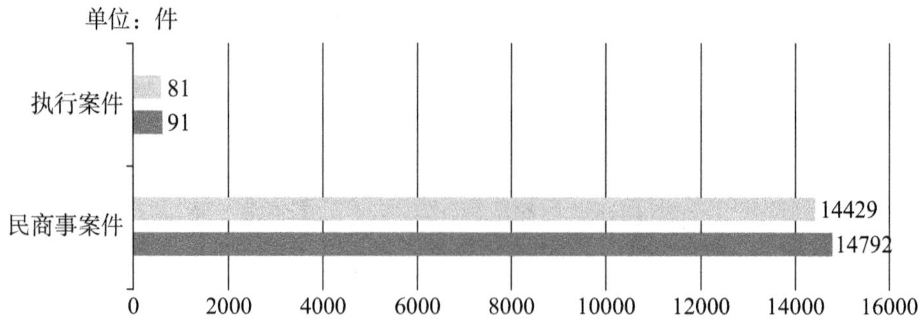

图2　2018年L市人民法庭案件收结情况

L 市人民法庭有员额法官 66 人，其中男性 35 人，女性 31 人，年龄 35 周岁以下 33 人，年龄 35 周岁以上 33 人。均为大学本科以上学历，其中 3 人具有硕士研究生学历。L 市人民法院近年来通过学历进修、提高招录标准等方式大幅度提升法官的学历，法庭法官均具有大学本科以上学历，法官素质明显得到提升。但是也导致，L 市现有人民法庭法官具有农村生活、工作经历的不足 20%，乡村生活经验缺失是目前大多数人民法庭法官存在的问题。

（二）S 省 L 市人民法庭参与基层社会治理的主要模式

近年来，L 市人民法庭在“人民法庭规范化”“二型法庭”建设基础上，大力推动参与、保障乡村社会治理，探索了很多有益做法。一是抓好乡村民生审判。依法审理涉农村土地承包关系和农民土地承包经营权的案件、环境资源类案件。对于涉宅基地、土地承包经营权“三权分置”改革新类型案件，L 市人民法庭积极更新工作思路，在不突破三条红线基础上，以有利于改革为出发点，创新案件审理方式。2016 年以来，L 市 L 县试点改革法庭共审理涉农地纠纷 36 件，取得了很好的审理效果。二是大力推动巡回审判。按照“谁执法、谁普法”原则，积极增强巡回审判便民诉讼、化解纠纷、法制教育、司法公开的复合效应。全市 52 个人民法庭均配置便携式巡回审判装备，实现巡回审判同步录音录像；规范巡回审判的比例、案件类型，要求每年巡回审判案件不得低于审结案件的 60%；对于涉民生、易发多发的民事纠纷进行集中排查、集中巡回审判，邀请村社干部、人民调解员到现场旁听，通过以案说法，用看得见的公平正义增强普法宣传教育效果，达到树立规则意识、净化社会风气的目的。三是推动无讼社区建设。探索建立三级诉讼服务网络，以法庭为中心，在镇街社区设立巡回审判室、中心村片区设立巡回审判站、村社建立巡回审判点，人民法庭与三级室、站、点的人民调解员、村社干部保持密切联系，通过定期会商、指导人民调解、巡回审判等方式加强与村社党组织、村社干部的沟通，积极运用“枫桥经验”[①]，建起“小事不出村、大事不出镇、矛盾不上交”的社会治理模式。四是推动乡村纠纷化解机制建立。成立专业审判法庭，主动对接医疗、交通事故、保险、劳动等行业性调解组织，推

① 群众性是“枫桥经验”的本质属性，也是“枫桥经验”重要的组成部分。张应力：《“枫桥经验”与群防群治》，载《北京警察学院学报》2014 年第 1 期，第 44 页；刘力伟：《坚持和发展“枫桥经验”坚定不移地走人民治安道路》，载《公安研究》2013 年第 10 期。

动建立多领域、多渠道的联动化解机制；建立“人民调解员驻庭共建”工作模式，在法院立案窗口和派出法庭设立人民调解室，由司法局派遣人民调解员入驻法庭，接受法院委托、邀请开展调解工作。

二、反思：人民法庭参与基层社会治理中存在的问题

中国社会治理的一个显著特征是融合了正式和非正式管理机制的群众路线以及依靠群众的方针。上文课题组已经详细阐释了以L市人民法庭为代表的当前西部地区乡村司法现状，在当前情况下人民法庭如何进一步推动乡村社会有效治理，积极参与基层社会治理仍存在以下困惑：

（一）人民法庭设置辖区与人员结构配备问题

各地基层法庭对人民法庭的设置都存在不同的差异性，但在设置法庭的个数与地域平衡方面，大都存在问题：有的“一刀切”，一个法庭分管或3个乡镇、或有10万左右人口的乡镇，忽略地形、交通与法庭人数、素质的一个比例合理性。有的法院甚至为解决职位在城区设立法庭，这不但没有解决好职位问题，反而将设置法庭的初衷随着不断的操作与便民、利民渐行渐远。

多数法庭存在审判人员不能组成合议庭的情况，很多地方甚至存在“一人庭”“二人庭”，连组成一个合议庭都困难，通过《人民陪审员制度》由一个审判员与两个人民陪审员组成合议庭的案件，人民陪审员基本是名副其实的“陪审”，做的工作也是只陪不审，有的法庭在审理案件的时候甚至人民陪审员不到现场，以陪审员签字画押就算履行完工作。有的法庭辖区在山区，人员仅两三人，一个往返要用去四五个小时的时间，再加上农村的劳作习惯和个人的生活习性，有的案件送达文书就要跑几趟。而位于平原或其他交通便利的城市，由于交通便利带来的问题也明显增多，很多当事人由于对法庭工作的轻视或为躲避法律事务，利用交通的便捷性，三分钟前还在甲地，五分钟后人就已在乙地，让法庭的案件文书无法尽快地送达当事人，工作量因此增大。在这种情况下即使人数比其他法庭相对数多，但的确真切地成了新的“量大人少”问题，给法庭工作带来严重影响。

（二）乡村利益多元化下的应对乏力

传统的社会格局被打破，新的社会格局没有完全建立，农村当前进入价值多

元化的“半熟人”社会。一方面血缘、地缘的因素仍然深刻影响着乡村社会，另一方面利益、权力等因素在乡村社会中影响日益加重，如何在案件审理中平衡多方利益，实现“案结事了人和”也是人民法庭面临的难题。S省L市人民法庭法官目前普遍存在乡村社会经验缺乏、综合协调处理问题的能力欠缺等问题，导致他们办理案件时无法从当事人角度去思考问题的根源和解决方式，机械生硬地适用法律，这在一定程度上加深了基层治理的难度。

（三）缺乏参与基层社会治理的内生力量和机制

目前S省L市人民法庭参与基层社会治理的功能地位、工作机制不明，缺乏科学治理理念，也没有完善制度化建设。人民法庭参与基层治理更多的是一种自觉性行为和应激性反应，虽然也取得了不俗的成绩，也获得了党政机关和人民群众的肯定，但是离中央提出的“四个治理”[①]目标还有不少的差距。治理过程中缺乏系统治理理念，更多的是法院一家单枪匹马战斗，缺乏其他治理主体的参与。没有制度化建设，没有明确人民法庭在基层治理中的地位、职责，严重削损了人民法庭参与基层治理的积极作用。[②]

（四）法庭审判保障工作有待加强

人民法庭“一庭一法官”的窘境在当前的司法责任制背景下难以改善。基层法庭物质装备和经费保障困难非常大。一是物质装备水平低。以纳溪区法院为例，四个人民法庭其中三个法庭配备警用车辆均已七年以上，甚至多为院级机关淘汰车型，车况陈旧、耗油量和维修成本大是其车辆的特点，且大多法庭位于山区。因此，车辆基本不通且不具备安全行驶的条件，造成了相对的物质装备水平低。法庭办公使用的电脑设备陈旧，加之维护不到位，时常发生电脑故障无法及时维修，极易造成工作困扰，使得科技法庭建设就成了一个空洞的口号。二是经费保障。课题组调研的纳溪法院所在辖区以丘陵为主，但由于办公费采用实报实销，在一定条件下保障了法庭经费的使用，但由于法庭存在工作的特殊性，办公经费

---

① 党的十九届四中全会通过《中共中央关于坚持和完善中国特色社会主义制度　推进国家治理体系和治理能力现代化若干重大问题的决定》，提出了坚持和完善共建共治共享的社会治理制度，保持社会稳定、维护国家安全，构建基层社会治理新格局。

② 赵志：《人民法庭参与基层社会治理创新的范例分析——现实与制度构建》，载《法律适用（司法案例）》2018年第2期；高其才：《乡土社会中的人民法庭》，载《法律适用》2015年第6期。

报销又要通过审核，使得干警的用餐、普通接待问题都要受到较大约束，法庭工作有时候难以开展。同时，公车改革后法庭公务用车大量缩编。

三、解构：人民法庭参与基层社会治理所遇困境的成因探析

基层法治作为社会治理的重要途径，无论是参与的主体还是治理的方式，都具有多样性、特殊性特征，是基层治理体系和治理能力现代化的重要保障。[①] 人民法庭参与基层社会治理出现上述的问题有人为的因素，也有非人为的因素；有主观的原因，也有客观的原因；有历史的原因，也有现实的原因。

（一）法庭待遇、装备条件较差

大多法院领导不会把法庭与机关其他部门摆在同等重要的位置来对待。在人员安排上，法院中办理案件能力强的业务能手大多都放在机关各部门；在人才培养上，很少法院会把人才培养的重点放在基层法庭，法庭的人员很少得到外出培训的机会，办公经费不能很好用到法官的培训上；在人才重用上，法庭与机关其他部门都是平级的法院下属的部门，但被提拔到领导岗位的远少于其他部门；在经费、物质保障上，大多数法庭的办案经费都不如机关的其他业务部门。

（二）法庭干警的工作思想压力大

人民法庭是基层法院的派出机构，但由于社会中世俗的偏见和对法庭组织结构的不了解，这种偏见常常造成以下结果：一是部分干警认为把自己安排到法庭工作是领导对他的不重用，特别是那些一直在机关工作的干警突然被调到法庭工作便认为领导对自己有看法，造成去法庭工作的干警心理有挫败感；二是有的乡镇领导由于法律知识淡薄，认为法庭是他们的下属单位，经常指挥法庭参与其行政事务。另外，因法庭的办公和生活条件差，一些家在县区的干警夫妻分居或晨出暮归，家庭生活与工作存在一定的矛盾冲突，也必然会影响他们工作的积极性。

---

① 彭振：《民族地区基层法治的蜕变与振兴》，载《河北法学》2020 年第 10 期。

（三）办案效果与利益存在冲突时取舍不当

近年来，上级法院对基层法院一直采用目标管理，基层法院为了完成目标，制定了一套比自己还高的目标以期使自身在上级法院的年终考核时处于一个有利的位置。法庭一直在实行目标管理，采取办案数量、结案率、调解率、撤诉率，甚至是无法有效控制的上诉率来对法庭及干警进行考核。由于存在个人利益的影响，很多法庭干警在办案过程中出现如下问题：为了达成或完成工作目标，一切以经济建设为中心，就案办案，不能做到案结事了，对本来是被告方明显利用调解或减少履行标的的案件仍进行调解。因此，常有人反映诸如“我赢了官司输了钱”“我们在法院领到的是一纸空文”之类的话等，都说明我们的人民法庭仍未注重社会效果、政治效果和法律效果的有机统一，而被眼前的经济利益模糊了法律的视线进而违法乱纪。

四、设计：人民法庭参与基层社会治理的功能定位

在新时代中国特色社会主义背景之下，构建一套符合国情、乡情且富含生机的基层社会治理体系，那就得弄清基层良法善治之内涵，首先得说明基层良法善治是一个什么性质的治理体系，其次将其置于何种法律语境下进行解读。如此，才可探寻出一条既适合我国国情，又兼顾我国基层社会民情的治理体系。

（一）基层治理的法律语境分析

依法推进民族地区社会治理现代化，充分改善和保障民族地区的民生，实现民族地区社会和谐、有序发展，维护民族地区社会稳定，保障国家安全意义重大。[①] 构建中国特色社会主义制度之下的基层治理体系，必须依法而治。遵循和服从中国特色社会主义法律体系是应有之义，即将之置于中国特色社会主义法律体系语境之下进行分析，置于习近平法治思想语境之下进行解读，乃至构建，具体来说，表现为如下三点：

首先，必须在坚持中国共产党的领导之下进行分析。坚持党对法治工作的全

---

① 王作全：《我国民族地区推进社会治理现代化法治保障研究》，载《西藏大学学报（社会科学版）》2020 年第 1 期。

面领导。中国特色社会主义最本质的特征是中国共产党领导，中国特色社会主义法治建设也必须是在党领导之下的法治建设，要在习近平法治思想指导下构建基层治理体系，必须首先坚持党的领导。

其次，必须立足于中国国情对其分析、建构。鞋子合不合脚，自己穿了才知道。中国法治建设发展之路如何抉择，也只有中国人民自己才有发言权，而这需要立足于自身国情，立足于自身传统文化。基层社会治理并非今日中国方有之物，古已有之。早在传统中国社会中便存在以“乡约”为调整工具的基层治理秩序。但如何在新时代全面依法治国新理念中继续构建基层治理体系，构建乡村和谐社会，就必须立足当代中国国情。

最后，必须立足于“法治”理念对其重新解读。基层治理体系，是集法治、德治、自治于一体的治理体系，而这其中必须先以“法治”为前提，坚持中国特色社会主义法治文化之下的基层治理体系构建，是以促进、彰显基层社会群众权利意识为要务的治理体系。即使要充分发挥基层乡规民约这类软法在基层治理体系中的作用，也要遵循社会主义法治理念。

（二）人民法庭参与基层社会治理的功能定位

党政机关、社会组织、人民法庭是乡村社会治理的三个重要主体，党委政府在基层治理格局中应当发挥引领核心的作用，社会组织发挥协同作用，而人民法庭的定位应当是司法服务和保障作用。我们应当充分认识到人民法庭在服务保障基层社会治理中的优势和劣势，其优势是司法职能，可以充分运用纠纷化解上的优势在法治保障上下功夫，为基层治理积极提供司法产品，其劣势是作为社会治理环节的最后一环，无法从源头上减少纠纷的发生，因此基层治理的关键和核心仍在党委政府。乡镇派出所、司法所或信访办、综治办、人民调解组织等，在实践中都承担了一定的乡村司法功能，但乡村司法的核心仍然在法庭。[①] 综上，人民法庭应立足于司法服务和保障的功能定位，对基层社会治理战略实施中发生的矛盾纠纷，要始终坚持党委的领导，因时制宜、因地制宜，调整工作重心、突出人民法庭特色，将审判职能之外的其他重要职能应用到极致，充分发挥人民法庭在法治建设进程中的特殊作用。

---

① 陈柏峰、董雷明：《治理论还是法治论——当代中国乡村司法的理论建构》，载《法学研究》2010年第5期。

1. 依法支持其他国家机关和群众自治组织调处乡土社会矛盾纠纷。调解是中国特色矛盾化解机制的重要组成部分，其以非强制性、非对抗性方式化解社会矛盾，实现纠纷化解的现实意义。目前，人民调解、行政调解、司法调解在各区域、领域化解矛盾纠纷中都发挥着重要作用，但基于乡土社会市民化、世俗化、传统性的法律认知和道德约束，其单一的调处模式和手段已不能适应新形势下矛盾纠纷化解需要，因此，建立适应乡村地区的多元化矛盾纠纷化解机制行之必要。而人民法庭职能亦应纳入乡村社会综合治理功能之中，通过确认调解协议效力、巡回审理、乡村调解、村民参与调解等形式发挥人民法庭职能作用。

2. 依法对人民调解委员会司法解决乡土社会纠纷进行业务指导。指导人民调解委员会的工作是人民法庭的重要职责之一。目前农村新生代的兴起打破了原有的社会差序格局，[①] 乡村地区法律知识缺乏、法律意识淡薄的现象普遍存在，建设培养一支懂法、用法，充当社会治安和处理各种民间纠纷化解“前沿镇守”的调解队伍，有利于及时化解矛盾，把纠纷解决在萌芽状态，促进安定团结。人民法庭要充分利用自身优势，加强与人民调解委员会的联系，进行业务指导、法律咨询，建立情报互通制度，发现潜在矛盾纠纷，研究化解对策，提高人民调解工作效率，在人民调解工作中做到到位却不越位，共同构建矛盾纠纷解决的第一道防线，促进矛盾纠纷诉源化解。

3. 积极参与乡村地区社会治理，加强风险把控。人民法庭是人民法院最基础的细胞，应当积极发挥其社会治理职能作用，为乡村地方经济建设和社会稳定司法护航。我们应发挥人民法庭与群众的紧密联系，在乡镇、村组设立巡回审判点、法官工作室，及时化解矛盾纠纷。同时，当前城镇化建设加速发展，乡村地区土地流转、征地拆迁问题突出，流动人口量大，地区不稳定因素大幅增加，人民法庭应着重于对社会治理的重点、难点、热点问题的调研，进行法律风险评估、预判，提前介入，与相关基层治理部门一同对社会治理进行风险防控。

---

① 差序格局，最早由费孝通先生在《乡土中国》一书中提出。费孝通先生认为中国乡土社会的基层结构是一种差序格局，是一个“一根根私人联系所构成的网络”，它是以血缘、地缘为核心的一种稳定的社会结构。

五、路径：人民法庭参与基层社会治理的功能发挥需实现三种维度的融合

权力（包括司法权力和法律）的运作模式受制于其所身处的自然地理空间和人文空间，[①]依法治国就是要排除人的主观因素对政治运作与法律实施的不当干预，减少国家治理中因人性的缺陷带来的政治灾害。[②]这是现代国家治理的原则要求和普遍做法。而其在司法领域表现为司法活动的程序化、规范化和理性化。为此，作为司法审判机关派出机构的人民法庭就担负着如何实现依法治国与传统司法相融合的桥梁作用。具体而言，需要人民法庭在三种维度实现现代法治与乡土司法的融合。

（一）规范审判与乡村司法的融合

我国因深受传统影响和经济落后法律意识淡薄的制约，农村社会的诉讼当事人提出的诉讼请求，有时存在合理不合法的情况，与其说是法官灵活运用司法智慧与经验的实证，不如说是人民法庭处理农村社会纠纷所面临的法治国情一种无奈的选择。[③]在乡村利益的多元化下，如何平衡多方利益，实现案结事了人和成为人民法庭当前面临的难题。课题组认为平衡多方利益的关键在于充分运用法治理论，强化乡村司法程序意识，实现规范性审判。彻底改变传统“实体为重，程序为次”的工具主义思想，注重案件审理过程中的程序正义，严格运用证据规则、对抗性庭审模式等改造乡村司法，确保做到不偏不倚，推动乡村司法规则意识的树立。同时，虽然我们已经认识到当前的农村已经不同于费孝通先生笔下的乡土中国，但不可否认地缘和血缘仍然是乡村社会中的基础，因此，规范性审判仍需要符合乡村社会的地域特征并将风土人情、社情民意、乡规民约作为学习掌握的对象，充分利用乡村资源化解乡村纠纷，由“案结事

---

① 苏力：《送法下乡——中国基层司法制度研究》，中国政法大学出版社2000年版，第23页。

② 所谓政治灾害是指在国家管理活动中，由于管理阶层的主观恶性或者可以避免的过失带给社会或公众物质与精神损失。例如，好大喜功的政策导致的环境破坏，个别领导为地方利益而干扰司法审判活动引起的冤假错案。

③ 湖南省高级人民法院课题组：《解析困扰人民法庭推进规则之治的冲突关系》，载《人民司法》2006年第9期。

了”向“案结事好”的审理模式转变。

（二）国家法律与民间习俗的融合

“法律本身也是一种地方性知识。”① 地域辽阔、民族众多、习俗差异等都是我国的国情。从城镇到乡村，其政治、经济、文化发展并不同步。国家法律对基层社会生活的实际影响和规范程度存在较大的差异。这种差异就导致了现代司法过程中国家法律与民间习惯之间出现一定的矛盾冲突。这种冲突的实质就是中国现代社会依然存在受传统司法影响的“民间法”。它的存在并被信奉，代表或满足了一定区域、一定人员的法律需求，有其合理的价值和生存时间、空间基础。②

正如波斯纳所论证的那样，“不应当让最优秀的法学院毕业生当法官，因为他们有怪癖，不能很好地把握生活中的常识与人际关系。也就是说，具有理论理性的优秀毕业生不一定具有出色的实践理性”。③ 因而，人民法庭在运用国家法律处理民事纠纷或追究刑事犯罪的过程中，不仅要依靠高深的法律素养，而且要通过三个阶段实现国家法律与民间习俗的融合④：第一个阶段，乡村的法官要倾向于积极主动地深入乡村或村民之间调查取证、调解案件、劝导执行。因为中国城乡在许多领域的差异带来了法律逻辑不能在城乡之间平行发展。这就造成了法院与法庭在适用法律程序上的不同方式。第二个阶段，应当将乡村的人情、习惯、族规、民俗等被乡民谨奉与信仰的法律心理因素融入进去，利用村规民约的约束力同国家法的形式相结合。第三个阶段，这是要求法律的适用能够依托于既有的传统习惯，并在适用法律的过程中潜移默化地影响和改造传统的习惯，使其向着法治对公众心理和言行需求的方向发展。

---

① 法律是地方性知识的论断最先被美国文化人类学者克里福德 · 吉尔兹提出，他倡导知识是具有地方性的，法律被看作一种赋予特定地方的特定事务的特定意义的方式，不同的法律文化对法律的理解存在地方化。详见［美］克里福德 · 吉尔兹：《地方性知识：事实与法律的比较透视》，邓正来译，载梁治平编：《法律的文化解释（增订本）》，生活 · 读书 · 新知三联书店 1998 年版，第 126 页。

② 邢勇：《新乡土中国视阈下基层司法职能研究》，载《东南法学》2016 年第 1 期。

③ 朱苏力、强世功：《中国现代化进程中的法制问题》，载《人民法院报》2001 年 7 月 21 日。

④ 周立：《新时代人民法庭推进法治乡村建设的路径》，载《人民法治》2018 年第 14 期。

（三）诉讼外纠纷解决机制与乡村司法相结合

乡村司法与诉外纠纷解决机制并非简单的二元对立关系，乡村司法诉讼职能的实现有赖于非诉机制的有效运行。乡村司法囿于资源、信息乃至诉讼程序自身的限制，在功能上具有内在局限性，一旦超越法律规定进入社会政策或价值领域，司法活动及其结果将比使用法律规则解决纠纷更为不确定。而包含乡村干部在内的诸多诉讼外纠纷解决机制凭借其资源和信息上的优势以及程序上的灵活性则更为适应，故追求乡村司法法治化不会也不可能排斥乡村司法等非诉讼纠纷解决方式。[①] 人民法院要充分认识诉讼外纠纷解决机制的重要作用，积极协助乡政府、人民调解组织、社会公众组织构建诉外纠纷解决机制，充分发挥人民法庭对诉外纠纷解决机制的指导、协作和救济功能，真正实现乡村纠纷解决诉讼的归诉讼，非诉的归非诉，推动乡村社会治理法治化体系的建立。

结语

战国时期著名的战略家商鞅曾言："治世不一道，便国不法古。"为基层社会治理提供司法服务和保障是人民法庭在当前历史时期一项重大光荣的政治使命，人民法庭在厘清自身功能定位和逻辑进路后，应当积极立足于审判职能，充分延伸拓展基层社会治理职能，平衡好案件审判与基层治理的关系，把控好四项结合，切实推动基层治理体系的现代化、系统化、法治化。

（**作者简介：**胡浪波，西南政法大学诉讼法硕士，现任泸州中院研究室副主任、兼任泸州市法学会学术指导委员会委员）

参考文献：

［1］彭振：《民族地区基层法治的蜕变与振兴》，载《河北法学》2020 年第 10 期。

［2］王作全：《我国民族地区推进社会治理现代化法治保障研究》，载《西藏大学学报（社会科学版）》2020 年第 1 期。

［3］赵志：《充分发挥党建对人民法庭参与基层社会治理的引领作用》，载《人民法院报》2020 年 3 月 12 日第 8 版。

---

① 张青：《中国乡村司法研究范式之理论检讨》，载《中国农业大学学报（社会科学版）》2018 年第 2 期。

[4] 李振贤:《"枫桥经验"与当代中国基层治理模式》，载《云南社会科学》2019年第2期。

[5] 王露璐、刘昂:《自治、法治、德治相结合的乡村治理》，载《中国社会科学文摘》2019年第2期。

[6] 周立:《新时代人民法庭推进法治乡村建设的路径》，载《人民法治》2018年第14期。

[7] 张青:《中国乡村司法研究范式之理论检讨》，载《中国农业大学学报（社会科学版）》2018年第2期。

[8] 赵志:《人民法庭参与基层社会治理创新的范例分析——现实与制度构建》，载《法律适用（司法案例）》2018年第2期。

[9] 黄晓春、周黎安:《政府治理机制转型与社会组织发展》，载《中国社会科学》2017年第11期。

[10] 邢勇:《新乡土中国视阈下基层司法职能研究》，载《东南法学》2016年第1期。

[11] 高其才:《乡土社会中的人民法庭》，载《法律适用》2015年第6期。

[12] 胡夏冰、陈春梅:《我国人民法庭制度的发展历程》，载《法学杂志》2011年第2期。

[13] 汪世荣:《枫桥经验：基层社会治理的实践》，法律出版社2008年版。

[14] 湖南省高级人民法院课题组:《解析困扰人民法庭推进规则之治的冲突关系》，载《人民司法》2006年第9期。

[15] [美] 克里福德 · 吉尔兹:《地方性知识：事实与法律的比较透视》，邓正来译，载梁治平编:《法律的文化解释（增订本）》，生活 · 读书 · 新知三联书店1998年版。

三、民法典与强制执行法研究

替代履行制度的程序衔接

——《民法典》实施后我国替代履行制度的适用研究

朱秋晨

摘要:《民法典》调整和丰富了替代履行制度，对于可替代履行行为义务，既保留了传统的执行方法，又允许当事人在诉前或诉中提前寻求救济，形成了诉前、诉中、执行并存的替代履行制度体系。如何做好衔接配合，是替代履行制度适用的最大难点。笔者从实体法与程序法的衔接、审判与执行的衔接、司法与行政的衔接等角度，提出适用替代履行制度的优化路径。

关键词：可替代履行行为　替代履行制度　民法典

根据传统理论和现行执行规则，替代履行通常是作为可替代行为的执行方法予以规定，如《最高人民法院关于适用〈中华人民共和国民事诉讼法〉的解释》第 503 条第 1 款规定，“被执行人不履行生效法律文书确定的行为义务，该义务可由他人完成的，人民法院可以选定代履行人”,《民法典》对现行执行规则进行了调整。第 581 条规定，合同纠纷中所有可替代行为义务都可以在诉讼阶段转化为金钱债权。第 1000 条第 2 款规定，消除影响、恢复名誉、赔礼道歉这类特殊的可替代行为，可通过替代履行的执行方法予以执行。第 1234 条规定，对于修复生态环境这种特殊的可替代行为，相关主体可以不经诉讼直接自行或委托他人替代履行，随后在诉讼中要求赔偿替代履行费用。《民法典》调整和丰富了可替代行为义务的传统执行方法，既保留了传统的执行方法，又允许当事人在诉前或诉中提前寻求救济。如何做好衔接配合，是《民法典》实施后替代履行制度适用的最大难点。

一、《民法典》实施后我国替代履行制度的体系框架——诉前、诉中、执行并存

（一）诉前的替代履行

《民法典》之前，对于诉前的替代履行没有作出规定。《民法典》第 1234 条规定："违反国家规定造成生态环境损害，生态环境能够修复的，国家规定的机关或者法律规定的组织有权请求侵权人在合理期限内承担修复责任。侵权人在期限内未修复的，国家规定的机关或者法律规定的组织可以自行或者委托他人进行修复，所需费用由侵权人负担。"第 1235 条则规定了生态环境损害赔偿的具体范围。上述两条设立了修复生态环境的诉前替代履行——对于修复生态环境这种特殊的可替代行为，相关主体可以不经诉讼直接自行或委托他人替代履行，随后在诉讼中要求赔偿替代履行费用。

（二）诉中的替代履行

对于诉讼中的替代履行，我国在《民法典》之前没有作出一般性规定，仅对租赁合同及环境侵权责任纠纷有相关规定。《民法典》对合同关系的替代履行作出了一般规定。

1. 租赁合同。《合同法》第 220 条规定出租人应当履行租赁物的维修义务，第 221 条规定承租人在租赁物需要维修时可以要求出租人在合理期限内维修，出租人未履行维修义务的，承租人可以自行维修，维修费用由出租人负担。《民法典》第 712 条、第 713 条也有相关规定。

2. 环境侵权责任纠纷。《最高人民法院关于审理环境侵权责任纠纷案件适用法律若干问题的解释》第 14 条第 1 款规定："被侵权人请求恢复原状的，人民法院可以依法裁判污染者承担环境修复责任，并同时确定被告不履行环境修复义务时应当承担的环境修复费用。"《最高人民法院关于审理环境民事公益诉讼案件适用法律若干问题的解释》第 20 条也有相关规定。

3. 合同的一般规定。《民法典》第 581 条规定："当事人一方不履行债务或者履行债务不符合约定，根据债务的性质不得强制履行的，对方可以请求其负担由第三人替代履行的费用。"从该条的内容来看，合同关系中的所有可替代行为义务都

可以在诉讼中直接转化为金钱债权。

（三）执行的替代履行

1. 程序法对执行的替代履行的一般规定。根据《民事诉讼法》第252条、《最高人民法院关于适用〈中华人民共和国民事诉讼法〉的解释》第503条、《最高人民法院关于人民法院执行工作若干问题的规定（试行）》第60条等的规定，被执行人不履行生效法律文书确定的行为义务，该义务可由他人完成的，人民法院可以委托有关单位或他人完成，因完成上述行为发生的费用由被执行人承担。上述条文规定了可替代行为义务的替代履行制度。

2.《民法典》对侵害人格权承担消除影响、恢复名誉、赔礼道歉等民事责任的替代履行的规定。《民法典》第1000条规定："行为人因侵害人格权承担消除影响、恢复名誉、赔礼道歉等民事责任的，应当与行为的具体方式和造成的影响范围相当。行为人拒不承担前款规定的民事责任的，人民法院可以采取在报刊、网络等媒体上发布公告或者公布生效裁判文书等方式执行，产生的费用由行为人负担。"该条借鉴了2014年《最高人民法院关于审理利用信息网络侵害人身权益民事纠纷案件适用法律若干问题的规定》第16条，对包括网络侵权在内的人格权侵权责任中消除影响、恢复名誉、赔礼道歉这类特殊的可替代行为，规定可以通过替代履行的执行方法予以执行。

表1 《民法典》实施前后我国替代履行制度的规则对比

	《民法典》实施前	《民法典》实施后
诉前		**《民法典》第1234条** 违反国家规定造成生态环境损害，生态环境能够修复的，国家规定的机关或者法律规定的组织有权请求侵权人在合理期限内承担修复责任。侵权人在期限内未修复的，国家规定的机关或者法律规定的组织可以自行或者委托他人进行修复，所需费用由侵权人负担。

续表

	《民法典》实施前	《民法典》实施后
		第 1235 条 违反国家规定造成生态环境损害的，国家规定的机关或者法律规定的组织有权请求侵权人赔偿下列损失和费用： （一）生态环境受到损害至修复完成期间服务功能丧失导致的损失； （二）生态环境功能永久性损害造成的损失； （三）生态环境损害调查、鉴定评估等费用； （四）清除污染、修复生态环境费用； （五）防止损害的发生和扩大所支出的合理费用。
诉中		**《民法典》第 581 条** 当事人一方不履行债务或者履行债务不符合约定，根据债务的性质不得强制履行的，对方可以请求其负担由第三人替代履行的费用。
	《合同法》 **第 221 条** 承租人在租赁物需要维修时可以要求出租人在合理期限内维修。出租人未履行维修义务的，承租人可以自行维修，维修费用由出租人负担。因维修租赁物影响承租人使用的，应当相应减少租金或者延长租期。	**《民法典》第 713 条** 承租人在租赁物需要维修时可以请求出租人在合理期限内维修。出租人未履行维修义务的，承租人可以自行维修，维修费用由出租人负担。因维修租赁物影响承租人使用的，应当相应减少租金或者延长租期。 因承租人的过错致使租赁物需要维修的，出租人不承担前款规定的维修义务。
	《最高人民法院关于审理环境侵权责任纠纷案件适用法律若干问题的解释》 **第 14 条第 1 款** 被侵权人请求恢复原状的，人民法院可以依法裁判污染者承担环境修复责任，并同时确定被告不履行环境修复义务时应当承担的环境修复费用。	

续表

	《民法典》实施前	《民法典》实施后
	《最高人民法院关于审理环境民事公益诉讼案件适用法律若干问题的解释》 **第 20 条** 原告请求恢复原状的，人民法院可以依法判决被告将生态环境修复到损害发生之前的状态和功能。无法完全修复的，可以准许采用替代性修复方式。 人民法院可以在判决被告修复生态环境的同时，确定被告不履行修复义务时应承担的生态环境修复费用；也可以直接判决被告承担生态环境修复费用。 生态环境修复费用包括制定、实施修复方案的费用和监测、监管等费用。	
执行	**《民事诉讼法》** **第 252 条** 对判决、裁定和其他法律文书指定的行为，被执行人未按执行通知履行的，人民法院可以强制执行或者委托有关单位或者其他人完成，费用由被执行人承担。	
	《最高人民法院关于适用〈中华人民共和国民事诉讼法〉的解释》 **第 503 条** 被执行人不履行生效法律文书确定的行为义务，该义务可由他人完成的，人民法院可以选定代履行人；法律、行政法规对履行该行为义务有资格限制的，应当从有资格的人中选定。必要时，可以通过招标的方式确定代履行人。申请执行人可以在符合条件的人中推荐代履行人，也可以申请自己代为履行，是否准许，由人民法院决定。 **第 504 条** 代履行费用的数额由人民法院根据案件具体情况确定，并由被执行人在指定期限内预先支付。被执行人未预付的，人民法院可以对该费用强制执行。代履行结束后，被执行人可以查阅、复制费用清单以及主要凭证。	

续表

	《民法典》实施前	《民法典》实施后
	《最高人民法院关于人民法院执行工作若干问题的规定（试行）》 **第 60 条** 被执行人拒不履行生效法律文书中指定的行为的，人民法院可以强制其履行。对于可以替代履行的行为，可以委托有关单位或他人完成，因完成上述行为发生的费用由被执行人承担。 对于只能由被执行人完成的行为，经教育，被执行人仍拒不履行的，人民法院应当按照妨害执行行为的有关规定处理。	
	《最高人民法院关于审理利用信息网络侵害人身权益民事纠纷案件适用法律若干问题的规定》 **第 16 条** 人民法院判决侵权人承担赔礼道歉、消除影响或者恢复名誉等责任形式的，应当与侵权的具体方式和所造成的影响范围相当。侵权人拒不履行的，人民法院可以采取在网络上发布公告或者公布裁判文书等合理的方式执行，由此产生的费用由侵权人承担。	**《民法典》第 1000 条** 行为人因侵害人格权承担消除影响、恢复名誉、赔礼道歉等民事责任的，应当与行为的具体方式和造成的影响范围相当。 行为人拒不承担前款规定的民事责任的，人民法院可以采取在报刊、网络等媒体上发布公告或者公布生效裁判文书等方式执行，产生的费用由行为人负担。
	《最高人民法院关于审理环境侵权责任纠纷案件适用法律若干问题的解释》 **第 14 条第 2 款** 污染者在生效裁判确定的期限内未履行环境修复义务的，人民法院可以委托其他人进行环境修复，所需费用由污染者承担。	

二、《民法典》实施后我国替代履行制度的适用难点——诉前、诉中、执行的配合

民法典之前，替代履行通常是作为可替代行为的执行方法，主要从程序法角度对替代履行制度予以规定，另有关于租赁合同、环境侵权责任等零星实体法规

定。《民法典》起草过程中，有学者建议删除第 581 条，主要理由是：关于直接强制、间接强制、第三人替代履行等民事执行法的措施，应由程序法去解决，以避免引起混乱。①《民法典》实施后，既保留了传统的执行方法，又允许当事人在诉前或诉中提前寻求救济，如何做好衔接配合，是替代履行制度适用的最大难点。分析三者的异同点，是寻找解决路径的前提。

（一）适用范围的异同

替代履行仅适用于可替代履行行为，不适用于不可替代履行行为，诉前、诉中、执行的替代履行皆是如此。但可替代履行行为与不可替代履行行为的划分标准一直存在争议。

学术界对于行为是否可以替代的划分标准主要有非限定说与限定说两种。非限定说认为，行为是否具有可替代性，应就以能否满足执行债权为标准判断，如果一项行为由义务人履行或由其他人履行，对于权利人的法律价值与经济价值并无不同，该项行为即为可替代行为。该项行为的义务人资格纵然在实际上无法由他人取代，只要能以义务人的代理人资格或机关代表资格而为该项行为，该项行为也属于可替代行为。限定说认为，除了非限定说要求的条件以外，一项行为在性质上必须允许他人以自己的地位进行，才能认定该行为的可替代性。②

笔者认为，虽然目前法律对两种行为的划分标准没有明确，不过应以非限定说认定为宜。如果一项行为由他人代为履行与义务人自行履行在事实及法律效果上并无不同，③均能实现权利人的权利，不违反公序良俗，即应被认定为可替代履行行为，可以适用替代履行制度。这更有利于实现权利人的权利。

诉前、诉中、执行的替代履行在适用范围上的差异在于纠纷类型。诉前替代履行限于环境公益侵权纠纷，诉中替代履行适用于合同纠纷及环境侵权纠纷，执行替代履行对适用纠纷类型则无限制。

（二）救济阶段的异同

三者均是违法行为发生后的救济措施，但救济阶段不同。

---

① 周江洪：《关于〈民法典合同编〉（草案）（二次审议稿）的若干修改建议》，载《法治研究》2019 年第 2 期。

② 沈德咏主编：《最高人民法院民事诉讼法司法解释理解与适用》，人民法院出版社 2015 年版，第 1332 页。

③ 杨与龄编著：《强制执行法论》，中国政法大学出版社 2002 年版，第 564 页。

诉前替代履行是在生态环境损害一经发生而尚未产生诉讼时，相关权利人即可采取的救济措施，随后在诉讼中要求赔偿替代履行费用，救济阶段最早。这是对生态环境公共利益的特殊保护，体现了修复优先的环境治理理念和注重修复的立法目的。

诉中替代履行是发生违约或侵权后进入诉讼阶段的救济措施，权利人在诉讼阶段可以提出诉讼请求，要求义务人承担替代履行的费用，救济阶段在三种替代履行制度中居中。

执行替代履行是在诉讼终结后，对不履行生效裁判文书的救济措施。这是实践中最常适用的替代履行，但救济阶段最晚。

（三）代履行主体的异同

诉前、诉中、执行的替代履行均可由第三人替代履行，但能否由权利人替代履行存在差异。

诉前与执行替代履行均可由权利人替代履行。而诉中替代履行的一般合同纠纷，只能由第三人替代履行，而不能由权利人替代履行，原因是在一般合同履行中，权利人与义务人是相对方，无法由权利人替代义务人向自己履行义务。但在租赁合同等特殊情况中，对于租赁物的维修义务，在出租人未履行维修义务时，承租人可以自行维修，但维修费用由出租人负担。

（四）行使条件的异同

诉前、诉中、执行的替代履行相同的行使条件是义务人不履行可替代履行行为，此外还有各自不同的行使条件。

表 2　诉前、诉中、执行的替代履行异同

<table>
<tr><th></th><th></th><th>诉前替代履行</th><th>诉中替代履行</th><th>执行替代履行</th></tr>
<tr><td rowspan="2">适用范围</td><td>相同</td><td colspan="3">可替代履行行为</td></tr>
<tr><td>差异</td><td>环境公益侵权纠纷</td><td>合同及环境侵权纠纷</td><td>纠纷类型无限制</td></tr>
<tr><td rowspan="2">救济阶段</td><td>相同</td><td colspan="3">违法行为发生后</td></tr>
<tr><td>差异</td><td>诉讼前</td><td>诉讼中</td><td>诉讼终结后</td></tr>
</table>

续表

		诉前替代履行	诉中替代履行	执行替代履行
代履行主体	相同	第三人		
	差异	权利人可以	权利人一般不可以	权利人可以
行使条件	相同	义务人不履行可替代履行行为		
	差异	1. 违反国家规定造成生态环境损害； 2. 生态环境能够修复； 3. 侵权人在相关机关请求修复的合理期限内未修复。	1. 违约方不履行债务或者履行债务不符合约定； 2. 根据债务的性质不得强制履行； 3. 债务可以由第三人替代履行。	1. 被执行人不履行生效法律文书确定的行为义务； 2. 该义务可由他人完成。

诉前替代履行的行使条件有三个：一是违反国家规定造成生态环境损害；二是生态环境能够修复；三是侵权人在相关机关请求修复的合理期限内未修复。

诉中替代履行的行使条件有三个：一是违约方不履行债务或者履行债务不符合约定；二是根据债务的性质不得强制履行；三是债务可以由第三人替代履行。

执行替代履行的行使条件有两个：一是被执行人不履行生效法律文书确定的行为义务；二是该义务可由他人完成。

三、《民法典》实施后我国替代履行制度的优化适用——实体与程序、审判与执行、司法与行政的衔接

《民法典》丰富了替代履行制度，准确适用调整后的替代履行制度的关键，是做好实体法与程序法的衔接，做好审判与执行的衔接，做好司法与行政的衔接。

（一）完善实体法与程序法的衔接，准确适用替代履行制度

现行法律法规大多是从程序法的角度对替代履行制度作出相关规定。《民法典》实施后，替代履行制度有了实体法依据。实体法与程序法有效衔接，融会贯通，准确适用替代履行制度。

1. 识别可替代履行行为

识别一项行为义务是否为可替代履行行为是准确适用替代履行制度的首要条

件。《民法典》第179条规定了11种承担民事责任的主要方式：

（1）停止侵害：这是一种不作为的民事责任。侵害人不履行不作为行为时，也可以适用替代履行。我国台湾地区“强制执行法”第129条规定：“执行名义系命债务人容忍他人之行为，或禁止债务人为一定之行为者，债务人不履行时，执行法院得拘提、管收之或处新台币三万元以上三十万元以下之怠金。其仍不履行时，亦同。前项情形，于必要时，并得因债权人之声请，以债务人之费用，除去其行为之结果。”

（2）排除妨碍：侵害人排除对权利人正常行使其权利的阻碍或妨害。这是实践中常见的可替代履行行为，如拆除障碍物。受害人也可以自己排除妨碍，但排除妨碍的费用应由行为人承担。[①]

（3）消除危险：行为人的行为或其控制下的物对他人的人身或者财产安全造成威胁，或存在侵害他人人身或财产的可能，应当采取有效措施，将危险因素予以消除。该责任方式亦适用替代履行。

（4）返还财产：指返还原物。《德国民事诉讼法》第887条第3款规定：“本条规定（可以代替的作为）不适用于对物之交付或给付的强制执行。”[②]从该条的文义来看，物之交付或给付不能替代履行。笔者认为，如果是种类物，物的交付是一种可替代履行行为。如果是特定物，且已灭失，则受害人只能请求赔偿损失。

（5）恢复原状：指恢复权利被侵害前的原有状态，前提是受到损坏的财产仍然存在、能够恢复原状、恢复原状从经济上合理且受害人认为恢复原状有必要。

（6）修理、重作、更换：这是违约责任的具体方式。在现代法上，合同是最为常用的财产流转法律形式，合同关系基本上是财产关系而非人身关系，合同债务几乎均能用货币来衡量计算，即使是行为债务也能转化为金钱债务，例外情形不多。[③]修理、重作、更换是可替代履行行为。

（7）继续履行：这是实践中常见的违约责任承担方式。如根据债务的性质不得强制履行，在诉中或执行阶段均适用替代履行。

（8）赔偿损失：非行为义务，不属替代履行适用范围。

（9）支付违约金：非行为义务，不属替代履行适用范围。

---

① 王胜明主编：《中华人民共和国侵权责任法释义》，法律出版社2010年版，第79页。

②《德意志联邦共和国民事诉讼法》，谢怀栻译，中国法制出版社2001年版。

③ 最高人民法院民法典贯彻实施工作领导小组主编：《中华人民共和国民法典合同编理解与适用（二）》，人民法院出版社2020年版，第54页。

（10）消除影响、恢复名誉：指人民法院根据受害人的请求，责令行为人在一定范围内采取适当方式消除对受害人名誉的不利影响以使其名誉得到恢复的一种责任方式，是名誉权纠纷中常见的可替代履行行为。

（11）赔礼道歉：指侵权行为人向受害人承认错误，表示歉意，以求得受害人原谅的民事责任方式。赔礼道歉是一种兼具两种行为性质的特殊行为，因为它有两种方式：口头道歉和书面道歉。口头道歉由侵权人向受害人直接表示，是不可替代履行行为。书面道歉以文字表示，可以通过在报纸刊物上刊载道歉内容等方式，是可替代履行行为。

2. 行使条件成就

判定行使条件是否成就是准确适用替代履行制度的关键。

关于诉前替代履行的行使条件：第一，违反国家规定造成生态环境损害。“造成生态环境损害”是环境公益侵权责任的特殊结果要件，仅指对生态环境本身造成的损害，不包括因环境污染或生态环境破坏造成的人身、财产损失。第二，生态环境能够修复。因生态环境损害一旦发生就具有不可逆转性，不良环境影响不仅难以完全消除，而且具体治理也受经济技术条件的限制，故“能够修复”的标准是能够基本恢复生态环境原有的状态。[①]第三，侵权人在相关机关请求修复的合理期限内未修复。这是环境公益侵权责任行使替代履行的必要条件，相关机关必须先请求侵权人在合理期限内修复而侵权人未修复。该程序与现行法律规定的环境行政代履行制度类似，但相较而言，《民法典》规定的替代履行实施程序更为简略。[②]

关于诉中替代履行的行使条件：第一，违约方不履行债务或者履行债务不符合约定。通常表现为拒绝履行、不能履行、迟延履行或不完全履行等形态。[③]第二，根据债务的性质不得强制履行。主要包括法律上或者事实上不能履行、债务的标的不适于强制履行或者履行费用过高等情形。[④]第三，债务可以由第三人替代履行，

---

① 最高人民法院民法典贯彻实施工作领导小组主编：《中华人民共和国民法典侵权责任编理解与适用》，人民法院出版社2020年版，第558页。

② 丁霖：《论生态环境损害代修复——兼论〈民法典·侵权责任编〉（草案）第1234条的完善》，载《吉首大学学报》2020年第3期。

③ 最高人民法院民法典贯彻实施工作领导小组主编：《中华人民共和国民法典合同编理解与适用（二）》，人民法院出版社2020年版，第716页。

④《民法典》第580条。

即债务为可替代履行行为。

关于执行替代履行的行使条件：第一，被执行人不履行生效法律文书确定的行为义务。第二，该义务可由他人完成。所涉内容已在前文述及，此处不再赘述。

3. 发起替代履行

替代履行的行使条件成就后，由法院依职权发起、依当事人申请发起或是其他？笔者认为，不同阶段的替代履行的发起主体有所不同。

对于诉前替代履行，此时司法尚未介入，有权发起替代履行的是“国家规定的机关或者法律规定的组织”。

对于诉中替代履行，此时诉讼已经启动，但尚未作出生效裁判文书，有权发起替代履行的是守约方[①]或被侵权人。

对于执行替代履行，程序法与实体法均未对发起主体作出规定，[②]但在替代履行尚未普遍适用的现阶段，以依当事人申请并由法院予以审核的方式为宜。当义务人不履行行为义务时，由当事人决定是否发起替代履行，但替代履行的发起是否符合条件（包括可替代履行行为的识别、行使条件的成就判定等）仍应由法院具体把握。这有助于替代履行的准确有效适用。

4. 选定代履行人

关于代履行人的选定流程及标准，实体法与程序法均未作出规定。笔者认为对不同阶段的替代履行制度分析选定代履行人有不同的要求。

诉前替代履行，诉讼程序尚未启动，相关主体自行或者委托他人进行生态环境修复，法院不参与选定代履行人。

诉中及执行替代履行，笔者认为，可遵循以下流程：首先，当事人能协商一致选定代履行人的，法院对代履行人的资格（若有特定资格要求）及其与当事人的利害关系进行审查后予以准许。其次，当事人无法协商一致但一方当事人推荐代履行人的，法院对代履行人的资格及其与各方当事人的利害关系进行审查后予以选定。尤其是权利人自荐成为代履行人的，法院应着重审查。再次，如果当事

---

①《法国民法典》第 1144 条规定：“在债务人不履行的情形，债权人亦得请求许可其以债务人的费用，自行完成契约所订立的债务。”

② 我国台湾地区“强制执行法”第 127 条第 1 款规定：“依执行名义，债务人应为已定行为而不为者，执行法院得以债务人之费用，命第三人代为履行。”《德国民事诉讼法》第 887 条规定：“（一）债务人不履行某种行为，而此项作为是第三人可以实行的，第一审受诉法院依申请授权债权人，以债务人的费用，实行之。……”

人申请法院指定，可参照诉讼程序中评估、鉴定机构的选定方式，即最高人民法院或各地高级人民法院确定一个代履行人库，通过摇号产生具体案件的代履行人。最后，如果代履行人库中缺乏符合特定资格的代履行人，则可以通过公开招标进行选定，保证代履行人选定程序的公平公正。

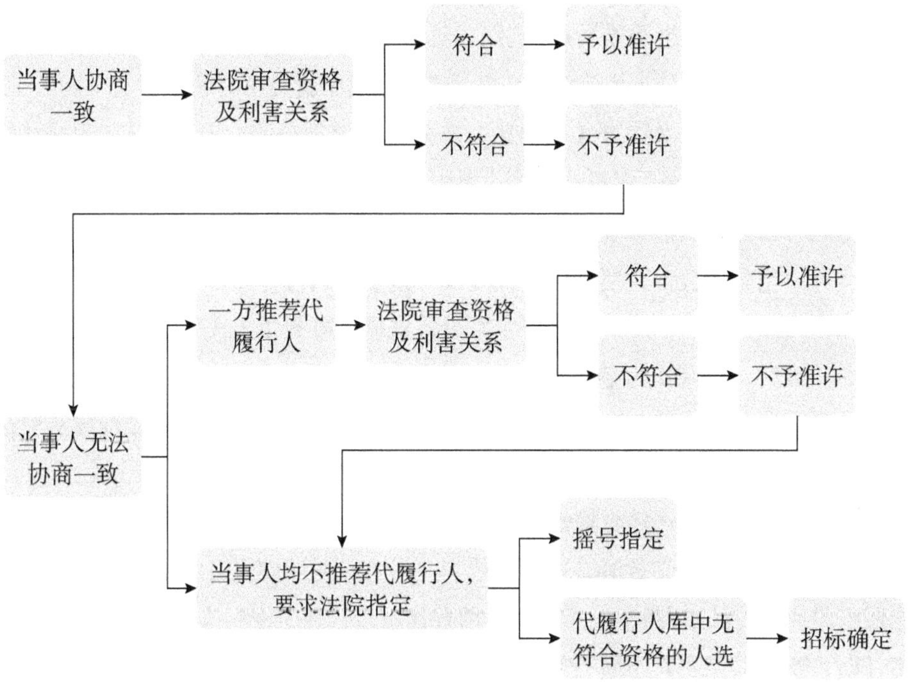

诉中替代履行与执行替代履行中代履行人的选定流程

（二）完善审判与执行的衔接，切实保护合法权益

《民法典》实施后的替代履行制度诉前、诉中、执行并存，跨越审判与执行。诉前替代履行既涉及履行后通过诉讼要求赔偿替代履行费用，又涉及裁判文书生效后的执行；诉中替代履行涉及诉讼中作出裁判文书及文书生效后的执行；执行替代履行则与生效裁判文书的具体内容相关。审判与执行工作的顺利衔接是切实保护当事人合法权益的保障。

1. 在裁判文书中写明替代履行方案 / 方式

对于诉前及诉中替代履行，审判过程应考虑执行的可行性、便捷性、经济性等，裁判文书中应写明替代履行方案 / 方式，尽可能清晰具体，有助于执行阶段切实履行，也可以制作附替代履行方案 / 方式的判决书。如替代履行方案 / 方式没有体现在裁判文书中，容易成为形式，执行法官难以准确理解审判法官的意图，确定替代履行方案 / 方式就会非常困难。

以赔礼道歉为例，裁判文书不仅要写明具体方式（包括直接口头道歉、于特定人士面前或特定场合下口头道歉、书面道歉、书面道歉后张贴于特定场合、于特定媒体上发布道歉声明等[①]）及范围，还要写明替代履行的方式（在报刊、网络等媒体上发布公告、公布生效裁判文书、受害人发布谴责声明等）。

对于替代履行方案 / 方式的确定，首先，要遵循公平、合理、经济的原则，不能任意选择替代履行方案或方式，用于探索新的替代履行方案 / 方式。其次，替代方案可由当事人或专业机构提出，社会公众进行参与。对于简单的替代履行方案，可由当事人提出；复杂的替代方案可请专业机构作出，必要时可由相关社会公众作为参与者，以一定形式征求意见，这样既凝聚了人民智慧，又消解了人民疑虑。最后，法院作为替代履行方案的审查者和确认者。为了保证替代履行方案的公平、公正、合法，法院应在尊重各方意见的基础上，对替代履行方案进行审查和确认。[②]

2. 在裁判文书中一并明确替代履行费用

法院在判令行为义务时，可以在裁判文书中一并明确义务人如不于一定期间内履行时应支付的损害赔偿。[③]对于诉前替代履行，判令侵权人承担生态环境修复责任时，要一并判决其不履行修复责任时应当承担的修复费用。因生态环境的修复专业性强，修复实施耗时长，如法院仅判决侵权人修复生态环境，侵权人在执行过程中怠于履行生效裁判文书确定的义务，导致生态环境迟迟得不到修复，将进一步损害社会公共利益。

而替代履行费用的数额，现行法律规定由法院根据案件具体情况确定，并由

---

① 最高人民法院民法典贯彻实施工作领导小组主编：《中华人民共和国民法典人格权编理解与适用》，人民法院出版社 2020 年版，第 117 页。

② 何勤华、靳匡宇：《行政和司法衔接视域下长江环境替代性修复方式研究——以美国替代环境项目为镜鉴》，载《法治研究》2020 年第 2 期，第 157 页。

③《德国民事诉讼法》第 510 条之二【对履行行为的判决】规定："判决命履行某种行为时，可以同时依原告的申请，判令被告如不于一定期间内履行时应支付损害赔偿；损害赔偿，由法院依自由裁量确定之。"参见《德意志联邦共和国民事诉讼法》，谢怀栻译，中国法制出版社 2001 年版。

义务人在指定期限内预先支付。[①] 但需要替代履行的行为各不相同，法院缺乏酌定的依据和标准。必要时，法院可委托鉴定人对替代履行费用进行鉴定。[②] 关于替代履行费用的预付问题，为了尽快推进程序，如果权利人愿意预先代付，也可以先启动替代履行行为，再执行替代履行费用。

（三）完善司法与行政的衔接，协同发挥替代履行制度功能

在传统的法治体制下，司法与行政作为两个运行模式，在各自的适用领域独立发挥作用，但遮蔽了法治作为一个整体运行系统而在相互之间形成的内在关联。美国联邦最高法院布雷耶大法官对司法与行政的关系有过经典论述：“在把握程序、权衡公正、解释宪法方面，法院当然拥有更多经验。但是，行政机关对与自身主管事务相关的事实认定、政策把握方面，拥有更多的经验和优势。”[③]

《民法典》实施后替代履行制度的适用，与行政机关具有相当的关联性。以环境公益侵权纠纷为例，法官在环境保护实践中的亲历性不足，导致他们难免与环境保护实践存在一定程度的疏离，在确定生态环境修复方案等方面难以独担重任，需要环境资源主管部门等的协助。完善司法与行政的衔接，让行政部门承担一定的责任，比如作为替代履行方案的协调者以及替代履行方案实施的事后评价者，司法与行政协同发挥替代履行制度的功能。

（**作者简介**：朱秋晨，上海市闵行区人民法院审判员，二级法官）

参考文献：

[1] 杨与龄编著:《强制执行法论》，中国政法大学出版社 2002 年版。

[2] 王胜明主编:《中华人民共和国侵权责任法释义》，法律出版社 2010 年版。

[3]《德意志联邦共和国民事诉讼法》，谢怀栻译，中国法制出版社 2001 年版。

[4] 沈德咏主编:《最高人民法院民事诉讼法司法解释理解与适用》，人民法院出版社 2015 年版。

---

①《最高人民法院关于适用〈中华人民共和国民事诉讼法的解释〉》第 504 条。

② 我国台湾地区“强制执行法”第 127 条第 2 款规定：“前项（替代履行）费用，由执行法院酌定数额，命债务人预行支付或命债权人代为预纳，必要时，并得命鉴定人鉴定其数额。”

③ 何勤华、靳匡宇:《行政和司法衔接视域下长江环境替代性修复方式研究——以美国替代环境项目为镜鉴》，载《法治研究》2020 年第 2 期。

[5] 最高人民法院民法典贯彻实施工作领导小组主编:《中华人民共和国民法典理解与适用》，人民法院出版社 2020 年版。

[6]《法国民法典》，罗结珍译，中国法制出版社 1999 年版。

[7] [法] 拿破仑:《法国民法典》，商务印书馆 1979 年版。

[8] [德] K. 茨威格特、H. 克茨:《比较法总论》，潘汉典等译，法律出版社 2004 年版。

[9] 韩世远:《合同法总论》，法律出版社 2011 年版。

[10] 周江洪:《关于〈民法典合同编〉(草案)(二次审议稿) 的若干修改建议》，载《法治研究》2019 年第 2 期。

[11] 丁霖:《论生态环境损害代修复——兼论〈民法典 · 侵权责任编〉(草案) 第 1234 条的完善》，载《吉首大学学报》2020 年第 3 期。

[12] 何勤华、靳匡宇:《行政和司法衔接视域下长江环境替代性修复方式研究——以美国替代环境项目为镜鉴》，载《法治研究》2020 年第 2 期。

共同财产制下夫妻个人债务执行程序的规则建构

赵大伟

摘要： 共同财产制是我国关于婚姻财产的法定财产制，建构夫妻个人债务执行规则不能忽视共同财产制。当前民法典适用时期，以物权公示原则区分夫妻财产为基础的夫妻个人债务执行规则陷入困境，应以共同财产制为基础建构新的执行规则。依据共同财产制，夫妻婚姻存续期间获得的财产原则上为共同财产，夫妻个人债务应执行一定份额的共同财产，相对于另行诉讼、追加被执行人配偶以及先析产再执行，直接执行一半夫妻共同财产是可行的方案。该方案是比较法和实践经验的总结，能够兼顾执行效率与实体公正，符合执行威慑的需要。应在执行程序中将夫妻一方为被执行人的推定为夫妻个人债务，直接查控被执行人及其配偶名下财产，对夫妻共同财产进行评估、控制与处置，明确被执行人配偶执行的权利义务。

关键词： 共同财产制　夫妻个人债务　执行程序　直接执行　夫妻共同财产

引言

我国当前民法典采取的是婚后所得共同制的夫妻财产制度。依据共同财产制，夫妻双方在婚姻存续期间获得的财产原则上为夫妻共同财产。[①] 同时在民法典中扩大夫妻共同财产的范围，首次将“劳务报酬”“投资性收益”纳入夫妻共同财产的范围。[②] 夫妻一方个人债务的执行程序需要界定被执行人的责任财产，依据共同财产制，被执行人及其配偶名下的财产原则上均应为夫妻共同财产，这与我国执行

---

①《民法典》第 1062 条。

② 杨晓林、段凤丽:《〈民法典·婚姻家庭编〉对离婚财产分割的影响》，载《妇女研究论丛》2020 年第 4 期。

程序当前适用的物权公示原则产生冲突。

当前我国判断被执行人责任财产的依据是物权公示原则，这一原则依据权利外观来区分被执行人与案外人的财产，无须从实体上调查该财产是否确实为债务人所有。[①] 对于动产，可依据占有情况来判断动产的权属，对于被执行人占有的财产应推定为其所有；对于不动产，应以权属登记的外观来判断所有权人，登记在被执行人名下的财产即可进行执行；对于其他外形财产权，执行法院的权属判断标准为权利外观主义。[②]

目前我国夫妻个人债务的执行规则为执行被执行人名下财产，该执行规则是建立在物权公示原则的基础上，将被执行人名下的财产视为其责任财产，法院可以执行。[③]最高人民法院建立的执行网络查控系统，可对被执行人本人的银行存款、车辆、不动产、金融理财产品等各项财产情况进行查控，发现财产后予以处置。人民法院“不得对被执行人以外的非执行义务主体采取网络查控措施”[④]，对于未能发现债务人本人名下有可供执行财产的，法院可依法以执行不能结案；[⑤]同时该执行规则一般也不考虑通过追加被执行人等方式执行债务人配偶名下财产，司法解释如《最高人民法院关于适用〈中华人民共和国婚姻法〉若干问题的解释（二）》（以下简称《婚姻法解释（二）》）第23条、《关于民事执行中变更、追加当事人若干问题的规定》以及《关于依法妥善审理涉及夫妻债务案件有关问题的通知》都反对让债务人配偶承担民事责任或追加为被执行人。法院在执行异议和执行复议审查中也是依据物权公示原则作为判断被执行人财产权属的依据。[⑥]

共同财产制判断财产归属的依据主要是时间（结婚时间与财产取得时间）和夫妻双方意志[⑦]。夫妻个人债务执行程序需要界定被执行人的责任财产时，物权公

① 张登科:《强制执行法》，台湾三民书局2019年版，第104页。

② 肖建国:《执行标的实体权属的判断标准——以案外人异议的审查为中心的研究》，载《政法论坛》2010年第5期。

③ 赵晋山、王赫:《“排除执行”之不动产权益》，载《法律适用》2017年第21期。

④《最高人民法院关于网络查询、冻结被执行人存款的规定》第7条。

⑤ 最高人民法院2016年颁布的《关于严格规范终结本次执行程序的规定（试行）》第3条中“已穷尽财产调查措施”是指对被执行人名下的财产进行调查，而不包括对已婚债务人配偶财产情况的调查来掌握所有共同财产信息。

⑥《最高人民法院关于人民法院办理执行异议和复议案件若干问题的规定》第25条。

⑦ 安宗林、肖立梅、潘志玉:《比较法视野下的现代家庭财产关系规制与重构》，北京大学出版社2014年版，第131页。

示原则与共同财产制发生冲突，此时应依据共同财产制来判断被执行人的责任财产。[①]夫妻婚后购买的登记在一方名下的不动产，依据夫妻共同财产制，应为夫妻共同财产，若依据物权登记来确定权属应为登记方的个人财产。共同财产制符合我国夫妻财产内部的实际情况，若依据物权法原则区分已婚被执行人的责任财产，执行程序将陷入不确定性中。财产登记在债务人名下法院可以执行，登记在其配偶名下则不可以执行，执行程序能否顺利进行完全依赖于被执行人夫妻的财产登记情况，执行程序的稳定性和当事人的合法权益难以得到保障。

承认共同财产制作为界定夫妻内部财产性质的基础，执行程序中被执行人及其配偶名下的财产原则上为共同财产，执行被执行人名下财产的执行规则面临重构。建构夫妻个人债务执行夫妻共同财产的规则，需要在夫妻一方为被执行人的前提下，平衡被执行人配偶与债权人的利益，协调执行效率以及程序救济。

一、当前夫妻个人债务执行规则的运行逻辑及其困境

（一）物权公示原则下执行“个人财产”的逻辑

当前执行债务人名下财产的执行规则是建立在以物权公示原则判断被执行人夫妻财产性质的基础上的。依据物权公示原则，被执行人名下的财产由被执行人占有的财产推定为被执行人的个人财产，被执行人配偶名下的财产属于案外人财产。对于夫妻个人债务，应由债务人的“个人财产”来进行清偿。

夫妻个人债务由被执行人个人财产清偿，不包括债务人在夫妻共同财产中份额的观点曾受到立法和大部分学者的支持，该观点的前提是以物权公示原则判断被执行人的个人财产。“个人债务由本人偿还”在1950年《婚姻法》第24条以及1980年《婚姻法》第32条被明确规定，在2001年《婚姻法》中被视为“毋庸置疑的基本法理”[②]在立法中未再明示。1993年《最高人民法院关于人民法院审理离婚案件处理财产分割问题的若干具体意见》第17条曾明确规定个人债务以一方的个人财产清偿。有学者认为，《婚姻法解释（二）》第23条规定“债权人就一方婚前所负个人债务向债务人的配偶主张权利的，人民法院不予支持”也意味着夫妻

① 许莉：《夫妻财产归属之法律适用》，载《法学》2007年第12期。

② 薛宁兰：《中国民法典夫妻债务制度研究》，载《妇女研究论丛》2018年第3期。

个人债务只能由个人财产清偿。[①]2020年颁布的《民法典》因袭了2001年《婚姻法》的思路，未对个人债务的清偿责任作出明确的规定。

执行被执行人名下财产的执行规则保障了执行效率的要求，不需要考虑债务人是否已婚，根据物权公示原则将查询到的被执行人名下财产视为个人财产，把所有被执行人都视为无婚姻状态进行执行，不需要查控债务人配偶名下的财产情况，就可以直接对案件能否执行作出判断；同时，个人债务的债务人一般是直接责任人，是合同的相对方或者直接侵权者，而债务人配偶不是。仅执行债务人名下财产一般也能够被债权人和一般公众接受，与道德上的预期相符；在共同债务推定规则下，法院虽然不支持通过追加程序追加债务人配偶为被执行人，但债务人配偶对财产份额提出的执行异议也不会得到支持。正因为该执行规则有上述优势，所以该执行规则在执行实践中得到长期适用。

（二）当前执行规则陷入困境

执行被执行人名下财产的执行规则虽然存在一定问题，如面临如何执行夫妻双方的共同财产以及如何满足被执行人配偶的份额要求，但在共同债务规定时期该执行规则尚能保障正常的执行秩序。若债权人要求法院执行债务人配偶名下财产，法院会告知债权人另行诉讼，直至确认债务人配偶为被执行人后才能执行；仅执行债务人名下财产而不执行其配偶名下财产，一般不会损害债务人配偶的利益，债务人配偶很少会向法院提出执行异议；若债务人配偶向法院提出执行异议，要求保留被执行债务人名下财产中债务人配偶份额时，法院会依据《婚姻法解释（二）》第24条规定的共同债务推定，要求配偶提供证据对该债务为个人债务进行证明，若不能证明则该债务推定为共同债务。因债务人配偶很难证明夫妻债务为个人债务，法院可以驳回债务人配偶的异议，以保证执行程序正常开展。在2018年《最高人民法院关于审理涉及夫妻债务纠纷案件适用法律有关问题的解释》（以下简称《夫妻债务解释》）出台前，法院对债务人名下的财产能够维持“危险的平衡”，既不将责任财产扩展到债务人配偶名下，也不考虑债务人配偶财产份额，固守对债务人名下财产的执行。若债务人名下无财产则以执行不能结案。

当前《民法典》已经改变债务认定规则，[②]“个债推定”取代了“共债推

① 孙艳军：《我国夫妻财产制的发展趋势研究》，中国政法大学2012年博士学位论文。

②《民法典》第1064条。

定"[①]，当被执行人配偶要求在被执行人名下财产中保留份额时，执行法院对该主张难以反驳。同时随着认识的深入，学界对在共同财产制下夫妻双方名下的财产应推定为共同财产，并对夫妻个人债务的责任财产应包括债务人在共同财产中的份额逐步达成共识，这使得当前仅执行被执行人名下财产的执行规则陷入困境。

共同财产制下夫妻双方在婚姻关系存续期间所获得的财产原则上为夫妻共同财产，符合我国夫妻财产存续的实际情况。因婚姻关系、家庭关系及其背后的财产关系具有私密性，在现代社会中公民的婚姻状况和财产关系是个人隐私，外人通常无从知晓。[②]无论夫妻双方约定采取何种财产制度，对于债权人以及执行法院来说，都难以依据物权法的占有或登记情况来准确区分财产的权属情况。为了便于法院的执行，平衡债权人以及债务人配偶的利益关系，法院强制执行被执行人夫妻财产时应推定夫妻双方名下的财产为共同财产。若债务人配偶有异议，由债务人配偶承担证明夫妻财产为个人财产的义务。

共同财产推定得到了许多国家或地区立法和我国司法实践的确认。共同财产推定是共同财产制的内在组成部分，《法国民法典》[③]、《瑞士民法典》[④]、《意大利民法典》[⑤]、《西班牙民法典》[⑥]、美国采取共同财产制的州如《路易斯安那州民法典》[⑦]都有类似规定。以分别财产制为原则的《日本民法典》[⑧]也规定了

---

① 李贝：《夫妻共同债务的立法困局与出路》，载《东方法学》2019年第1期。

② 裴桦：《夫妻财产制与财产法规则的冲突与协调问题》，上海交通大学出版社2020年版，第120页。

③《法国民法典》第1402条："任何财产，不论是动产还是不动产，凡不能证明按照法律的规定属于夫妻一方的特有财产时，均视为共同财产所得。"详见《法国民法典》，罗结珍译，北京大学出版社2010年版，第363页。

④《瑞士民法典》第226条："全部财产，在未被证明为夫妻一方的自有财产前，一律视为共有财产。"详见《瑞士民法典》，于海涌、赵希璇译，法律出版社2016年版，第80页。

⑤《意大利民法典》第219条："配偶的任何一方，都不能证明其排他的所有权的财物，视为以同等的份额属于配偶双方未分割的所有权。"详见《意大利民法典》，陈国柱译，中国人民大学出版社2010年版，第46页。

⑥《西班牙民法典》第1361条："婚姻存续期间无法证明为配偶双方中一方独有财产的，视为共同财产。"详见《西班牙民法典》，潘灯、马琴译，中国政法大学出版社2013年版，第350页。

⑦《路易斯安那州民法典》第2340条："夫妻一方在婚姻存续期间的新增资产被推定为夫妻共同财产，但是夫妻任一方可证明其为单独财产。"详见《最新路易斯安那民法典》，徐婧译注，法律出版社2007年版，第278页。

⑧《日本民法典》第762条规定："不能明确属于夫妻哪一方的财产时，推定属于夫妻共有。"详见《日本民法典（2017年大修改）》，刘士国、牟宪魁、杨瑞贺译，中国法制出版社2018年版，第187页。

共同财产推定。我国执行实践中在夫妻财产归属不明时，一般也推定为夫妻共同财产。[①]

因婚姻存续期间获得的财产为夫妻共同财产，若将夫妻个人债务的责任财产确定为债务人的个人财产，夫妻个人债务执行程序将陷入无财产可供执行的困境。当前我国学界主流观点对夫妻一方的个人债务应由其个人财产和其在共同财产中的相应份额承担达成了共识。[②]如汪洋认为夫妻个人债务的责任财产包括负债方个人财产以及负债方在共同财产中的相应份额。[③]田韶华认为首先以共同财产之外的个人财产清偿个人债务，不足部分以不超过共同财产价值的一半予以补充。[④]刘征峰认为夫妻个人债务的责任财产范围应当包括夫妻共同财产中的贡献份额。[⑤]缪宇认为个人债务应以部分共同财产清偿，这是因为在理想状态下，夫妻个人债务的责任财产限额是假设债务人没有结婚，她（他）应当取得的个人财产，在执行过程中，为了便于计算应以共同财产的一半为限进行清偿。[⑥]

由于夫妻个人债务的责任财产包括被执行人在共同财产中的份额，法院执行已婚被执行人名下的财产时，依据共同财产制应为夫妻共同财产，而不是债务人的个人财产。我国当前依据物权公示原则，将债务人名下的财产视为其个人财产，以该财产清偿个人债务的规则已经陷入困境。

（三）共同财产制下需建构新的执行规则

当前执行债务人名下财产的执行规则不能适应实践的需要，为适应执行夫妻共同财产的需要，应建构新的执行规则。因夫妻共同财产制下，夫妻关系存续期间双方所获得的财产原则上为共同财产，所发现的被执行人或其配偶名下的财产

---

①《最高人民法院关于人民法院审理离婚案件处理财产分割问题的若干具体意见》，第7条；胡康生主编：《中华人民共和国婚姻法司法释义》，法律出版社2001年版；最高人民法院民事审判第一庭编著：《最高人民法院婚姻法解释（二）的理解与适用》，人民法院出版社2004年版，第109页；最高人民法院审判监督庭编著：《最高人民法院婚姻法司法解释（三）理解与适用》，人民法院出版社2011年版，第163页。

② 薛宁兰：《中国民法典夫妻债务制度研究》，载《妇女研究论丛》2018年第3期。

③ 汪洋：《夫妻债务的基本类型、责任基础与责任财产》，载《当代法学》2019年第3期。

④ 田韶华：《论共同财产制下夫妻债务的清偿》，载《法律科学（西北政法大学学报）》2019年第5期。

⑤ 刘征峰：《夫妻债务规范的层次互动体系》，载《法学》2019年第6期。

⑥ 缪宇：《美国夫妻共同债务制度研究》，载《法学家》2018年第2期。

都应推定为夫妻共同财产，由被执行人及其配偶承担证明该财产为个人财产的义务。夫妻个人债务执行夫妻共同财产需要查明被执行人的责任财产，需要对被执行人及其配偶名下的财产情况进行查控，以掌握全部共同财产信息。这需要查询被执行人配偶名下的财产信息，而被执行人配偶不是本案的被执行人，如何高效地执行在被执行人配偶名下的共同财产，而又不侵害被执行人配偶合法权益，成为夫妻个人债务执行规则需要解决的问题。

建构执行夫妻个人债务的执行规则也具有重要的意义。首先，新执行规则能够保障执行程序的合法性和效率性。当前夫妻个人债务的执行规则较为混乱，物权公示原则与夫妻共同财产制发生冲突。以共同财产制为基础建构明确的执行规则，为执行法院处理夫妻个人债务执行案件提供依据，提升法院执行的效率。其次，新执行规则能够保障各方当事人的合法权益。当前执行法院对于债务性质认定以及夫妻财产性质认定都较为混乱，将夫妻一方为被执行人的案件推定为夫妻共同债务执行案件可能侵害债务人配偶的合法权益，将夫妻共同财产排除出被执行人的责任财产范围可能损害债权人的权利。合理建构界定债务性质以及夫妻财产性质的新执行规则，能够维护各方当事人的合法权益。再次，明确的执行规则也能够减少执行乱，加强执行监督。当前的执行规则较为混乱，对于能否追加被执行人配偶为被执行人、如何认定夫妻共同财产以及如何分割共同财产，实践中做法不一，加剧了执行乱。建构明确的执行规则，对于哪些财产能够执行、如何执行作出明确的规定，有利于对法院执行程序的监督，遏制执行乱象。最后，建构新执行规则有利于解决“执行难”。夫妻之间本应是利益共享、风险共担的合作关系，[①]执行实践中被执行人及其配偶通过“假离婚”、虚假协议等方式形成“躲债共同体”，当前的执行规则对此束手无策，使得夫妻个人债务执行案件难以执行。建构执行夫妻共同财产的新执行规则，将被执行人配偶纳入查控系统，全面查清被执行人及其配偶的夫妻共同财产，能够有效缓解夫妻个人债务执行案件的“执行难”。

二、夫妻个人债务执行共同财产的方案选择

对于夫妻一方为被执行人的执行案件，法院应查控被执行人及其配偶名下的全部共同财产，明确共同财产的数额后执行共同财产的一半。在共同债务推定时

① 胡苷用：《婚姻合伙视野下的夫妻共同财产制度研究》，法律出版社2010年版，第36页。

期，学者对夫妻一方为被执行人案件如何执行夫妻共同财产主要有以下几种方案：启动新的诉讼将债务人配偶确定为被告、追加执行人配偶、先析产再执行以及直接执行夫妻共同财产。笔者认为在当前个人债务推定的前提下，追加被执行人、先析产后执行以及另行起诉既不符合实体法的要求，也不能满足执行实践的需要。当前可以选择的方案是直接执行一半夫妻共同财产。

（一）追加被执行人与另行诉讼之不可行

另行起诉方式即通过另行向法院提起诉讼的方式要求法院确认债务性质，判决债务人配偶在全部共同财产或一半共同财产范围内承担责任。另行起诉方式有利于执行程序的合法性，裁判确认被执行人配偶在共同财产的一定份额内承担赔偿责任，能够保障执行程序对被执行人配偶名下财产的执行有法可依。同时另行诉讼也能充分保障债务人配偶的程序权利，能够参加庭审维护自己合法权利，对裁判不服的可以上诉维护自己的权益。我国被继承人债务清偿纠纷中对于债务人已经去世的会判决债务人的配偶在继承遗产范围内承担责任，司法实践中江苏省高院也曾判决债务人配偶以共同财产为限承担责任，[①] 这使得通过裁判确认夫妻个人债务中债务人配偶的责任份额具有可行性。

追加被执行人配偶为被执行人是另一个备选方案，该执行方式具有一定的合理性。追加被执行人可在民事执行程序的追加裁定中确认债务性质以及被执行人配偶在共同财产内的责任限额，有利于提升执行效率，法院通过网络查控系统可以快捷地查控债务人名下的财产，也可以保障被执行人配偶的程序权利。同时执行程序中执行被执行人配偶名下财产也有法可依。一些法院和专家的强制执行法建议稿中也曾建议对基于财产共有关系追加家庭共有人或被执行人的家庭成员为被执行人。[②]

但无论是另行诉讼方式，还是追加被执行人方式，在债务性质为夫妻个人债务的前提下，都不能有效解决如何执行被执行人配偶名下共同财产的问题。其原因有以下三个方面。

首先，另行起诉方式与追加被执行人方式都缺乏实体法依据。若该债务性

---

① 何丽新：《论非举债方以夫妻共同财产为限清偿夫妻共同债务》，载《政法论丛》2017 年第 6 期。

② 王亚新、百晓峰：《追加变更被执行人规则体系的重构》，载最高人民法院执行局编：《执行工作指导》（第三辑），人民法院出版社 2012 年版，第 113 页。

质为共同债务，债权人可以通过另行起诉或追加被执行人，[①]将被执行人配偶纳入执行程序，成为被执行人。但是若该债务性质在实体法上即为夫妻个人债务，该债务既未用于家庭生活，也未经过债务人配偶的同意，债权人也不能提出证据证明该债务为共同债务。此时通过另行起诉或追加被执行人配偶的方式使被执行人配偶成为被执行人缺乏实体法依据。债务人配偶与案件没有责任上的相关性，既不是合同相对人也不是侵权案件侵权人，配偶与案件的关联仅仅是基于夫妻财产的共同性而产生。与其他共同共有人一样，查明属于被执行人的责任财产并执行后，债务人配偶与该案不再具有法律上的联系。而被追加为被执行人后债务人配偶可能会承担个人信用上的不利益，如征信受到影响、贷款受到限制。

其次，另行起诉或追加被执行人配偶也与执行的效率性相悖。执行程序以效率性为首要原则，在案件开始时，为查控债务人配偶的财产信息将执行案件中止，等待追加被执行人案件的处理结果，这将严重影响执行程序的效率性。同时，我国夫妻财产认定采取的是所得共同制的共同财产制，司法实践中在夫妻财产归属不明时，一般认为应推定为夫妻共同财产。被执行人及其配偶名下的任何财产都可能是共同财产，若执行被执行人配偶名下的任何财产，都需要先将被执行人配偶确认为本案的被执行人，将严重拖累执行效率。

最后，另行起诉可能与“一事不再理”的诉讼法原则相矛盾，追加被执行人配偶方式可能因债权人对债务人配偶的实体权利缺乏高度盖然性，而缺乏正当性。债权人在起诉债务人时，法院已经对该债务作出生效裁判，在裁判已经发生法律效力后，债权人又向法院提起诉讼将该债务重新审理，有违“一事不再理”的程序法理，加重当事人的诉累。追加被执行人配偶为被执行人也需要一定的实体法条件，肖建国教授认为执行力主观范围扩张需要权利人对该债务人实体权利享有高度盖然性，[②]我国台湾地区学者许士宦也有类似的观点。[③]如果说在共同债务推定时期，执行程序对认定共同债务还具有高度盖然性的话，那么随着实体法规则的改变，在当前个人债务推定时期，债权人对债务人实

① 赵志超:《执行力主观范围扩张的正当性保障机制——再论可否追加配偶为被执行人》,载《南京大学法律评论》2019 年秋季卷。

② 肖建国、刘文勇:《论执行力主观范围的扩张及其正当性基础》,载《法学论坛》2016 年第 4 期。

③ 许士宦:《执行力客观范围扩张之法律构造——兼论其与既判力客观范围理论的异同》,载《台大法学论丛》2009 年第 1 期。

体权利不再享有这种高度盖然性，再通过执行程序追加被执行人配偶缺乏正当性。

可见，在夫妻个人债务前提下执行夫妻共同财产，另行起诉与追加被执行人配偶的方式都缺乏合法性和可操作性，需要探索新的共同财产执行方式。

（二）先析产后执行难以适用

当前立法以及强制执行法草案都支持夫妻共同财产先析产后执行的方案，如《最高人民法院关于人民法院民事执行中查封、扣押、冻结财产的规定》第12条[①]，以及司法实践中上海市高级人民法院[②]、江西省高级人民法院[③]都明确规定对夫妻共同财产需要先析产后处置。这种方案对于执行一般的共同共有财产，确实具有可行性。一般的共同共有财产，其财产份额是不确定的，需要先诉讼确定属于被执行人的份额，先析产后执行能够保障其他共有人的合法权益。同时经过诉讼析产后再执行，明晰审判权与执行权的权能界分，维护审判权的权威，使执行更有针对性。但是当先析产后执行用于执行夫妻内部财产分割，尤其是在债权人代位提起析产诉讼时，其运行逻辑、法理基础与规范操作都面临一定问题。

首先，从运行逻辑上来说，先析产后执行的逻辑是物权公示原则，在被执行人名下的财产为被执行人的责任财产，在被执行人配偶名下的财产为被执行人配偶的个人财产，只有在夫妻双方名下的财产才是夫妻共同财产，才需要进行析产

---

①《最高人民法院关于人民法院民事执行中查封、扣押、冻结财产的规定》第12条："对被执行人与其他人共有的财产，人民法院可以查封、扣押、冻结，并及时通知共有人。共有人协议分割共有财产，并经债权人认可的，人民法院可以认定有效。查封、扣押、冻结的效力及于协议分割后被执行人享有份额内的财产；对其他共有人享有份额内的财产的查封、扣押、冻结，人民法院应当裁定予以解除。共有人提起析产诉讼或者申请执行人代位提起析产诉讼的，人民法院应当准许。诉讼期间中止对该财产的执行。"

② 参见《上海市高级人民法院关于执行夫妻个人债务及共同债务案件法律适用若干问题的解答》问题6，"（对于由被执行人与其配偶共同占有或登记在双方名下的共同财产）被执行人在共同财产中所享有的份额由申请执行人与被执行人配偶间协商确定，协商不成的，由被执行人配偶提起析产诉讼或申请执行人代位提起析产诉讼确定。财产份额确定后，应对属于被执行人配偶份额部分裁定解除控制性措施"。

③《江西高院执行局民事执行实物疑难问题解答》问题4："该被执行人名下的财产份额可以通过共有人协议分割共有财产，并经债权人认可；共有人提起析产诉讼或者申请执行人代位提起析产诉讼的方式处理。"

诉讼。而这一逻辑难以用于夫妻共同财产分割。第一，以物权公示原则判断夫妻内部财产性质与共同财产制相违背。在共同财产制下夫妻双方在婚后取得的财产原则上都是夫妻共同财产，若依据共同财产制被执行人名下任何财产的执行都需要进行析产诉讼，这将严重危及执行程序的效率性，使得析产诉讼无法运行。第二，我国夫妻共同财产分割以等额分割为原则，不需要先析产后执行。我国离婚财产分割的首要原则是男女平等原则，即夫妻双方对共同财产有平等的权利，共同财产自然也应当均等分割。司法实践离婚诉讼中，均等分割也是法院对夫妻共同财产分割的首要原则。[①] 当事人对执行法院均等分割不服的，可以再通过析产诉讼维护自己合法权益。

其次，代位析产诉讼法理依据不足。尽管有学者认为申请执行人代位析产诉讼源于我国《合同法》中的代位权诉讼，当被执行人怠于行使共有财产分割请求权危及债权人债权的实现时，申请执行人可依据《合同法》《民事诉讼法》关于代位权诉讼的相关规定，向法院提起代位诉讼，要求分割被执行人与他人共有的财产。[②] 而依据《合同法》中的代位权来解释申请执行人代位诉讼，在理论基础上并不周全。《合同法》中代位权的目的是保全债权的实现，适用前提是债务人怠于行使对次债务人的到期债权危及债权人的债权，行使效果是次债务人直接向债权人清偿。而代位析产诉讼则主要是为了分割被执行人的夫妻共同财产，行使效果是被执行人的夫妻共同财产被分割，属于被执行人的财产份额明确。代位析产诉讼与代位权诉讼是两个不同的制度，有学者认为强制分割夫妻共同财产使得"作为局外的债权人能够拆散夫妻双方组成的财产共同体"，有违婚姻的本质。[③] 建构析产诉讼需要平衡法院执行、债权人利益以及婚姻家庭保护的关系，当前的代位析产诉讼缺乏法理依据。

最后，代位析产诉讼缺乏可操作性。当前仅最高人民法院颁布的《关于人民法院民事执行中查封、扣押、冻结财产的规定》第 12 条第 3 款规定了代位析产诉讼。析产诉讼的规定过于粗疏，如对债权人提起代位析产诉讼需要什么样的条件，由哪些法院管辖，被执行人在代位析产诉讼中是列为第三人还是共同被告，人民

---

① 陈苇、张鑫：《诉讼离婚财产清算中妇女财产权益法律保护实证研究：以我国重庆市某基层人民法院 2011—2013 年审结的离婚案件为对象》，载《河北法学》2016 年第 8 期；夏吟兰、薛宁兰：《民法典之婚姻家庭编立法研究》，北京大学出版社 2016 年版，第 284 页。

② 江必新主编：《强制执行热点问题新释新答》，人民法院出版社 2010 年版，第 337 页。

③ 田韶华：《论共同财产制下夫妻债务的清偿》，载《法律科学（西北政法大学学报）》2019 年第 5 期。

法院的裁判范围是什么等，目前这些问题均缺乏明确的操作规范，导致实践中无所适从，制约了代位析产诉讼的适用。

（三）直接执行一半夫妻共同财产是可行的方案

夫妻个人债务的责任财产是债务人个人财产和一半夫妻共同财产。夫妻个人债务执行被执行人配偶名下的财产，追加被执行人配偶、另行诉讼方式以及先析产再执行不能适应实践的需要，直接执行一半夫妻共同财产是可行的方案。这种方式是总结执行实践和比较法经验的结果，能够兼顾执行效率与实体公正的要求，还有利于威慑失信被执行人。

1. 比较法以及执行实践经验的总结

从比较法上来看，大部分采共同财产制国家和地区对于夫妻一方因个人财产引发的个人债务，均规定以共同财产的一半和债务人个人财产承担责任。如《瑞士民法典》[①]《葡萄牙民法典》[②]《西班牙民法典》[③] 都作出了直接规定。《意大利民法典》《西班牙民法典》《俄罗斯联邦家庭法》以及美国部分州民法典也都规定了个人债务可直接执行二分之一共同财产。[④]

司法实践中，最高人民法院与各省高院已经基本达成初步共识，即夫妻一方为被执行人的，可直接执行共同财产的一半。如最高人民法院《执行疑难问题问答（二）》的态度是执行依据明确债务为夫妻一方个人债务的，可以执行夫妻共同财产中的一半份额。[⑤] 国家法官学院、最高人民法院司法案例研究院等编的全

---

①《瑞士民法典》第 234 条："对于其他一切债务，夫妻一方仅以其自有财产和共有财产之一半承担清偿责任。"详见《瑞士民法典》，于海涌、赵希璇译，法律出版社 2016 年版，第 81-82 页。

②《葡萄牙民法典》第 1696 条："对于由夫妻之一方独自负债之债务，须以该负债一方之个人财产承担，同时以该一方在共同财产中所占之半数补充承担。"详见《葡萄牙民法典》，唐晓晴等译，北京大学出版社 2019 年版，第 300 页。

③《西班牙民法典》第 1373 条规定："配偶中的任一方都应以其个人财产偿还自己的债务，如果其独有财产不足以偿还债务，债权人可以要求对双方共有财产进行扣押，并立即通知另一方配偶。"而该法典第 1344 条明确规定共同财产分割时各获得一半，详见《西班牙民法典》，潘灯、马琴译，中国政法大学出版社 2013 年版，第 345 页、第 353 页。

④ 张学军：《中国夫妻一方"个人债务"的责任财产之立法研究》，载《当代法学》2019 年第 6 期。

⑤ 最高人民法院执行局编：《执行工作指导（第 46 辑）》，人民法院出版社 2013 年版，第 47 页。

部四册《中国法院年度案例：执行案例》[①]中也贯彻着这项理念。最高人民法院在张某、高某天与张某勋案外人执行异议之诉的审查中也认为，不需要经过析产诉讼，法院在执行夫妻共同财产时保留被执行人配偶的一半份额，执行属于被执行人的一半夫妻共同财产并无不当。[②]浙江省高级人民法院2014年发布的《关于执行生效法律文书确定夫妻一方为债务人案件的相关法律问题解答》（浙高法〔2014〕38号）明确“被执行人所有或者其名下的财产不足清偿的，可执行夫妻共同财产中的一半份额”。江苏省高级人民法院《关于执行疑难问题的解答》（苏高法〔2018〕86号）第4条认为是债务人个人债务的，法院对于被执行人配偶单方名下以及被执行人与其配偶双方名下的夫妻共同财产，原则上以二分之一份额为限执行。

2. 执行效率的要求

直接执行一半夫妻共同财产方案与其他方案最大的不同就是先执行后救济，能够体现执行效率的要求。其他方案都是主张先救济后执行，执行程序中止等待审判程序的结果，这将严重拖累执行效率，客观上使得执行程序无法有效运行。

在夫妻个人债务前提下，另行诉讼、先析产后执行以及追加被执行人等方式，都需要原执行程序中止，等待诉讼结果或追加裁定来确认被执行人配偶承担的责任份额后，法院才能继续进行执行。这与执行程序的效率性相违背，加重了各方当事人的诉累，在共同财产制下使得夫妻个人债务的执行举步维艰。而直接执行一半夫妻共同财产的执行规则明确、具体、可操作性强，法院可以依据此规则快速地执行夫妻共同财产，以维护各方当事人的合法权益。若当事人对执行一半夫妻共同财产不服的，可以提起执行异议维护自己的合法权益。

3. 追求实体公正的需要

直接执行一半夫妻共同财产并不是只顾执行效率，忽视实体公正。相反，夫妻个人债务直接执行一半夫妻共同财产与绝大多数析产诉讼后的结果一致。我国

① 国家法官学院案例开发研究中心编：《中国法院2017年度案例：执行案例》，中国法制出版社2017年版，第111页；国家法官学院案例开发研究中心编：《中国法院2018年度案例：执行案例》，中国法制出版社2018年版，第145-146页；国家法官学院案例开发研究中心编：《中国法院2019年度案例：执行案例》，中国法制出版社2019年版，第119页；国家法官学院、最高人民法院司法案例研究院编：《中国法院2020年度案例：执行案例》，中国法制出版社2020年版，第126页。

② 张某、高某天再审审查与审判监督民事裁定书，最高人民法院（2017）最高法民申2083号。

司法实践中夫妻财产分割也是以均等分割为首要原则。对于夫妻个人债务，由一半夫妻共同财产承担责任也是我国司法实践和许多共同财产制国家的通常做法。

同时不通过追加程序或另行诉讼确认债务人配偶为被执行人，也有利于维护配偶的合法权益。在我国成为被执行人不仅意味着可能受到法院的强制执行，同时也意味着可能受到信用惩戒、社会评价降低等一系列不利益，如此严重的惩戒措施施加到债务人配偶身上是违反权责统一原则的。直接执行一半夫妻共同财产不需要将债务人配偶确认为被执行人，不会对债务人配偶带来其他不利益，不会影响其社会评价。

直接执行一半夫妻共同财产并不意味着对配偶合法权利的剥夺，相反更注重对债务人配偶的程序救济。若债务人配偶认为法院执行损害了其共同财产的份额或其名下个人财产被当作共同财产执行，债务人配偶可以向法院提供证据加以证明其名下的某财产为其个人财产；若债务人配偶认为执行一半夫妻共同财产侵犯其共同财产中的份额，其可以依据《最高人民法院关于人民法院民事执行中查封、扣押、冻结财产的规定》第14条对于法院的执行提出异议；[①]若债务人配偶对法院将该个人债务认定为共同利益而负担的个人债务，由全部共同财产负担该债务不服时可以由审判监督程序解决。

4. 执行威慑机制的完善

执行威慑机制通过加大执行力度、增加债务人责任等方式威慑尚未进入执行程序的被执行人，促使其自动履行义务，能够节省司法资源，维护司法权威。直接查控债务人配偶名下的财产情况并予以及时冻结、查封有利于快速威慑被执行人，打击债务人及其配偶规避执行、转移财产的行为，促使债务人尽快履行义务。我国目前社会信用体系尚未建立，转移、藏匿财产现象广泛存在。无锡市中级人民法院副院长王立新指出，在我国的司法实践中将逃避债务作为一种个人本事的体现这一不正常认知已经“蔚然成风”，导致法院执行时无法查找财产或无法查清财产。[②]查控债务人配偶名下的财产，使得债务人配偶在执行程序中不再置身事外，直接查控其财产促使债务人配偶参与到执行程序中，促进案件快速执结。

直接执行债务人配偶名下的财产，突破了之前执行方式仅查控债务人名下财

① 国家法官学院案例开发研究中心编:《中国法院2018年度案例：执行案例》，中国法制出版社2018年版，第146页。

② 王立新:《审判团队模式：我国民事执行权配置的困境与出路》，载《昆明理工大学学报（社会科学版）》2019年第2期，第21页。

产导致的困境，大幅提升法院查找可供执行财产的效率和概率。对于大部分小额案件能够快速地发现财产，实现债权人的权益。具有部分履行能力的案件也能够通过迅速确定财产的具体数额，以快速实现债权人的权益。这些执行威慑措施能够促使债务人在执行开始前或执行过程中及时偿还债务，达成和解，提升执行效率，促进"执行难"的切实解决。

三、夫妻个人债务执行夫妻共同财产的规则建构

直接执行一半夫妻共同财产，需要在夫妻一方为被执行人的情况下进行债务性质认定，完善法院查控、控制以及处置被执行人财产的具体规则，以及被执行人配偶的权利义务。

（一）夫妻一方为被执行人的推定为夫妻个人债务

当前最高人民法院建立的"总对总"执行查控系统已经与民政系统对接，可以查询被执行人的离婚、结婚信息。法院经过查控系统确认被执行人已婚的，而其配偶不是本案被执行人的，则该案为夫妻一方为被执行人的执行案件。对于夫妻一方为被执行人的执行案件，若债权人认为该案的债务性质为夫妻共同债务，告知其另行提起确认诉讼，在另行诉讼确认债务性质之前，应将夫妻一方为被执行人的执行案件推定为夫妻个人债务执行案件。

关于夫妻一方为被执行人的执行案件的债务性质，曾有共同债务说、债务性质未定说以及个人债务推定说。共同债务说认为婚姻存续期间一方负债的，即使裁判文书仅确认夫妻一方为被执行人，该债务性质依据实体法规范也应推定为夫妻共同债务，法院可以直接执行被执行人配偶名下的个人财产和共同财产。最高人民法院审判委员会专职委员、执行局局长刘贵祥在"全国法院执行工作经验交流座谈会上的总结讲话"中认为应进行共同债务推定。[①] 最高人民法院《执行疑难

---

① 他认为关于夫妻共同债务的认定与夫妻财产的执行要分为两种情况，对于执行依据明确债务为夫妻一方个人债务的，可直接执行债务人的个人财产和一半份额的夫妻共同财产；对于执行依据未明确债务为夫妻一方个人债务的，若该债务发生在夫妻关系存续期间，配偶不能证明为非共同债务的，法院可以推定为夫妻共同债务，并可以直接执行配偶（包括已离婚的原配偶）的个人财产以及夫妻共同财产。详见国家法官学院案例开发研究中心编:《中国法院2017年度案例：执行案例》，中国法制出版社2017年版，第111页。

问题问答（二）》对于“夫妻一方为被执行人的案件，能否执行夫妻共同财产或者配偶的个人财产？”问题的解答和刘贵祥专职委员是一致的。[①] 债务性质未定说认为在执行程序中该债务性质是暂时未定状态，该债务性质的确定有赖于审判程序的确认。有学者认为在执行名义未对债务性质作出明确认定的前提下，推定该债务性质为个人债务属于对裁判主文的不当扩张解释，与裁判主文不符，债权人可以另行起诉确认债务性质。[②] 有学者提出对执行依据未明确债务性质的，执行机构可先控制夫妻共有财产，控制共同财产后由审判机构在异议之诉中认定债务性质。[③] 个人债务推定说认为应依据程序法规范，因审判程序未确认债务人配偶为本案的被执行人，所以执行程序只能将该债务推定为夫妻一方的个人债务，由其承担赔偿责任。司法实践中虽然各地高级人民法院的做法较为混乱，但总体上仍然将债权人未申请追加或另行诉讼的夫妻一方为被执行人的案件，推定为夫妻个人债务案件进行执行。典型的如上海市高级人民法院在其制定的《上海市高级人民法院关于执行夫妻个人债务及共同债务案件法律适用若干问题的解答》（沪高法执〔2005〕9号）第2条中规定执行依据没有对债务性质作出明确认定的，债权人也未申请追加的，推定为夫妻个人债务进行执行。[④]其他省份如北京高院[⑤]、山东

① 最高人民法院执行局编：《执行工作指导（第46辑）》，人民法院出版社2013年版，第47页。

② 赵志超：《执行力主观范围扩张的正当性保障机制》，载《南京大学法律评论》2019年秋季卷。

③ 叶汉杰：《债务性质未定前提下执行夫妻财产的实践乱象与出路——基于对三种差异规定与四类判决思路的研究》，载《法律适用》2015年第1期。

④ 上海市高级人民法院在其制定的《上海市高级人民法院关于执行夫妻个人债务及共同债务案件法律适用若干问题的解答》（沪高法执〔2005〕9号）问答2中规定：“执行中，对所涉债务是个人债务还是夫妻共同债务，执行机构首先应依执行依据中的认定作出判断。执行依据中没有对债务性质作出明确认定，申请执行人未申请追加被执行人配偶（包括原配偶，下同）为被执行人的，按被执行人个人债务处理。执行依据中没有对债务性质作出明确认定，申请执行人主张按被执行人夫妻共同债务处理，并申请追加被执行人配偶为被执行人的，执行机构应当进行听证审查，并根据下列情形分别作出处理：（一）应当认定为被执行人个人债务的，作出不予追加决定；（二）须另行诉讼确定债务性质的，作出不予处理决定；（三）除应当认定为个人债务和执行中不直接判断债务性质的情形外，可以认定为夫妻共同债务，裁定追加被执行人配偶为被执行人。”

⑤《北京市法院执行工作规范》第539条第1款：“执行依据确定的债务人为夫妻一方的，根据现行法律和司法解释的规定，不得裁定追加被执行人的配偶为被执行人。申请执行人主张执行依据确定的债务为夫妻共同债务，申请追加被执行人的配偶为被执行人的，告知其通过其他程序另行主张。”

高院[①]、江苏高院[②]都作出了类似规定。

笔者认为上述各说在共同债务推定时期都存在一定问题。如共同债务说虽然兼顾实体法规范，但忽视了程序法规范；债务性质未定说主张由裁判机构确定债务性质有一定意义，但与实体法规范与程序法规范都不符；个人债务推定说坚持了程序法规范，但与共同债务推定的实体法规范相悖，所以也不是一个合理的选择。随着2018年《夫妻债务解释》以及2020年《民法典》对夫妻债务认定规则的修改，个人债务推定取代了共同债务推定。对于夫妻一方为被执行人、执行依据未明确债务性质的执行案件，推定为夫妻个人债务执行案件符合实体法规范和程序法规范的要求，执行程序可以直接执行一半的夫妻共同财产。

（二）应直接查控被执行人配偶的财产

对于夫妻个人债务，在法院查控到被执行人配偶的信息后，应在查控系统中开放查控被执行人配偶财产信息的权限。最高人民法院在建立的网络查控系统中，对于已婚被执行人，除查询被执行人名下财产的选项外，还应建立一个选项能够对被执行人配偶名下财产进行查询。不动产、存款、车辆信息以及各种理财信息等在债务人名下能够查找到的财产信息，也应能够在债务人配偶名下查询到。当前执行实践中需要查控债务人配偶名下财产时，仍然沿用传统的线下查询方式，需要执行法官到各个银行、车辆管理部门、不动产管理部门逐一查询，浪费了大量的时间和精力。利用执行信息化发展的优势，直接在执行程序中查控债务人配偶名下共同财产信息，不需要再通过追加被执行人程序或另行起诉程序的诉累，

---

①《山东省高级人民法院关于在执行程序中查封、扣押和冻结的暂行规定》第18条："被执行人的个人财产与家庭财产未分开的，可以执行被执行人在家庭财产中的平均份额，被执行人的家庭成员向法院提起析产诉讼的，该诉讼期间中止执行，法院关于析产的判决生效后，可依据析产判决的结果决定继续执行或执行回转。"

②《江苏省高级人民法院关于执行疑难问题的解答》（苏高法〔2018〕86号）第4条，"生效法律文书仅载明被执行人个人为债务人，对于下列财产，执行法院可以执行。（一）被执行人配偶名下的存款、股权（股份）、金融理财产品等，婚后登记在被执行人配偶单方名下的房产、车辆以及婚后登记在被执行人和其配偶双方名下的房产、车辆等财产；（二）登记在被执行人及其他人名下的共有财产以及登记在案外人名下但案外人承认属于被执行人财产或同意作为被执行人财产接受强制执行的财产；（三）对于被执行人未成年子女名下与其收入明显不相称的较大数额存款，登记在被执行人未成年子女单方名下的房产、车辆或者登记在被执行人和其未成年子女名下的房产等，执行法院可以执行"。

快速地查明债务人家庭的全部共同财产，为下一步执行措施提供基础。经过查控债务人与其配偶名下全部财产后仍然未能发现可供执行的财产，债权人也不能提供财产线索的，法院可以以执行不能结案，符合个人破产条件的应当移送审查个人破产。

确定夫妻财产性质时，依据共同财产制应当采共同财产推定的方式，对于法院查控到的被执行人及其配偶名下的财产，应当推定为夫妻共同财产。对债务人的个人财产需要由债权人提供证据证明，债务人配偶的个人财产由其本人提供证据加以证明。对于共同财产与个人财产界定不清的可以通过诉讼解决，若债务人配偶不能证明自己名下的部分财产为个人财产，则推定为共同财产，法院可以将配偶名下的财产视为共同财产进行执行。之所以要求债务人配偶提出证据证明自己名下财产为个人财产，由债权人提出证据证明债务人名下财产为债务人个人财产，主要是因为个人债务的责任财产是债务人个人财产和夫妻共同财产，由于夫妻财产的私密性，第三人难以明确了解债务人夫妻个人财产与共同财产的边界。若将债务人的个人财产也纳入共同财产的范围，实质上是免除了部分共同财产的责任，损害了债权人利益。而如果将所有配偶个人财产都纳入共同财产中，则加大了责任财产的范围，使债权人所获利益不当扩大。

（三）对夫妻共同财产的评估、控制与处置

在综合了解债务人及其配偶名下的全部财产信息后，法院下一步工作是评估被执行人夫妻全部共同财产的数额。对于价值较为明确的如存款、有价证券等可以直接确定；对于价值难以直接确定的如房屋、车辆的价值，可以由各方当事人协商确定，不能达成一致的，可以通过询价、评估等方式来确定。在确定全部夫妻共同财产数额后，属于被执行人责任财产的数额也会确定。

在确定被执行人夫妻共同财产的数额后，接下来需要解决的是全部控制还是部分控制的问题。笔者认为在执行程序的开始，尚未确定夫妻财产数额的，为防止被执行人及其配偶转移财产、逃避债务，可以先将全部夫妻共同财产予以查封、冻结、扣押。在确定夫妻财产数额后，若该财产属于可分物，法院可仅控制属于被执行人的一半财产；若该财产属于不可分物，则应当全部予以控制。对于债务人及其配偶名下既有存款又有车辆、不动产的，应坚持善意执行的原则，尽量不影响夫妻共同生活，尽量选择执行存款等易于执行的财产。

法院处置被执行人财产也有部分处置与全部处置的争议。笔者认为处置夫妻共同财产同样需要考虑财产性质。不动产等财产虽然在物理上能够分割，法院可以将土地或者房屋分成一半，但是该种分割方式使得该不动产的份额难以拍卖、变卖，使执行程序陷入僵局，也会在当事人之间引发新的纠纷。同时该种处理方式从物权上也难以成立，我国当前仅支持一物一权，一个不动产上难以成立两个所有权，办理拆分所有权也缺乏法律依据。对于不动产等财产应采取全部拍卖的方式，在拍卖过程中保护被执行人配偶的优先购买权，拍卖后的变价款中保留属于被执行人配偶的一半份额。被执行人配偶认为拍卖程序违法或保留一半份额侵害其财产权益的，可以通过执行异议程序维护自己的合法权益。对于唯一住房被拍卖的，我国《最高人民法院关于人民法院办理执行异议和复议案件若干问题的规定》第 20 条认为在给被执行人提供居住房屋或五至八年租金后，法院可以拍卖该唯一住房。实践中法院处置唯一住房的，大多采取给被执行人保留租金的方式，而在个人债务执行中，对于属于夫妻共同财产的唯一住房，法院处置后需要将变价款的一半支付给被执行人配偶。笔者认为在保护被执行人配偶的份额利益后，不应再给被执行人保留租金，这主要是依据《婚姻法》规定，夫妻双方具有相互扶助义务，在法院已经将变价款的一半交付给被执行人配偶后，被执行人的居住权能够得到保障，此时不应再给被执行人保留租金。

（四）被执行人配偶的法律地位是执行第三人而不是被执行人

虽然民事执行程序需要查控被执行人配偶名下财产，并直接执行一半夫妻共同财产，但是债务人配偶的法律地位是执行第三人，与执行程序中合伙等其他共同共有人的法律地位类似，不是本案的被执行人。

因共同财产制下夫妻共同财产可能在被执行人配偶名下，所以被执行人配偶名下的财产可能需要对债务人的个人财产承担责任，但被执行人配偶不是本案的直接当事人，不能成为本案被执行人。由于我国当前立法未能准确区分“人的责任”与“物的责任”，在民事诉讼法和强制执行法中未确立“对物诉讼”与“对物执行”[①]，司法实践中很多情况都需要对物诉讼，如担保物权实现案件[②]、债务人配偶

---

① 张登科:《强制执行法》，台湾三民书局 2019 年版，第 53 页。

② 毋爱斌:《“解释论”语境下担保物权实现的非讼程序》，载《比较法研究》2015 年第 2 期。

在共同财产范围内承担责任以及债务人的继承人在遗产范围内承担责任[①]等都呼唤完善的对物执行规则，这需要立法的逐步完善。在缺乏“对物执行”规则的情况下，目前执行实践中大都直接将债务人继承人、债务人配偶等财产持有人直接作为被执行人进行执行。我国执行法中的“被执行人”具有强烈的道德贬斥意味和实际上的惩戒性，被执行人信息在最高法院的中国执行信息公开网站上可以公开查询，可以被作为信用不佳的依据，很多金融机构拒绝对被执行人发放贷款。基于我国当前被执行人制度的现状，与案件不具有直接关系、仅仅具有财产上关联的被执行人配偶不应作为被执行人承担执行责任，而应作为执行第三人承担协助义务。

债务人配偶作为执行第三人，享有一定的权利也承担一定的义务。债务人配偶享有一定的权利：（1）不受到信用惩戒等各项惩戒措施。作为债务人共同财产的共同共有人，债务人配偶与案件没有直接利害关系，不能成为本案被执行人，没有报告财产的义务，不能被纳入失信被执行人名单或限制高消费，但若债务人配偶出现妨害执行行为，法院可以以妨害执行行为对其进行拘留、罚款。（2）保护个人财产和共同财产中的个人份额。对于个人债务，显然不得侵犯债务人配偶的个人财产权益，若其提出确切的证据证明该财产为个人财产，法院不得对其执行。对于为个人利益如担保、赌博等而产生的个人债务，清偿的共同财产的范围是一半共同财产，对于债务人配偶所享有的另一半共同财产份额法院也不能进行执行。若债务人配偶认为共同财产中其所占份额多于一半，可以提出析产诉讼来维护自己的权利。（3）优先购买权。作为共同共有人，为保障生活和善意执行，处置不动产等共同财产时在同等条件下债务人配偶享有优先购买权。（4）个人隐私的合理保护。债务人应承受法院的查控，其个人隐私权受到限制，但是其财产信息仅能用于法院执行，在非用于执行情况下应保障债务人配偶的个人隐私权。（5）程序救济权。债务人配偶对债务性质、财产性质以及执行过程的合法性等存在异议时，具有向法院提出异议或提起诉讼的程序权利。

债务人配偶承担的义务包括：（1）承受执行查控，个人隐私受到限制。作为债务人配偶，其夫妻共同财产的部分可能会成为责任财产，需要调查清楚全部共同财产的数额，作为债务人共同财产的持有人，债务人配偶名下的财产情况也将受

---

① 陈杭平：《论债务人的继承人放弃继承之程序进行》，载《现代法学》2020 年第 2 期。

到调查。（2）名下财产被执行。因其名下的财产可能是共同财产，对于可能成为责任财产的共同财产，法院有冻结、查封等控制的权利，债务人配偶应协助法院对该共同财产的控制。对于不可分的共同财产，法院有进行全部处置的权利，在变价后保留属于配偶的一半变价款的，被执行人无权对该执行行为提出执行异议。（3）证明个人财产的义务。因为我国采婚后所得共同制，除少数几种特殊情况外，债务人配偶名下的财产原则上应被视为共同财产，因夫妻生活的私密性，债权人和法院难以区分个人财产，债务人配偶应提供证据证明自己名下的财产为个人财产，若不能证明则该财产推定为共同财产。（4）协助义务。无论是对共同财产的查封、冻结，还是协助过户、退出不动产，债务人配偶作为财产的持有人，具有配合法院执行、协助法院交付的义务。

结语

我国以物权公示原则界定夫妻财产为基础的执行规则，将被执行人名下的财产视为个人财产进行执行。在共同债务推定时期，因被执行人配偶难以证明夫妻债务为个人债务，被执行人配偶的份额请求难以得到支持，执行被执行人名下财产的规则能够得到维持。当前《民法典》已经修改债务认定规则，在扩大夫妻共同财产的情况下，当前的执行规则陷入困境，在共同财产制下需要建构新的执行规则。相较于追加被执行人配偶、另行诉讼以及先析产再执行，直接执行一半夫妻共同财产是可行的方案。直接执行一半共同财产，应将夫妻一方为被执行人的案件推定为夫妻个人债务案件，直接查控被执行人配偶名下的财产情况，对夫妻共同财产进行评估、控制与处置，明确被执行人配偶的法律地位是执行第三人而不是被执行人，应保护其合法权益，赋予其程序救济的权利。

执行规则的建构需要实体法与程序法的共同努力，我国当前的执行规则是实体法规则与程序法规范割裂的结果。在民法典时代，新执行规则的建构关系到《民法典》的实施以及《民事强制执行法》的制定。依托夫妻共同财产制，建构新的夫妻个人债务的执行规则，需要平衡法院执行以及各方当事人权利保护的关系，综合考虑责任财产的界定、债务人配偶的地位以及夫妻共同财产的界定、分割等各方面的问题。笔者仅针对夫妻一方个人债务的民事执行程序的执行规则进行了探讨，偏颇错漏之处在所难免，希望方家予以指正。

（**作者简介**：赵大伟，吉林大学诉讼法学博士生。曾任基层法院执行局员额法官、执行团队长。研究方向：民事执行法、婚姻法以及二者的交叉领域）

参考文献：

[1] 张登科：《强制执行法》，台湾三民书局 2019 年版。

[2] 安宗林、肖立梅、潘志玉：《比较法视野下的现代家庭财产关系规制与重构》，北京大学出版社 2014 年版。

[3] 裴桦：《夫妻财产制与财产法规则的冲突与协调问题》，上海交通大学出版社 2020 年版。

[4] 最高人民法院审判监督庭编著：《最高人民法院婚姻法司法解释（三）理解与适用》，人民法院出版社 2011 年版。

[5] 胡苷用：《婚姻合伙视野下的夫妻共同财产制度研究》，法律出版社 2010 年版。

[6] 夏吟兰、薛宁兰：《民法典之婚姻家庭编立法研究》，北京大学出版社 2016 年版。

[7] 江必新主编：《强制执行热点问题新释新答》，人民法院出版社 2010 年版。

[8] 最高人民法院民事审判第一庭编著：《最高人民法院婚姻法司法解释（二）的理解与适用》，人民法院出版社 2004 年版。

[9] 赵晋山、王赫：《"排除执行"之不动产权益》，载《法律适用》2017 年第 21 期。

[10] 许莉：《夫妻财产归属之法律适用》，载《法学》2007 年第 12 期。

[11] 薛宁兰：《中国民法典夫妻债务制度研究》，载《妇女研究论丛》2018 年第 3 期。

[12] 李贝：《夫妻共同债务的立法困局与出路》，载《东方法学》2019 年第 1 期。

[13] 杨晓林、段凤丽：《〈民法典·婚姻家庭编〉对离婚财产分割的影响》，载《妇女研究论丛》2020 年第 4 期。

[14] 汪洋：《夫妻债务的基本类型、责任基础与责任财产》，载《当代法学》2019 年第 3 期。

[15] 田韶华：《论共同财产制下夫妻债务的清偿》，载《法律科学（西北政法大学学报）》2019 年第 5 期。

[16] 刘征峰：《夫妻债务规范的层次互动体系》，载《法学》2019 年第 6 期。

[17] 缪宇：《美国夫妻共同债务制度研究》，载《法学家》2018 年第 2 期。

[18] 何丽新：《论非举债方以夫妻共同财产为限清偿夫妻共同债务》，载《政法论丛》2017 年第 6 期。

[19] 赵志超：《执行力主观范围扩张的正当性保障机制——再论可否追加配偶为被执行人》，载《南京大学法律评论》2019 年秋季卷。

[20] 肖建国、刘文勇：《论执行力主观范围的扩张及其正当性基础》，载《法学论坛》2016 年第 4 期。

[21] 许士宦：《执行力客观范围扩张之法律构造——兼论其与既判力客观范围理论的异同》，载《台大法学论丛》2009 年第 1 期。

[22] 陈苇：《诉讼离婚财产清算中妇女财产权益法律保护实证研究：以我国重庆市某基层人民法院 2011—2013 年审结的离婚案件为对象》，载《河北法学》2016 年第 8 期。

[23] 王立新：《审判团队模式：我国民事执行权配置的困境与出路》，载《昆明理工大学学报（社会科学版）》2019 年第 2 期。

[24] 毋爱斌:《“解释论”语境下担保物权实现的非讼程序》，载《比较法研究》2015 年第 2 期。

[25]陈杭平:《论债务人的继承人放弃继承之程序进行》，载《现代法学》2020 年第 2 期。

[26]孙艳军:《我国夫妻财产制的发展趋势研究》，中国政法大学 2012 年博士学位论文。

分段集约执行模式下基层法院执行绩效考评机制构建

赵瑞东

摘要：科学合理的绩效考评制度对完成上级法院考核，实现执行质效指标良性发展有极其重要的导向作用。自执行体制机制改革以来，分段集约执行以分权制衡、利于监督、规模办案等优势，被各地法院采纳推广。运用分段集约执行模式的基层法院，如何避免此模式运转失灵，如何考核执行工作，考核制度存在哪些问题，应该如何改进？本文以东部省份五家基层法院的考核制度为样本，在剖析现状及其存在问题的基础上，从人民法院执行权具有行政权和司法权双重属性价值目标出发，探寻执行绩效考评机制的构建和完善。

关键词：分段集约执行　单独考核　“三统一”管理　执行长效机制

一、现状考察：基层法院执行绩效考评的运行机理

为落实《2017年最高人民法院执行工作局要点》关于“落实执行单独考核管理要求和相关配套措施”要求，与执行信息化办案系统配套，2017年最高人民法院制发了《关于建立执行考核指标体系的通知》(以下简称《考核通知》)，明确了执行统计指标体系和执行考核指标体系，规范了执行指标的统计方法及考核范围。分析《考核通知》各指标可以发现，强制措施、追究拒执罪、失信限高情况等指标是对执行指挥中心的考核，而执行指挥中心正是分段集约执行模式[①]新的表现形式。《考核通知》确定了指标范围并明确了计算公式，但未明确各项指标的具体权重，只是明确了加大实际执结率等效果指标权重，设立加分因素和扣分因素等原则性规定。同时，由于执行体制机制改革的迟缓，相关配套措施并未有实质性进展。在此基础上，各地法院结合本地实际进行了有益探索。

---

① 王柏东、赵志:《规范分段集约执行流程的建议》，载《人民法院报》2010年第8版。

随着“三统一”管理的推进及各地法院执行指挥中心实体化运行模式的探索，各地法院根据《考核通知》精神，结合本次基本解决执行难各项工作，制定了实施细则，开展执行单独考核工作，同时制定相关配套制度，为开展执行单独考核提供制度支持。

表 1　东部地区五家基层法院执行绩效考评情况

绩效考评制度	考核主体	考核对象	考核内容	考核方式	考核结果运用
M 区法院执行局团队化绩效考核工作办法	部门领导和执行法官，考核组织实施主体为执行指挥中心	执行团队和团队中的法官助理、书记员、司法警察等各类执行人员	根据考核对象的不同，分为团队考核内容，团队成员考核。详细规定了各类考核项目	主观评价和客观评价，各项指标在基础分的基础上结合加减分值，得出原始分，再按照权重配置百分制折算最终得分	提供执行质效运行态势参考，作为成员评优评先、年终考核依据
H 区法院执行局在编干部绩效考核细则	执行局局务会，考核组织实施主体局内勤	执行局的在编干警	基本任务数、办案质效指标、参考项目	法官质效按照权重得分加总得出，领导和办案助理和特殊分工人员由全局投票、局务会讨论确定	遵从全院规定
K 区法院执行局履职激励考评办法	院绩效考核工作委员会，考核组织实施主体为执行指挥中心和组长	不同分组的承办人	成绩质效得分和规范性得分，不同分组因分工不同考核的侧重点不同	对各项指标按照达到目标值情况进行打分，汇总各指标分数得出总分	主要用于院绩效考核和奖金分配

续表

绩效考评制度	考核主体	考核对象	考核内容	考核方式	考核结果运用
B区执行局绩效考核办法	执行局绩效考核小组，由局领导和各执行长组成	法官、未入额法官、法官助理、书记员	办案数、案件质量及其他公共目标考核	办案数根据首执、恢执和集团类案件数量折合计算权重；办案质量指标每低全市平均值1个百分点扣100元	直接与绩效奖金挂钩
T区法院执行工作绩效单独考核实施办法	院审管办，考核组织实施主体为执行指挥中心	执行员额法官、法官助理、书记员、司法警察及其他人员	质效指标，综合管理指标，“三统一”管理指标	确定重点指标及基础分值，根据各项指标数据高于或低于平均值情况得不同分数；对长效考核指标和综合管理指标设置加减分项目，得出总分后分类排名	作为干警年终绩效考核、评先选优的主要参考依据

从执行绩效考评实践来看，其对执行工作的推进作用是显著的。

1. 推动执行工作管理向精细化、智能化转变。采用分段集约执行模式的法院根据本身工作实际情况进行分工，并通过绩效考评来检验模式运行的效果。执行管理从事后监管转为事前预设，从过去的被动性管理转为主动性、前置性管理，从概括性管理转为精细化管理，从经验性管理转为科学性管理，从科层式管理转向扁平化管理，从模糊性管理转为可视化管理。[①]

① 陈忠、吴美来：《案件质量评估与审判绩效考核衔接机制研究——以重庆法院实践为样本》，载《法律适用》2016年第4期。

表 2　T 区法院近三年质效指标情况

指标类型	指标	2017 年	2018 年	2019 年	指标趋势
效率指标	结案率	84.23%	89.88%	91.6%	逐年向好
	法定期限内结案率	90.71%	93.74%	97.16%	高位运转
	结案平均用时	106.52	101.55	87.81	逐年向好
	事项委托办结率	98.4%	99.5%	100%	逐年向好
效果指标	实际执结率	47.31%	50.4%	55.1%	逐年向好
	实际执行到位率	18.7%	22.74%	27.6%	逐年向好
	执行完毕率	39.56%	42.85%	32.86%	波动
	终本率	36.91%	32.22%	42.21%	合理区间
质量指标	关键节点平均超期数	0.32	0.16	0.01	逐年向好
	终本合格率	36.84%	100%	100%	高位运转
	督办事项期限内办结率	85.95%	91%	97%	逐年向好
	信息录入差错率	0	0	0	高位运转
	失信名单撤销率	11.35‰	6.46‰	2.24‰	逐年向好
	网络查控期限内发起率	68.4%	81.89%	98.68%	逐年向好
	信访化解率	100%	100%	100%	高位运转

2. 发挥分段集约执行优势。分段集约执行机制是指将执行工作各环节进行细分，执行法官仅是相对固定地承办执行案件，以所有执行案件的执行环节为中心搭建执行机构，配置执行人员，以执行各环节专业化、集约化的分工和工作方式，实现案件的立体交叉执行。分段集约执行由于对执行人员进行专业分工，达到了分工增益的效果。在案件激增，法院案多人少，执行资源依然不足的背景下，分段集约执行让有限的执行力量最大限度地发挥效用。①

3. 促进执行质效稳步提升。通过绩效考评结果公示，末位排名通报等管理方式，加大了执行工作管理力度，各项质效指标明显提升。

4. 强化执行规范化建设。分段集约执行模式是对各类团队、各类人员进行考核，考核对象从过去的承办法官扩展到团队和个人两个层次，实现了立体化的考评体系。通过上级法院考核和内部考核，定期分析通报，查找工作中的薄弱点，制定相关规范，直接推动了规范化建设。在基层实践层面，弥补了《考核通知》

---

① 程洁、朱嵘：《整合与优化：执行指挥中心的“854”模式》，载《人民法院报》2019 年第 7 版。

未制定相关配套制度的缺憾。

5. 增加执行干警认同感。执行团队整体绩效是成员个体共同努力的目标，成员个体绩效是团队绩效的基础。分段集约执行模式下的考核不仅将团队作为考核对象，还对团队成员进行考核，通过权重转换，按照绩效结果分配评先选优指标，促进团队配合，注重整体利益，可以有效杜绝搭便车行为，提升团队成员的积极性。

二、现有执行绩效考核制度的检视

《考核通知》开启了执行工作单独考核，目前各基层法院主要采取两种考核方式，一是制定符合本院实际的考核制度，二是在执行业务垂直管理框架下直接适用上级法院对下级法院的考核。通过对五家基层法院考核制度的研究发现，基层法院对执行绩效考核，存在考核责任主体缺位、考核指标设置不合理、少绩效结果运用等情况，未认识到执行工作考核是基层法院绩效管理的组成部分，具体表现为以下几点：

1. 考核主体缺位。在基层法院对执行工作进行绩效考核时，执行部门既当“运动员”又当“裁判者”，即使明确成立“绩效考核工作委员会”等机构，考核指标的圈定、统计、报送等工作也多由执行部门自主设定、自主选择报送。由于缺乏有效的信息沟通，在部分地区法院审判管理部门对执行考核项目仅被动接收数据，对数据的合理性及其运用效果缺乏调研论证和长远规划，导致考核主体缺位，不利于执行工作的长远发展。

2. 考核对象偏离。在对执行工作进行考核时，部分法院以上级法院对基层法院的考核代替对本院执行工作的考核，以对执行法官的考核代替对执行团队的考核，以对执行指标考核代替对团队整体工作考核。在分段集约执行模式下，执行案件被分割成若干个彼此紧密联系的流程，各类执行人员各负其责、各司其职，仅对执行法官进行考核，虽然是基于落实司法责任制的现实考虑，但造成了考核对象的单一性、考核内容的不全面性，不利于促进团队整体质效的提升，也不利于分段集约模式的巩固。

3. 考核操作难度大。与以往的考核方式相比，《考核通知》使执行单独考核具备了可操作性，详细列明了 16 项执行案件质效考核指标和 17 项执行综合管理考核指标，考核内容增加，考核指标细化，考核方式也予以明确。但由于基层法院审判执行管理发展水平不一，根据自身实际再增加其他相关指标，加之目前的信息化考核系统不支持考核指标细化到个人，月通报、季度考核制度对考核数据的收集整理提出了更高的要求，精细化和制度化考核通报制度面临落地困难。

4. 考核内容不科学。由于执行指标的特殊性，部分指标之间存在极强的关联性和抑制性，同等考核违背客观规律。比如，在《考核通知》执行案件质效统计指标中，结案数是一级指标，实际执结数为二级指标，但部分法院考核时往往将结案率、实际执结率、执行完毕率、终本率等指标同等考核。部分指标无明确标准定义，如“3+1”核心指标中的有财产案件法定期限内结案率，采取的是事后判定标准，且将5类实际执结案件判定为有财产案件。又如，结案率 = 实际执结率 + 终本率 + 未结率，实际执结率 = 执行完毕率 + 终结率 + 不予执行率 + 驳回执申请率 + 销案率，部分法院考核时要求完成目标结案率的同时大幅压缩终本率，导致终结率畸高，最终导致执行案件和而不解。部分指标，如保全率、失信名单撤销率、案拍比等指标，实际上为执行案件客观规律或当事人自主选择，强制性考核不利于维护人民法院在审判执行业务中的中立性地位。

5. 考核方式粗放。普遍做法是，选定部分主要指标作为基础分，将强制措施采取情况、执行创新情况等指标作为加减分项目。在设定结案数量时，部分法院根据平均收案数确定基础值，未区分案件类型。考虑到首次执行案件、恢复执行案件、财产保全案件各有其特点，未考虑各类案件权重或对办案主体分类考核。由于目前质效数据提取和统计多由执行指挥中心完成，在缺乏明确定位的前提下，内勤与执行指挥中心也无法分离，难以避免人为干预执行质效。

6. 少考核结果运用。多数法院执行绩效考核文件，未涉及具体结果运用，部分法院仍进行惩罚性的结果运用。在当前基层法院绩效考核普遍轻绩效运用的背景下，执行考核结果的达成与执行考核结果的合理运用存在较大的落差。考核结果运用未能有效体现在，初任法官培训，法官入额应具有执行实施工作经验，审判执行部门定期轮岗，执行考核与晋级晋升挂钩等方面。

三、症结分析：执行绩效考核制度的运行困境

分段集约执行模式下，一个案件会对应三个到四个负责人，每个负责人的工作都直接影响到案件的执行效果和质量。缺乏外力的制约会降低执行人员的责任感，缺少积极的工作态度，影响执行整体的质量与效率。缺乏“外力”约束，导

致基层法院执行绩效考核“脆弱”，具体分析如下。

1. 执行“三统一”管理落地偏差。当前，人民法院省以下统管尚未落地落实，在此背景下，执行“三统一”管理处于探索推动阶段。在“三统一”管理探索中，执行业务管理模式依托于信息化系统，部分法院将“三统一”管理中对基层法院的绩效考核原封不动地套用在本院办案人身上，未对上级法院考核进行有效分解，未对本院考核指标再次分解。有别于唯数字论的绩效主义，真正的绩效管理是组织的愿景到战略实现的过程，是推动组织核心价值观从理念到行为的过程，也是通过组织成员的成长提升绩效的过程。[①]“三统一”管理模式下，执行人员价值实现路径与法院共同愿景的分离，导致了执行绩效考核目标与法院绩效管理整体目标的二元化。

2. 执行权的圈定和分解。多年来实践证明，执行权兼具司法权和行政权的性质。[②]在认同执行权是混合权力的前提下，分段集约执行模式将执行程序划分为执行接待阶段、财产查控阶段、执行研判阶段和强制执行阶段，由相应的执行接待组、财产查控组、执行研判组和强制执行组负责不同阶段的执行工作。[③]阶段化的分权运作导致工作绩效考核的困难，从而在一定程度上会影响到执行人员的工作积极性。在对一人包案模式考核时是简单的计件式考核，在执行权分解背景下，如何有效分解执行权并对其进行监管考核，如何制定适用于分段流程模式下的绩效考核方法是执行流程改革能否成功的关键。

3. 办案主体的不确定性。《民事诉讼法》规定，执行工作由执行员进行。《最高人民法院关于人民法院执行工作若干问题的规定（试行）》执行程序中重大事项的办理，应由三名以上执行员讨论，并报经院长批准。但在2019年开始施行的《人民法院组织法》中，删除了关于“执行员”的规定，最高法院于2018年10月向全国人大常委会作出的《最高人民法院关于人民法院解决“执行难”工作情况的报告》亦回避了“执行员”的提法。上述修法及改革动向带来的问题便是：在组织法删去“执行员”之后，如何重新定位《民事诉讼法》规定的“执行员”和实际从事执行工作的人员？[④]法律层面执行办案主体的不确定性，当前大力推行的司法责任制背离，造成执行案件责任制不明，基层法院在对执行工作进行单独考

---

① 邹碧华：《法院的可视化管理》，法律出版社2017年版，第144页。

② 江必新：《如何打赢“基本解决执行难”这场硬仗》，载《人民论坛》2017年第3期。

③ 邹碧华：《法院的可视化管理》，法律出版社2017年版，第289页。

④ 雷彤：《执行体制改革背景下“执行员”的再解读》，载《当代法学》2019年第1期。

核时对考核对象的迷失。

4. 绩效管理机制不健全。法院执行不同于审判部门，决定了执行工作考核不同于审判工作考核。在高度分工及流程化的作业模式下，对不同团队进行有效绩效管理尤为重要。“绩效管理机制，是企业为了实现其战略目标，根据企业发展现状，对团队和团队成员的绩效进行开发管理的一整套理念、原则、程序和方法的有机整体。”① 离开绩效管理的执行绩效考核，不利于及时获取团队及成员工作进展情况。在绩效管理时，考核结果反馈系重要的中心环节，其质量在很大程度上决定了绩效考核之有效性及整体水平，重要程度甚至超过绩效考核本身。② 纵览五家基层法院考核制度，考评主体单一，重考核数据轻结果运用，无绩效辅导机制，执行人员难以通过绩效管理实现个人价值，进而造成绩效考核目标偏离和效果降低。

四、追本溯源：科学化执行绩效考评机制的构建

执行绩效考核必须以提升案件办理质效为导向，完成“三统一”管理目标任务，实现对执行工作的有效管理，推动构建符合工作实际的长效工作机制。科学化构建执行绩效考评机制，应结合当前的执行体制机制改革、司法责任制改革和执行单独考核要求进行构建。

1. 分解“三统一”管理目标任务。与审判工作上下级法院间的“独立监督关系”不同，上下级执行机构间是“统一领导关系”③，最高法院《关于改革人民法院执行机构有关问题的通知》提出，要在纵向上建立“高级人民法院统一管理协调”的执行工作机制。执行业务“三统一”管理的改革方向是明确的，最高法院也对执行统计指标和执行考核指标进行了明确。下一步，应厘清上级法院对基层法院的考核内容，将对基层法院执行业务相关但责任部门非执行部门的考核指标予以明确并剥离。同时，将对执行部门的考核，细分到各个团队，避免“一刀切”式考核。分段集约执行模式下，将网络查控期限内发起率、信息录入差错率、超期归档、文书上网等事务性工作的考核责任主体明确为事务性工作团队。对执行法

① 林新奇：《绩效考核与绩效管理》，对外经济贸易大学出版社 2011 年版，第 177 页。

② 冯海燕：《高校科研团队创新能力绩效考核管理研究》，载《科研管理》2015 年第 1 期。

③ 张志铭：《民事执行权的制度安排》，载《人民法院报》2002 年第 3 版。

官、法官助理、书记员等执行人员考核内容予以圈定，同时加大对执行长的考核，以提升执行团队化办案效能。

2. 明确考核对象。结合分段集约模式，明确对法官行使执行判断权、命令权的考核，对执行员、法官助理等人员实施权的考核，按照岗位性质和职责要求对不同类别人员进行综合评价。辅助办理执行实施案件的法官助理（政法编制书记员）的考核成绩由所在团队执行员额法官绩效成绩、个人公共目标成绩和综合评价成绩构成，总成绩 = 执行员额法官绩效成绩 ×70%+ 个人公共目标成绩 ×10%+ 综合评价成绩（局长评价 ×20%+ 执行员额法官评价 ×80%）×20%。执行事务办理团队和专门执行团队的法官助理（政法编制书记员）的考核包括管理指标和综合指标，总成绩 = 个人公共目标成绩 ×60%+ 综合评价成绩（局长评价 ×60%+ 团队负责人评价 ×40%）×40%。值得注意的是，考核对象的考核内容应与相关配套制度紧密结合，否则容易造成“习得性无助”“管理者依赖”“惩罚型管理”等绩效考核失灵。

3. 建立配套制度。执行长效机制的构建，有赖于基层法院的有益经验探索。执行绩效考核长效机制的构建，一方面应尽快制定出台民事强制执行法，另一方面基层法院应建立标准化、流程化、集约化、精细化的执行管理模式。执行考核机制的构建，既遵循司法活动一般规律，又尊重执行工作自身规律，建立健全符合执行权运行规律的配套改革措施、履职保障机制和执行单独考核机制，确保各项工作举措符合实际，经得起检验。[11]建立执行繁简分流工作机制，明确法官为办案主体，明确繁简案难度系数，确保工作量均衡。建立分段集约工作流程，对各个流程以数量指标、效率指标和质量指标进行分解，每一指标中再设计具体的量化分值。设定分值，以完成工作量、质量等计算出分值比，按照考核办法计算出不同团队人均绩效，最后以人均绩效乘以该分值得出个人绩效，完成与办案数量的转换。以对执行长考核为例，执行长绩效成绩 = 执行员额法官绩效成绩 ×70%+ 所在团队执行员额法官绩效成绩平均值 ×30%。同时，鼓励团队负责人及团队成员参与数据统计，通过定期公示，考核排名实现绩效反馈。

4. 科学化设置考核内容。执行绩效考评，应避免全盘性烦琐考核和唯分数论的机械考核，对“3+1”核心指标和《考核通知》中 33 项指标进行科学化设置，合理设置权重，以更好地发挥绩效考核引导作用。以实际执结率为例，T 区法院采用了以指标平均数据为基础值的激励式考核方式，且采用的是简单函数计算方法，降低了考核的计算难度。首先根据本院集约化工作情况，计算出承担同类工作执行工作绩效的平均值，达到全院平均值的得基础分 A 分；低于（含等于）全院平均值 5% 以内的得（A–1）分；低于全院平均值 5% 以上的得（A–2）分；高于（含等于）全院平均值 5% 以上的，得（A+1）分；达到或高于全院平均值 10% 以上的，得（A+2）分。尊重执行案件客观规律，避免将执行案件结案率作为提升基层法院结案率的手段。以法定期限内结案率代替结案率，将实际执行到位率和执行完毕率作为首要考核指标，赋予更大权重。对结案用时、终本率、终结率予以合理控制，对信息化办案内容予以侧重考核。

5. 加大考核结果运用。考核指标效果的优劣直接与评优评先、晋级晋职、入额退额等挂钩，通过加大奖惩力度，激发自我管理、自我提升的工作积极性。各执行团队负责人和团队成员作为评价主体参与其中，加大考核结果反馈，降低信息交换成本。

结语

执行绩效考评机制作为基层法院执行改革的关键环节，不仅关涉团队成员积极性调动和执行工作效果，也是巩固“基本解决执行难”工作成果，推动构建执行工作长效机制的重要组成部分。本文旨在通过分析当前具有代表性基层法院绩效考核文件，探索构建符合分段集约执行模式需求的绩效考评机制。值得注意的是，此种模式下执行绩效考评对基层法院执行权的分权运作实践和执行信息化有着极高依赖。

（**作者简介**：赵瑞东，毕业于中国社会科学院研究生院法学系，获法律硕士学位，现为天津市滨海新区人民法院四级法官助理，执行局执行指挥中心负责人）

参考文献：

[1] 林新奇：《绩效考核与绩效管理》，对外经济贸易大学出版社 2011 年版。

[2] 邹碧华：《法院的可视化管理》，法律出版社 2017 年版。

[3] 王柏东、赵志：《规范分段集约执行流程的建议》，载《人民法院报》2010 年第 8 版。

[4] 陈忠、吴美来：《案件质量评估与审判绩效考核衔接机制研究——以重庆法院实践为样本》，载《法律适用》2016 年第 4 期。

[5] 江必新：《如何打赢“基本解决执行难”这场硬仗》，载《人民论坛》2017 年第 3 期。

［6］雷彤:《执行体制改革背景下“执行员”的再解读》，载《当代法学》2019 年第 1 期。

［7］冯海燕:《高校科研团队创新能力绩效考核管理研究》，载《科研管理》2015 年第 1 期。

［8］张志铭:《民事执行权的制度安排》，载《人民法院报》2002 年第 3 版。

［9］程洁、朱嵘:《整合与优化：执行指挥中心的“854”模式》，载《人民法院报》2019 年第 7 版。

民法典实施背景下的执行案件质效管理标准化路径探析

——以“大数据+”的引入为视角

皮德智

摘要：法律的生命在于实施，结果正义是程序正义的自然延伸。在《民法典》颁布的背景下，执行工作面临新的规范性要求。在推进国家治理体系和治理能力现代化的总体要求的基础上，执行工作向切实解决执行难迈进需要更加强调制度体系建设的重要性，将全面依法治国新理念贯彻到执行工作中来。对执行案件质效管理工作而言，随着管理实践的纵深推进，理论供给不足和技术应用滞后的情况开始逐步显现，存在诸如质效指标体系价值异化、信息化实践纵深不够、过程控制有效性不足、长效纠偏机制未建立等困境。在此背景下，突出执行案件质效管理改革的科学化、信息化，将成为今后一个时期执行工作管理改革的重点内容之一。

通过将标准化理论引入案件质效管理，借助于“大数据+”在信息渠道供给和管理系统性提升方面的能力，实现指标体系、指标要素、质效数据来源、过程控制模式和程序运行长效纠偏机制构建的标准化，无疑将有助于全面提升执行案件质效管理的系统性、有效性和灵活性。此外，标准化本身就意味着可复制性，案件质效管理的标准化改革可以通过试点逐步铺开实践，为更多法院管理体系改革提供可供参考的范例。

关键词：执行质效管理　大数据　标准化

引言

习近平总书记在中央政治局集体学习中强调，要确保民法典在司法活动中统一实施的正确性。只有通过执行工作实践展开，才能将全面依法治国理念融贯于司法活动之中。在这个意义上，贯彻落实《民法典》精神，将有力推进审判体系和审判能力现代化，从而将人民群众的司法正义诉求落于实地。从法院系统内部来看，原最高人民法院副院长沈德咏就已指出，“推进法院标准化建设是统一裁判标准和提升司法公信力的客观需求”，[①]通过执行管理改革，以管理工作中的案件质效管理为切口，探索实施更加贴合执行工作特点的质效管理模式，将进一步提升执行案件的质量与效果，实现执行管理工作的现代化。

长久以来，囿于执行理论研究深度和管理实践展开维度所限，执行管理相关研究呈现出较大空白，尤其是管理细分领域的研究远远不能够满足工作需求。基于标准化理论的引入和“大数据 +”的辅助，将为案件质效管理提供科学思想和有效手段，并为标准化管理有效推广提供可资借鉴的模式。

一、实践反思：执行案件质效管理的现状及问题

（一）质效指标体系价值异化

最高人民法院设定的案件指标体系的类别及权重主要参考依据是各地试点结果，但这些试点过程体现的是各地法院实践中所反映出的问题，带有一定的主观因素。因此，当最高院依据各地试点结果来制定相关指标体系时，无法确保各项指标能够准确反映全国范围的真实情况，一定程度的以偏概全导致无法真正实现指标精确化和客观化。囿于各地各级法院职权和认识所限，从内容来看，各地法院评价指标基本上是对最高院通知的参照，[②]未能体现出应有的区域化特点。从指标结果运用来看，多数法院的质效指标不仅强调辖区内各院的排名，还将案件质效结果直接与办案人员的奖惩、晋升等挂钩。[③]

依赖于精细化数字指标开展的管理，经过复杂计算得出的综合分数被采纳为排名依据，对案件的管理形同于对数字的管理。而单纯的数字化治理极易导致功

---

① 沈德咏：《加快推进人民法院标准化建设　努力服务司法事业科学发展》，载《人民法院报》2015 年第 1 版。

②《最高人民法院关于建立执行考核指标体系的通知》（法〔2017〕302 号）。

③ 谢耀宗、皮德智：《基层法院执行绩效考评长效机制的构建——以 M 区法院为样本》，载《法律适用》2019 年第 11 期。

利化行动策略,[①]引发诸如为追求案拍比[②]而“一元拍卖水笔”[③]的现象，致使指标体系导向作用逐渐异化。执行部门在未达到质效数据要求而自顾不暇之时，会增加引入当事人话语评价要素的难度，导致案件质效体系沦为法院的自说自话难以反映当事人真实需求，加深司法行为与社会期待之间的价值鸿沟。

（二）管理信息化实践纵深不够

质效管理顶层设计匮乏问题较为突出，管理信息化推动力不足。

表 1　智慧法院建设成果检索（执行管理类）

区域	法院	系统名称
全国	最高人民法院	失信被执行人信用惩戒系统
		网络司法拍卖管理平台
北京市	北京市高级人民法院	执行指挥管理系统
		北京法院执行指挥管理系统
广东省	佛山市禅城区人民法院	社会综合治理云平台
	深圳市中级人民法院	鹰眼 · 执行综合平台
	四会市人民法院	“点对点”执行系统和绩效考核系统
广西壮族自治区	广西崇左市中级人民法院	“一站式文书送达”
河北省	河北省高级人民法院	外勤执法系统
	廊坊市中级人民法院	“易送达”平台
江苏省	江苏省无锡市中级人民法院	被执行人履行能力大数据分析系统
山东省	山东省高级人民法院	执行千度系统
		执行管家系统

① 张青:《人民法院案件质量指标体系及其功能之异化》，载《甘肃政法学院学报》2017 年第 1 期。

② 案拍比＝开展网络司法拍卖案件数 /（首执案件＋恢复执行案件数）。参见《关于印发〈北京市中基层法院年度目标责任制考核工作办法（试行）〉》（京高法发〔2019〕209 号）。

③《法院拍卖 30 支 1 元水笔　疑为完成上级执结率 90% 目标》，载中华网，https://news.china.com/socialgd/10000169/20180805/32770031_2.html，2020 年 8 月 5 日访问。

续表

区域	法院	系统名称
陕西省	陕西省高级人民法院	执行 App 矩阵客户端
		天眼系统
四川省	四川省高级人民法院	涉案财物管理系统
云南省	云南省高级人民法院	“法院执行通”App 应用软件
浙江省	浙江省台州市中级人民法院	智能送达平台

从全国范围内来看，由最高人民法院牵头建立的管理系统仅有 2 项；牵头建立省一级管理信息系统的有 9 家高院，仅占全部 33 家高院的 27%。从系统功能来看，上述系统的功能多以电子送达、财产查控为主，质效管理作为核心功能的系统仅 6 个，通过数据信息系统实施管理存在现实困境。此外，质效管理系统存在较为明显的数据一致性问题。以北京市 2019 年 1–6 月执行案件质效指标比对情况来看，北京市高院下发指标数据与辖区 M 法院自行导出的各项质效数据均存在一定差异，保全率等指标更是差异明显。同辖区上下级法院之间便已出现数据质量问题，不同地区之间数据一致性势必将面临更大挑战。

表 2　北京市高院指标与 M 区法院指标数据对比（2019 年 1–6 月）

	首次执行案件												恢复执行案件			其他		
数据来源	实结占结案数比例（%）	实际执结率（%）	终本占结案数比例（%）	终本率（%）	未结率（%）	实际执行到位率（%）	执行完毕率（%）	终结率（%）	法定期限内结案率（%）	结案平均用时（天/件）	执行完毕案件结案平均用时（天/件）	关键节点平均超期数	执行完毕率（执恢）（%）	终本案件恢复执行平均用时（天/件）	实际执行到位率（执恢）（%）	保全率（%）	终本合格率（%）	终本案件合格率（不含执恢）（%）
M 区法院导出数据	75.72	54.43	24.28	17.46	28.11	35.62	51.92	0.95	97.44	53.35	31.87	0.01	51.01	139.15	38.03	37.04	100	100
北京高院下发数据	76	54	24	17	28	18	52	1	97	53	32	0	51	145	36	67	100	100

系统无法对数据进行自我调校就需要人力校补系统数据，数据管理就变成了单纯的“数据”获取行为，“数据—管理”逻辑结构下数据有效供给所带来的管理策略提供、管理方向调整等作用被消解，质效管理与数据服务运用贴合不够而变成“两张皮”。

（三）质效管理的过程控制有效性不足

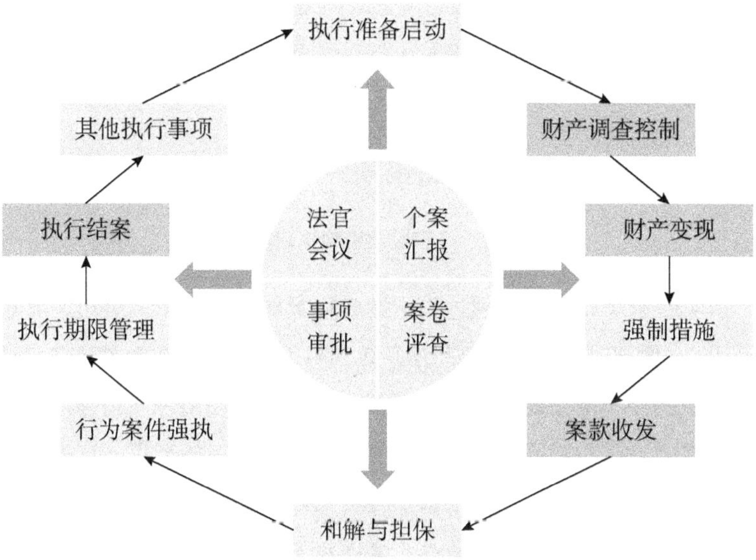

图 1　执行案件流程节点与过程控制

案件体量急速扩增和流程节点大量存在，决定了执行部门管理者只能将管理精力集中于财产调查控制、财产变现、案款收发、执行结案等重要节点上，对其他节点管控不足可能导致差错频出。控制手段基本为法官会议、个案汇报、事项审批、案件评查等方式，但这些方式缺乏及时性，难以对突发问题进行回应。从管理层级设置来看，院庭长负责制下管理层级多、话语权出自多头，多层传递导致的信息损耗使得管理有效性被降低，对各流程的全面管控无法真正实现。作为结果，因案件流程控制力不足，事关案件质效的各节点无法被有效管理，管理的计划性和预见性严重不足，呈现出“兵来将挡，水来土掩”的被动式管理。

（四）质效问题纠偏机制长效性缺失

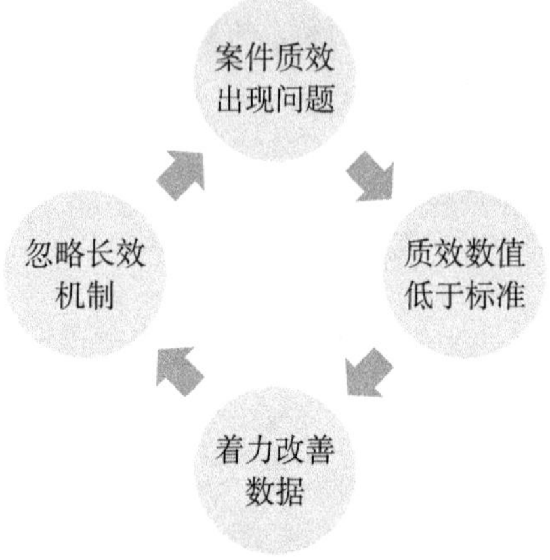

图 2　纠偏长效机制构建不足

从当前实践来看，质效管理过程问题多以具体数值的形式提出，有着明显唯数目字特征。[①] 但如前所述，数据归集系统本身就存在数据失真的风险，而仅以数值论成效难免基础不牢。此外，对质效偏离的纠正往往出现在指标下滑之后，在质效排名的要求之下，管理者第一反应无疑是狠抓该指标节点。比方说某院执行到位率低于区域平均水平，为了数值达标，司法拍卖、搜查审计等能够直接影响标的到位率的具体事项将会重点督办，无暇推进执保衔接、部门联动协调等长期性工作。当系统化、长效化的问题纠偏机制缺位时，针对问题的解决方案逐步蜕变成对数值的小心维护，唯数目字倾向将进一步加深。

二、问题探源：执行案件质效管理的客观限制

（一）管理理念：失位与缺陷

1. 认知缺失导致改革实践难以展开。长期以来，执行工作困扰于审执不分的大环境而无法获取足够有效资源进行管理改革实践，人、财、物等硬件支持常常

---

① 该词原意为“数目字管理”，指通过社会资源的如实计算并通过一个整合的系统进行信息化互换和交流，从而有效利用数据实现精准化管理。本处所引是指运行纠偏过度依赖质效数值，忽略背后的深层机制问题，导致了唯数目字倾向。详见黄仁宇：《万历十五年》，生活·读书·新知三联书店 2015 年版，第 43 页。

捉襟见肘。一些法院管理者片面地认为执行工作程序性强、操作简单明了没有太多管理的必要性，加之重审轻执的老旧思维导向，使得部分管理者难以从观念上扭转对执行管理的偏见，遑论就案件质效等细分领域进行管理改革实践。

2. 科学性不足诱发管理过程异化。执行案件具有高度节点化特征，案件质效管理能够通过对各节点指标值的控制实现。这种控制具有非常强的可操作性，因而极易诱发质效管理行为蜕变成数据管控行为，质效管理目标的实现演变成对各项硬指标、死命令的程序性落实，管理行为失去所应具备的灵活性。就案件质效管理而言，“个案尽可能放权，但宏观管理监督必须加强”，①但实际上对“三统一”要求的错误认知②和旧有定式思维的结合，都在一定程度上加剧了管理活动失序，造成“一管就死，一放就乱”的局面。在对无序和混乱进行拨乱反正的过程中，分析案件质效规律、进行科学管理的观念和实践开展被不推置后，从长远上引发新的混乱。

（二）管理手段：失衡与脱节

1. 权力集中化与手段有效性失衡。科层制下组织发展趋势表现为权力集中加速、结构严密程度加深和个体空间收窄。③对执行部门而言，法官权力不断受限，权力持续向上集中于院局长，这也意味着管理边界不断扩展、管理深度不断提高。但因管理手段不足，难以应对案件体量的爆炸式增长和案件特点的高度多样性，从而导致权力集中与有效管理间的鸿沟不断扩大。

2. 管理需求与信息化层次脱节。在执行管理信息化的背景下，依托大数据管理被认为是实现管理现代化的有效途径。但数据基础设施并不完备，数据处理能力有限，数据结果参考价值不够，无法引导管理者实现整体性、预判性管理，只能根据碎片化的单一数据与质效指标要求数值进行比对而决定改进方向，但仅就数据提升而做出的改进无疑是头疼医头、脚疼医脚，管理有效性并未随着管理权力的扩张得以增强，质效管理行为变得强制有余、柔性不足，难以应对社会的多元化需求和被管理者所需要的岗位自主权能。

---

① 赵霞：《司法改革将正义产品的生产流程标准化》，载《法制日报》2016年第11版。

②《五五改革纲要》开宗明义地指出，未来五年执行工作首要的就是“加强组织领导”，逐步建立起“一把手抓，抓一把手”的长效领导机制，突出统筹协调、督促落实，确保每项任务点对点责任到位。

③ 刘澍：《中国法院审判管理改革的结构性调整》，载《北京社会科学》2016年第3期。

（三）管理实践：失范与超脱

1. 质效管理范式难以响应工作新需求。法律实践本身就极为容易超过法律范围，执行权的内生扩张性特征使其实践超脱理论具有更强的理论超脱倾向。例如，对被执行人配偶财产的执行比例应为多少、被执行人唯一住房能否执行等实务问题，在争论之中已由各地法院实践给出了肯定而明确的答案。[①]但对不断涌现的执行方式、执行手段如何管控，并没有足够的执行权理论和管理学理论支撑，难以建立与之有效契合的管理方法，案件质效管理面临范式缺失重大压力。管理改革困难之时，管理者极易重回原有轨道而放弃寻求新突破，由此引发新的范式供给侧改革滞后。

2. “三统一”管理模式超脱各地实际。在“统一管理、统一指挥、统一监督”的指导原则下，各地中高级法院都开始了辖区执行部门一体化管理的探索实践。从统一指标体系设置、指挥平台建设再到执行巡查、两地互查等，统一管理之下执行管理乱象得到极大改观。但差异化适用不够导致一些法院的执行管理工作丧失应有的地区性特点，而上级法院也对各地、各级法院的独立特征缺乏挖掘的动能和有效激励，使得管理一体化的铺开有所僵化。尤其是对管理灵活性要求极大的质效管理而言，丧失灵活性无疑就失去了有效管理的可能性，在一定程度上导致“三统一”机制的落实逐步停滞。

三、他山之石：基于“大数据+”的质效管理标准化

标准化[②]是指在经济、技术、科学及管理等社会实践中，对实际或潜在问题制定共同和重复使用的规则的活动，通过制定标准、发布和实施标准，以及对标准的实施进行检查和监督，以获取最佳秩序和社会效益的活动过程。[③]

---

① 至少从笔者所在B市某基层法院情况来看，对配偶财产（主要是银行存款、公积金等）明确是可以予以扣划的，金额以二分之一为限；对被执行人名下的唯一住房也可以予以处置。

② 标准化思想最初由科学管理奠基人泰勒于20世纪初提出，随着应用不断深化扩展，逐步形成了较为统一的标准化概念。参见［美］F. W. 泰罗：《科学管理原理》，胡隆昶、冼子恩、曹丽顺译，中国社会科学出版社1984年版，第153页。

③ 参见《GB/T2000–2002 标准化和相关活动通用词汇》。

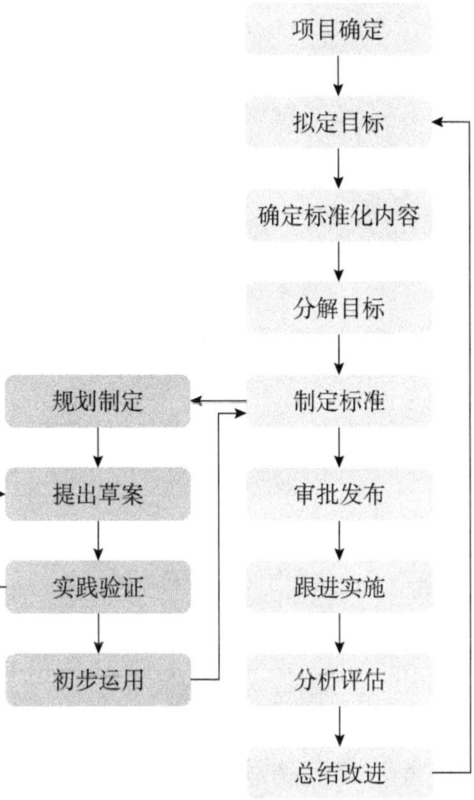

图 3　标准化的一般过程

从标准化的特征来看，标准化将各生产环节进行了有序化编排，实现产品生产的质量、流程的有效统一。在统一性基础上，标准化理论形成的一个重要管理原则是例外原则。[①]这一层次的管理，进一步提升了生产和服务的适应性和灵活性，管理行为和组织目标得以适时而变又在既定标准化轨道上运行不悖，[②]确保了产业产能的良好发展。[③]对于执行案件质效管理而言，在强调管理有效性的同时，必须能够确保对不同类型案件管理的灵活性和针对性。而标准化理论则为这样的需求提供了成熟的理论支撑。

① 例外原则是指高级管理人员把一般的日常事务授权给下级管理人员去负责处理，而自己只保留对例外事项、重要事项的决策和监督权。

② 李春田:《标准化概论》(第 5 版)，中国人民大学出版社 2010 年版，第 78 页。

③ 天津市高级人民法院课题组:《人民法院司法标准建设的理论思考与实践策略》，载《审判管理研究与参考》(第 3 辑)，法律出版社 2015 年版，第 216 页。

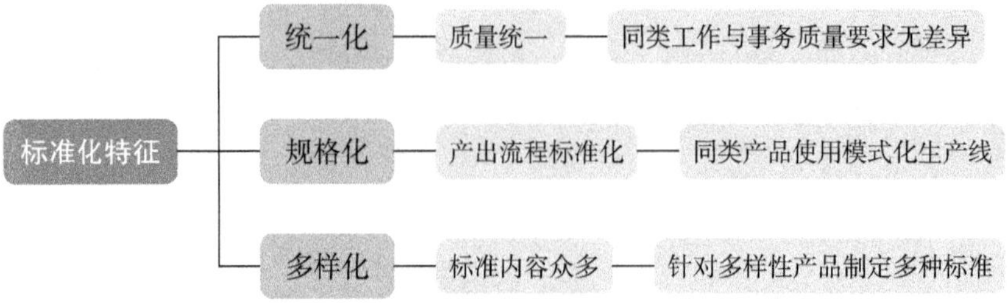

图 4　标准化的特征

（一）执行案件质效管理标准化的可行性

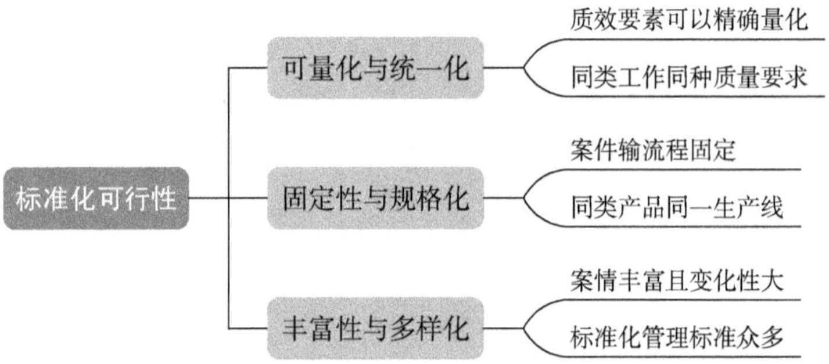

图 5　执行案件质效管理标准化的可行性

1. 案件质效指标可量化性与标准化的统一性。执行案件办理以效率为首要目标，执行案件质效优劣通过到位率、执行时限等指标要素的描述即可进行一定评判。从当事人角度而言，其满意度和认可度可以通过对来访电话、往来信息等内容的量化分析实现得到对办案效果的反馈。标准化中统一性要求，需要对同类案件或是相似案件设定同样的质量考核要求，实现同案同办，避免了选择性执行、消极执行。

2. 案件办理流程固定性与标准化的规格化。从一定意义上来说，执行案件本身也是一种“产品”，其生产过程必须有一套行之有效的生产流程。生产流程必须是环节清晰、顺畅的，这样才能保证执行产品的质效。无论是何种执行案件，其办理流程都可进行明确划分[①]，每一个执行案件都在既定标准化的生产线路上运行

① B 市 M 区法院将执行案件办理划分为 10 大环节 60 个节点，这种划分就可视为标准化管理的一种实践。参见最高人民法院司法案例研究院、北京市门头沟区人民法院编:《执行工作长效机制的创新探索——门头沟法院实践》，人民法院出版社 2019 年版，第 224 页。

流转，最大程度上避免了人为因素导致的过程错误。

3. 执行案件丰富性与标准化的多样化。执行案件办理虽然有固定的流程，但案情本身千变万化，这就要求法官在办案中进行有针对性的策略选择。标准化管理模式意味着标准化类型的多种多样，不同类型的标准下管理开展有着不同的要求，确保法官在行使自由裁量权时既不脱离既定规范，又能保有充分的办案灵活性和自主性，实现案件个性化办理。

（二）“大数据 +”[①] 的现实融入

2015 年，十八届五中全会上发布《促进大数据发展行动纲要》，“国家大数据战略”正式启动。随着大数据技术[②]应用广度不断扩展，法院系统也对大数据的应用展开了充分实践与运用，“大数据 + 执行案件质效管理”的新型管理方式应用正当其时。

1. 保证信息高效互通。执行管理同样强调服务作用，其中一个方面就是信息服务。[③]大数据技术支撑下的管理，为信息的交流互通提供了稳定的保障。一方面，大数据的算法能力会为管理者提供基于原始数据的分析给出趋势性预测，指导工作主体的行为，使得管理者能够明确未来工作的重点和方向；另一方面，大数据技术所依托的平台以可视化实现管理者与被管理者信息有效交互，而经由平台交互的数据则又源源不断地为实施管理行为提供原始参考数据。

2. 优化过程控制。为保证事务性工作办理效率和执行行为规范性，就必须对案件过程进行有效控制。“大数据时代一切皆可量化。”[④] 在解决信息交互难题的前提下，“大数据 +”将事务办理过程和人员执行行为进行数据化描述、分析和上传，为管理者提供了更加精确的和可视化的管理手段，改变原有审判质效管理工作的

---

① 从技术角度而言，大数据所代表的海量数据无法通过单一计算机完成处理，必须依托于云计算的分布式处理技术。此外，人脑无法胜任海量数据的挖掘与分析而将会动用人工智能参与。因此，本文所称“大数据 +”不仅指与执行案件质效管理的结合，也指技术上与云计算、人工智能的结合。

②“大数据”不仅指代海量数据本身，也包括数据收集工具、数据载体和数据分析平台等。程新洲、朱常波、晁昆主编：《掘金大数据》，机械工业出版社 2019 年版，第 4 页。

③ 龙宗智、孙海龙：《加强和改善审判监督管理》，载《现代法学》2019 年第 2 期，第 35 页。

④［英］维克托 · 迈尔 – 舍恩伯格、肯尼斯 · 库克耶：《大数据时代：生活、工作与思维的大变革》，盛杨燕、周涛译，浙江人民出版社 2013 年版，第 97 页。

滞后性局面，将事后管理转变为全流程质效监管，① 也使得常规管理机制失效时能够以管理命令的方式迅速纠偏。

3. 提升管理系统性。"大数据 +"的超量数据处理能力能够帮助管理者超脱于单项指标要素，而对某一时期工作进行整体分析和预测从而实现系统化管理。管理者将更多从定性方法来开展管理从而使管理行为更具全局性和战略性，最终"让有效的资源实现最优配置，并实现司法公正和司法效率的'帕累托最优'"②。

四、具体路径

（一）指标体系的标准化

标准化是一个动态过程，循着"适用—检验—修正"的逻辑变化递进。对于指标体系来说，它的评价对象处于不断变化之中，而标准化系统中构成指标体系的标准库③ 也在实时更新，因而指标数据的标准化实质就是利用"大数据 +"实现指标体系的灵活变化，使得评价体系更具针对性。

1. 利用"大数据 +AI"实现指标体系整体变动的标准化。逐步建立并实现各类法律法规、规范性文件发布平台（或者由最高院打造统一的标准库平台）作为基准数据库，并实现这些库的数据互联。通过算法设置使得 AI 能够及时抓取基准库的变动数据，并向下传递至通用标准库，确保通用标准库中的操作规范实时更新并即时推送至办案人员终端。借助 AI 实现对法官个人工作量的统计和分析，实现对案件流程的分类和量化识别，④ 从而能够向上反馈某一时期案件质效指标的发展趋势，为上层标准库变动提供数据来源。

① 王潇：《智慧法院视野下审判管理流程再造路径》，胡云腾主编：《司法体制综合配套改革与刑事审判问题研究——全国法院第 30 届学术讨论会获奖论文集（上）》，人民法院出版社 2019 年版，第 389 页。

② 程金华：《人工、智能与法院大转型》，载《上海交通大学学报（哲学社会科学版）》2019 年第 27 卷。

③ 基准库包括执行法律、司法解释、上级通知要求等；通用标准库是指一系列办案操作规程、规范等。

④ 孙玉波、周海燕：《法律大数据下的智能司法审判——运用 OODA 循环理论探寻智能司法的现实可行路径》，载《法治论坛》2019 年第 1 期。

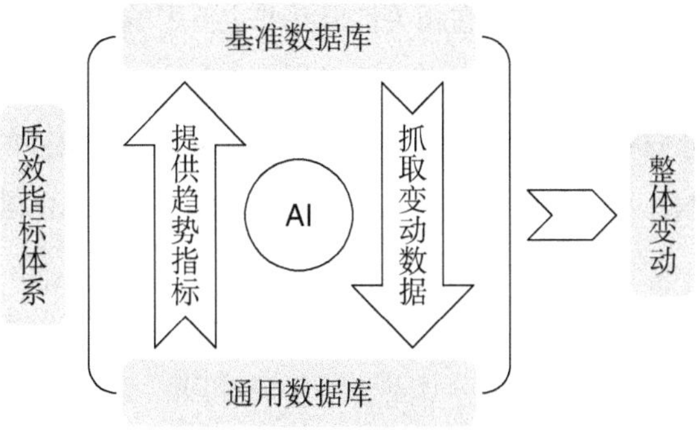

图 6　指标体系整体变动动态化

2. 基于数据分析报告确定数值边界，实现指标权重变动的标准化。借助大数据分析，上级法院在对辖区内各法院案件运行态势整体把握的情况下可以赋予下级法院一定的自主权，各院能够结合收案类型、金额大小、结收情况等数据情况对评价标准中的某些指标权重进行调整，并向上级法院反馈指标数值变动情况，由上级法院基于数据分析报告对赋值边界进行评价，以实现评价的灵活性和合理性。对执行部门内部管理同样如此。如某承办人短期内办理大量涉信访因素案件，那么这个时期内的诸如以执行到位率、法定期限内执结率等要素的权重就可以适当调整，以更准确评价案件实施情况。

（二）指标要素的标准化

指标要素标准化是指靶向与各质效指标关联案件的要素，如执行到位率这个指标与扣划时限、财产处置效率等要素相关联。通过将这些事关指标质效的要素予以监控，从而有效提升管理的精确度，而实现这一管理目的的前提则在于对要素范围和深度的界定。

以不动产网络司法拍卖作为标准化对象进行要素式分析：

由下图可见，对司法拍卖行为的管理就可以具体落实为对流程中各个要素的管理。对个案而言存在要素差异性，[①] 因此需要“大数据 +”结合在案金额、被执行人资产状况、资产处置难易程度等客观条件进行分析，确定个案要素与某一质效指标的关联程度，使得对指标的调整和控制更具指向性。此外，要素标准化的深度厘定

① 有的案件已有案款在案，直接发还即可，重点指标要素在于发款时长；有的案件涉及财产处置，重点评价指标除了变现后案款发还时限，还包括财产处置效率等要素。

同样重要，[①] 即把与案件质效存在相关性但并非主要影响因子的要素，加以相对笼统的规范性约束即可以保证案件办理的灵活性。例如，对自动履行案件管理的标准化而言，因与其质效相关的要素主要是发还时限，因此这类案件的标准化深度只需对领款手续、领款人身份等作出详尽规定，而无须作出更深入的规定。

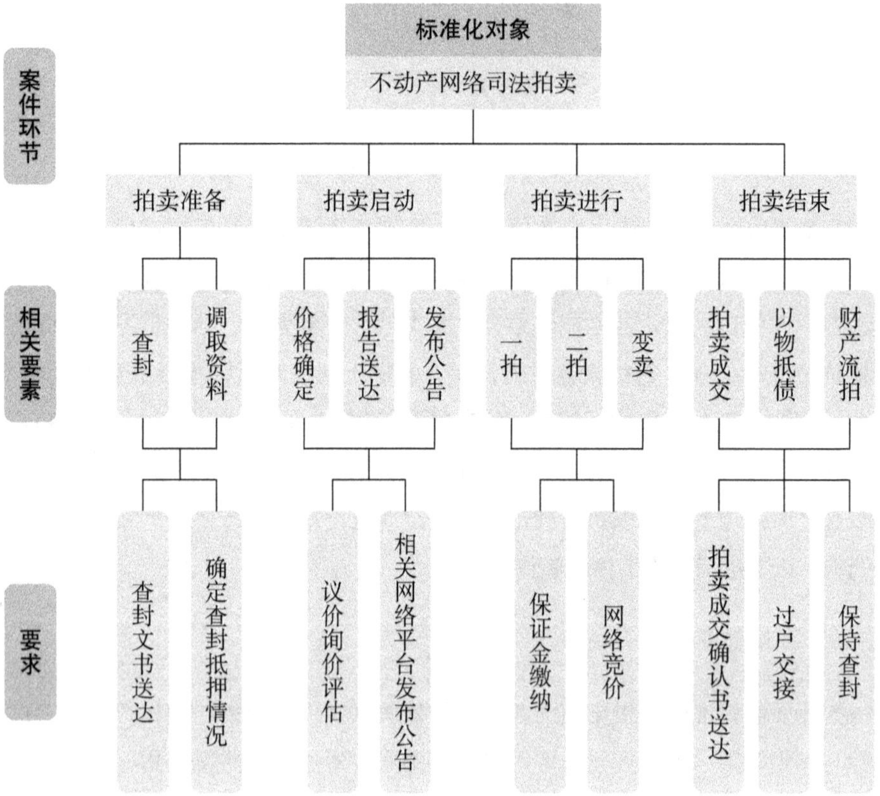

图 7　不动产拍卖案件的要素式分析

（三）数据来源的标准化

大数据从生产到收集处理再到分析、可视化涉及不同的参与方、多样化的处理系统平台和应用需求，大数据本身必须实现高度一体化和标准化，实现数据统

① 以司法扣划的标准化来说，涉及文书格式、资金收发等要素。而文书格式的标准化又涉及文字字体、法条引用、签章落款等要素；资金收发涉及收款手续、发还时限等要素。因此，从理论上来说标准化要素是无限多的，所以必须控制好标准化的深度，防止落入为标准化而标准化的窠臼。

一和兼容，“大数据 +”方才能有运行成效。[①] 所以，数据来源标准化就是统一原始数据来源，实现数据原有语义下的筛选清洗和噪点消除，形成标准化的数据来源和利用方式，方便向上输出实现质效管理层面的应用。[②]

就内部数据而言，最高人民法院的信息管理中心作为内部云[③]中相关案件数据的管理者，逐步完善全国各地数据统一归集整理，再向下分发至各级法院云平台；各地高院、中院对辖区内现有执行办案系统、管理信息系统、文书系统等进行整合，对多服务商、多种类的异源数据进行解析实现数据间接口标准化，实现辖区内法院间数据互认互通。

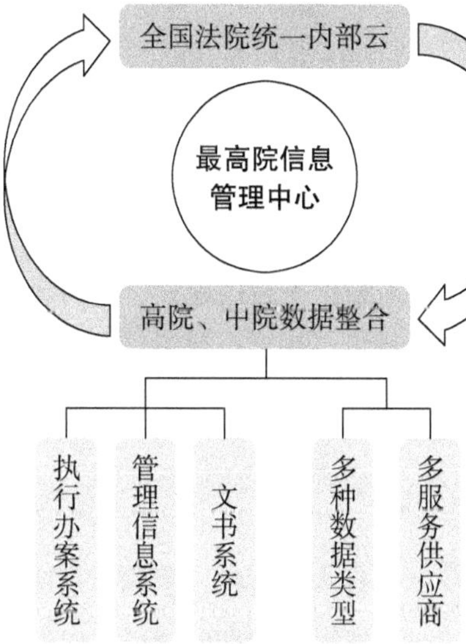

图 8　内部数据整合

外部数据输入方面，建立与银行、不动产、工商等部门的共享云，在共享云平台上嵌入算法，对输入数据进行比对、筛选和清洗，完成后导入内部云。以便捷化、信息化为导向，建立标准化的执行辅助装备体系，保证外部输入数据符合内部云的数据接口标准，方便后续数据管理。

---

① 杨宇、王蓉、王志军：《大数据技术总结和标准化工作研究进展》，载《电信网络技术》2016 年第 4 期，第 7 页。

② 程新洲、朱常波、晁昆主编：《掘金大数据》，机械工业出版社 2019 年版，第 10 页。

③ 内部云指云计算只在企业内部范围使用，由其成员专有。

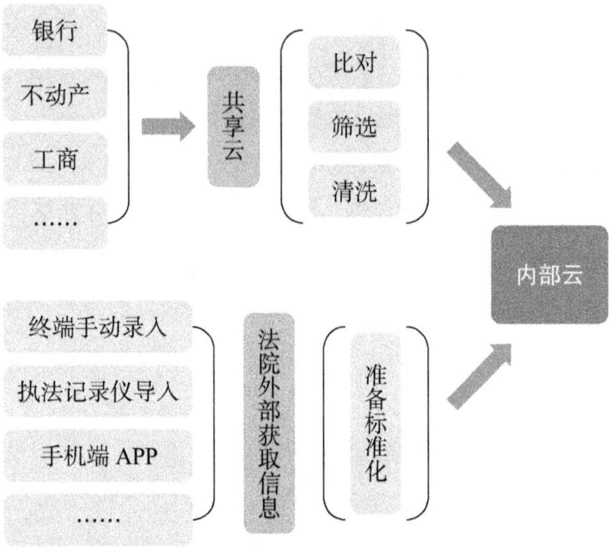

图 9　外部数据接入

当前，全国各地各级法院对数据平台的建设，使得最高院汇总全国数据进行精细化管理成为可能，后期经过进一步平台整合，将逐步实现案件管理辅助的复杂化和有效性。[①]

（四）过程控制的标准化

过程控制是指通过对程序运行实时监控，强调信息流的作用，以信息互通交换实现对质效的监督，保持与办案人员的即时通信，以期实现对过程运行中差错修补和机制纠偏。

1. 建立过程控制中枢。自 2017 年以来，在最高院的统一部署要求下，各地法院基本建立了执行指挥中心，逐步实现案件的“三统一”。在指挥中心指挥调度功能的基础上，逐步将其职能扩展至信息交换中心、决策分析中心，充分压缩管理层级，确保令出一端，实现过程控制的专门化，避免交叉管理、多头管理带来的混乱。

① 刘雁鹏:《司法大数据建设的现状、困境与对策》，载《中国社会科学院研究生院》2019 年第 5 期。

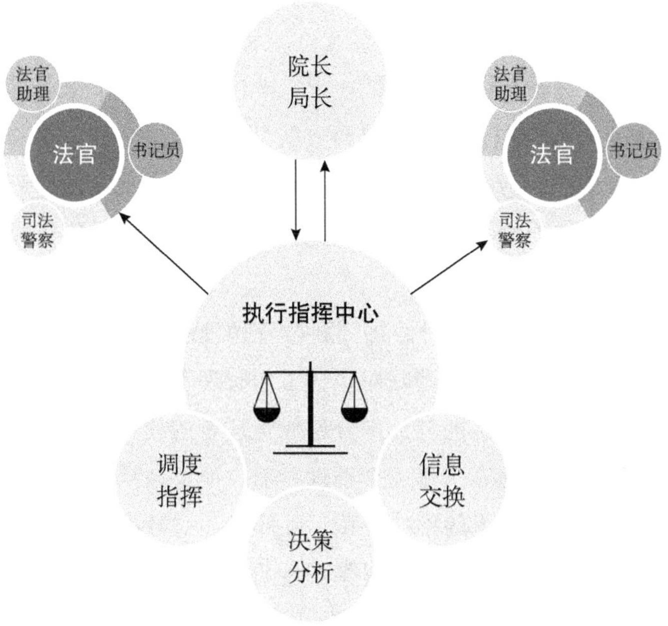

图 10　过程控制的标准化

2. 强化信息收集处理职能。质效指标体系指标要素的变动都会以数据形式反馈，指挥中心发挥质效监控功能就必须从大量数据中获取有效信息，从而对质效指标实现动态管理。打造基于监管职能设计的 AI 系统，实现对案款划拨、款物发还、司法拍卖等重点环节的提示督办和其他环节的全面监督。建立基于大数据分析的同案检索功能和内外数据比对功能，[①] 为无财产可供执行案件提供辅助。

3. 建立稳定高效的信息互通渠道。执行案件涉及大量外部性事务，因此需要配备统一标准口径的数据收集装备，包括能够实现数据实时回传的执法记录仪、个人云平台等。将现有内部服务器升级，打造执行端的专有云，增加系统可视性，为院局长、办案团队、不同层级法院执行部门等各个信息主体提供统一的交互平台。扩展内部云与执行案件公开网、被执行人信息网等外部网络接口，提高网站算力，将执行过程信息予以更加充分的展现，破除执行程序黑箱化[②] 特点。

---

① 新收案件中存在有过往终本案件的，数据系统能够实现现案财产状况与旧案财产状况的比对，为该类案件提供趋势性预判。

② 一般来说，法官最多向你告知案件结果如何，但并不会将每一个程序、每一个步骤如何实现进行告知。对当事人来说，执行过程无疑具有很大的不可知性，形成类似于 AI 运算中的算法黑箱，即只知结果不知过程。

（五）长效机制构建的标准化

标准化有别于规范化的最大特征在于标准化体现为一个动态过程。基于规范性文件制定的技术标准、问题方案和数据参数等经过推广总结，将被再次用来检验目标实现效果，遵循着“推进—反馈—改进—完善”的过程链条。案件质效管理标准化是一个漫长过程，只有建立起长效机制才能保证标准化的持久性和科学性。

一方面，优化顶层总体设计，加强科学管理理念的深入推广。加大科学管理思想的组织学习，从根源上消除对执行工作管理不重视、不科学的现象。强化质效管理的赋权，用数字的权力部分替代管理者的权力，将部门领导的监控督办职能下落到每一个法官、每一个助理身上，使责任认知、责任落实更加准确。另一方面，坚持新技术的推广应用，外部加强与数据信息企业和数据共享单位的深度合作，为质效管理开展提供充足的数据支撑和算法支撑，通过技术革新强化对旧有模式的冲击，以数据理性助力标准化进程；内部加强与法院信息管理中心、审判部门的长效沟通，实现内部数据有效互通和数据应用的错误纠偏。

结语

通过标准化理论引入，逐步将关涉案件质效的各个节点纳入统一的标准体系，设定明确细化的数据指标，在充分契合执行案件极强程序性特点的基础上，确保办案人员程序行为规范，环节衔接流畅运行有序。基于实践中业已展开的智慧法院建设，适时将“大数据+”引入质效管理标准化过程，借助数据技术在管理科学性、预判性和灵活性方面的优势，在一定程度上消解科层制下管理行为与自由裁量权之间的张力，保证管理赋权遵循质效管理要求，实现标准化的动态循环。而且，因标准化本身具有极强的可复制性，未来实践中可以在某一地区开展质效管理标准化试点，进而逐步推广至全国。

（**作者简介：**皮德智，北京师范大学法律硕士，2017年7月入职门头沟法院，现任执行局法官助理。撰写的《基层法院执行绩效考评长效机制的构建——以M区法院为样本》发表于《法律适用》2019年第11期、《执行和解制度的重构与进路》

获第五届中国司法论坛优秀奖。执笔撰写的《关于不动产执行程序中抵押、租赁、查封交叉问题研究报告》获得北京市法院2019年度优秀调研成果三等奖）

参考文献：

［1］［美］F. W. 泰罗:《科学管理原理》，胡隆昶、冼子恩、曹丽顺译，中国社会科学出版社1984年版。

［2］黄仁宇:《万历十五年》，生活·读书·新知三联书店2015年版。

［3］李春田:《标准化概论》（第5版），中国人民大学出版社2010年版。

［4］天津市高级人民法院课题组:《人民法院司法标准建设的理论思考与实践策略》，载《审判管理研究与参考》（第3辑），法律出版社2015年版。

［5］程新洲、朱常波、晁昆主编:《掘金大数据》，机械工业出版社2019年版。

［6］［英］维克托·迈尔－舍恩伯格、肯尼斯·库克耶:《大数据时代：生活、工作与思维的大变革》，盛杨燕、周涛译，浙江人民出版社2013年版。

［7］刘澍:《中国法院审判管理改革的结构性调整》，载《北京社会科学》2016年第3期。

［8］沈德咏:《加快推进人民法院标准化建设　努力服务司法事业科学发展》，载《人民法院报》2015年第1版。

［9］谢耀宗、皮德智:《基层法院执行绩效考评长效机制的构建——以M区法院为样本》，载《法律适用》2019年第11期。

［10］龙宗智、孙海龙:《加强和改善审判监督管理》，载《现代法学》2019年第2期。

［11］张青:《人民法院案件质量指标体系及其功能之异化》，载《甘肃政法学院学报》2017年第1期。

［12］程金华:《人工、智能与法院大转型》，载《上海交通大学学报（哲学社会科学版）》2019年第27卷。

［13］赵霞:《司法改革将正义产品的生产流程标准化》，载《法制日报》2016年第11版。

［14］杨宇、王蓉、王志军:《大数据技术总结和标准化工作研究进展》，载《电信网络技术》2016年第4期。

［15］刘雁鹏:《司法大数据建设的现状、困境与对策》，载《中国社会科学院研究生院》2019年第5期。

跳出怪圈：执行参与分配中劳动债权与抵押物权竞合的利益衡平与冲突破解

——基于31例执行分配方案异议之诉的实证分析

潘慧斌

摘要：劳动债权与抵押物权冲突问题一直饱受争论，执行竞合只是一方面。本文以31例执行分配方案异议之诉为研究样本，发现冲突解决方式、司法裁判理由混乱与统一并存的现状及实务主流支持劳动优先。但从执行规定、特殊劳动优先权规定、企业破产法、宪法四点剖析顺位关系立法，发现劳动优先无法可依。但抵押优先之立法意图遭遇实践困境。故回头思虑明定劳动优先是极好出路。通过探寻优先权理论支撑、排除"物权优先效力"论干扰为劳动优先理论证成，从法律之社会经济作用实证、劳动债权特殊性进一步可行证成。最后，跳出问题重新审视，为各方利益衡平，提出劳动债权之有限的超级优先权立法构建，辅以基金强化、公示完善，并延伸本文适用。期望本文能利于冲突破解之一二者，或能启迪后来之有志于此研究者。

关键词：执行　分配机制　劳动债权　抵押物权　竞合

2020年3月23日，浙江省W市法院作出一则执行分配方案，就抵押物变价款，劳动债权全部优先于抵押物权受偿。3月25日，该院作出另一则执行分配方案，就抵押物变价款，劳动债权与抵押物权按照同等债权分配比例受偿。前者分配理由为保护劳工基本生存权和维护社会稳定；后者是双方协商同意（系双方衡平让步）。同一类案件出现不同分配结果是因立法空白。其实，劳动债权与抵押物权冲突问题一直饱受争论，执行竞合只是一方面。2006年《企业破产法》出台似乎对争议下了结论，用新老划断的方法，对2006年8月27日前所欠的劳动债权在其他财产无法清偿时就担保物的变价优先于担保物权清偿，但未明确规定之后的劳动债权又该如何。若反推《企业破产法》第132条，立法意思是2006年8月27日之后的劳动债权不优先于担保物权清偿。执行分配若是参考破产法立法精神，又显得上述分配欠妥。确为不妥？两例分配，涉案当事人均未提起执行异议，是否也有实务上可取之处？

一、现状梳理：31例执行分配方案异议之诉实证分析

笔者在中国司法大数据研究院（CJBDI）和浙江省办案数据平台上检索劳动、工资、优先、抵押、担保关键词多种组合后，筛选排除建筑工程工资优先等无关的干扰案件，分别找到11例与24例关于劳动债权与抵押物权冲突的执行分配方案异议之诉裁判文书。剔除重复4例，整合后共31例裁判文书。以此作为研究样本剖析债务人财产不足以清偿全部债务前提下劳动债权与抵押物权就抵押物变价的优先受偿问题。通过统计分析，笔者发现：

（一）冲突解决的乱与不乱

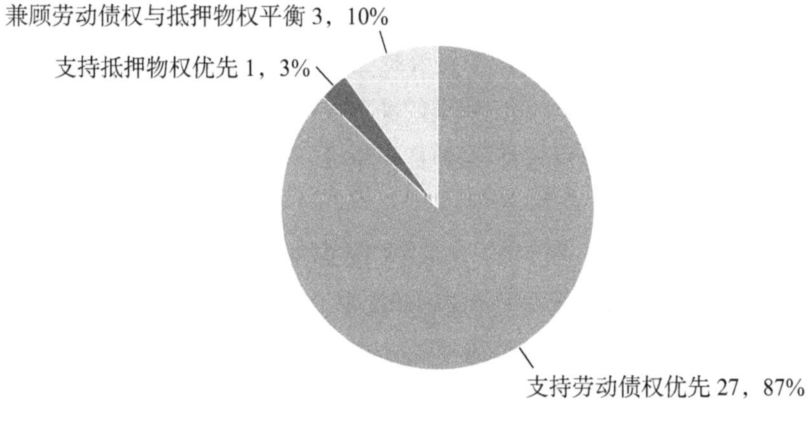

图1　31例裁判结果

1. 裁判结果呈现纷纭。31例样本有三种裁判结果，有的支持劳动债权优先，也有的支持抵押物权优先，更有的兼顾劳动债权与抵押物权利益平衡即由双方共分抵押物变价款。可见，国内对于劳动债权与抵押物权竞合的顺位关系尚未达成一致意见。

2. 实务主流凸显明确。31例样本中，支持劳动债权优先的有27例（占比

87%），支持抵押物权优先的只有 1 例（占比 3%）[（2017）琼 96 执异 50 号]，兼顾双方利益平衡的只有 3 例（占比 10%）。可见实务主流明显是支持劳动债权优先。

3. 兼顾平衡表现差异。兼顾劳动债权与抵押物权平衡有 3 例：台州黄岩法院（2016）浙 1003 民初 4044 号一案以调解方式结案：劳动债权按 60% 参与抵押物变价款的分配；绍兴上虞法院（2016）浙 0604 民初 3004 号一案以调解方式结案：劳动债权按 35% 参与抵押物变价款的分配；浙江嵊州法院（2018）浙 0683 民初 6528 号一案以判决方式结案：工资按 100%、经济补偿金按 50% 参与抵押物变价款的分配。可见，一是同样都兼顾平衡，处理方式又有不同，既有调解的柔性又有判决的刚性，当然处理结果也有差异；二是调解在处理劳动债权与抵押物权冲突时表现出来的艺术效果，既完美规避法律空白又赢得双方认可，值得肯定。

（二）分配理由的乱与不乱

27 例支持劳动债权优先的裁判分配理由分为两大类：一是《广东省高级人民法院关于在执行程序中工人工资与“社保金”的清偿顺序是否优先于抵押权问题的批复》（以下简称《广东高院批复》）。3 例裁判全部出自广东。二是法理理由即参考立法精神、宪法赋予的基本权利、生存权、人权高于债权、以人为本与公平正义的法治原则、维护社会稳定。其中，浙江 23 例，四川 1 例，广东 1 例。

1. 分配理由的乱象。一方面，地域不同依据也不同。广东的法院分配理由基本统一，依据《广东高院批复》确定劳动优先。而浙江、四川等地区的法院分配理由不引用具体规范依据，而依靠抽象法理支持。另一方面，同样是法理论证，出现不同法院论证的要点不同、层次不同、逻辑不同，且多数法院的论证不完全、不充分，甚至有的法院论证上存在明显错误。因此，就全国一盘棋来说，面对两者冲突，法院出具的分配理由是较为不统一的。

2. 分配理由的不乱。一是广东的法院较为统一的直接依据省高院批复进行分配；二是我国其他地区的法院依靠法理论证劳动债权优先于抵押物权受偿的角度大体相似。可见，法院出具的分配理由又具统一性。

综上，执行参与分配中劳动债权与抵押物权冲突亟待解决。

二、缘果求因：顺位关系的立法剖析

1. 执行规定。我国并未出台强制执行法，现行执行规定中对于执行阶段各类债权受偿顺序的规定是《最高人民法院关于人民法院执行工作若干问题的规定（试行）》第 55 条和《最高人民法院关于适用〈中华人民共和国民事诉讼法〉的解释》第 516 条等，只规定担保物权优先于一般金钱债权受偿，并未规定劳动债权优先担保物权。2017 年，最高院执行局为填补规则空白，制定《人民法院办理执行案件规范》。该规范第 482 条关于优先受偿债权的注释里虽明确了八类优先债权，但并未提及劳动优先权，其他条文也未提及劳动债权优先抵押。

2. 特殊劳动优先权规定。我国现行法律法规中只有《海商法》《民办教育促进法》对劳动债权优先权有明确规定。《海商法》第 21 条、第 22 条规定海事劳动债权优先于船舶抵押权。《民办教育促进法》第 59 条规定应发教职工的工资及应缴的社会保险费用优先于其他债务（包括抵押）受偿。除此，再无关于两者顺位关系的规定。而在执行分配中的劳动债权普遍不属于上述两项特殊劳动债权，欲优先于抵押亦是无法可依。

3. 企业破产法。关于两者顺位关系的规定于破产法有涉及。根据《最高人民法院关于适用〈中华人民共和国民事诉讼法〉的解释》第 513 条关于执行与破产程序相衔接的规定，可认为企业破产时各类债权的受偿顺序对执行程序有一定参考意义。但即使参照企业破产法，如前文所述产生在 2006 年 8 月 27 日之后的劳动债权并不能优先于担保物权清偿，只能就无担保财产优先于普通债权清偿。

4. 宪法。面对规范不明确，司法者将视线投向宪法的指引，宪法同样未规定哪个优先。宪法涉及劳动债权和抵押物权的规定唯有三处：总纲第 13 条的财产权，第 33 条的基本人权，第 42 条的劳动权。抵押物权、劳动债权均属于财产权。而劳动债权还关乎基本人权之生存权、劳动权，虽关乎生存权，但不等同于生存权，法地位又弱了些。所以，无法依宪直接评定两者的优劣。此外，《宪法》第 131 条规定人民法院依照法律规定独立行使审判权。即司法裁判应受、只受现行有效法秩序约束，并以之为合法性来源，未转化为法律的国家政策或社会实存等不足以成为裁判依据。

综上，执行中两者顺位关系立法空白是病根所在。

三、此路不通：抵押优先的立法意图遭遇实践困境

（一）立法走向看立法意图

1986 年《企业破产法（试行）》第 37 条规定的财产清偿顺序就留下漏洞：未规定无担保财产不足以清偿劳动债权时该怎么办。当然，立法者之后已注意到该点。但是，2006 年发布的《企业破产法》明确优先保护抵押，建立欠薪保障基金与完善社保制度。显然，社保制度是为了提供基本生活保障，保障金额不大，对于劳动债权的大额受偿所起作用甚微，基金设立则被视为治本之策。那么，对基金寄予厚望，是否经得起实践检验？实则不然。

（二）立法意图遇到实务困境

欠薪保障基金制度是按照社会共济和有限垫付原则，在用人单位破产等情形下在一定限额内向劳工垫付拖欠工资，并由基金就垫付部分向用人单位追偿的制度。中国人民银行研究局公布的《〈中国信贷人权利的法律保护〉调查总报告》指出，“国际上的普遍经验是通过建立职工支付保障基金的形式来保护劳工权益，而不是采用劳动债权优先原则”。诚然，目前许多发达国家建立了欠薪保障基金制度，有人也断言这是国际立法趋势。笔者认为没那么简单，这种普遍经验是否适用于我国？基金能否从根本上解决权利冲突？基金运行又是否顺畅？

我国欠薪保障基金制度的试点在上海、深圳。上海:《上海市企业欠薪保障金筹集和垫付的若干规定》明确适用范围为本市企业缴纳欠薪保障费且劳工因企业欠薪而申请先行垫付的，而建筑施工企业不适用；只保障工资和经济补偿金。深圳:《深圳经济特区欠薪保障条例》明确限于垫付企业、其他经济组织、民办非企业单位等组织的欠薪，不包含个体工商户。可见，基金保障范围的局限凸显。上海不保障个体工商户、未缴纳保障费的企业、建筑施工企业，也不保障除工资与经济补偿金外的社保费用等其他劳动债权，深圳亦不保障个体工商户。

再看，基金运行状况如何？经对深圳欠薪保障基金垫付追偿情况统计见表 1：

表 1　2014–2019 年深圳欠薪保障基金垫付追偿情况[①]

年份	2014	2015	2016	2017	2018	2019
垫付欠薪 / 万元	2166.7	5420.1	1936.9	1524.04	3132.8	3837.5
追偿 / 万元	734.5	504	739	566.79	723.2	496.9
追偿率（追偿 / 垫付）	33.90%	9.30%	38.15%	37.19%	23.08%	12.95%

由表 1 可见：1. 垫付压力大。垫付金额居高不下，近三年呈剧烈反弹上升趋势。特别在 2015 年，垫付达 5420.1 万元，窟窿之巨。幸亏深圳规定仅垫付 6 个月内且以上年度职工月均工资 60% 为限的欠薪，不然结果更不乐观。2. 追偿率极低。追偿率平均在 25% 左右，特别在 2015 年、2019 年追偿率极低分别是 9.30%、12.95%。数据暴露出追偿机制失灵，进一步说明垫付窟窿无法通过内部填补以致只能靠外部输入来填补。

上海、深圳规定基金的资金来源是企业缴纳的欠薪保障费、财政补贴等。据沪人社关发（2013）49 号通知，上海每户企业每年缴纳 324 元保障费；深圳规定用人单位每年缴纳 400 元保障费。据珠海市统计，全市 2010 年欠薪 2451 万元、2011 年欠薪 2053 万元、2012 年企业 3 万家，若设立欠薪保障基金，按每家 400 元筹集，保障费年收为 1200 万元。[②] 保障费不足以支付欠薪，那就需要财政补足。珠海、深圳是发达地区，企业数量众多。但广大内陆地区经济欠佳，企业不多，收费不理想，则更依赖财政。基金需财政支持，财政来自税收，其实在亏国家和人民的钱，况且我国各地方政府财政普遍困难。此外，建立基金的初衷是快速处理欠薪、减少劳工煎熬、降低维稳压力。基金不是用来取代原有法律制度的。不能单靠基金的孤掌解决资本和劳力的利益冲突，根治应由法律明定担负，这不容回避。

综上，此路不通，须回头思虑，立法明定劳动债权优先抵押物权是破解难题的极好出路。

---

① 数据来源于深圳市人力资源和社会保障局网站。

② 参见珠海文明网，http：//gdzh.wenming.cn/001/201209/t20120921_361521.html，2020 年 5 月 31 日访问。

四、可行证成：劳动债权优先是正确选择

实务界主流支持劳动债权优先于抵押物权，存在即有其合理性。抵押物权优先不合当前实际环境，立法应考虑顺势而为。

（一）优先权理论探寻的支撑

我国没有优先权的统一规定，各种优先权及顺位关系分散规定在各单行法中，但国外优先权制度已成熟。优先权以是否就债务人特定财产上存在分为特别优先权和一般优先权。笔者根据国内外优先权种类设定归纳见图 2：

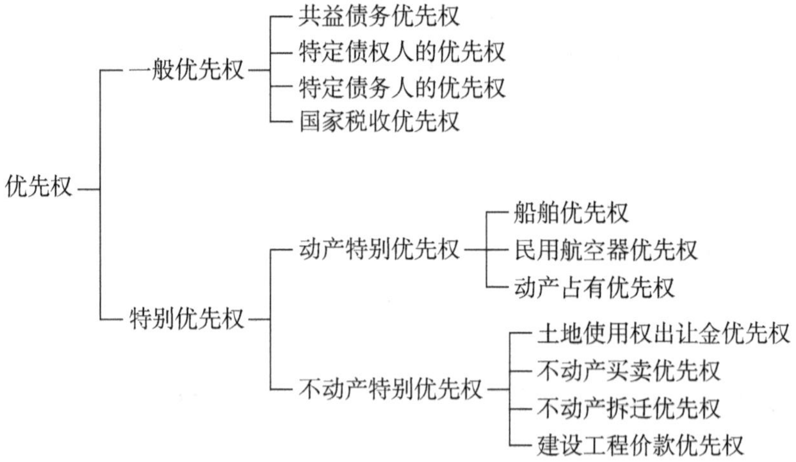

图 2　优先权种类分类图

意大利民法典明定优先权顺位：①诉讼费用债权；②动产上的一般先取特权，即雇员报酬、社会保障金等（第 2777 条、第 2751 条附加条）；③抵押权、质权；④普通债权。[①] 法国、日本规定劳动工资报酬、家庭成员的生活费用等为一般优先权。一般优先权的设立目的有二：①强调对弱者权利的保护，以体现正义；②强调共益债权优先受偿，以体现公平。德国、瑞士等另一部分大陆法国家也接受罗马法优先权立法指导思想，在不改变权利性质前提下，通过在程序法中对不同债

① 王娣、王德新、周孟炎：《民事执行参与分配制度研究》，中国人民公安大学出版社 2019 年版，第 113 页。

权的清偿顺序的规定，赋予工资、税款等某些特种债权以优先受偿效力。[①] 所以说劳动债权是公认的一般优先权。

法国、日本的优先权制度相对成熟，已形成一套优先权顺位问题处理原则，其中包含一般优先权优先于特别优先权原则。其设定理由之一：社会公德上，关照弱势群体的利益，优先给付劳动报酬等费用利于实现人的基本生存权也符合人道主义的本质要求。在我国，部分学者认为一般优先权应优先于特别优先权[②]，认为一般优先权和特别优先权的顺位应是：①共益费用；②职工劳动报酬、社会保险费；③劳工意外死伤补偿金；④特别优先权；⑤其他一般优先权。[③] 不管如何，单就劳动债权是优先于特别优先权的一般优先权是国内外的共识。

有学者也总结明确当前优先权立法的技术原则：①特种债权优先权优先于物权优先权；②两权相比取其重；③法定优先权优先于约定优先权。一般来说，法定特别优先权若不优先于约定优先权（如抵押权），则会被削弱而不能发挥其功能。[④] 从我国《海商法》第 21 条、第 22 条、《民用航空法》第 18 条、第 19 条等明定的立法先例来看，特别优先权与抵押物权发生竞合时，特别优先权更优先。

综上结论是劳动债权优先于抵押物权。

况且，根据现行规定，我国法定优先权有八类：①船舶优先权；②民用航空器优先权；③建设工程价款优先权；④土地使用权出让金优先权；⑤税收优先权；⑥应退学杂费用、教职工劳动债权优先权；⑦商品房买受人优先权；⑧基于保留所有权或未转移登记产生的剩余价款优先权。这八类法定优先权优先于抵押物权，其中①、⑥更是明确表示特殊劳动债权优先于抵押物权。立法先例说明了明定劳动债权为法定优先权优先于抵押物权不是不可行。

（二）“物权优先效力”论的排碍

劳动债权与抵押物权冲突，常被置于物权优先于债权的标尺上衡量后得出劳动债权应劣于抵押物权受偿的结论，但“物权优先效力”论的正确性一直备

① 陈本寒：《优先权的立法定位》，载《中国法学》2005 年第 4 期。

② 申卫星：《论优先权同其他担保物权之区别与竞合》，载《法制与社会发展》2001 年第 3 期。

③ 陈思奇：《我国未来立法中民事优先权顺位的本土化制度设计》，载《学术交流》2012 年第 10 期。

④ 陈琳、陈志兴：《论我国民事优先权的立法原则与体系构想》，载《广西政法管理干部学院学报》2007 年第 4 期。

受质疑。

第一，物权债权差别比较，是出于民法典结构、体系安排的考虑，不能据此推导出物权债权地位的优劣，物权优先债权算不上物权法的基本原则。其实，许多国家对物权债权不作具体区分，两者边界并非那么清楚。

第二，“物权优先效力”论的基础是物权具有债权所没有的排他性。日本立法例明确视法定优先权具有物权性，理由是其具有排他性。[①]前文所述的我国八类法定优先权优先于抵押，即承认其具有排他性，且排他性比抵押更强。普通劳动债权虽非法定优先权，但企业破产法亦明确优先于税款和普通债权受偿，说明具有排他性。则两者均具有排他性，又岂能依该论来评判孰强孰弱？

第三，立法的法理基础应当反映现代社会存在多元价值取向的特点，必须体现法的精神、法的价值，尤其是作为核心价值的公平正义。我国八类法定优先权优先于抵押的立法实例，与该论相悖，有力说明该论并不能完美体现公平正义。法律有滞后性，社会发展中也必然会陆续出现比抵押更应保护的特殊债权，一般规则的公正性需以具体情况下衡量结果的公正性为基础，单靠该论去概括衡量以保公正是不现实的。该论不具立法依据应具的条件。

（三）法律之社会经济作用的首肯

以法律之社会经济作用作为解释法律的标准，在方法论上实为重大进步，但在从事法社会学的实际调查前，容易沦为主观判断。金融机构极力反对劳动优先的理由无非是：牺牲交易安全，诱发金融风险，导致银行惜贷，危及市场经济发展，削弱企业再生能力，加大企业破产可能，加剧工人失业风险，损害工人整体利益。笔者认为，这些理由缺乏实证基础。

第一，上文已述1986年《企业破产法（试行）》的漏洞：劳动债权与抵押物权优先顺位未作规定，早已存在。但当时尚未颁布担保法，担保物不清楚，担保程序不健全。即使设定抵押，也常因手续不完善等原因，被人以无效抗辩成功。所以，抵押放贷未大量涌现。先看一组数据：1986年《企业破产法（试行）》颁布当年，全国贷款余额仅为7590亿元，1988年为10551亿元，即使1994年也仅为31603亿元。1995年《担保法》颁布后，1996年贷款余额陡然上升至61157亿元，1997年达82390亿元，这一数字是1986年的十几倍。可见，银行

---

①［日］我妻荣：《新订担保物权法》，申政武等译，中国法制出版社2008年版，第48页。

放贷大增在于担保法出台，而顺位关系的法律漏洞显得无足轻重。

第二，1997 年全国拖欠工资总额为 217.4 亿元，2000 年为 319. 04 亿元，2002 年为 404.3 亿元。而 2000 年全部金融机构贷款余额高达 9.94 万亿元。

根据 CEIC 全球经济数据库关于中国存款性公司的国内信贷对非金融部门债权的最新数据统计见图 3：

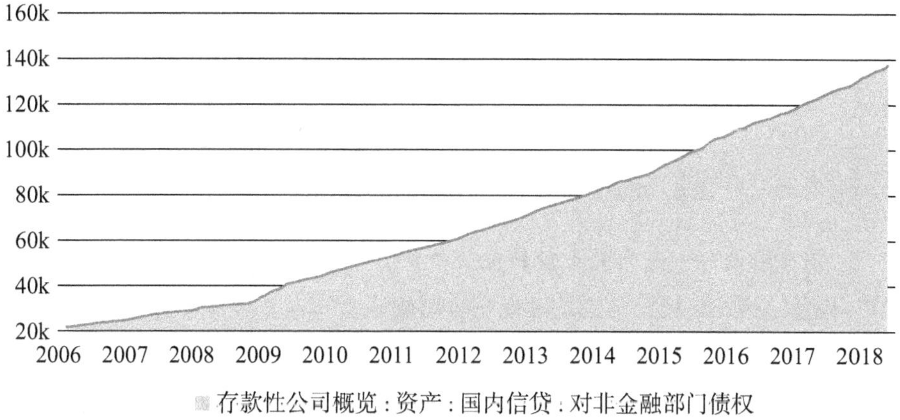

图 3　国内信贷对非金融部门债权情况（2006.1–2018.6）

根据国家统计局公布的农民工监测调查报告数据统计见表 2：

表 2　2014–2016 年全国农民工被拖欠工资情况

年份	2014	2015	2016
被拖欠的工资总额 / 亿元	198.8	270.0	270.9

由图 3、表 2 可见，我国信贷债权的最高值在 2018 年为 1432151.30 亿元，而最低值在 2006 年为 211931.37 亿元，这 12 年增幅达 575.76%。相比前者，欠薪总额在 300 亿元内浮动平缓。显然，劳动债权相较于信贷债权可以说是九牛一毛，两者差距实在过于悬殊。

再看根据 CEIC 全球经济数据库关于中国银行业不良贷款的最新数据统计见图 4：

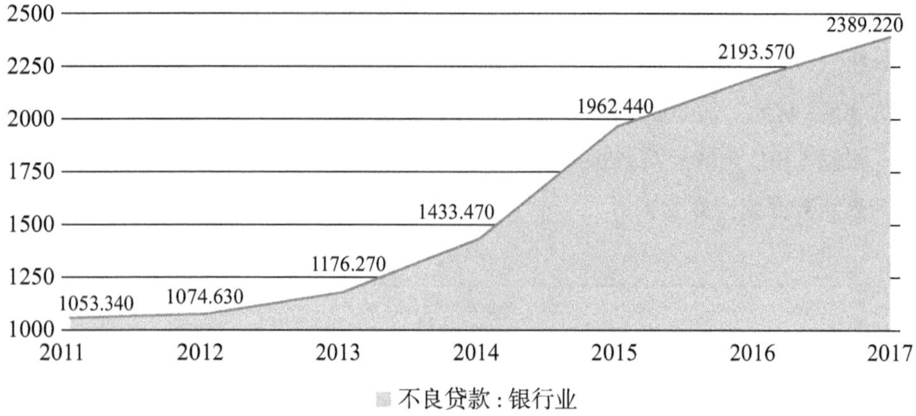

图 4　中国银行业不良贷款情况（2011.12–2017.12）

由图 4 可见，一是当前不良贷款体量大。全国银行业不良贷款的最高值在 2017 年达 23892.20 亿元。二是不良贷款增幅较大。这 6 年体量翻番。由此说明 2006 年破产法出台后，劳动让步于担保，不良贷款照样迅速增长。

所以，才有事实：虽见报道欠薪之风愈演愈烈，但银行信贷在年年攀升。银行历史上大量呆坏账，绝不是优先清偿工资造成，而是众所周知的经营不善，如违规放贷屡禁不止。惜贷只是银行嫌贫爱富，对中小企业惜贷，对大企业则争贷。劳动债权优先与加大金融风险并无多大关联，银行加强自身放贷规范管理及风险防范才是根本所在。

第三，很多人非常强调劳动债权优先的银行损失，所举事例主要是政策性破产。实际怎样？总工会在 2000 年对东北三省及湘粤新甘贵川等地 121 家政策性破产企业的调查显示，121 家企业资产总额共 136.31 亿元，共欠银行贷款 149.45 亿元，共欠职工债务 14.82 亿元。[①] 劳动债务占比银行债务不到十分之一。可为了这区区 14.82 亿元，国家付出足够代价。而银行除了呆坏账核销以外，还有拨改贷、债转股等手段。据央行发布《盘点央行的 2019| 重点领域金融改革》显示，截至 2019 年年末市场化债转股投资规模超 1.4 万亿元。注资一直是国有银行改革方案的主流观点，国家甚至动用外汇输血。2004 年国务院动用 450 亿美元外汇储备为中行和建行补充资本金，这近 4000 亿元注资接近两

① 刘明俊：《职工能否破产　新破产法进入最后抉择》，载《商务周刊》2005 年第 7 期。

家银行现有资本金之和。[①] 所以说不能孤立看待问题，这是锅里与勺里的关系，谈不上银行损失。

综上，银行放款看重的是借款者资本、运营能力及征信情况，而劳动债权是否优先受偿，应非其决定因素。银行凭专业及调查完全可预估欠薪，酌定放款数额，似无遭受损害之虞。《担保法》明定土地使用出让金优先于抵押，未闻银行曾因此而拒绝土地抵押放贷;《海商法》明定船舶优先权优先于抵押，银行照样船舶抵押放贷无误。

（四）劳动债权特殊性的需要

首先，工资为劳工出卖劳力的对价，在未受清偿前，沉淀于劳动成果的资产部分，本属劳工所有，不容剥夺。其次，与一定范围内的劳动债权等同劳工及家庭成员最起码的生存权益相比，与抵押权所保障的财产权显得普通。正如罗尔斯在《正义论》指出正义是社会制度的首要价值。前文已详述劳动优先正是正义法治原则的要求。再次，工资取得基于劳动权，系宪法赋予的一项公民基本权利。最后，在某种意义上，抵押优先可谓是资本对劳力的优越性，是资本主义法制的特色。而我国是社会主义国家，政权基础是工人阶级与农民阶级的联盟，理应偏向劳力对资本的优先。

综上，明定劳动债权优先于抵押物权的冲突破解思路，是值得立法者认真考虑的正确选择。

五、路径设计：抵押物权之让步的制度构建

（一）拨雾：重新审视问题

劳动债权和抵押物权冲突两难一直是个怪圈，跳出怪圈，两难命题就不复存在。解决中国现阶段乃至未来相当长时间的劳动权益保障问题，要跳出问题看问题，观念上要转变。当立法明确劳动债权优先，设立抵押时就要审慎选择，避免盲目放贷，之后的优先清偿就不存在公不公平问题。劳工面对是否欠薪身不由己，但欠薪多少在一定范围他可控，法律规定他要举报，漠视权利则不再保护，也就

---

① 参见 http：//www.china.com.cn/zhuanti2005/txt/2004-01/06/content_5474393.htm，2020 年 5 月 31 日访问。

不涉及公不公平问题。

（二）立帜：有限的超级优先权

立法须明确劳动债权优先于抵押物权受偿。正如王泽鉴先生对两者冲突所言：“惟吾人深信立法过程无论如何曲折，工资之优先受偿性，终必获得肯定，否则将无以保障劳工之生存权及社会安定。”[①] 当然，基于利益衡平，应有前提即劳动债权先就无担保财产受偿，不足才就担保财产受偿。

优先不是一律抑或全部优先。若将全部劳动债权一律优先于担保物权清偿，在宏观长远上不利于市场经济的规范运作，在根本上影响职工利益。[②] 兼顾抵押利益，考虑市场经济发展，也让政府在压力下认真劳动监察，达到良益社会的整体效果，优先必须是有限的。有限的范围仍应由立法确定，不宜由司法者越俎代庖。笔者建议应从以下两个方面限制：

一是期间上有限。我国台湾“劳动基准法”第 28 条规定 6 个月内工资有最优先受偿权。《香港破产欠薪保障条例》规定是 4 个月。德国、韩国均规定为 3 个月。[③]《法国民法典》第 2101 条、第 2104 条规定是受雇人过去 1 年及当年报酬、薪金雇员与学徒 6 个月工资。《日本民法典》第 308 条规定是 6 个月。可见，境外地区一般都是规定 3 个月至 6 个月。基金的欠薪垫付，上海、深圳规定是 6 个月。我们应更注重对劳工的特殊保护，选择 6 个月为宜。加之，依常理，6 个月停发工资，劳工也足以意识到欠薪风险，此时若继续劳动足可视为漠视权利。故，建议仅限 6 个月内劳动债权优先受偿。

二是金额上有限。《企业破产法》第 113 条规定高管工资以该企业职工平均工资计算清偿，高出部分作普通债权。上海规定以本市当年职工月最低工资标准为限，深圳规定以本市上年度职工月均工资 60% 为限。综合考虑，笔者建议设置“二标三段”梯度清偿模式。即以月工资为计，第一段：不超过本地区上一年度职工平均月工资的部分，为优先于抵押的超级优先权；第二段：超过本地区上一年度职工平均月工资且不超过单位职工平均月工资的部分，为不优先于抵押的普通优先权；第三段：超过单位职工平均月工资的部分，为普通债权。特别说明，一

---

① 王泽鉴:《民法学说与判例研究》，北京大学出版社 2015 年版，第 1541 页。

② 王利明:《新一轮的破产立法》，载《法学家》2005 年第 2 期。

③［德］汉欧力:《德国就业促进法概况》，载《德国研究》1996 年第 4 期。

是上一年度职工平均工资未公布的，按照上上年度职工平均工资为准；二是单位职工平均月工资低于本地区上一年度职工平均月工资的，该债权直接以超级优先权进行清偿。

欠薪保障基金有积极作用，先行垫付快速处理，可减少维稳压力，避免干扰法官独立办案，也避免政府慷他人之慨。故要为其保驾护航。垫付后的权利主体发生变更，但权利性质并未变化。所以，明定基金管理组织在垫付欠薪后取得代位求偿权并在债务人财产分配时行使有限超级优先权，且权利行使同样受限于上述期间和金额范围。

（三）配套：公示进路完善

公平的清偿顺序从根本上说只取决于权利的公示。公示过的权利优先，就不存在将风险分给哪方的说法了。如多重抵押，设定在先者优先。再如《税收征收管理法》第45条，公示过的税收债权优先于在后设定的担保债权。所以，一是参照报税制度，单位依规模分类，按照不同期间频率定期向劳动部门上报劳动状况。劳动部门对上报情况开展监察，及时对外公布欠薪企业黑名单。二是强制单位在设定担保债权时必须同时对外公示其劳动状况。

（四）延伸：几点发散思考

一是社会保险费用、经济补偿性质与工资相同，理应确认企业应为职工缴付的养老、工伤、生育、失业、医疗保险费及经济补偿金等同工资债权在受偿时享有优先顺序，但受上述6个月期间限制。二是劳动债权既优先于抵押物权，那么也优先于质权等其他担保物权。三是理论是相通的，劳动债权的优先地位，不应局限于执行程序中，可扩展至其他法律场域。

结语

当前我国《民法典》已公布，但未规定劳动债权与抵押物权的顺位关系，不可否认的是法律完善永远在路上。立法明确本身就是最好的公示，也是最高级别的公示。立法赋予劳动债权有限超越抵押物权的超级优先权，兼顾各方债权人利益、以间接方式实现对劳动债权特别保护的安排，是提升执行规范化水平、激发司法治理功能发挥、促进经济良性发展的重要举措，契合国家治理体系和治理能力现代化的要求，应是最为现实的一条康庄大道。

（**作者简介：** 潘慧斌，在浙江省温岭市人民法院工作）

参考文献：

［1］［日］我妻荣：《新订担保物权法》，申政武等译，中国法制出版社 2008 年版。

［2］王泽鉴：《民法学说与判例研究》，北京大学出版社 2015 年版。

［3］王娣、王德新、周孟炎：《民事执行参与分配制度研究》，中国人民公安大学出版社 2019 年版。

［4］陈本寒：《优先权的立法定位》，载《中国法学》2005 年第 4 期。

［5］申卫星：《论优先权同其他担保物权之区别与竞合》，载《法制与社会发展》2001 年第 3 期。

［6］陈思奇：《我国未来立法中民事优先权顺位的本土化制度设计》，载《学术交流》2012 年第 10 期。

［7］陈琳、陈志兴：《论我国民事优先权的立法原则与体系构想》，载《广西政法管理干部学院学报》2007 年第 4 期。

［8］刘明俊：《职工能否破产　新破产法进入最后抉择》，载《商务周刊》2005 年第 7 期。

［9］王利明：《新一轮的破产立法》，载《法学家》2005 年第 2 期。

［10］［德］汉欧力：《德国就业促进法概况》，载《德国研究》1996 年第 4 期。

超越负和博弈走向正和博弈：柔性执行的适用条件研究

——以100件柔性执行案例、148份调查问卷为样本

龙海阳

摘要： 柔性执行可以避免刚性执行在特定情况下带来的双输或者多输的后果，实现和谐共赢，这一特征在2020年抗击新冠肺炎疫情和复工复产中表现得尤为突出。但是，在司法实践中，柔性执行的适用条件不明确，导致适用不规范甚至无序，严重制约了柔性执行功能的发挥。柔性执行追求和谐、共赢，避免双输和多输，与博弈论中负和博弈转化为正和博弈的理论高度契合。因此，可以通过负和博弈转化为正和博弈的理论指导柔性执行适用条件的构建。按照博弈论的理论，把负和博弈变为正和博弈，需要打开封闭系统，寻求增量，并确定"存量分配规则"。根据上述思路，可以初步构建我国柔性执行的适用条件：受执行案件影响的主体之间形成了负和博弈状态；执行案件存在从案外引入资源的可能；在引入案外的资源后，能够建立利益分配规则；法院和其他组织在具体案件中能够发挥案件所需的组织协调以及协助配合作用。

关键词： 刚性执行　柔性执行　适用条件　负和博弈　正和博弈

引言

2020年年初暴发的新冠肺炎疫情，给人民法院执行工作带来了巨大的冲击和挑战。如果人民法院在执行工作中仅仅强调刚性的一面，可能会激化当事人之间的矛盾，割裂社会关系，造成"因执致贫""因执失业""因执破产"的不利局面。执行权是司法权与行政权的综合体，[①] 执行工作需要直面疫情带来的冲

① 常怡、崔婕：《完善民事强制执行立法若干问题研究》，载《中国法学》2001年第1期，第98页。

击和挑战。面对疫情的冲击，各级法院纷纷出台了关于在执行工作中服务保障防控疫情、复工复产、“六稳”“六保”、优化营商环境等方面的指导意见。[①]这些指导意见体现了人民法院对执行工作的新认识和新要求，将执行工作放在更广阔的视角、更具担当的地位来定位执行工作。要实现这一角色的转变，柔性执行的规范适用是一个亟待破解的重大课题。[②]

一、价值掠影：柔性执行在不同社会状态下的功效

（一）在新冠肺炎疫情影响下的功效

面对疫情，人民法院的执行工作以保障抗击疫情、维护社会稳定和谐、促进经济恢复和发展为宗旨，在很多时候采用了柔性执行，并取得了理想的效果。柔性执行在防控疫情的环境下，具有如下价值。

1. 助力抗击疫情

疫情暴发以来，人民法院充分发挥自身职能作用，为抗击疫情提供坚强的司法保障。柔性执行作为执行的一种理念和方式，为承担疫情防控任务或者其他对疫情防控有促进作用的被执行人，提供必要的帮助和便利，保障抗击疫情工作的顺利开展。

2. 助力复工复产

随着我国疫情防控取得决定性胜利，复工复产成为全社会的一项重大任务。柔性执行通过选取对被执行企业影响最小的执行方式，最大限度地帮助企业复工复产。通过暂缓执行，“使债务人能自行履行债务，可节省时间、费用及人力，既可使债权人获得满足，亦可兼顾债务人利益”。[③]通过“活查活封”或者解封为被执行人融资提供便利。

---

① 例如，最高人民法院下发了《关于认真贯彻落实中央全面依法治国委员会第三次会议精神，切实做好防控新型冠状病毒感染肺炎疫情期间审判执行工作的通知》，内蒙古高级人民法院发布了《关于依法公平处理新冠肺炎疫情防控期间执行案件的实施意见》，浙江省杭州市中级人民法院发布了《关于做好疫情防控期间企业复工复产司法保障工作的实施意见》等。

② 柔性执行目前没有法律规定，也没有学界公认的界定，笔者根据实践中的做法以及法院宣传稿中的描述，将其界定为：一般指法院在案件执行过程中，为了平衡申请执行人与被执行人之间的利益，同时从促进社会和谐，维护公共利益和公序良俗及国家利益出发，协调、整合各方面资源，从而实现执行目标的执行理念及执行方式。

③ 杨与龄编著：《强制执行法论》，中国政法大学出版社 2002 年版，第 134 页。

3. 助力社会稳定

大量的企业职工或者个体工商户受疫情影响，收入明显下降。在这种情况下，针对自然人被执行人如果只是简单地采取刚性执行手段，容易造成被执行人因疫致贫、因执致贫。柔性执行从维护社会稳定出发，给予被执行人一定的宽限期或促成当事人达成和解，可有效化解矛盾，维护社会稳定。

（二）在常态社会中的功效

柔性执行的价值在疫情背景下被放大了。疫情之后的常态社会中，柔性执行的价值会收缩。但是，其价值并不依附于疫情而存在，其具有独立的价值，对促进社会和谐稳定、经济发展和公共利益维护的价值不会因疫情结束而消失。

1. 维护社会和谐

柔性执行追求的状态是人与人之间和谐相处，避免人际关系紧张或者社会关系撕裂，甚至在一定程度上修复人与人之间的紧张关系。柔性执行通过法院自身的努力或者邀请第三方介入，使当事人之间的关系得到缓和，实现人际关系的和谐。特别是涉及婚姻家庭和邻里纠纷的案件，柔性执行维护社会和谐的价值更为显著。

2. 促进经济繁荣

一般认为，在其他因素相同的情况下，企业和其他市场主体的数量越多，经济越繁荣。柔性执行的价值之一是避免让企业或者其他市场主体因法院的执行而陷入困境继而出现不能维持的情况，帮助更多的企业或者其他市场主体存活下来，在维持市场主体数量的同时，亦可通过这些市场主体的维持，带来相关市场资源的需求以及相关商品的供给，对整个市场体系贡献力量，从而促进经济繁荣。

3. 维护公共利益

柔性执行的理念是通过执行措施的柔性化和能动化，不以在最短时间内满足申请执行人的利益为唯一目的，综合考虑申请执行人和被执行人各自的利益，甚至在特定情况下，还要考虑案外人，甚至公共利益、公序良俗以及国家利益的维护。因此，柔性执行还具有维护公共利益的价值。

二、现实管窥：柔性执行的适用条件亟待明确

（一）案例中的柔性执行的适用条件

为收集各法院柔性执行的适用条件，笔者通过百度和中国知网搜索关键词

"柔性执行"，发现百度中搜索结果较多，但几乎全是各法院关于柔性执行的案例报道，而期刊网搜索结果只有几条，而且多为法院的案例报道。笔者通过百度网站进行搜索，收集到近三年来柔性执行案例 100 件。对相关情况，整理如下：

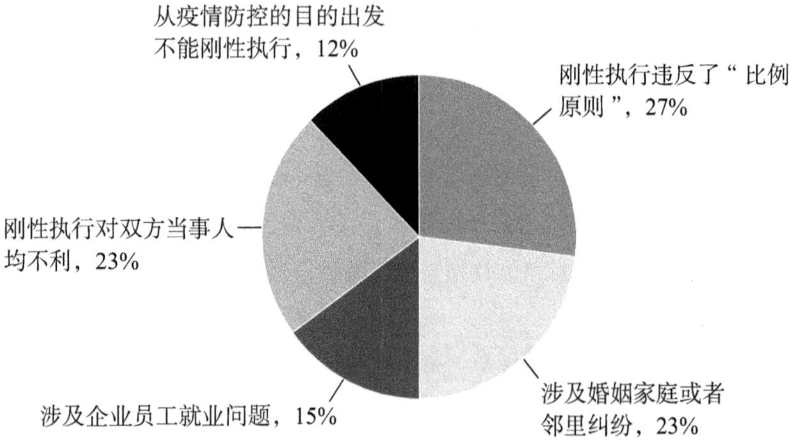

图 1　100 件案例中柔性执行适用情形比例图

1. 柔性执行的措施

关于柔性执行措施的研究很少，[①]未能出现公认的名称，而柔性执行措施的名称不是本文的讨论重点，因此，本文对柔性执行措施的名称不作严谨探讨，仅表述出其意思且能与其他措施相区别即可。100 件案例中相关法院采取的柔性执行措施如下：

做思想工作、争取相关部门配合、促成执行和解、[②]采用"活查活封"、解除部分强制措施、为被执行人盘活资产、帮助被执行人融资、协调解决被执行人的居住问题、通过被执行人单位领导施压，等等。

2. 柔性执行的原因和目的

刚性执行违反了"比例原则"。[③]由于被执行人生产或者生活遇到了困

① 笔者于 2020 年 6 月 24 日以"柔性执行"作为篇名，通过知网进行"模糊"搜索文献，只查到 9 条记录，其中可以算作学术讨论文章的更少。

② 对于执行和解，最高人民法院有相关的司法解释进行规定，见《最高人民法院关于执行和解若干问题的规定》。

③ 比例原则亦称禁止过度原则和适度原则，一般指在行政管理的过程中，应当兼顾行政目的和自由界限，在不得不对个人利益造成损害的时候，也要选取损害最小的方式。而法院的民事执行权一般认为系司法权与行政权的综合体，因此，应该适用比例原则。

难，已经无力全部或者部分履行生效法律文书载明的义务，如果采用刚性执行，对被执行人带来的损害太大，违反了执行的“比例原则”。在这种情况下，案例中的法院采用了柔性执行。这里的柔性执行与善意文明执行有一定的相似性。①

刚性执行对双方当事人均不利。有的情况下，刚性执行不仅对被执行人一方不利，而且对申请执行人一方也不利。在这种情况下，如果采用柔性执行，给予被执行人缓冲期，拉长还款周期，待被执行人恢复履行能力，则被执行人不会因此倒闭，而申请执行人的债权也能得到足额实现。

保护企业员工就业。被执行人为企业时，如果采用刚性执行，企业可能因此倒闭，相应地，企业的员工就会失业。而采用柔性执行，则可能实现维持员工就业的目的。“这个解决方案有效防止出现执行一案、破产一家企业、下岗一批职工的问题，既保证了仍有发展潜力的企业继续运转，又维护了企业员工的合法权益，还能让申请人的权益得到充分满足，实现了多赢。”②

3. 柔性执行的主要案件类型

主要涉及婚姻家庭和邻里纠纷。对于发生在婚姻家庭和邻里之间的纠纷，如果采取刚性执行，可能会恶化当事人之间的关系，“而执行探视权时，强硬的司法手段介入涉及伦理和感情生活的效果不佳，执行难问题更加明显”。③“婚姻家庭执行案件因其主体特殊、矛盾复杂，往往难以执行。”④因此，这种类型的案件，往往采用柔性执行。

4. 柔性执行的特定情势及启动条件

新冠肺炎疫情暴发后，为了调动一切积极因素参与疫情防控，确保疫情防控这一事关公共利益和国家利益的任务能够切实完成，需要对特定的被执行人采取柔性执行措施，使特定的被执行人及其财产尽快被用于疫情防控，为全社会的疫

---

① 最高人民法院于2019年年底下发了《关于在执行工作中进一步强化善意文明执行理念的意见》。关于善意文明执行和柔性执行的关系，笔者认为，第一，两者具有交叉，主要体现在对被执行人的关怀上，两者均强调要关怀被执行人。第二，柔性执行包含善意文明执行，除此之外，柔性执行还包括对案外人、公共利益、公序良俗的保护。第三，善意文明执行对法院执行机构的要求相对较低，主要从不要对被执行人造成不成比例的不利益的程度来要求执行机构，而柔性执行强调执行机构的能动性和主动性，要通过各种方式帮助被执行人或者案外人等渡过难关。

② 王雄军：《舟山柔性执行助百亿船厂重回“深海”》，载《人民法院报》2017年第6版。

③ 丁晓雨：《未成年子女探视权执行的柔性司法》，载《法律适用》2017年第19期，第89页。

④ 吴磊：《徐州铜山“柔性执行”修补破碎亲情》，载《人民法院报》2015年第8版。

情防控做贡献。[①] 此外，从 100 件涉及柔性执行的案例来看，除了根据案件当事人的情况需要适用柔性执行这一前提条件以外，有 91 件案例提到了法院在适用柔性执行前征得了申请人的同意。

（二）执行人员眼中的柔性执行的适用条件

由于通过公开渠道收集的柔性执行适用的实证资料（相关法院关于柔性执行的案例报道）的深度和广度不足以支撑本文的研究。因此，笔者设计了调查问卷，共向J省C市中级法院和基层法院的执行法官发出200份，回收148份。通过整理，将相关问题归纳如下：

图 2 是 J 省 C 市两级法院 2017 年 1 月至 2020 年 4 月执行案件每年收案数和适用柔性执行案件数。

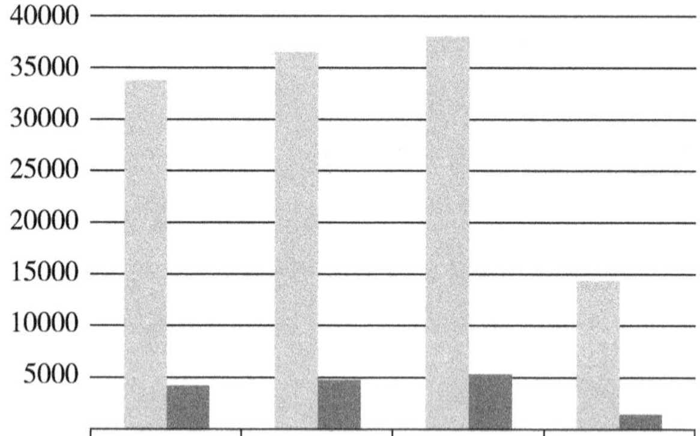

	2017 年	2018 年	2019 年	2020 年前4 个月
执行案件收案数	33818	36488	38001	14480
适用柔性执行案件数	4164	4808	5422	1485

图 2　J 省 C 市两级法院近年适用柔性执行情况图

从图 2 可以看出，J 省 C 市两级法院执行机构每年均适用了柔性执行，且每年适用柔性执行的案件数量占总的收案数的比例相对稳定，在 10% 至 14% 之间。[②]

---

① 吴磊：《徐州铜山“柔性执行”修补破碎亲情》，载《人民法院报》2015 年第 8 版。

② 对各法院的适用柔性执行的案件数据，笔者认为，可能由于统计方式和统计口径的原因，这个数据更接近适用柔性执行之后成功结案的数据，因为仅仅 10% 左右的案件适用了柔性执行，这个比例与笔者在执行工作中的感受是明显不相符的，实践中，实际上适用了柔性执行的案件的比例应该比这个数字要大得多。

1. 关于柔性执行的适用情形

从调研情况来看，J省C市多数法院在涉及婚姻家庭纠纷、邻里纠纷，以及大型自然和社会灾害（比如新冠肺炎疫情）对被执行人履行债务造成不利影响的情况下，一般适用柔性执行。在执行案件涉及公共利益、国家利益或者公序良俗时适用柔性执行。对于被执行人为暂时遇到困难的企业，只要其一贯信用良好，一般也适用柔性执行。

柔性执行适用情形调查表（共回收148份）

适用情形	投票人数
涉及公共利益、国家利益或公序良俗	148
婚姻家庭纠纷	142
大型自然和社会灾害	140
邻里纠纷	124
其他情形	121
被执行人为暂时遇到困难的企业	95

2. 关于柔性执行的具体措施

调研反馈的相关法院采用的柔性执行措施，主要包括：促进申请执行人和被执行人达成执行和解、暂缓执行、给予被执行人宽限期、债务重组、做思想工作促成被执行人自动履行、做思想工作促成申请执行人放弃部分执行标的、帮助被执行人度过危机进而重新具备偿债能力。比如协调融资、对被执行人的财产进行控制时采用“活查活封”、灵活运用财产处置方式提高被执行人财产成交价格，等等。

3. 关于柔性执行的启动条件和程序

从调研来看，相关法院把握的尺度是：柔性执行的启动条件，需要征得申请执行人的同意，不然，一般不会贸然采取柔性执行。此外，一般来说，由于执行人员往往已经做通了申请执行人的工作，因此，各法院的执行人员在启动柔性执行之前，不需要向领导专门汇报并取得领导的同意。只是一些涉及面广、影响重大的案件适用柔性执行，需要执行机构负责人决定。

三、根源揭示：柔性执行适用条件存在的问题及原因

（一）存在的问题

1. 适用条件不明确

从调研的情况来看，相关法院对柔性执行的适用条件，没有明确规定。在与一些法官进行座谈时，我们了解到，相关法院也没有可供参考的操作指引来指导和规范柔性执行的适用。柔性执行的适用条件往往掌握在承办法官手中，由承办法官根据具体案件情况来确定柔性执行的适用条件。

2. 适用条件不统一

我们在调研中发现，相关法院内部没有出台明确的柔性执行适用条件的指引或规范，导致在法院内部对柔性执行适用条件的掌握不统一。相应地，在各个法院之间，就柔性执行的适用条件的理解和掌握差异更大。总的来说，办案人员的业务水平越高，其对柔性执行的适用条件的理解越深刻，相应地，柔性执行的适用越合理。反之，则相反。

3. 适用条件不稳定

由于没有明确的制度依据，调研中发现，相关法院对柔性执行适用条件的把握也不稳定。当案件较少，人手较为宽裕的时候，执行人员倾向于对柔性执行的适用条件掌握得较为宽松；当上级法院或同级党委政府强调执行的政治效果和社会效果时，相关法院对柔性执行的适用条件掌握得较为宽松；当具体的执行案件涉及面广、重大疑难时，相关法院对柔性执行的适用条件掌握得较为宽松。反之，则情况相反。

（二）原因

1. 缺乏研究，认识不一

从调研来看，不少法院和执行人员反映，对是否应采用柔性执行，目前没有统一定论，心里没底。有的法官认为：对于强制执行，当然是干脆直接地以最有效率的方式处置被执行人的财产，保障申请执行人的胜诉权实现。如果采用柔性执行，就意味着生效法律文书的权威和法院的权威要打折扣。而且，柔性执行往往在一定程度上牺牲了申请执行人的利益。当然，更多的执行人员认为在某些特定的情况和条件下，为了追求法律效果、政治效果和社会效果的统一，应当适用

柔性执行。从调研的情况来看，大多数执行人员对柔性执行的理论、方式、措施、适用程序、适用期限等问题，均不够了解，也未进行过深入思考。

2. 缺乏规范，操作失序

目前，我国法律法规等规范中，没有出现“柔性执行”的规定。在司法政策中，亦难见柔性执行。[①] 法律依据不足，但实践中又存在适用的强烈需求，这就导致柔性执行在实践中操作不规范。有的案件执行法官觉得应该适用柔性执行，便大量反复地做申请执行人的工作，希望申请执行人同意适用柔性执行，因此浪费执行期限，还可能导致申请执行人对法院不满；有的案件经法院做工作，申请执行人同意适用柔性执行，但被执行人一直拖延履行，甚至恶意转移财产，损害了申请执行人的利益；还有的案件，应当适用柔性执行的，法官认为柔性执行没有法律依据，因此不予适用；等等。

3. 配套不足，制约效果

柔性执行的适用，从法院内部来看，需要法院投入大量的资源。但是，由于种种原因，法院内部对柔性执行的制度化、长期化、系统化的配套措施几乎没有，只是在具有广泛影响的重大案件中，才会投入相关资源。从法院外部来看，适用柔性执行的案件往往需要政府相关部门或者其他社会组织提供必要的协助。但是，由于法院在与相关单位或者组织进行沟通协调时，欠缺具有约束力的手段，很多单位对法院提出的请求往往不关心。

四、理论剖析：正和博弈视域下柔性执行适用条件的思路破解

（一）采用从实践归纳的方法难以得出理性的方案

通过实证分析，我们可以得到关于柔性执行的适用条件很重要的一些特征，比如，从案件类型来看，一般涉及婚姻家庭和邻里纠纷时，可以适用柔性执行；从涉及的利益来看，涉及国家、公共利益或案外人利益时，一般可以适用柔性执行；启动前，一般需要申请人同意才能适用柔性执行；等等。这些特征，是柔性执行区别于刚性执行的重要特征，对柔性执行的适用条件的构建具有重要的价值。

用实证归纳的方法，难以得出柔性执行适用条件的理性方案。因为，采用多

① 虽然我国法律法规和司法解释中没有出现“柔性执行”这一表述，但是，具体的柔性执行措施的规定，还是存在一些的。比如，暂缓执行的规定，执行和解的规定，等等。

个角度来表述柔性执行的适用条件，既无法穷尽每个角度，又无法穷尽具体的某个角度的各种情形，这也是归纳法一个无法克服的缺陷。

此外，如何描述一个非婚姻家庭或邻里纠纷的案件处于需要柔性执行的状态，这也是通过归纳法或者描述法难以解决的问题。因此，总结提炼实践中的做法的方法，难以取得理性的、逻辑严密的柔性执行的适用条件。需要另辟蹊径，借助于与此相关的经济学等学科的理论来实现。

（二）博弈论的相关理论与柔性执行契合

博弈论是“研究理性个体在相互依存时如何作出决策”的学科。[①] 博弈论可分为静态博弈和动态博弈。[②] 博弈论假定参与博弈的主体都是理性人，希望使其效用最大化，且信息是完全的。[③] 由于执行案件所影响的各方主体，存在寻求利益的最大化动机，且相互的决策对对方利益存在影响，因此，我们可以将博弈论引入执行案件相关主体的决策中，来考察柔性执行的适用条件。

如何把负和博弈、[④] 零和博弈变为正和博弈？[⑤] 按照经济学理论，一是需要打开封闭系统，寻求增量；二是确定“存量分配规则”。将博弈论的理论引入法院的执行案件中，可以看出，刚性执行一般带来的效果是零和博弈和负和博弈，而柔性执行在很大程度上契合了正和博弈的理论。要实现柔性执行，一方面，需要在执行案件中引入更多的资源，比如为被执行人融资、使被执行人的财产卖出更好的价格等；另一方面，要确定一个既得利益分配规则，即对引入的资源带来的经济利益或者效益，在申请执行人和被执行人等主体之间进行合理分

---

①［美］格若赫姆·罗珀：《博弈论导引及其应用》，柯华庆、闫静怡译，中国政法大学出版社2005年版，第1页。

②［美］格若赫姆·罗珀：《博弈论导引及其应用》，柯华庆、闫静怡译，中国政法大学出版社2005年版，第1页。

③ 张维迎：《博弈论与信息经济学》，格致出版社、上海三联书店、上海人民出版社2004年版，第8页。

④ 负和博弈是指双方冲突和斗争的结果，是所得小于所失。它既包括一种两败俱伤的情况，这种情况下的结果是双方都有不同程度的损失；它也包括另一种“胜者”取得的利益小于“败者”承受的损失的博弈。

⑤ 零和博弈，也称零和游戏、定和博弈、游戏理论，源于博弈论，属于非合作博弈，是指有赢家必有输家的竞争与对抗。原是指一项游戏中，游戏者有输有赢，一方所赢正是另一方所输，而游戏的总成绩永远为零。正和博弈，又称为合作博弈，是指博弈双方的利益都有所增加，或者至少是一方的利益增加，而另一方的利益不受损害，因而整个社会的利益有所增加。

配的规则。

（三）柔性执行适用条件的思路破解

根据博弈论的相关理论，结合法院柔性执行的实践，柔性执行的适用条件至少可以从以下几个方面来设置：

一是存在转化为正和博弈的需求：执行案件存在从负和博弈转变为正和博弈的需要。执行案件当事人之间处于负和博弈的状态，或者执行案件对案外主体形成了不利影响，需要转化为正和博弈。

二是寻求增量：执行案件存在引入资源进入案件的可能。能否将负和博弈转变为正和博弈的关键，在于能否引入资源。当事人之间利益或者资源是此消彼长的关系，需要从当事人之外引入资源，以此来做大案件中的“蛋糕”。

三是确定利益分配规则：在具体的执行案件中，在引入案外资源之后，带来的利益需要在当事人或受案件影响的主体之间进行分配，这个利益分配规则必须要建立，否则就会造成混乱，影响甚至阻碍柔性执行的推进。

四是博弈的组织、保障和协助：一个正和博弈要实现，需要相关主体来组织保障博弈的正常有序推进。在执行案件中，需要法院以及相关单位推动实现正和博弈。

五、路径探索：当前我国柔性执行适用条件的初步构建

在柔性执行的适用条件的构建过程中，参照负和博弈转化为正和博弈的理论，根据我国目前执行案件的现状，可以将柔性执行的适用条件设置为以下四项，四项条件缺一不可。

（一）受执行案件影响的主体之间形成了负和博弈状态

有两种情况，一是执行案件没有影响到案外主体的利益，在这种情况下，如果刚性执行，申请执行人得到的利益小于被执行人因此受到的损失，那么，就应当将此负和博弈的状态转化为正和博弈，通过法院适用柔性执行来实现；二是如果执行案件对案外主体的利益造成了负面影响（主要包括对案外人利益、公共利益、国家利益以及公序良俗等造成了负面影响），同时，包括当事人在内的受刚性执行行为影响的各相关主体的利益之和为负。有一种情况需要特别关注：在刚性

执行对案外主体带来负利益的情况下，但相关主体的利益之和为正或者零，是否应当适用柔性执行？因为我们一般认为当事人行为对案外人利益造成了损害时，不论损害的大小，均应对当事人的行为进行部分或全部否定评价。但是，刚性执行毕竟是法院履行法定职权的合法行为，不是当事人的行为，故在这种情况下缺乏适用柔性执行调整相关各方利益的必要。

（二）具体的执行案件存在从案外引入资源的可能

这里的资源应作最广义理解，凡是有利于当事人或者受执行案件影响的主体的利益（此处的利益也应作最广义的理解，包括财产、名誉、人际关系的和谐的增加等）的信息、财产、关系、政策等都应认定为此处的资源。由于法院本身处于执行当事人和受执行案件影响的主体之外，法院的资源当然也应当认定为此处的资源，比如法院的执行协调、法院对被执行人的财产采用灵活查封、暂缓执行、执行救助等。在判断一个执行案件能否引入资源，需要考察这个执行案件需要什么资源，只有在引入这个案件需要的资源存在较大的可能时，才能认定为存在可以引入的资源。

（三）在引入案外的资源后，能够建立利益分配规则

执行法院需要判断是否能够找出这样一个符合各方利益的分配规则，如果存在，还要判断各方主体是否能够一致同意这个规则。如果各方不能就这样的规则达成一致，那么，法院是否可以强制要求各方主体执行这个规则？笔者认为，执行案件虽然涉及的是以当事人利益为主，但是，如果涉及案外人或公共利益、公序良俗、国家利益，执行法院在经过与各方沟通之后，各方主体仍然无法达成利益分配规则，法院应该基于善意，在法院内部履行相关程序后，作出强制要求各方主体执行一个利益分配规则。

（四）存在与具体案件相适应的支持和协助柔性执行的条件

首先是法院内部建立了适应柔性执行的工作机制，使法院能够组织、支持和保障具体案件的柔性执行。比如法院内部柔性执行措施的完善、柔性执行的启动机制（特别是申请执行人不同意适用柔性执行时，法院的依职权启动机制）、法院内部向柔性执行案件注入的案件所需要的资源，等等。其次是法院外部，与执行案件相关的行政、企事业单位和社会组织愿意对具体的执行案件适用柔性执行所

需要的资源给予支持和协助。①

结语

柔性执行的特质决定了其能在新冠肺炎疫情中逆势而行，能在相当程度上维持个人正常生活，促进婚姻家庭及邻里关系和谐，推动市场主体生存和发展，稳定就业，优化营商环境，助力经济社会高质量发展。但柔性执行并不是包治百病的灵丹妙药，其功效的发挥建立在其适用范围内。因此，柔性执行的适用条件研究是柔性执行研究的核心和灵魂。通过引入经济学等相关学科的理论，构建起理性的、严谨的柔性执行的适用条件，对推进柔性执行价值的有效实现具有重大意义。

（**作者简介：**龙海阳，研究生学历，法学硕士。现为江苏省常州市中级人民法院法官）

参考文献：

[1] 杨与龄编著：《强制执行法论》，中国政法大学出版社 2002 年版。

[2] [美] 格若赫姆 · 罗珀：《博弈论导引及其应用》，柯华庆、闫静怡译，中国政法大学出版社 2005 年版。

[3] 张维迎：《博弈论与信息经济学》，格致出版社、上海三联书店、上海人民出版社 2004 年版。

[4] 江必新：《程序法治的制度逻辑与理性构建》，中国法制出版社 2014 年版。

[5] 童兆洪主编：《民事强制执行新论》，人民法院出版社 2001 年版。

[6] 谭秋桂：《民事执行原理研究》，中国法制出版社 2001 年版。

[7] 吴磊：《徐州铜山"柔性执行"修补破碎亲情》，载《人民法院报》2015 年第 8 版。

[8] 王雄军：《舟山柔性执行助百亿船厂重回"深海"》，载《人民法院报》2017 年第 6 版。

[9] 丁晓雨：《未成年子女探视权执行的柔性司法》，载《法律适用》2017 年第 19 期。

[10] 陈根发：《债务人处罚的历史性考察》，载《中外法学》1997 年第 2 期。

① 实践中，虽然法院与相关单位的联动机制不断扩展和深化，但是，仍然有不少协助单位对执行工作不予协助或者消极协助。因此，一个案件能否适用柔性执行，还需要评估协助执行单位是否会全力协助。

四、

民法典与公益诉讼研究

《民法典》惩罚性赔偿制度在环境民事公益诉讼案件中的适用研究

纪　昀

摘要：《民法典》首次在环境侵权中规定惩罚性赔偿制度，然而环境公益诉讼案件有特殊性，在适用惩罚性赔偿制度时会碰到诸多困境。首先，第1232条规定较为原则，如严重损害后果的标准不明、惩罚性赔偿金的计算标准不明；其次，主观故意作为惩罚性赔偿独有的构成要件，法律并未明确故意的举证主体及认定标准；再次，环境侵权常表现为无意思联络的共同侵权，对多个被告的惩罚性赔偿数额如何设置需进一步明确；最后，环境公益诉讼中惩罚性赔偿金应当归属于哪方主体，环境公益与私益诉讼并行时惩罚性赔偿金是否存在优先受偿等。针对以上问题提出破解方法，以期为惩罚性赔偿制度在环境民事公益诉讼案件中的适用提供借鉴，成为守护绿水青山的司法利剑。

关键词：民法典　环境民事公益诉讼　惩罚性赔偿

引言

《人民法院第五个五年改革纲要》将环境污染防治列为三大攻坚战之一，同时指出要进一步“探索惩罚性赔偿制度在环境污染和生态破坏纠纷案件中的适用”。2020年5月28日第十三届全国人大第三次会议通过的《中华人民共和国民法典》（以下简称《民法典》）第1232条规定：“侵权人违反法律规定故意污染环境、破坏生态造成严重后果的，被侵权人有权请求相应的惩罚性赔偿。”该规定为在环境侵权案件中适用惩罚性赔偿制度提供了明确的法律依据。

环境侵权案件根据侵害的是特定原告的人身权、财产权还是全体社会成员的环境权，可以分为环境民事私益诉讼和环境民事公益诉讼。本文研究对象限于更具有特殊性的环境民事公益诉讼。惩罚性赔偿，是指法庭作出的赔偿数额超出实际损害数额的赔偿。[①] 在司法实践中，已经有法院对该制度进行了探索适用，如“徐州市人民检察院诉某造纸有限公司水污染民事公益诉讼案”[②]，法院根据被告违法排污的主观过错程度、排污行为的隐蔽性以及环境损害后果等因素，判决被告以案件查明 2600 吨废水造成的生态环境损害数额为基数在 3 倍至 5 倍区间承担最终赔偿数额，该判决带有明显的惩罚性赔偿特征。但是目前仅有一些探索性判决，还未对惩罚性赔偿进行整体适用，且《民法典》的规定较为原则。因此，如何在该类案件中适用惩罚性赔偿是当前司法实践亟须解决的问题。

一、《民法典》第1232条规定的惩罚性赔偿制度解读

（一）引入惩罚性赔偿制度的必要性

近年来，环境污染事件频发，如轰动全国的“北京毒跑道案”“常州毒地案”“腾格里沙漠环境污染案”等，这些环境污染事件不仅危害了涉案区域附近百姓的身体健康，同时也打破了人民群众对绿水青山、蓝天白云的美好生活的向往。究其根源在于背后的经济利益驱动。如果仅实行补偿性赔偿，侵权人违法行为付出的代价远低于其获利，逐利性驱使其反复实施环境侵权行为。习近平总书记强调，只有实行最严格的制度、最严密的法治，才能为生态文明建设提供可靠保障。而惩罚性赔偿制度正是用最严密的法治保护生态环境的司法利剑。适用惩罚性赔偿制度的意义在于以下两个方面：

1. 规范已有侵权行为。惩罚性赔偿又称“报复性赔偿”，与补偿性赔偿相对应，其功能在于惩罚和制裁侵权人的侵权行为，而非填平损害。环境污染案件中的侵权方往往为经济实力雄厚的企业，如果其实施污染环境的行为仅需承担损害填平的补偿性赔偿金时，基于巨大的经济利益驱动，侵权方还会再次作出环境侵权行为。反之，如果因一次侵权行为承担的惩罚性赔偿金就有可能使这些侵权方

---

① Note，Exemplary Damage in the Law of Torts，70 Harv. L. Rev. 517，517（1957），and Huckle v. Money，95 Eng. Rep. 768（K.B. 1763）. 转引自王利明：《美国惩罚性赔偿制度研究》，载《比较法研究》2003 年第 5 期。

② 详见：江苏省高级人民法院（2016）苏民终 1357 号民事判决书。

濒临破产，弊远大于利，同样基于经济利益考量，侵权方会改进生产方式或污染处理方法，避免再次做出环境侵权行为。

2. 警戒潜在侵权行为。法律的一个重要功能在于具有指引作用。如果适用惩罚性赔偿制度，其他潜在侵权方意识到侵权行为所附带的高额的赔偿金额远高于所获得的收益，可以对潜在的侵权方起到威慑和警戒的作用。

（二）惩罚性赔偿制度的构成要件

环境侵权作为一种无过错侵权，其构成要件包括侵权行为、损害结果及因果关系。惩罚性赔偿制度的适用前提系环境侵权已经成立，根据《民法典》第 1232 条规定，适用该制度需要满足以下三个要件。

1. 主观要件为故意。第 1232 条将主观要件限定为“故意”。“故意”是指加害人希望或者放任其污染环境、破坏生态的行为给他人的人身、财产或生态环境本身造成损害的主观心理状态。环境侵权本身作为一种无过错侵权，而惩罚性赔偿的适用要求行为人主观上须为故意，可见该制度更是为了苛责那些主观恶性更大的环境侵权行为。

2. 违法性侵权行为。第 1232 条将“违反法律规定”作为惩罚性赔偿适用的构成要件，这里产生两个问题：第一个问题是侵权行为是否仅限于“积极作为”的形式。有的学者认为，“违反法律规定”的行为要件是指积极作为的表现形式，[①] 即不作为的侵权行为不能适用惩罚性赔偿。笔者认为，积极作为系不应为而为，消极不作为系应为而不为，即行为人因法律的规定或职务上的要求或先前的行为而负有某种义务，但没有履行义务。例如，被告作为废碱液的生产厂家，负有防范废碱液污染环境的义务。被告明知废碱液的无序流转存在极大的环境风险，仍然持放任态度，将废碱液交给不具有处置资质的个人进行处置，应当视为一种在防范污染物对环境损害上的不作为。[②] 这种不履行法定责任的行为同样也违反规定，故“违反法律规定”包含两种行为状态，即积极作为与消极不作为。第二个问题是如何理解“违反法律规定”中的“法律”的内涵和外延。以被告达标排放为例，由于《大气污染防治法》规定了只对超标排放的排污行为进行处罚，而《侵权责

---

① 杨立新、李怡雯:《生态环境侵权惩罚性赔偿责任之构建——民法典侵权责任编（草案二审稿）第一千零八条的立法意义及完善》，载《河南财经政法大学学报》2019 年第 3 期。

② 详见：江苏省泰州市中级人民法院（2017）苏 12 民初 51 号民事判决书。

任法》第 65 条已经取消了“违反国家保护环境防止污染的规定”的前置条件，是否达标排放，不影响环境侵权责任的承担。故达标排放行为违反《侵权责任法》却并不违反《大气污染防治法》。《民法典》惩罚性赔偿条款中的“法律”是否包括《环境保护法》《侵权责任法》，还是仅指《民法通则》第 124 条中的“国家保护环境防止污染的规定”。笔者认为，这里的“法律”应做限缩解释，仅指国家保护环境防止污染的相关法律规定，包括《固体废物污染环境防治法》《大气污染防治法》等。原因在于《民法典》第 1232 条特地在侵权行为中增加违法性要件，立法者的本意应当是与环境侵权中的侵权行为相区别，从中剔除合法性侵权行为。这与惩罚性赔偿制度的目的相一致。

3. 严重损害后果。第 1232 条规定惩罚性赔偿的适用必须“造成严重后果”。环境公益诉讼案件的损害后果都是生态环境本身的损害，但是环境作为一种公共物品，本身具有自净能力，污染物质又具有扩散性和隐藏性，这类案件的损害后果并不像人身损害和财产损害如此显而易见，故如何理解构成要件中的“严重后果”，可能会困扰司法裁判者。

从下图可见，出于惩罚性赔偿制度设计目的考虑，只有主观恶性较大、行为违法且造成严重损害后果的环境侵权行为才能适用惩罚性赔偿制度，其构成要件较环境侵权更为严格。

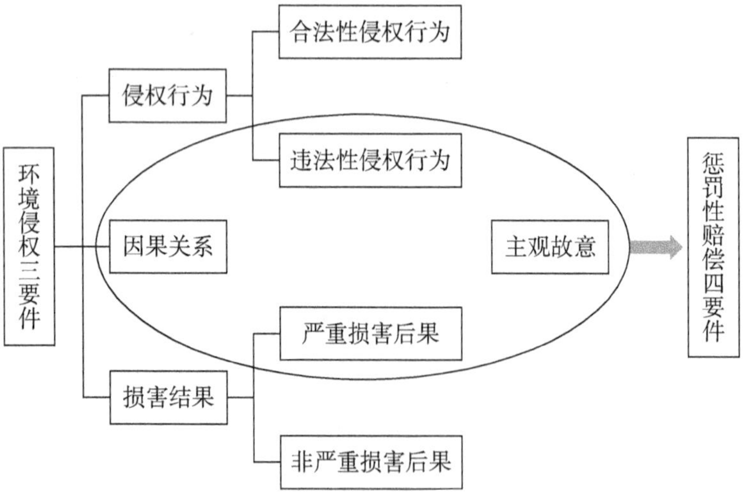

惩罚性赔偿构成要件与环境侵权构成要件之比较

二、惩罚性赔偿在环境民事公益诉讼中的适用难题

《民法典》第1232条对惩罚性赔偿的规定过于原则，而一个法律制度在实践中要良好运作，不仅在法律规范上需要有明确的标准，还需要有相关的配套机制支撑。如主观故意作为惩罚性赔偿的独有的构成要件，应明确故意的认定标准及举证责任承担主体。在环境民事公益诉讼案件中，惩罚性赔偿制度适用的困境包括以下五个方面。

（一）主观故意的举证责任主体及认定标准不明

1.故意的举证责任承担主体不明。在一般环境侵权中，原告需证明侵权行为及损害后果，被告需证明无因果关系及免责事由。惩罚性赔偿的适用额外要求侵权人主观上须为故意，由于故意并非环境侵权的构成要件，《侵权责任法》未对故意的举证责任作出专门规定，这给司法实践带来的直接问题是：惩罚性赔偿中主观故意的举证责任由哪一方承担。如果按照"谁主张，谁举证"的传统举证责任规则，故意需原告加以证明；但环境侵权中双方当事人地位极不平等，且正是基于此，《侵权责任法》才将对因果关系的举证规则实行举证责任倒置，由侵权人证明其行为与损害之间不存在因果关系。那么对"故意"的举证责任是否可以参照对"因果关系"举证责任上的规定，《民法典》对此没有作出回答。

2.故意的认定标准不够明确。环境侵权系无过错责任，在既往司法实践中，侵权人的主观状态不作为责任的构成要件，仅有部分判决书说理部分涉及被告的主观状态。如"江苏省环保联合会诉某染料公司环境民事公益诉讼案"①，法院认为"被告并未按照法定程序处置其产生的废硫酸，而是以远低于市场价格，交由无废硫酸处置资质企业处置。这种处置行为实质上是主动放弃监督义务而对危险废物放任不管"。法院据此认定"被告具有非法处置危险废物的故意"。其实该案是根据被告的行为认定被告主观为故意状态，但是如果被告以市场价交由第三方处理废硫酸，或者被告以较低于市场价交由第三方处理，且被告并不知第三方无相关资质，这种情况下是否还能认为被告主观为"故意"状态？则需要司法实践进一步加以明确。

① 详见：江苏省南京市中级人民法院（2016）苏01民初1203号民事判决书。

（二）严重损害后果的判定标准不明

环境民事公益诉讼案件具有侵害方式复合性、侵害过程复杂性、侵害后果隐蔽性和长期性等特点。第 1232 条将“严重后果”作为惩罚性赔偿的构成要件之一，但是何谓“严重后果”,《民法典》只字未提。如果对“严重损害后果”缺乏清晰的判定标准，有可能导致司法实践中适用惩罚性赔偿制度时产生“同案不同判”的尴尬局面。

表 1　环境公益诉讼案件中环境污染的具体损害后果

环境损害类型	案件名称	造成的损害后果
水污染	重庆市人民检察院第一分院诉重庆市某化工有限公司水污染环境民事公益诉讼案	被告实际排放的废碱液数量已无法查明，向长江排放的废液数量在 1542.5–2313.75 吨。
大气污染	中华环保联合会诉某有限公司大气污染责任民事公益诉讼案	被告企业超标向空气排放二氧化硫共计 255 吨、氮氧化物共计 589 吨、烟粉尘共计 19 吨。
林地破坏	北京市朝阳区自然之友环境研究所、福建省绿家园环境友好中心诉谢某锦等四人破坏林地民事公益诉讼案	谢某锦等四人将采矿产生的弃石往山下倾倒，严重毁坏了 28.33 亩林地植被。

（三）惩罚性赔偿金的计算标准及归属不明

第 1232 条规定被侵权人可以对特定情况下的侵权人要求惩罚性赔偿，却未对惩罚性赔偿的具体金额计算标准作出明确规定，导致在具体适用该条款时，司法裁判者往往无所适从，知道可以判却不知具体要判多少。且环境侵权中涉及的损害系生态环境本身的损害，赔偿金额往往巨大，如泰州 1.6 亿元天价环境公益诉讼案，法律不明确惩罚性赔偿金的计算标准，给司法裁判者带来困扰。

在环境私益诉讼案件中，惩罚性赔偿金应当直接归属于提起诉讼的原告所有，这也与其他传统侵权中惩罚性赔偿金的归属相一致。但是在环境公益诉讼中，惩罚性赔偿金是归属提起诉讼的原告自身所享有还是归属不特定的社会公众，抑或归属第三方机构所有，这是惩罚性赔偿制度在环境公益诉讼案件中适用时必须考虑到的现实问题。《民法典》也未对此问题作出回应。

（四）共同侵权案件中惩罚性赔偿金如何区分

环境侵权的特点之一系其侵权形态常表现为混合型的污染环境，数个和众多加害者之间一般无意思联络。在只有单个加害人的环境侵权案件中，惩罚性赔偿只需根据其构成要件进行适用。但是，如果涉及大多数的环境共同侵权时，惩罚性赔偿制度的适用就遇到难题，主要体现在对同个案件中的多个被告，惩罚性赔偿金如何区别对待的问题。根据《最高人民法院关于审理环境侵权责任纠纷案件适用法律若干问题的解释》的相关规定，环境共同侵权案件中以侵权人相互之间有无意思联络进行区分，承担责任的方式详见表 2。

表 2　环境共同侵权中责任的承担方式及惩罚性赔偿的适用

侵权人之间是否有意思联络	共同侵权行为形态	责任承担方式	均符合惩罚性赔偿适用条件时
有意思联络（共同实施污染行为造成损害）	甲、乙共同实施污染行为	甲乙承担连带责任	同时适用，金额一致。
无意思联络（分别实施污染行为造成同一损害）	甲、乙的污染行为都足以造成全部损害	甲乙承担连带责任	同时适用，金额一致。
	甲、乙各自的污染行为都不足以造成全部损害	甲乙承担按份责任	同时适用，惩罚性赔偿的数额如何区别。
	甲的污染行为足以造成全部损害，乙的污染行为只造成部分损害	甲乙共同造成的损害部分：甲乙连带责任；其他损害部分：甲承担单独责任	同时适用，惩罚性赔偿的数额如何区别。

从表 2 可见，当所有侵权人均对全部损害承担连带责任时，如果其符合惩罚性赔偿的构成要件，所有侵权人均能适用惩罚性赔偿且赔偿金额应当一致。但是，当所有侵权人的承担责任范围存在差异时，对其适用惩罚性赔偿制度就出现了问题，如表 2 中的第三种和第四种情形，即甲乙各自承担的惩罚性赔偿金额是否与其承担的责任比例保持一致。如在“中山市海洋与渔业局诉彭某权、冯某林、何某生、何某森、袁某胜污染海洋环境责任纠纷民事公益诉讼案”[①]中，法院判决

① 详见：广州海事法院（2017）粤 72 民初 541 号民事判决书。

“被告袁某胜应在总赔偿额 9.483% 的范围内与其他四被告承担连带赔偿责任”。在这种情况下，不同侵权人承担的赔偿责任范围是不同的，如果其行为都符合惩罚性赔偿的构成要件，就涉及惩罚性赔偿的金额计算标准问题。如果其他四被告承担的惩罚性赔偿金是100万元，是否袁某胜承担的赔偿金数额为100万元的9.483%（与其责任比例相一致）。

从惩罚性赔偿制度的目的出发，不同被告对损害的作用力大小不同，对其苛责的惩罚性赔偿的数额也应有所区别。即在一个环境共同侵权案件中，在所有被告并非承担连带责任的情况下，会出现几个不同的惩罚性赔偿金额，而在数额上如何区分是一个难题。

（五）环境私益与公益诉讼并存时惩罚性赔偿金的给付问题

当一个违法行为同时造成特定人的人身、财产权益损害和环境本身的损害，就会产生针对同一违法行为的环境私益诉讼和环境公益诉讼。当这两类诉讼同时存在时，是否可以同时适用惩罚性赔偿？一种观点认为，由于私人因自身损失提起的诉讼与特定主体为公共利益提起的诉讼具有不同的诉讼标的、请求内容等，故可以同时适用惩罚性赔偿；[①]另一种观点认为，同时适用一方面可能造成对同一侵权行为的重复求偿，另一方面公益诉讼中惩罚性赔偿请求的实现将影响私益损害赔偿的给付。[②]笔者认为，当这两类诉讼同时存在时，虽然是同一个违法行为，但是由于其侵害的权益并不相同，故可以同时适用惩罚性赔偿制度。

由此带来的问题是，由于环境侵权案件特别是环境公益诉讼案件其赔偿金额往往巨大，当侵权人的财产不足赔付时，两类诉讼中惩罚性赔偿金的给付是否应有顺位，是否应先赔付给私益诉讼中提起惩罚性赔偿的特定受害人，还是应当按照两类诉讼中惩罚性赔偿金的数额进行一个按比例的同时赔付。从司法实践的多个环境公益诉讼的案例来看，法院判决的补偿性赔偿金已经数额巨大，带有惩罚性质的惩罚性赔偿金只会数额更大，故这种情况的发生并非偶然，亟须解决。

---

① 冯汝：《民法典制定背景下我国环境侵权惩罚性赔偿制度的建立》，载《环境与可持续发展》2016 年第 3 期。

② 张旭东、郑烽：《消费民事公益诉讼中惩罚性赔偿的规范化适用研究》，载《学术探索》2019 年第 11 期。

三、惩罚性赔偿制度在环境民事公益诉讼中的适用构建

（一）主观故意的举证责任及认定标准

1. 主观故意的举证责任主体。民事诉讼中举证责任分配的一般规则是“谁主张，谁举证”，但是在某些特定诉讼中，会将某些事实的举证责任转移到由主张该事实的相对方承担，环境侵权案件中的因果关系的举证即属于该种情况，即适用“原告证明基础事实达到低证明标准—法官推定因果关系的存在—被告提出反证证明”的逻辑。笔者认为，对主观故意的举证责任也应当参照因果关系的举证责任设置，即由原告提供初步证据证明被告实施侵权行为时主观为非善意，此时证明责任转移到被告，如果被告无法证明其在实施侵权行为时主观为非故意状态，就据此认定被告主观为故意状态。原因是环境侵权案件中当事人双方地位的严重不对等，受害人几乎难以证明侵权人的主观状态为故意，若由受害人承担主观故意的举证责任，将会在实践中造成惩罚性赔偿制度难以适用的局面。正是基于此，对于主观故意这一构成要件，可参照因果关系的举证责任设置，由被告证明其在实施侵权行为时主观是非故意的，方能更好地发挥该制度的惩戒作用。关于原告提供的初步证据，将在下面第二部分论述。

2. 主观故意的认定标准。（2016）苏 01 民初 1203 号“江苏省环保联合会诉某染料公司环境民事公益诉讼案”，被告以低于市场价格将废碱液交由无处理资质的第三方处理，法院据此认为被告主观为故意状态；（2016）皖 04 民初 73 号“安徽省环保联合会诉王某杰等环境污染责任纠纷公益诉讼案”，被告作为固体废物的产生者，放任资质不明的合同相对方处理垃圾，法院认为被告对相关损害结果的发生具有放任的故意。从司法实践出发，笔者认为只要被告对环境损害的发生具有放任的心态，如被告以低于市场价的方式将有害物质交由第三方处理，或明知第三方无相关资质仍无所作为，即可先认为被告主观为“故意”状态。

（二）严重损害后果的判定标准

环境公益诉讼中侵权的都是环境本身。何种损害构成严重后果，笔者认为，可以以其是否符合刑法中污染环境罪的“严重污染环境”为标准进行判定。污染环境罪的入罪标准即包括“严重污染环境”，如果某一侵权行为造成的损害后果已

经达到刑法中污染环境罪中“严重污染环境”的判定标准，也理应符合民法中惩罚性赔偿制度中的“严重后果”。原因在于刑法所规制的都是最严重、最恶劣的环境侵权行为，如果某一侵权行为已经达到刑法入罪标准，需承担刑事责任，说明其造成的损害结果已经达到相当严重的程度，该损害后果也一定符合民事法律规范中的“严重后果”的标准。刑法的污染环境罪中“严重污染环境”的标准已经在两高司法解释中进行了明确，即《最高人民法院、最高人民检察院关于办理环境污染刑事案件适用法律若干问题的解释》第 1 条规定，包括“（一）在饮用水水源一级保护区、自然保护区核心区排放、倾倒、处置有放射性的废物、含传染病病原体的废物、有毒物质的；（二）非法排放、倾倒、处置危险废物三吨以上的”等 18 种情形。故某一侵权行为造成的损害后果只要达到上述 18 种情形之一的，即构成惩罚性赔偿的“严重后果”。

（三）惩罚性赔偿金的计算标准及归属

1. 惩罚性赔偿金的计算标准

惩罚性赔偿金额的设置方式通常有两种：与补偿性赔偿额之间设置一定的比例和设定最高限额。[①]笔者认为，采用第一种方式更为合理，即与补偿性赔偿额设置一定的比例。原因在于环境侵权案件中的赔偿费用往往数额巨大，如“泰州天价环境公益诉讼案”中法院判决被告承担 1.6 亿元的环境修复费用，到底设置多高的限额法律无法提前预判，可能法律预先设置的最高限额在个案中也只是杯水车薪。故采用与补偿性赔偿额设置一定的比例这种方式更为合理。

关于与补偿性赔偿额设置多大比例的问题，有的学者认为，惩罚性赔偿的金额确定应当根据侵权人系积极实施侵权行为或者未采取相应的补救措施加以区分，即“明知实施的生态环境侵权行为会造成严重损害后果仍然实施……被侵权人有权另外请求所受损失二倍以下的惩罚性赔偿；对实施的生态环境侵权行为没有依照法律规定采取相应的补救措施……被侵权人有权另外请求所受损失一倍以下的惩罚性赔偿”[②]。笔者建议，法律应当统一规定惩罚性赔偿金额与补偿性赔偿金额的最高比例，如不超过实际损失的两倍，这里的实际损失可以认为是“生态环境修

---

① 冯汝：《民法典制定背景下我国环境侵权惩罚性赔偿制度的建立》，载《环境与可持续发展》2016 年第 3 期。

② 杨立新、李怡雯：《生态环境侵权惩罚性赔偿责任之构建——民法典侵权责任编（草案二审稿）第一千零八条的立法意义及完善》，载《河南财经政法大学学报》2019 年第 3 期。

复费用”，而不包括原告要求的律师费、差旅费等与填补生态环境损害本身无关的费用。法官可以将被告主观恶性程度、是否采取相应的补救措施等作为在个案中到底采取何种比例时予以考虑的因素。

2. 惩罚性赔偿金的归属

在环境民事公益诉讼现有的司法实践中，法院判决均将差旅费、律师费等费用直接归属于原告所有，而对于生态环境修复费用的归属主体，通常有两种模式：第一种模式是设立环境保护公益金专用账户。例如，在（2014）常环公民初字第 2 号案中法院判决“储某清向江苏省常州市生态环境法律保护公益金专用账户支付环境修复赔偿金 2830700 元”。第二种模式是上缴国库。例如，在（2017）粤 01 民初 220 号案中法院判决“余某发、夏某林共同赔偿生态环境修复费用 3428810 元（该费用上缴国库用于修复被损害的生态环境）”。实践中，采用第一种模式的更为多见。

笔者认为，惩罚性赔偿金的目的应当是专门用于环境质量修复和环境保护，故采取设立环境保护专用账户的模式更为合理。该账户隶属于第三方，采取这种模式主要有两点考虑：一是避免环境公益诉讼的原告从诉讼中获取利益；二是可以做到专款专用，由社会公众共同监督该账户内所有款项均用于生态环境的修复。具体到司法实践的操作中，各地可以在省级层面建立环境公益诉讼资金管理制度。

（四）共同侵权案件中惩罚性赔偿金的区分

在环境共同侵权不同被告方承担非连带责任的情况下，若其行为都符合惩罚性赔偿的构成要件，则其各自需承担的惩罚性赔偿金应与其的责任承担比例相一致。如前文的案例“被告袁某胜应在总赔偿额 9.483% 的范围内与其他四被告承担连带赔偿责任”中，若其他四被告承担的惩罚性赔偿金是 100 万元，则袁某胜承担的惩罚性赔偿金数额为 100 万元的 9.483% 即 9.483 万元。原因在于法官作出被告袁某胜在总赔偿额 9.483% 的范围内与其他四被告承担连带赔偿责任这一判决时，正是将其各自行为对损害的作用力大小进行考量得出的判决结果，即袁某胜的侵权行为对损害的作用力为 9.483%，则其承担的惩罚性赔偿金也应为其他侵权人承担数额的 9.483%。

（五）环境公益与私益诉讼并行时惩罚性赔偿金的给付

当环境私益和公益诉讼中同时要求惩罚性赔偿时，应优先给付环境私益诉讼中的惩罚性赔偿。原因在于《最高人民法院关于审理环境民事公益诉讼案件适用法律若干问题的解释》第 31 条规定："被告因污染环境、破坏生态在环境民事公益诉讼和其他民事诉讼中均承担责任，其财产不足以履行全部义务的，应当先履行其他民事诉讼生效裁判所确定的义务，但法律另有规定的除外。"此条法律规范其实是对环境公益和环境私益之间的利益位阶进行了明确，即如果法律未另行规定，当责任承担者财产不足履行全部义务时，应当优先赔偿环境私益的损失。惩罚性赔偿金作为承担责任的一种方式，也理应适用此规则。

结语

《民法典》首次在环境侵权中规定惩罚性赔偿制度，是落实用最严格制度、最严密法治保护生态环境的重要司法举措。本文结合司法实践中环境民事公益诉讼案件的自身特点，对惩罚性赔偿制度在该类案件中的适用进行了研究。在我们享受绿水青山的同时，也不断探索和完善我们的环境保护法律制度如惩罚性赔偿制度，让其为推进生态文明建设提供有力的司法服务和保障，协力打好这一场污染防治攻坚战。

（**作者简介**：纪昀，上海市徐汇区人民法院立案庭法官助理）

参考文献：

［1］王利明等主编：《中国民法典基本理论问题研究》，人民法院出版社 2004 年版。

［2］陈聪富：《侵权归责原则与损害赔偿》，北京大学出版社 2005 年版。

［3］朱凯：《惩罚性赔偿制度在侵权法中的基础及其适用》，载《中国法学》2003 年第 3 期。

［4］高利红、余耀军：《环境民事侵权同质赔偿原则之局限性分析》，载《法商研究》2003 年第 1 期。

［5］吕忠梅：《"生态环境损害赔偿"的法律辨析》，载《法学论坛》2017 年第 3 期。

［6］金瑞林：《环境侵权与民事救济——兼论环境立法中存在的问题》，载《中国环境科学》1997 年第 3 期。

［7］杨立新、李怡雯：《生态环境侵权惩罚性赔偿责任之构建——民法典侵权责任编（草案二审稿）第一千零八条的立法意义及完善》，载《河南财经政法大学学报》2019 年第 3 期。

［8］冯汝：《民法典制定背景下我国环境侵权惩罚性赔偿制度的建立》，载《环境与可持续发

展》2016 年第 3 期。

[9] 王利明:《美国惩罚性赔偿制度研究》, 载《比较法研究》2003 年第 5 期。

[10] 肖海军:《论环境侵权之公共赔偿救济制度的构建》, 载《法学论坛》2004 年第 3 期。

[11] 戴茂华:《论进一步完善我国环境侵权民事责任立法的必要性——兼评〈侵权责任法〉中环境污染责任条款》, 载《河北法学》2011 年第 1 期。

大数据杀熟的民法属性与公益诉讼进路

——以《民法典》中个人信息保护为视角

于军辉　徐　洁

摘要："在线化"生活让消费者遗留海量数据，这些数据经过收集、运算，反而成为电商杀熟的帮凶。公益诉讼因博弈能力增强、节约司法资源、全面维护公益被寄予厚望，但其面对愈演愈烈的大数据杀熟现象时却无所作为。究其原因，一是大数据杀熟的民法属性扑朔迷离，二是网络消费者的公益诉讼进路尚未明朗。《民法典》为个人信息保护首创人格权请求权支撑，从信息收集与差别定价两方面全面审视，方能准确透视大数据杀熟所侵犯的个人信息自决。《民事诉讼法》为打击消费侵权开辟公益诉讼路径，从起诉主体资格、承担责任方式、平台管控责任三方面清晰把握，才可将畅通大数据杀熟纳入公益诉讼之途。

关键词：大数据杀熟　信息自决　使用场景　公益诉讼

引言

"严禁在线旅游大数据杀熟。"2020 年国庆，大数据杀熟话题攻占微博热搜，[①]凸显人民群众对大数据杀熟的深切感受和热切关注。互联网 3.0 时代，网络由"以联为主"的信息媒介迭代为"以互为主"的生产、生活载体。"在线化"俨然变为大众的消费常态，消费者[②]在购物、外卖、打车、导航等网站和软件停留时会留下自身印迹。"你是谁，由数据说了算。"上述海量数据让消费者赤裸裸地暴露在电

① 文化和旅游部出台的《在线旅游经营服务管理暂行规定》于 2020 年 10 月 1 日起正式施行。根据该规定第 15 条，在线旅游经营者不得利用大数据等技术手段，针对不同消费特征的旅游者，对同一产品或服务在相同条件下设置差异化的价格。

② 消费者是为生活需要购买、使用商品或接受服务的人，相较于经营者在交易过程中处于弱势地位。

商面前。“最懂你的人伤你最深。”电商借此运用算法对消费者设定差异价格，在传统买卖中被优待的熟客反而在网络交易中被“宰杀”。

《民事诉讼法》第55条规定了公益诉讼制度。相比孱弱的个体，公益诉讼的维权能力极大增强，是打击消费侵权的利器。然而，公益诉讼面对司空见惯的大数据杀熟现象时却毫无作为。究其原因，一是大数据杀熟的民法属性扑朔迷离，二是网络消费者的公益诉讼进路尚未明朗。因此，厘清上述两个问题是将大数据杀熟导入公益诉讼的当务之急。

一、从部分到整体：审视大数据杀熟的民法属性

大数据杀熟即电商基于算法分析收集的消费者数据，并针对不同条件的消费者采用动态定价方案的行为。随着“在线化”消费的迅猛发展，大数据杀熟亦野蛮生长。电商“看人下菜碟”在消费场景中司空见惯，如老用户比新用户贵、苹果系统用户比安卓系统用户贵、[①]价格不敏感的用户比价格敏感的用户贵等。北京市消费者协会于2019年7月发布的调查显示，88.32%受访者认为大数据杀熟现象普遍存在，56.92%的受访者承认曾被杀熟。[②]

消费者依据朴素正义即可感知自身权益遭受侵犯，但消费者依据何种权利维护权益？法律界对此莫衷一是，价格欺诈、知情权、公平交易权、隐私权、个人信息保护等观点不一而足。笔者认为，只有仔细分解大数据杀熟的技术步骤并深入分析其技术特征方能在众说纷纭中透视大数据杀熟的实质民法属性。

（一）三步走：大数据杀熟的技术观察

大数据杀熟这一行为可拆解为收集数据、用户画像、区别定价三个步骤。具体分述如下：

1. 前提：收集海量数据

首先，从前到后全程收集。电商收集数据的时机分为注册时和使用时。前期

---

① 据《艾媒报告2018中国大数据“杀熟”网民态度行为调查报告》显示：爱奇艺的黄金VIP视频在不选择自动续费的情况下，苹果客户端包月、包季、包年的价格分别为“25元”“68元”“248元”，而安卓客户端上对应价格分别为“19.8元”“58元”“198元”。

②《北京市消协发布大数据“杀熟”问题调查结果》，载北京市消费者协会官网，http：//www.bj315.org/xxyw/xfxw/201907/t20190727_19494.shtml，2019年7月27日发布。

注册时，电商要求消费者填写性别、出生年月日、地址、电话等基本信息以创建用户管理档案。同时，电商要求消费者授权其自动记录搜索、浏览、收藏、购买、评价、退货等交易数据。消费者若拒绝将失去使用平台的机会。很多消费者为追求快速注册而忽略部分或全部注册条款。后期消费者开启某项服务时，平台需要消费者授权使用位置、通讯录等信息，消费者为获取服务只能一键同意。电商甚至以折扣、免费服务或获奖机会换取消费者更为私密的数据。电商通常将告知和同意作为推卸责任的挡箭牌。

其次，由弱到强迭代收集。电商收集数据经历了 Cookie、Flash Cookie、Ever Cookie 和 Fingerprinting 由弱到强的技术演化，四种技术的特点比较如下（详见表 1）：

表 1　数据收集技术特点对比

技术名称	获取信息的方式	屏蔽追踪的手段
Cookie	访问消费者电脑中的 Cookie 文件并获取保存在其中的信息。①	关闭 Cookie 或“删除历史记录”。
Flash Cookie	访问消费者电脑中的共享文件。	删除历史浏览记录无效。
Ever Cookie	不断地在消费者电脑中备份文件。②	删除历史浏览记录和文件夹无效，可以找到其他备份。
Fingerprinting	不直接在消费者的电脑上储存文件。服务器在传输过程中可以凭借传输的关键信息来识别某台计算机。	禁用 Java Script 和 Adobe 的 Flash 等关键功能。

“得数据者得天下。”算法时代，身份识别蕴含无限商机。电商在收集数据方面不遗余力，甚至无所不用其极，不正当收集问题凸显。中国消费者协会于 2018

① 存储在 C：\DOCUMENTS AND SETTINGS\ 用户名 \APPLICATION DATA\MACROMEDIA\FLASH PLAYER 文件夹。

② 具体来说，EVER COOKIE 在创建 COOKIE 时会使用如下存储机制：标准 HTTP COOKIE；LOCAL SHARED OBJECTS（FLASH COOKIE）；SILVERLIGHT ISOLATED STORAGE；以自动生成、强制缓存的 PNG 像素图片的 RGB 值形式保存 COOKIE，使用 HT-ML5 CANVAS 标签读取像素图片（COOKIE）；在浏览器历史记录中存储 COOKIE；在 HTTP ETAG 中存储 COOKIE；在浏览器缓存中存储 COOKIE；WINDOW.NAME 缓存；INTERNET EXPLORER USER DATA；HTML5 SESSION STORAGE；HTML5 LOCAL STOR-AGE；HTML5 GLOBAL STORAGE；HTML5 DATABASE STORAGE（SQLITE）。

年 11 月公布的《100 款 App 个人信息收集与隐私政策测评报告》显示：被调查的 App 中有 90% 过度收集个人信息。国家互联网信息办公室秘书局、工业和信息化办公厅、公安部办公厅和国家市场监管总局办公厅于 2019 年 12 月 30 日联合出台的《App 违法违规收集使用个人信息行为认定方法》为识别不正当收集个人信息提供了技术指南：隐瞒收集使用规则；隐瞒收集使用的目的、方式和范围；收集无关信息；未经消费者同意；未设置删除、更正按钮或未公布投诉、举报途径。

2. 桥梁：精准用户画像

“预测乃大数据之核心。”① 电商通过向算法投喂海量数据，挖掘消费者不同数据间的“化学反应”，揭示用户的消费能力、消费偏好、价格敏感度等隐性知识，从而描绘消费者“千人千面”的现实形象（详见图 1）。

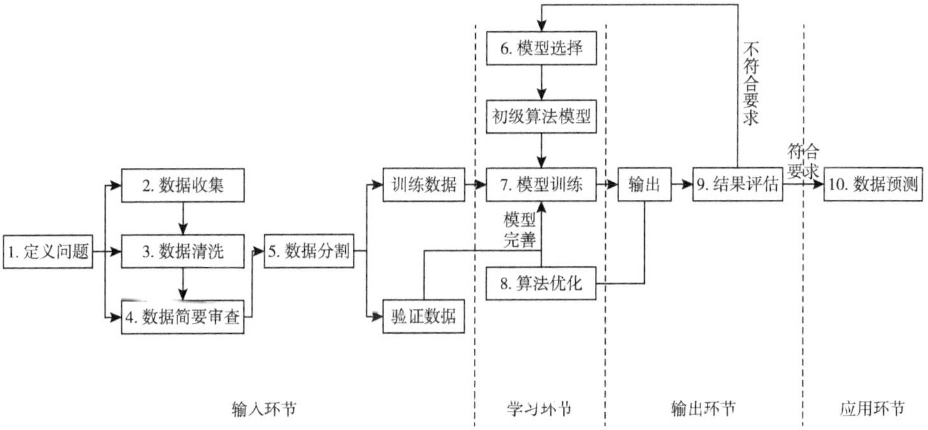

图 1　数据预测的运作流程

3. 目的：实行区别定价

用户画像这一大数据产品凝结电商收集、加工的汗水和智慧。数据预测的合理使用可以实现电商和消费者的双赢结果。一方面，电商可以清晰把握消费者需求，进而提升决策效率，压缩决策成本；另一方面，精准的“私人订制”，既可以避免消费者选择时的时间消耗，亦可让消费者获取更对胃口的商品。

然而，逐利的电商为榨取最大利润，借助“千人千面”实施“千人千价”。据统计，电商推送的价格和价格敏感度、需求弹性成反比，和忠诚度成正比。当消

①［英］维克托・迈尔 - 舍恩伯格、肯尼思・库克耶：《大数据时代》，盛杨燕、周涛译，浙江人民出版社 2013 年版，第 34 页。

费者对商品需求弹性较大、对价格较为敏感货比三家、首次或偶尔光顾时，电商会标出较低的价格，甚至提供购物补贴和减免优惠以刺激消费。当消费者对商品需求缺乏弹性、对价格变动不敏感、经常购买形成路径依赖时，电商会推送较高的价格以提高利润。而深陷“信息茧房”的消费者对此难以察觉只能任由宰割。

（二）两面观：大数据杀熟的民法审视

当前尚无大数据杀熟的司法案例，加上法律规定模糊，导致大数据杀熟的民法属性存在分歧。价格欺诈说、知情权说、公平交易权说、隐私权说仅偏重于大数据杀熟的某一步骤而无法精准透视大数据杀熟的民法属性。

1. 仅关注信息收集

隐私权说。其关注点在信息收集步骤。关于大数据侵犯隐私权的司法案件仅 1 例，即朱某诉北京百度网讯科技公司隐私权纠纷案，案件争点聚焦于 Cookie 信息是否属于个人隐私。一审法院持赞同观点，认为个人上网喜好在一定程度上能够标识私生活信息。[①] 二审法院持反对观点，否定 Cookie 信息的私密性乃至可识别性。[②] 个人信息与隐私属交叉关系。个人信息是可以识别特定自然人的信息，其中的私密性信息才属隐私。侵害隐私的行为包括侵入和公开。退一步来讲，即使电商收集的是私密信息，倘若电商收集信息得到消费者授权且该信息仅供自身定价参考，电商既未侵入亦未公开，难以评价为侵犯隐私权。

2. 仅关注差别定价

（1）价格欺诈说。该观点认为电商未将商品的其他售价告知消费者属于欺诈。然而，《电子商务法》[③] 规制的只是差别搜索而非差别定价。同时，《民法典》规定的欺诈行为必须为积极的虚构事实或消极的隐瞒真相的手段，并且上述手段与消费者作出错误意思表示存在因果联系。[④] 未告知消费者其他售价的行为，难以评价为隐瞒真实情况。消费者购买商品是基于质量和价格等的综合考量，也难以评价为基于被骗而表意错误。

---

① 参见江苏省南京市鼓楼区人民法院（2013）鼓民初字第 3031 号民事判决书。

② 参见江苏省南京市中级人民法院（2014）宁民终字第 5028 号民事判决书。

③《电子商务法》第 18 条第 1 款：电子商务经营者根据消费者的兴趣爱好、消费习惯等特征向其提供商品或者服务的搜索结果的，应当同时向该消费者提供不针对其个人特征的选项，尊重和平等保护消费者合法权益。

④ 朱庆育：《民法总论》，北京大学出版社 2019 年版，第 280 页。

（2）知情权说。该观点认为消费者具有知道该商品其他售价的权利。但消费者的知情权体现在对商品本身的了解，电商对价格只要明码标价即可。[①]

（3）公平交易权说。该观点认为消费者对电商统一定价存在合理信赖，电商应补偿消费者基于合理信赖遭受的损失。但消费者的公平交易权要求价格合理而非价格统一。[②] 区别定价在线下交易被认为理所当然，何以对线上交易苛以重责？

3. 信息收集与差别定价相结合：使用场景合理预期

首先，尊重信息自决。虽然之前《消费者权益保护法》已将个人信息纳入其保护羽翼，[③] 但这种保护只能适用违约或普通侵权，保护力度不足。《民法典》将个人信息保护创设于人格权编之下，开辟了个人信息人格权请求权的保护新路径。[④] 虽然《民法典》未将个人信息保护表述为个人信息权，但个人信息权益属于人格权益自不待言。个人信息的崭新地位要求法律予以更加积极的保护。大数据杀熟实质上侵犯消费者的信息自决，即收集、处理和使用信息过程中的知情权和决定（包括更正）权益，合理使用个人信息的情形除外（包括维护公共利益，维护信息权益主体的合法权益和合理处理合法公开的信息）。[⑤] 信息自决可以合理解决消费者授权前提下大数据杀熟的责任归属问题。大数据杀熟的三个步骤中，处理信息

①《消费者权益保护法》第 8 条：消费者享有知悉其购买、使用的商品或者接受的服务的真实情况的权利。

消费者有权根据商品或者服务的不同情况，要求经营者提供商品的价格、产地、生产者、用途、性能、规格、等级、主要成份、生产日期、有效期限、检验合格证明、使用方法说明书、售后服务，或者服务的内容、规格、费用等有关情况。

②《消费者权益保护法》第 10 条：消费者享有公平交易的权利。

消费者在购买商品或者接受服务时，有权获得质量保障、价格合理、计量正确等公平交易条件，有权拒绝经营者的强制交易行为。

③《消费者权益保护法》第 29 条第 1 款：经营者收集、使用消费者个人信息，应当遵循合法、正当、必要的原则，明示收集、使用信息的目的、方式和范围，并经消费者同意。经营者收集、使用消费者个人信息，应当公开其收集、使用规则，不得违反法律、法规的规定和双方的约定收集、使用信息。

④《民法典》第 1034 条：自然人的个人信息受法律保护。

个人信息是以电子或者其他方式记录的能够单独或者与其他信息结合识别特定自然人的各种信息，包括自然人的姓名、出生日期、身份证件号码、生物识别信息、住址、电话号码、电子邮箱、健康信息、行踪信息等。个人信息中的私密信息，适用有关隐私权的规定；没有规定的，适用有关个人信息保护的规定。

⑤ 程啸：《论我国民法典中的个人信息合理使用制度》，载《中外法学》2020 年第 4 期。

即数据预测具有技术中立性，与信息自决权关涉微弱，防止过度保护个人信息而扼杀数据产业进步。信息自决集中体现于收集和使用两大步骤中。信息自决要求电商不仅应明示收集使用个人信息的方式（如何被收集）和范围（什么信息被收集），更应明示目的（收集的原因）。[①]

其次，切入使用场景。电商在与消费者达成契约时难以逐项列举目的，而且文字本身具有弹性。使用场景理论此时大显身手。该理论认为，信息使用场景同消费者合理预期不一致时，需使消费者知情且同意。大数据杀熟这种自身信息反而危害自身利益的使用场景明显违背消费者合理预期。[②]因此，电商收集信息用以差别定价时不得宽泛告知和概括授权，应更为明确告知和取得消费者的具体授权。否则授权难以成为电商侵权的免责事由。[③]

二、从期盼到遇冷：洞察网络消费者公益诉讼的现实图景

实质性消减消费者在大数据时代可能遭遇的侵权风险，既要赋予消费者个人信息自决权，更要畅通多维打击消费侵权的路径。

（一）三种功能：消费者公益诉讼的制度优势

公益诉讼是维护社会公共利益的重要制度安排，是国家治理体系和治理能力现代化在民法领域的具体投射。公益诉讼因以下三种功能必将成为未来民法规制大数据的主战场：

1. 博弈能力增强。电商在同个体消费者的对弈中占尽优势。Cookie、算法等技术深奥难懂，消费者在举证能力上处于天然劣势。同时，二者在经济、交涉等

---

①《民法典》第1035条：处理个人信息的，应当遵循合法、正当、必要原则，不得过度处理，并符合下列条件：（一）征得该自然人或者其监护人同意，但是法律、行政法规另有规定的除外；（二）公开处理信息的规则；（三）明示处理信息的目的、方式和范围；（四）不违反法律、行政法规的规定和双方的约定。个人信息的处理包括个人信息的收集、存储、使用、加工、传输、提供、公开等。

② 丁晓东：《用户画像、个性化推荐与个人信息保护》，载《环球法律评论》2019年第5期。

③ 王利明：《数据共享与个人信息保护》，载《现代法学》2019年第1期。

能力上也相差悬殊。不确定的维权收益与高额的维权成本让消费者打退堂鼓。[①]公益组织、检察院的维权能力更为强大，使原、被告的博弈能力趋于平衡。

2. 节约司法资源。公益诉讼裁判具有广泛性和延伸性，裁判内容对个体消费者的维权诉讼产生辐射效力，可以实现一次处理，多次适用，促进定分止争的低成本和高效率。

3. 全面维护公益。个体消费者的维权诉讼无法救济受损的市场秩序、消费者的市场信心等整体性、公共性利益。同时，个体受偿数额有限，电商仍然可能从违法行为中获利，进而刺激其继续铤而走险。

（二）三个方面：网络消费者公益诉讼的实践检视

大数据杀熟尚未导入公益诉讼。只能通过考察网络消费者公益诉讼相关裁判探究大数据杀熟纳入公益诉讼的可能适用规则。笔者以“公益诉讼、网络、消费者”为条件在中国裁判文书网搜索，并剔除重复及无关文书，仅查询到消费者网络公益诉讼一审样本 9 件，[②]即上海市人民检察院第一分院诉周某君案（以下简称周某君案）[③]、浙江省杭州市余杭区人民检察院诉蔡某杰、姚某案（以下简称蔡某杰、姚某案）[④]、浙江省杭州市拱墅区人民检察院诉李某声、刘某丽案（以下简称李某声、刘某丽案）[⑤]、安徽省阜阳市人民检察院诉时某案（以下简称时某案）[⑥]、安徽省颍上县人民检察院诉孙某案（以下简称孙某案）[⑦]、河北省石家庄市人民检察院诉薛某林、薛某川案（以下简称薛某林、薛某川案）[⑧]、海南省海口市人民检察院诉海南南风海味网络科技有限公司案（以下简称南风海味案）[⑨]、广东省消费

---

① 根据中国政法大学互联网金融法律研究院和中国政法大学大数据与法制研究中心发布的《2018 年中国大数据法治发展报告》显示，面对个人数据泄露，45.15% 受访者未采取过任何维权措施，不选择维权的原因包括证据缺乏（31.07%）、程序复杂（49.72%）、耗时太多（53.30%）、不懂维权（37.34%）等。

② 参见中国裁判文书网 http：//wenshu.court.gov.cn，2020 年 10 月 10 日访问。

③ 参见上海市第三中级人民法院（2018）沪 03 民初 26 号民事判决书。

④ 参见杭州市互联网法院（2020）浙 0192 民初 1147 号民事判决书。

⑤ 参见杭州市互联网法院（2019）浙 0192 民初 5464 号民事判决书。

⑥ 参见阜阳市中级人民法院（2019）皖 12 民初 583 号民事判决书。

⑦ 参见颍上县人民法院（2019）皖 1226 民初 5114 号民事判决书。

⑧ 参见石家庄市中级人民法院（2018）冀 01 民初 1212 号民事判决书。

⑨ 参见海口市中级人民法院（2018）琼 01 民初 882 号民事判决书。

者委员会诉广州悦骑信息科技有限公司案（以下简称悦骑案）[①]、中国生物多样性保护与绿色发展基金会诉深圳市速美环保有限公司、浙江淘宝网络有限公司案（以下简称速美案）。其中仅速美案 1 件上诉且被驳回，故一审案件完全可以体现此类案件的运行现状。该类型案件在公益诉讼中占比微小，与网络消费者频遭侵权的现实感受和人民群众对网络消费公益诉讼的热烈期待并不相称（详见图 2）。

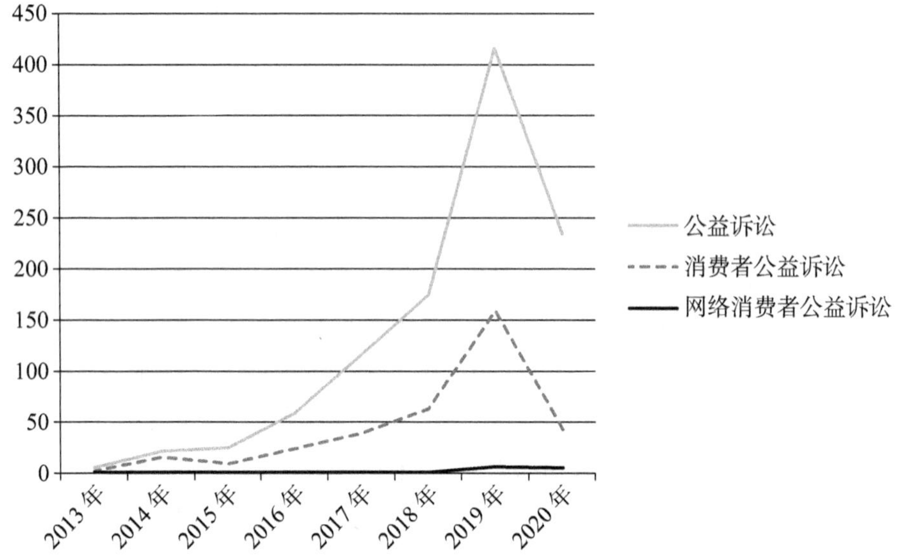

图 2　公益诉讼相关案件数量对比

探究以下三方面的适用规则，可以勾勒出网络消费者公益诉讼运行的现实图景：

1. 关于起诉主体的资格。样本中，1 件由省级消费者协会提起，1 件因产品环境侵权由环保组织提起，其余皆是检察院发动。但检察院的发起资格仅明确于食品药品消费领域，检察院能否提起大数据杀熟公益诉讼亦存在争议。

2. 关于承担责任的方式。电商承担责任的方式主要包括：

赔礼道歉 9 件。全部案件都要求被告赔礼道歉并得到法院支持。法院认为，民事公益诉讼中虽然不存在向特定受害人道歉的问题，但是侵权行为导致公众享受良好消费环境、秩序的精神利益遭受损失，电商应当向公众赔礼道歉。

披露相关信息 4 件。法院创新信息披露机制，为大数据杀熟中消费者信息

① 参见广州市中级人民法院（2017）粤 01 民初 445 号民事判决书。

知情权的维护提供了临摹范本。南风海味案中，对公开披露信息的形式和流程予以细化，法院要求电商在全国公开发行的新闻媒体上发布公告，内容需经法院审核。悦骑案中，增加第三人监管制度，法院要求电商就信息披露进行公证和工商备案。

给付专家咨询费 1 件。南风海味案中，法院要求电商支付专家咨询费用。

给付公益损害赔偿 5 件。[①] 法律未明示公益损害赔偿是否适用惩罚性赔偿，因此部分案件未主张赔偿权利。但原告只要主张就能获得法院支持，基于商品种类不同，赔偿系数 10 倍（食品药品）[②] 或 3 倍（其他商品）[③] 不等。但存在"损失 + 惩罚性赔偿"还是"单独惩罚性赔偿"的同案异判。而且，获赔的损害赔偿流向亦不一致，有的上缴国库，有的归于公益基金，有的未明确（详见表 2）。

表 2　损害赔偿的量度标准及其流向

案例	损害赔偿金数额	流向
时某案	销售金额 + 该金额 10 倍赔偿	上缴国库
李某声、刘某丽案	销售金额 10 倍赔偿	上缴国库
孙某案	销售金额 10 倍赔偿	未明确
蔡某杰、姚某案	销售金额 3 倍赔偿	全国性公共卫生类社会公益基金组织

3. 关于平台责任的确定。样本中只有速美案起诉平台要求承担连带责任。但法院认为淘宝网仅是信息发布平台，已做到身份审查、提醒等事前审查和及时删除等事后措施，故不应承担连带责任。

此外，相关案件还要求电商停止侵害、收回产品并予以销毁。

---

① 南风海味案中的环境修复费用与大数据杀熟关联不大，本文不赘述。

②《最高人民法院关于审理食品药品纠纷案件适用法律若干问题的规定》第 15 条：生产不符合安全标准的食品或者销售明知是不符合安全标准的食品，消费者除要求赔偿损失外，向生产者、销售者主张支付价款十倍赔偿金或者依照法律规定的其他赔偿标准要求赔偿的，人民法院应予支持。

③《消费者权益保护法》第 55 条第 1 款：经营者提供商品或者服务有欺诈行为的，应当按照消费者的要求增加赔偿其受到的损失，增加赔偿的金额为消费者购买商品的价款或者接受服务的费用的三倍；增加赔偿的金额不足五百元的，为五百元。法律另有规定的，依照其规定。

三、从模糊到确定：开拓大数据杀熟纳入公益诉讼的中国进路

（一）扩张起诉主体资格

“国家队”的强势加盟使公益诉讼在食品药品网络消费诉讼中得以小试牛刀。法律以“等”字表述为检察院在其他消费领域开展公益诉讼预留空间。蔡某杰、姚某案中，杭州互联网法院以危害的相当性和急迫性肯定检察院对网售口罩的起诉资格。规制大数据杀熟同样期待检察院的参与。一方面，个人信息相较生命权、健康权貌似重要性较低，但侵害规模扩张导致其伤害可能与食品药品侵权具有程度上的相当性。电商借助不断刷新的收集和推送技术使大数据杀熟波及范围更广、隐蔽时间更长，形成辐射性和散发性危害，侵犯人格权益规模呈几何级倍增。每个消费者都难以独善其身。另一方面，大数据杀熟的复杂科技性对原告的举证能力提出更高要求，而且往往要深入电商公司内部。公益组织取证时往往吃闭门羹，对此有心无力。将检察院拒之门外，只能出现消费者不愿起诉、公益组织无力起诉、检察院不能起诉的尴尬场景，任由电商为所欲为。

（二）配置承担责任方式

司法解释规定明示了消费公益诉讼中可主张的权利：停止侵害、排除妨碍、消除危险、赔礼道歉等。[①] 但此处“等”字明显是可以扩张的等外而非只能固守的等内。[②] 故而，司法实践中的披露相关信息、支付专家咨询费等责任承担方式均可纳入其中。尤其强制披露信息将扭紧消费者信息知情权的安全阀。

但是，笔者认为公益诉讼应适用补偿性赔偿而非惩罚性赔偿。惩罚性赔偿背离了法律的明确规定。[③] 而且法律只将惩罚性赔偿授予消费者并没有将其赋予相关组织。[④] 公益赔偿应上缴国库或归于公益基金，对电商的过度惩罚，对个体消费者

---

①《最高人民法院关于审理消费民事公益诉讼案件适用法律若干问题的解释》第 13 条第 1 款：原告在消费民事公益诉讼案件中，请求被告承担停止侵害、排除妨碍、消除危险、赔礼道歉等民事责任的，人民法院可予支持。

② 杜万华主编：《最高人民法院消费民事公益诉讼司法解释理解与适用》，人民法院出版社 2016 年版，第 33 页。

③《民法典》第 179 条第 2 款：法律规定惩罚性赔偿的，依照其规定。

④ 姚敏：《消费民事公益诉讼请求的类型化分析》，载《国家检察官学院学报》2019 年第 3 期。

受偿不利。请求惩罚性赔偿需基于个体消费者的同意或授权。大数据侵权具有次数多但程度轻的属性，对电商适用惩罚性赔偿无异于令其变相破产。因此，公益损害赔偿应限缩于补偿受损的公共利益。虽然公共利益受损数额与电商单位违法收益（成本＋利润）并不等同。但目前难以找出更优的计量标准，故司法实践中可退而求其次，以经营者的违法收益充当计算参考。如电商还需缴纳刑事罚金或行政罚款，按公平原则其公益损害赔偿可酌量减去罚金或罚款。[①]

（三）厘定平台管控责任

有观点认为，平台作为网络交易市场的规制者，其管控权日益扩张，平台应承担更多维护公益的责任。[②] 例如，淘宝网对其内电商可采取警告、搜索降权、搜索屏蔽、店铺屏蔽、商品发布资质管控、商品下架、不累计或删除销量、关闭店铺、查封账户等十多种管控措施。但是，平台的管理职责是基于契约达成而非法律授权，电商随时可以用脚投票离开平台。而且，平台内电商成千上万，交易次数更是不可计量，平台无法直接监管每笔交易。平台管理权限基本上囿于事前预防或事后惩戒。过度加重平台责任既于法无据亦强人所难。

结语

阿尔文·托夫勒在《第三次浪潮》中指出："歧视行为将悄无声息地融入数字世界。"当今大数据浪潮方兴未艾，大数据杀熟纳入公益诉讼有待在法学研究和司法实践中继续探索。从长期看，个人信息保护法已纳入人大立法规划；从短期看，司法实践中大数据杀熟私权设计的点滴完善和公益诉讼适用进路的跬步开拓也值得点赞。公益诉讼不断进行"量的积累"，必能推动网络消费"质的飞跃"。

（**作者简介**：于军辉，江苏省常州市中级人民法院刑二庭法官助理；徐洁，江苏省常州市中级人民法院研究室副主任）

---

① 刘水林：《消费者公益诉讼中的惩罚性赔偿问题》，载《法学》2019年第8期。

② 刘权：《网络平台的公共性及其实现——以电商平台的法律规制为视角》，载《法学研究》2020年第2期。

参考文献：

[1][英]维克托·迈尔-舍恩伯格、肯尼思·库克耶：《大数据时代》，盛杨燕、周涛译，浙江人民出版社 2013 年版。

[2]朱庆育：《民法总论》，北京大学出版社 2019 年版。

[3]杜万华主编：《最高人民法院消费民事公益诉讼司法解释理解与适用》，人民法院出版社 2016 年版。

[4]丁晓东：《用户画像、个性化推荐与个人信息保护》，载《环球法律评论》2019 年第 5 期。

[5]王利明：《数据共享与个人信息保护》，载《现代法学》2019 年第 1 期。

[6]程啸：《论我国民法典中的个人信息合理使用制度》，载《中外法学》2020 年第 4 期。

[7]刘水林：《消费者公益诉讼中的惩罚性赔偿问题》，载《法学》2019 年第 8 期。

[8]刘权：《网络平台的公共性及其实现——以电商平台的法律规制为视角》，载《法学研究》2020 年第 2 期。

图书在版编目（CIP）数据

民法典实施背景下的审判能力现代化 / 孙佑海主编
.—北京：中国法制出版社，2021.11
ISBN 978-7-5216-2258-4

Ⅰ. ①民… Ⅱ. ①孙… Ⅲ. ①法院—审判—工作—中国—文集 Ⅳ. ① D926.22-53

中国版本图书馆 CIP 数据核字（2021）第 225933 号

责任编辑：侯鹏　　封面设计：杨泽江

民法典实施背景下的审判能力现代化
MINFADIAN SHISHI BEIJINGXIA DE SHENPAN NENGLI XIANDAIHUA

主编 / 孙佑海
经销 / 新华书店
印刷 / 北京虎彩文化传播有限公司
开本 / 710 毫米 ×1000 毫米　16 开　　印张 / 22　字数 / 381 千
版次 / 2021 年 11 月第 1 版　　2021 年 11 月第 1 次印刷

中国法制出版社出版
书号 ISBN 978-7-5216-2258-4　　定价：96.00 元

北京市西城区西便门西里甲 16 号西便门办公区
邮政编码：100053　　传真：010-63141852
网址：http://www.zgfzs.com　　**编辑部电话：010-63141826**
市场营销部电话：010-63141612　　**印务部电话：010-63141606**
（如有印装质量问题，请与本社印务部联系。）